ARCHIVIO

DI

DIRITTO PUBBLICO

DIRETTO

DA **V. E. ORLANDO**

Prof. ord. nella R. Università di Palermo

Anno III. — Vol. III.

PALERMO

presso l' Amministrazione dell' Archivio

1893.

ARCHIVIO DI DIRITTO PUBBLICO

III.

QUISTIONI SISTEMATICHE

DI

DIRITTO AMMINISTRATIVO.

---

§ 1. Introduzione.

" La logica applicata ci ha insegnato da un pezzo che una
" scienza non può dirsi costituita, se non quando se ne sono
" risolute le questioni generali e fondamentali, vale a dire
" fissato in base ai suoi caratteri differenziali l'oggetto e con
" questo il campo ed i limiti, determinato il posto che occupa
" nel sistema delle scienze o i rapporti con altre scienze o
" gruppi di scienze affini, distinte le parti, assegnato il metodo, indicato lo scopo ".

(ICILIO VANNI. *Prime linee di un programma critico di
Sociologia.* Negli *Annali dell'Università libera di Perugia.*
Anno III, 1887-88. Vol. II, p. 51).

Un gruzzolo di conoscenze disgregate — benchè attinenti ad unico soggetto — diviene scienza solamente mercè
il sistema. È questo per le discipline dell'intelletto ciò che
l'organismo per gli esseri vegetali ed animali. E come un
essere organico, tanto più si eleva nella scala zoologica o
botanica, quanto più si accosta alla perfezione il suo organismo, così ugualmente una scienza ha tanto maggiore
lustro e incremento, quanto maggiore è il perfezionamento
raggiunto dal suo sistema. In altri termini e con più efficace brevità : *la perfezione di una scienza è in ragione
diretta a quella del suo sistema.*

Questo rapporto — logicamente già dimostrato — trova
la sua conferma nell'esperienza. E in vero, senza tampoco
rimontare ad antichi esempii oramai storici, che ne am-
maestrerebbero del rapido incremento di tutte indistintamente le scienze dappoi l'introduzione del metodo sperimentale, basterà semplicemente rammentare — per man-
tenerci in limiti di tempo a noi più vicini — che la Ger-

mania ha ai dì nostri nelle scienze, mercè la perfezione sistematica da essa raggiunta, quel primato che già ebbe l'Italia ai tempi in cui il sommo Galilei posò arditamente le basi del glorioso metodo sperimentale. E gli scrittori tedeschi non ignorano che il sistema è il segreto della loro, quasi direi supremazia scientifica, e perciò incontentabili — come tutti coloro i quali misurano le maggiori difficoltà d'una scienza man mano che in essa si approfondiscono — gli scrittori tedeschi, dicevo, volgono precipuamente l'attenzione a perfezionare sempre più i loro sistemi sia dal lato tecnico sia dal lato metodico. Talchè se l'incontentabilità e la conseguente feconda irrequietezza degli autori tedeschi, nello svolgere e perfezionare i loro sistemi di diritto pubblico, si paragonino col facile acquetamento nostro agli antichi sistemi di diritto costituzionale e di diritto amministrativo, confinanti per lo più con l'empirismo (1), verrà senz'altro a giustificarsi la nostra predilezione — che a taluno potrebbe parere eccessiva — per le quistioni sistematiche del diritto amministrativo; specie se si consideri che questa scienza ha d'uopo, più che qualunque altra, di veder presto e bene chiarite le gravi quistioni che fin dai suoi primi principii le si addensano intorno.

Le quistioni principali che oggi ci proponiamo trattare versano sulla determinazione di quel momento della vita statale, al quale corrisponde il vero concetto di amministrazione e quindi di Diritto amministrativo, nonchè sulla natura e sul fondamento giuridico di quella parte del Diritto amministrativo, che, secondo i nuovi sistemi prevalenti, comincia ad essere chiamata Diritto amministrativo sociale.

§ 2. Momento genetico del Diritto amministrativo

E qui giova innanzi tutto determinare nitidamente il

(1) ORLANDO, *Principii di Diritto Amministrativo*. Barbèra. Firenze, 1891, pp. 9-15.

concetto di amministrazione, intorno al quale si può essere fuorviati, a cagione dei varii sensi nei quali la parola amministrazione vien presa. Perocchè — come acutamente l'Ulbrich (1) nota — l'amministrazione si contrappone ora alla costituzione, ora alla legislazione, ora al potere esecutivo, derivandone perciò una nozione o troppo ampia o troppo ristretta, ma in tutti i casi inesatta (2).

Noi abbiamo già definito l'amministrazione, in un precedente lavoro (3), come « l'azione *effettiva* dello Stato, diretta al raggiungimento dei suoi fini ».

La nostra definizione differisce da quelle degli autori italiani in genere e dell'Orlando (4) in ispecie, pel qualificativo aggiunto all'azione dello Stato e che noi chiamiamo *effettiva*.

Pare a noi che questa determinazione sia più nitida e

(1) *Der Rechtsbegriff der Verwaltung*. (Nella *Zeitschrift für das Privat-und öffentliche Recht der Gegenwart*, diretta dal Dott. C. S. GRÜNHUT. Vol. IX, Fascic. IV, pp. 36 e segg. Vienna, 1882).

(2) Sulla nozione di amministrazione vedi i *Principii di Diritto Amministrativo*, Ediz. cit., pp. 9-45 del Prof. V. E. ORLANDO, il quale passa in rassegna le opinioni del DUFOUR, del DUCROCQ, del BATBIE, del BLOCK, del LAFERRIÈRE, del MOHL, del LOENING, del GERBER, del MEYER, dello STEIN, del DE GIOANNIS, del MEUCCI, del BONASI, dello SCOLARI, del BRUNIALTI, del PERSICO, del CODACCI-PISANELLI, del MACRÌ, del FERRARIS. —Vedi pure l'*Appendice* alle nostre *Prenozioni di Diritto amm. e Scienza dell'Amm.* (Antologia giuridica, Anno V, fasc. 3-4) nel quale si accenna alle opinioni del RABBENO, dell'AGNETTA-GENTILE, del GARELLI DELLA MOREA, di GIORGIO MEYER e di altri. —Per le opinioni dei principali scrittori spagnuoli e di altri ancora vedi le *Appendici* aggiunte dal TELESIO ai *Principii di Diritto amministrativo* del MANNA (Vol. I, p. 100); nonchè il MACRÌ, *Prenozioni a un corso di Diritto amm. (Ape Giuridico-amministrativa*, Anno II, num. 20, pp. 242-44 e num. 32, pp. 383-85). — Vedi pure appresso la nota (1) della pagina 14.

(3) Op. cit. loc. cit.

(4) Op. cit., pp. 16-17, n. 13-14.

più precisa di quella che al concetto di amministrazione fa corrispondere la semplice e generica *azione dello Stato pel conseguimento dei suoi fini* (1).

Facciamo infatti osservare che lo Stato dal momento in cui si afferma, battezzando la sua indipendente personalità giuridica o *il proprio io* — come direbbe uno scrittore tedesco — mercè quella che noi chiamiamo la costituzione, fino al momento in cui si mette materialmente in relazione con la vita sociale, passa per diverse fasi di attività intermedie; perocchè per conseguire uno scopo è mestieri innanzi tutto *volere*, quindi *potere* e infine *operare*, in conformità al volere, per mezzo del potere. Così lo Stato, una volta costituito si fa a manifestare i proprii fini con un atto volitivo che corrisponde alla facoltà legislativa; quindi rende eseguibili questi atti della sua volontà, mercè il potere esecutivo; infine si mette materialmente in relazione con la Società, per tradurre in atto quei fini che la sua volontà ha determinati e che il suo potere rende eseguibili. A quest'ultimo momento di attività statale corrisponde il preciso concetto di amministrazione che perciò non si definisce semplicemente « *l'azione dello Stato* », ma « *l'effettiva azione dello Stato, diretta al conseguimento dei suoi fini* ».

E non è il caso di poterci chiamare pedanti, poichè sotto una quistione di parole, futile solamente in apparenza, è riposta un'importantissima quistione di concetto.

In effetti lo Stato non è mai inattivo in alcun momento della sua vita. Le successive sue fasi vitali, relative alla costituzione, alla facoltà legislativa, al potere esecutivo ed all'amministrazione, sono — ognuna ugualmente — altrettante azioni dello Stato, tendenti al medesimo unico scopo : il conseguimento dei suoi fini. Con l'unica differenza che i primi tre momenti d'attività preparano soltanto il terreno, restando quasi direi nel campo teorico, laddove l'ultimo momento scende addirittura nel campo pratico, e, mettendosi in relazione con gli organismi della vita so-

(1) ORLANDO, Op. cit. loc. cit.

ciale per la effettiva materiale esecuzione dei suoi fini, assume il carattere eminentemente operoso di una gestione di affari. Per la quale ragione appunto qualche scrittore, come il summentovato Iosef Ulbrich (1), definisce l'amministrazione: « *La gestione di affari che deriva dagli organi di una comunità pei collettivi interessi* ». E benchè questa definizione sia informata al concetto volgare di amministrazione domestica o privata, non può tuttavia negarsi ch'essa precisa, meglio di altre elevate definizioni scientifiche, la vera nozione di amministrazione statale.

E, ritornando alla nostra dimostrazione, se lo Stato non è mai inattivo — onde la giusta critica alla divisione delle scienze in statiche e dinamiche — il dire poi che l'amministrazione è l'azione dello Stato, diretta al conseguimento dei suoi fini, varrebbe quanto il dire che il concetto di amministrazione racchiude in sè complessivamente quelli di costituzione, di legislazione e di potere esecutivo. E non credasi che questa confusione sia semplicemente rimasta nel campo del possibile, perocchè da essa deriva l'errore di taluni — quale il Ferraris — che hanno creduto potersi confondere in unica trattazione il Diritto amministrativo e il Diritto costituzionale (2).

Ecco perchè dicevamo che sotto un'apparentemente futile quistione di parole è riposta un'importante quistione di concetto, la quale, dopo quanto precede, può ben dirsi di capitale importanza al retto intendimento del Diritto amministrativo e della differenza tra questo e il Diritto costituzionale.

L'Orlando, pur facendo corrispondere al concetto di amministrazione quello di generica azione dello Stato pel conseguimento dei suoi fini, non solo non confonde il Diritto amministrativo col Diritto costituzionale, ma critica anzi il Ferraris (3) il quale ammettendo la possibilità di

(1) Op. cit., Ediz. cit., Cap. I.

(2) FERRARIS, *Saggi di Economia, Statistica e Scienza dell'amministrazione*. Loescher. Torino-Roma 1880, p. 8, nota 2.

(3) Op. cit. loc. cit.

tale confusione, afferma che gli scrittori tedeschi non distinguono più oramai l'una dall'altra disciplina.

Or la sola qualificazione di *effettiva*, aggiunta all'attività dello Stato, della quale si occupa il Diritto amministrativo, basterebbe senz'altro — se potesse aver la fortuna di entrare nel dominio dell'uso scientifico — a togliere gli equivoci che altrimenti possono sorgere sul retto intendimento della nostra scienza, a prevenire i quali attualmente occorrono invece lunghe dimostrazioni, allo scopo di precisare limiti scientifici che una sola e semplice parola distingue nettamente e recisamente.

Lo stesso Orlando ha intraveduto l'inconveniente, tanto è ciò vero che egli critica quegli scrittori i quali a somiglianza del Mohl riassumono l'idea di amministrazione, e ne fan discendere quella di Diritto amministrativo nell'espressione « *potere che agisce* ».

« Ora—scrive l'Orlando—l'azione dei poteri dello Stato è un concetto assai più largo di quell'altro da noi assegnato come contenuto del Diritto amministrativo, cioè a dire: attività dello Stato diretta al conseguimento dei suoi fini ».

Ma noi, rivolgendo contro di lui il suo stesso argomento, potremo dire che l'attività dello Stato diretta al conseguimento dei suoi fini è un concetto assai più largo di quell'altro, da noi assegnato come contenuto del Diritto amministrativo, cioè a dire: *effettiva* attività dello Stato diretta al conseguimento dei suoi fini.

E per passare a un'applicazione pratica — già sopra accennata di volo — della nostra teoria, basterà notare che l'Orlando (1) consacra quasi tutto il paragrafo quattordicesimo e il quindicesimo intiero, per distinguere il Diritto costituzionale dal Diritto Amministrativo, laddove dopo quello che noi abbiamo detto è sufficiente distinguere i due diversi momenti dell'attività dello Stato per ricavare il preciso concetto differenziale delle due scienze.

Questa nostra teoria, a parte qualche modificazione, è

(1) Op. cit. pp. 17-19.

informata a quella dello Stein, il quale anch'egli distingue nella vita dello Stato parecchi momenti. Per lui i due primi momenti giuridici dell'attività dello Stato sono due : quello in cui lo Stato afferma il suo io, mercè la costituzione, e quello in cui manifesta la sua volontà, mercè la legge. Ne segue quell'azione complessiva onde lo Stato fa valere la sua personalità — già costituita e determinata—, nei rapporti col mondo esterno, ossia *amministra in senso largo*. Ma quest' azione istessa deve a sua volta *volere* e *potere* l' adempimento della legge, il quale momento dà luogo alla nozione di potere esecutivo. L'ultimo momento, infine, nel quale questa potenzialità traducesi in atto , fa nascere la nozione di *amministrazione in senso stretto*.

Abbiamo voluto il più brevemente possibile riassumere il sistema dello Stein — già più volte esposto e dall'Orlando (1) e da altri (2) — affinchè più facile ne riesca il confronto col nostro che ci sembra più semplice e quindi più chiaro. Quello dello Stein è censurabile solo per le sue distinzioni e suddistinzioni soverchiamente sottili; le quali tradiscono le tendenze trascendentali del valoroso scrittore tedesco. Perocchè non devesi mai esagerare nell'applicazione dei criterii filosofici ad un sistema, che alla fin fine non può essere matematicamente regolato come un teorema di geometria. Vero è che qualunque manifestazione psichica sia individuale sia astratta o collettiva deve passare pei tre momenti diversi del *volere*, del *potere* e dell'*operare*, ma di questo passo ove mai si arriverebbe ? Le stesse distinzioni dello Stein non sarebbero più nemmeno sufficienti, e occorrerebbe distinguere i tre predetti momenti in ogni fase intermedia della vita statale e non già nella sola fase, diremo così, esecutiva, come egli fa. E sarebbe peggio. Già questa stessa distinzione dà luogo a una critica svolta dal chiarissimo Prof. Orlando (3) con quell'acume che gli è proprio.

(1) Op. cit., pp. 33-34, n. 42-43.
(2) FERRARIS, ecc.
(3) *Diritto amministrativo e Scienza dell'amministrazione*. (Nell'*Archivio Giuridico*, Vol. XXXVIII, p. 393).

« Se — scrive costui — l'espressione della volontà del
« potere esecutivo è il decreto, come espressione della
« volontà del potere legislativo è la legge, noi domandiamo
« se la distinzione fra quelle due dottrine nel pensiero
« dello Stein riferentisi separatamente allo studio della
« legislazione e dell'amministrazione, debba corrispondere
« alla distinzione fra legge e regolamento. Nell'affermativa
« ognuno sa come una tale distinzione sia meramente for-
« male, e come, se al contenuto si abbia riguardo, una
« parte non lieve di quei provvedimenti che in base alla
« costituzione leggi son chiamati, abbiano poi per conte-
« nuto l'ordinamento di atti dal potere esecutivo dipen-
« denti, e, reciprocamente, taluni atti emanati dal potere
« esecutivo, abbiano poi un vero e proprio contenuto giu-
« ridico: la distinzione voluta dallo Stein si tradurrebbe
« quindi in una deplorevole confusione. Se poi la distin-
« zione vuol farsi rispondere alla differenza essenziale fra
« legge e decreto, prescindendo affatto dalle forme costi-
« tuzionali da essi assunte, anche a parte della notevole
« incertezza che una tale confusione di termini produr-
« rebbe, noi domandiamo quali argomenti per caso saranno
« trattati da questa supposta dottrina della legislazione, la
« quale o non avrà nel fatto alcun obbietto dei suoi studii,
« o dovrà abbracciare tutti i diritti positivi, il privato non
« meno del pubblico, del penale e così via ».

Noi non abbiamo creduto dover distinguere la volontà
del potere esecutivo dalla volontà del potere legislativo,
e ne abbiamo detto il perchè; onde la nostra teorica sfug-
girebbe, a rigor di termini, anche a questa critica, la quale
solo in modo generico sembrerebbe attagliarsele per ciò
che l'Orlando chiama *l'antitesi fra la legislazione e l'amministrazione :* antitesi che, palese nel sistema dello Stein,
potrebbe anche scorgersi nel nostro.

Il che noi categoricamente escludiamo. In effetti, vero
è che noi distinguiamo nella vita dello Stato il volere,
ossia la funzione legislativa; il potere, ossia la funzione
esecutiva; l'operare, ossia la funzione amministrativa, e
facciamo corrispondere a quest'ultimo momento di atti-

vità la nozione di amministrazione in senso stretto e quindi di Diritto amministrativo; ma reputiamo che questo modo di distinguere le funzioni dello Stato non metta in essere alcuna spiccata antitesi fra legislazione ed amministrazione.

E non vale — ci sembra — l'obbiezione dell'Orlando, che la dottrina della legislazione o non avrebbe nel fatto alcun obbietto di studio o dovrebbe abbracciare tutti i diritti positivi. Certo una dottrina della legislazione ha tutta la ragione di essere, e realmente, per logica di sistema, abbraccia tutti i diritti positivi, come manifestazione della volontà statale; ma poi questa stessa manifestazione ha subìto distinzioni, a seconda le diverse materie cui si riferisce, onde le denominazioni particolari di Diritto civile, Diritto commerciale, Diritto penale e così via.

Potrebbe però rispondercisi che, ciò posto, anche il Diritto amministrativo, ch'è un diritto positivo, verrebbe a far parte di cotesta scienza della legislazione, con evidente contraddizione, poichè la dottrina legislativa corrisponde, secondo il nostro sistema, al momento volitivo della vita statale, laddove il Diritto amministrativo corrisponde a quello che noi abbiamo chiamato momento operativo.

Ma nemmeno questa apparentemente grave obbiezione ci confonde.

E innanzi tutto è mestieri risalire al concetto di amministrazione. Abbiamo detto che « l'amministrazione è l'effettiva operosità dello Stato, diretta al conseguimento dei suoi fini »; onde il Diritto amministrativo: « il sistema dei principii giuridici che regolano l'effettiva operosità dello Stato, diretta al conseguimento dei suoi fini ».

Ora, per ben intendere l'intiera portata delle superiori definizioni, conviene osservare che sarebbe erroneo limitare questa effettiva operosità dello Stato alla semplice esecuzione delle leggi, mentre l'amministrazione è un libero operare entro i limiti delle stesse, secondo le esigenze della cosa pubblica e in conformità degli scopi che lo Stato si propone (1). Si è per questo caratteristico essenziale elemento di autonomia, che l'amministrazione può in qualche momento confondersi con la funzione volitiva, nonchè con quella esecutiva dello Stato. L' amministrazione infatti ha diretta facoltà di ordinare, in alcuni casi, ciò che è di pubblica utilità, promuovere il bene pubblico, difendere lo Stato, rappresentarlo all' estero. E senza ricorrere a più minute specificazioni, ognuno comprende in fine come l'amministrazione, ch'è una effettiva operosità — e dopo quanto abbiamo detto potremmo aggiungere *libera* — mettendosi in materiale relazione coi molteplici organismi della vita sociale, sia al caso di osservare da vicino gli svariati e sempre nuovi bisogni di questa, di valutarli al vero e di provvedervi quindi immediatamente con azione necessariamente libera entro i soli limiti di diritto.

Uno Stato — a cagion d'esempio — materialmente costituito, manifesta la sua volontà nello Statuto fondamentale e nelle leggi civili nonchè penali. L'amministrazione in senso stretto — come noi usiamo sempre questa parola — si impadronisce di siffatta volontà dello Stato per tradurla in atto, ed ecco allora rivelarsi una serie di bisogni, di esigenze, di nuove vedute, nascenti dall'esecuzione istessa della legge, alle quali l'amministrazione deve temporaneamente da per sè sola provvedere. Ma la Società, che non è mai stazionaria, passa per nuove fasi, subisce nuove metamorfosi, ed eccoti altri bisogni, altre combinazioni, alle quali l'amministrazione, come l'azione più vicina e reale, è chiamata a provvedere. Frattanto però da un canto il nuovo bisogno, la novella tendenza

(1) Pözl, *Kritische Vierteljahrsschrift*. Vol. V, p. 263 — Laband, *Staatsrecht des deutschen Reiches*. Vol. II, p. 200 — H. Schulze, *Preussisches Staatsrecht*. Vol. II, p. 266 — G. Meyer, *Lehrbuch des deutschen Staatsrechtes*, p. 13 — Il Bahr (*Der Rechtsstaat*) definisce l'amministrazione come « una libera attività secondo il punto di vista della cosa pubblica e della conformità allo scopo (*Zweckmässigkeit*) ».

si delineano nettamente, l'amministrazione dall'altro canto richiede una regola stabile e certa alla sua azione, ed ecco che il provvedimento amministrativo viene sostituito da una legge. Ma il momento genetico di questa disposizione legislativa è sempre nel campo dell'amministrazione la quale passa frattanto a provvedere, con la sua consueta autonomia, a nuove manifestazioni della vita sociale, e a promuovere, per la stessa via, nuove leggi. Ecco perchè il Diritto amministrativo, che, come diritto positivo, è una manifestazione della volontà dello Stato, e parrebbe quindi dover corrispondere al primo momento ossia al momento volitivo della vita statale, corrisponde invece, a causa del suo, diremo così, peccato di origine, all'ultimo momento ossia al momento operativo della vita dello Stato.

Così scagionata la nostra teoria dalla possibile imputazione d'una supposta contraddizione, passiamo a un'altra utile applicazione sistematica della stessa teorica.

La parola amministrazione può esser presa in senso largo e in senso stretto. La nostra definizione corrisponde a quest'ultimo senso, ed è bene; poichè il concetto di amministrazione in senso largo dà luogo a qualche confusione che non è male evitare.

L'Orlando, per esempio, supposto lo Stato già costituito, dice essere amministrazione tutta quella attività giuridica onde lo Stato tenta raggiungere i suoi fini: il quale concetto larghissimo, oltre la funzione amministrativa abbraccia la legislativa e l'esecutiva. Per lui quindi il Diritto amministrativo, abbraccia tutti quegli istituti giuridici, per mezzo dei quali lo Stato tende all'attuazione di quel fine, ammettendo però che solo per ragioni storiche l'Ordinamento giudiziario, il Diritto giudiziario civile, il Diritto e la Procedura penale formano discipline indipendenti dal Diritto amministrativo nella cui sfera sistematicamente rientrano.

D'accordo in questa teoria col nostro valoroso maestro, tutte le volte in cui il concetto di amministrazione venga preso in senso larghissimo, dobbiamo far però osservare che la stessa indipendenza delle predette discipline è una conferma della maggiore precisione del nostro sistema che si riferisce al rigoroso concetto di amministrazione in senso stretto. Perocchè gli istituti attinenti all'Ordinamento giudiziario, al Diritto e alla Procedura civile e al Diritto e alla Procedura penale, hanno propriamente il loro momento genetico nella prima fase della vita statale, ossia nel momento volitivo vero e proprio, mentre gl'istituti che si riferiscono al Diritto amministrativo nascono solamente nell'ultima fase della vita dello Stato, ossia quando questo, mettendosi in relazione effettiva con la vita sociale, ne riconosce i bisogni e le momentanee convenienze, e, provvedendo temporaneamente ad essi, provoca dal potere legislativo regole più stabili al loro definitivo assetto. D'onde la mutabilità degli istituti di Diritto amministrativo, pur restando ferme le supreme regole di diritto che li informano.

Ed in vero uno Stato, fin dal suo inizio, non può vivere senza ordinamente giudiziario e senza norme generali di Diritto e Procedura civile, di Diritto e Procedura penale; laddove il bisogno dell'amministrazione (nel senso stretto e rigoroso che noi diamo a questa parola) e degli analoghi istituti, è solamente inteso in uno Stato adulto e in certe peculiari condizioni sociali.

A conferma di che basterà rammentare l'esempio storico dello Stato romano il quale ci ha tramandato tanta e preziosa copia di norme giuridiche, riguardanti il Diritto privato, in tanta povertà di regole attinenti al Diritto pubblico.

E più giustamente ancora potremo dire — sia per conferma della nostra teoria sia per seguire esattamente il movimento evolutivo delle funzioni vitali dello Stato — che in certi Stati e in certe condizioni sociali è materia d'amministrazione quella che in altri Stati e in fasi più avanzate è oggetto di semplice legislazione.

E, valga il vero, una gran parte della legislazione romana, a noi pervenuta, non fu opera dell'amministrazione? Poichè nella sfera dell'azione amministrativa rientra l'opera dei Pretori romani, i quali mercè la facoltà loro concessa, *adjuvandi vel supplendi vel corrigendi juris civilis gratia*, potevano modificare e modificavano in fatto, secondo le norme dell'equità, i rigorosi precetti di diritto, dando così origine a tutta una novella legislazione (1).

E, scendendo ai nostri tempi, quello stesso che i Pretori romani facevano con tanta larghezza, non si ripete tuttodì, in limiti più ristretti, dai nostri collegi giudiziarii, specie dai supremi, coi loro arresti che, formando la cosiddetta giurisprudenza, daranno vita alle future leggi?

Or tornando alla quistione circa il nostro sistema, si sa d'altronde — per passare ad un altro ordine di idee — che le classificazioni ed i sistemi sono fatti per comodo degli studiosi. Nessuna classificazione può riuscire perfetta, nemmeno nelle scienze naturali, benchè in esse trattisi di materie plastiche, perchè in natura non si riscontrano mai tagli netti e precisi tra specie e specie, tra cosa e cosa. Che dir poi per le materie attinenti alle discipline morali? Per esse torna appunto ripetere l'aureo detto di Cicerone (2): « *Omnes artes quae ad humanitatem pertinent, habent quoddam comune vinculum et quasi cognatione quadam inter se continentur* ».

Perchè — ad esempio — non è più seguita oggidì la famosa teorica della divisione dei poteri, legata al glorioso nome del Montesquieu? Appunto perchè a questa teoria si obbiettava non essere possibile concepire una *divisione* tra i varii poteri dello Stato, e giusto la parola *divisione* parrebbe voler indicare una separazione materiale e recisa tra poteri che — come sopra abbiamo dimostrato — facilmente si uniscono e confondono. Dove, infatti, cessa il potere legislativo per dar luogo all'esecutivo, e dove questo per incominciare l'amministrativo? Anzi a tutti è nota la deplorevole confusione che parecchi scrittori hanno fatto — qualche volta solamente per improprietà di linguaggio — tra potere esecutivo ed amministrazione.

(1) P. DELOGU, *Codice privato e Codice sociale* (Nell'*Antologia giuridica*, Anno V, 1891, Fasc. 1º, p. 8, V).

(2) *Orationes. Pro Archia poeta*, 1.

Ad evitare questi inconvenienti, si sono determinate altrimenti le distinzioni del Montesquieu. Alla parola *potere* si è sostituita l'altra : *funzione*, dando così un' idea più organica delle varie manifestazioni della vita statale; perocchè, come nel corpo animale le varie funzioni vegetative si concatenano tra loro in una complessiva armonia ch'è la vita, così nello Stato le varie sue funzioni giuridiche, politiche e sociali cooperano organicamente al mantenimento ed allo sviluppo della sua elevata personalità.

Ma per quanto la teoria del Montesquieu siasi potuta perfezionare con l'introduzione di un linguaggio più tecnico e corretto, non si è tuttavia intieramente superata la difficoltà, nascente dalle necessarie esigenze della scienza, di dovere distinguere, per comodo degli studiosi, varie funzioni inseparabili di un organismo omogeneo, qual' è lo Stato.

Epperò in tale invincibile imperfezione di sistemi, il più preferibile resta sempre quello che, allo stato della scienza, spieghi il maggior numero di difficoltà e concilii le quistioni più gravi.

E così pare che sia — almeno a noi — del nostro sistema, il quale precisa la vera nozione in senso stretto di amministrazione e in conseguenza di Diritto amministrativo, cogliendola e fissandola nel suo vero momento genetico, e distingue quindi, con evidenza veramente intuitiva, il Diritto amministrativo dal Diritto costituzionale, senza guari dimostrazioni nè ingarbugliate nè semplici.

§ 3. Natura e fondamento giuridico del Diritto amministrativo sociale.

" Mentre le scuole scientifiche disputavano sull'utilità " dell'ingerenza dello Stato, questa con un processo graduale " ma continuo e sicuro si allargava e si affermava in tutti i " popoli civili......... sicchè ora la scienza, più conformemente " ai suoi mezzi, occorre che studii, non già quel che dev'es- " sere, ma quel che è, e il modo e l'origine e le peculiarità " del suo essere „.

(V. E. ORLANDO, *Principii di Diritto amministrativo*. Ediz. cit., pp. 266-67).

Risolute le quistioni che potrebbero nascere circa la

definizione da noi data del Diritto amministrativo, dovremmo, a rigor di sistema, trattare del contenuto di questa disciplina; ma per due motivi ce ne asteniamo.

E in primo luogo noi non intendiamo svolgere per ordine tutto il sistema del Diritto amministrativo: questi nostri saggi sopra varie quistioni isolate possono andare quindi ognuno per sè.

In secondo luogo poi non ci nascondiamo, che, trattando del contenuto del Diritto amministrativo, dovremmo affrontare ben altre quistioni, circa il posto sistematico dell'ordinamento amministrativo (gerarchia centrale e locale) che finoggi è stata sempre la parte più importante del Diritto amministrativo, secondo i vecchi sistemi; e ragioni materiali di tempo e di spazio non ci permettono impegnarci in così grave disputa che alla fin fine non porterebbe ad alcun pratico risultato. Perocchè, per quanto alcuni scrittori siano convinti e persuasi della convenienza di uno spostamento di parte di materia dal Diritto amministrativo nel Diritto costituzionale (1), finiscono poi col dichiarare che per ragioni di vario genere non è finoggi possibile nè per l'una nè per l'altra dottrina « una ricostruzione affatto nuova che prescindesse completamente dai precedenti scientifici (2) ».

Ciò posto, per fare cosa più profittevole in più breve tempo ed in minore spazio, abbiamo creduto più spediente occuparci, senz'altro, del Diritto amministrativo sociale, ch'è una parte importantissima del Diritto amministrativo, indagandone la natura e determinandone il fondamento giuridico: quesiti, la cui diffinizione non riuscirà per avventura inutile alla scienza della quale trattiamo.

Diremo infatti con l'Orlando (3) che « chiunque conosca le condizioni in cui versa per ora in Italia la nostra scienza, potrà di leggieri constatare come un sistema di Diritto

(1) ORLANDO, Op. cit., pp. 18-19, n. 15.
(2) ORLANDO, Op. cit., p. 42, n. 56.
(3) Op. cit., p. 43, n. 56.

amministrativo sociale non si può dire che esista ». E con lui stesso — rivolgendoci al benigno lettore — soggiungeremo : « Per questo verso dunque il presente lavoro crederà di avere sufficientemente raggiunto il proprio fine, se potrà servire di avviamento alla ricostruzione di questo sistema (1) ».

E prima di tutto, che intendesi per *Diritto amministrativo sociale* ?

Trattandosi d'una denominazione nuova e d'una materia in gran parte nuova, impresa a trattare dai più recenti scrittori, non sarà certamente inopportuno dirne anche qui una parola.

Il Diritto amministrativo, quale si svolse in Francia, e venne accettato in Italia, aveva, come ben nota il Ferraris (2), il grave difetto di una esuberanza di contenuto. Informato al metodo empirico, si considerò il riflesso della vita amministrativa dello Stato, quale però si svolge per mezzo delle arbitrarie divisioni ministeriali, e si credette quindi in dovere di occuparsi di gerarchia centrale, di gerarchia locale, di contenzioso amministrativo, di finanza, di esercito, di pubblica sicurezza, di sanità e beneficenza pubblica, di agricoltura, di industria e commercio, di lavori pubblici, di pubblica istruzione. Mancava però necessariamente il legame intimo e scientifico fra le sue varie parti, perchè mancava il sistema; talchè, ove si eccettuino gli studii relativi alla gerarchia centrale nonchè locale ed al contenzioso amministrativo, puossi a buon diritto affermare che tutte le altre partizioni del Diritto amministrativo non avanzarono allora d'un solo passo. Gli stessi pochi autori che se ne occuparono non fecero che copiare quasi letteralmente le leggi e i regolamenti in vigore relativamente a tali istituti. E come in Francia, così in Italia, dove per qualche tempo si è seguita pedissequamente la consorella *di gentil sangue latino.*

(1) Op. cit. loc. cit.
(2) *Saggi* cit. p. 43.

Eppure alla nostra patria, classico suolo di grandi iniziative politiche e sociali, spetta il vanto del primo movimento verso l'innovazione dei sistemi di diritto pubblico. Intendiamo alludere al Romagnosi (1) e al Manna (2), ai quali primo il Prof. Agnetta-Gentile (3) della R. Università di Palermo ha opportunamente rivendicato la gloria dell'intuizione (4) dei novelli sistemi.

Ma se due sommi italiani precorsero il movimento dell'innovazione, questa -- fa d'uopo riconoscerlo — è stata pienamente effettuata dagli autori tedeschi, con a capo il Rösler (5) e il Mohl (6) e precipuamente lo Stein (7), che può ben dirsi il pontefice massimo della nuova scuola, l'innovatore ab imis fundamentis degli antichi sistemi, l'autore dell'opera più importante e profonda—monumentale addirittura—che mai siasi scritta in materia di pubblica amministrazione e con vedute sistematiche serie e nuove.

Tale movimento sistematico però è la conseguenza necessaria delle mutate condizioni politiche e sociali nel mondo contemporaneo, nonchè del nuovo modo scientifico di concepire lo Stato, la Società e le loro scambievoli relazioni. In ordine a che, senza tema di esagerazione, può ben dirsi, con efficace frase del Trezza, che i poli del pensiero, in quest'ultimo scorcio di secolo, sonosi addirittura spostati.

(1) *Saggio di Politica*. (Nella *Scienza delle costituzioni*).

(2) *Principii di Diritto amministrativo*. Iovene. Napoli, 1876. Vol. 1, p. 63. (*Partizioni teoretiche del Diritto amministrativo*).

(3) *Prelezione al Corso di Scienza dell'amministrazione*. F. Lao. Palermo, 1885. In 8° p. 3.

(4) ORLANDO, *Diritto amministrativo e Scienza dell'amministrazione*. Ediz. cit. p. 368, nota 1ª.

(5) *Lehrbuch des deutschen Verwaltungsrechts*. Erlangen, 1872-73.

(6) *Die Polizeiwissenschaft*. Tübingen, 1866.

(7) *Die Verwaltungslehre*. Stuttgart 1865-69, composta di sette volumi che pure non arrivano a svolgere l'intiero programma, pel quale vedi lo *Handbuch der Verwaltungslehre*, 2ª Ediz., Stuttgart, 1876.

Al tempo nostro lo Stato — per quanto alcuni si ostinino a veder in esso *un male necessario* — non si concepisce più qual semplice *giudice* e *gendarme*. Alle sue missioni relative al mantenimento dell'indipendenza e autonomia nazionale, alla conservazione della pubblica sicurezza e all'attuazione della legge nella convivenza sociale, un'altra se n'è aggiunta, e non la meno importante: il promuovimento, cioè, del pubblico benessere sotto tutti i suoi molteplici aspetti, fisico, economico, spirituale. La comoda teoria del *laisser faire laisser passer* è interamente abbattuta, e sui campi ch'essa lasciava inaridire una novella bandiera sta spiegata ai venti, con attorno baldi e forti campioni, i quali, mercè proficue pugne in pro della *giustizia sociale* e dello *Stato di diritto*, vogliono invece quegli stessi campi rifecondare. Ed hanno in parte già vinto. Oramai non è più alcuno il quale disconosca che lo Stato debba ingerirsi, entro i limiti del diritto, nelle spontanee molteplici manifestazioni dell'umana collettiva attività. Non tutte le scuole convengono quanto alla giusta misura di cosiffatta ingerenza; ma se da un canto sono censurabili le estreme conseguenze alle quali si lascia andare il cosiddetto socialismo di Stato, da un altro canto possiamo affermare che non vi è più un solo vero fautore dell'individualismo assoluto. Gli individualisti in vero, con sagace tattica, hanno fatto una mezza evoluzione, piegandosi ad ammettere l'ingerenza dello Stato, oltrechè come regolatrice anche come promuovitrice dell'iniziativa privata non di rado assopita. Ma la più ragionevole manifestazione del pensiero contemporaneo, in ordine a ciò, è — come abbiamo già accennato — la elevata concezione dello *Stato di Diritto*, per cui lo Stato deve intervenire nel campo dell'attività sociale, ma deve altresì determinare, *con precisione giuridica*, la direzione e i limiti della sua azione (1).

Comunque sia di ciò, non può negarsi che, in conseguenza di siffatto movimento, lo Stato ha subordinato alla

(1) STAHL, *Staat und Rechtlehre*, Vol. II, p. 137.

propria azione nuovi campi assai vasti e scientificamente quasi inesplorati, e sono perciò correlativamente aumentati i suoi còmpiti amministrativi.

È naturale che alla nuova materia debba corrispondere una speciale trattazione, d'onde la *instauratio ab imis fundamentis* dei vecchi sistemi di Diritto amministrativo alla francese.

Lo Stein, l'innovatore per eccellenza, ha dato a questa materia il nome di Scienza dell'amministrazione (*Verwaltungslehre*), il cui trattato comprende altresì — secondo il sistema di lui — tutto il Diritto amministrativo nel senso delle vecchie scuole, il Diritto amministrativo sociale, la teoria del potere esecutivo (*Die vollziehende Gewalt*) e una parte non esigua del Diritto costituzionale. Per lo Stein cotesta scienza è una disciplina giuridica.

Questa scuola ha avuto anche in Italia numerosi seguaci. Ma lo spirito creatore italiano, insofferente di servili imitazioni — specie quando ad esse pare che si ribellino perfino il carattere etnico dei nostri pubblici istituti e il nostro particolare modo di concepire la Società e lo Stato — lo spirito creatore italiano, dicevamo, non si è limitato a copiare pedantescamente il sistema tedesco, ma con un tratto del suo genio ne ha derivato uno nuovo e particolare, più acconcio alle secolari irrepudiabili tradizioni della civiltà nostra, della nostra coltura e della nostra vita statale.

Il merito di questa, diremo così, originale derivazione va dato al Ferraris (1) che primo intravide il nuovo sistema. Questi però, pur affermando d'avere ricavato il suo sistema da quello dello Stein, fece della Scienza dell'amministrazione una disciplina distinta dal Diritto amministrativo, e assegnandole per materia la trattazione delle *res* amministrative, le attribuì natura politica.

Or ognuno vede che la Scienza dell'amministrazione del Ferraris non corrisponde a quella dello Stein che nel

(1) *Saggi* cit. 1° e 2°.

nome solo: diversa ne è la materia e la natura, perocchè la Scienza dell'amministrazione dello Stein ha natura giuridica e abbraccia non solo le *res* amministrative, ma eziandio le *personae* e le *actiones*, oltre la teoria del potere esecutivo e una parte del Diritto costituzionale.

Queste considerazioni furono più tardi svolte dal valoroso Prof. Orlando (1) sul sistema del Ferraris, ch'egli perfezionò con un'impronta tutta sua. A lui infatti dobbiamo la distinzione tra l'ordine giuridico e l'ordine sociale delle materie amministrative, ossia tra il Diritto amministrativo sociale e la Scienza dell'amministrazione: distinzione che noi abbiamo tentato precisare ancora più rigorosamente in un precedente lavoro dal titolo: « *Prenozioni di Diritto amministrativo e Scienza dell'amministrazione* (2) », col quale abbiamo eziandio distinto nelle materie amministrative oltre l'ordine giuridico e sociale, anche quello politico (3), dando luogo, di accordo col Ferraris (4), alla Scienza dell'amministrazione politica, dall'Orlando (5) non riconosciuta, più per ragioni di opportunità che di sistema (6).

Quanto abbiamo detto implica già il concetto del Diritto amministrativo sociale, che può definirsi brevemente: « *Il sistema relativo all'ordine giuridico delle materie amministrative;* » come la Scienza dell'amministrazione sociale può correlativamente definirsi: « *Il sistema relativo all'ordine sociale delle materie amministrative* ».

La Scienza dell'amministrazione sociale, muovendo dallo studio della Società e delle latenti attività sociali, fornisce

(1) *Diritto amm. e Scienza dell'amm.* Ediz. cit.

(2) Nell'*Antologia Giuridica* di Catania. Anno V, 1891, Fascicoli 3-4. Estratto, pp. 68.

(3) Op. cit., Fasc. 4, pp. 288-292. Estratto, pp. 54-58.

(4) *Saggi* cit., p. 49.

(5) Op. cit., p. 394.

(6) Vedi il nostro articolo: *Pel sistema del Diritto e della Scienza dell'amm.* (Nell'*Antologia Giuridica*, Anno V, 1891, Fasc. 8°, pp. 613-624). Estratto, pp. 12.

allo Stato i cosiddetti criterii sociali di tempo e di luogo, indispensabili alla proficuità dell'azione amministrativa.

Il Diritto amministrativo sociale, muovendo dallo studio dello Stato, quale organismo giuridico della Società, segna, sotto un aspetto teorico, i limiti giuridici dell'attività statale nel campo della vita sociale, e, sotto un aspetto del tutto pratico, illustra i rapporti giuridici che da cotesta sua attività, applicata alla vita sociale, derivano tra Stato, Provincie e Comuni, nonchè tra ciascuno di questi enti e il pubblico.

Il Diritto amministrativo sociale abbraccia pertanto, a somiglianza della scienza omonima, tre diverse diramazioni dell'attività statale, e cioè: l'attività fisica o antropologica, l'attività economica e l'attività morale, pedagogica e intellettuale o, in una sola parola, spirituale.

Il che importa — in altre parole — che obbietto del Diritto amministrativo sociale sono le regole giuridiche dell'amministrazione della vita sociale, la quale si risolve in tre grandi principali partizioni amministrative: l'amministrazione fisica o antropologica, l'amministrazione economica e l'amministrazione spirituale.

Or ci domandiamo: Quali i caratteri scientifici di tutta quanta questa materia? Ha essa per avventura indole e fondamento giuridico, e quale?

La scuola tedesca, che fa capo allo Stein, risponderebbe, senz'altro, che tutti gli istituti derivanti dall'ingerenza sociale dello Stato hanno carattere, natura e fondamento giuridico; perocchè essi sono necessariamente coordinati allo sviluppo della personalità statale, che, come sappiamo, è eminentemente giuridica, ed hanno base nella natura— anch'essa giuridica—dello Stato, dando luogo a rapporti necessarii ed organici—pure giuridici — tra lo Stato e la Società.

Ma questi criterii dello Stein non sembrano accettevoli al nostro Prof. Orlando. È pregio dell'opera inserirne integralmente l'acuta critica ch'egli ne fa (1).

(1) ORLANDO, *Diritto amm. e Scienza dell'amm.* Ediz. cit. pp. 392-93.

« Per quanto indispensabile voglia ritenersi l'odierna
« ingerenza dello Stato nei sociali rapporti, essa resta
« sempre, per l'intima sua natura, così differente da quel
« còmpito proprio dello Stato di provvedere alla tutela
« del diritto, che il fonderli non è scientificamente per-
« messo. Il fatto dell'intervento dello Stato, non arriverà
« mai a mutare in *giuridici* i rapporti *sociali*. L'ammini-
« strazione può essere attuazione della sovranità dello
« Stato, può essere mezzo al fine della tutela del diritto,
« e in tal caso essenzialmente giuridico ne è il contenuto.
« Ma quando l'amministrazione si applica alla tutela eco-
« nomica, alla cura fisica degli individui, al loro sviluppo
« intellettuale, il presupposto della sua azione è, non più
« lo Stato, ma bensì la Società che non è un organismo
« giuridico, ma l'effetto della convivenza umana pel sod-
« disfacimento dei bisogni sotto l'influenza degli interessi.
« Il contenuto giuridico manca : quei còmpiti non sono es-
« senziali all'idea della personalità dello Stato, essi variano
« indefinitamente in estensione ed in intensità, essi pos-
« sono perfino mancare, senza che quella ne sia scossa.
« Mentre al contrario, uno Stato cui venissero meno i
« modi di attuare la sovranità, uno Stato senza forza pub-
« blica, senza pubblici ufficiali, senza un' organizzazione
« territoriale, senza polizia (che sono i mezzi) e non si
« curi che il diritto regni fra i consociati (che è il fine),
« uno Stato così fatto non è certamente concepibile.
   « L'argomento che per lo Stein è decisivo, a noi sembra
« sproporzionato alla conseguenza che egli ne trae. Il dire
« che, nel loro complesso le ingerenze dello Stato nelle
« attività sociali sono indispensabili alla vita di esso, potrà,
« tutto al più, dare una *portata giuridica* all'affermazione
« d'un principio generale che giustifichi tali ingerenze. Il
« giurista, quando studierà la teoria dei còmpiti dello
« Stato, distinguerà quello giuridico da quello sociale, af-
« fermerà che le condizioni dello Stato moderno rendono
« un tale còmpito sociale *necessario*, e proclamerà la ne-
« cessità di provvedervi; il postulato dello Stein avrà così
« avuto il suo pieno effetto, nè può logicamente preten-
« dersi altro.

« Il ritenere che un solo nesso così generico trasformi
« in giuridica una materia che per sè non lo è, porterebbe
« a questa conseguenza, dallo Stein certamente non vo-
« luta, cioè che tutte le scienze politiche, economiche e
« sociali diventerebbero altresì giuridiche ».

Quale carattere ha dunque per l'Orlando tutta quella
materia risguardante gli istituti, onde l'azione sociale dello
Stato si attua ?

« Ecco : « Tutto ciò che costituisce il contenuto econo-
« mico o sociale dell'istituto formerà parte della scienza
« dell'amministrazione, che resterà quindi una scienza
« eminentemente sociale e non giuridica. Ma in quanto
« l'ingerenza dello Stato assume poi, sia pure derivata-
« mente, forme giuridiche, è naturale ed è conforme ad
« una buona logica sistematica, che essa rientri nel campo
« d'una scienza giuridica la quale non può essere che il
« Diritto amministrativo (1) ».

Epperò secondo l'Orlando, il Diritto amministrativo
sociale o, per meglio dire, la materia che a questa trattazione corrisponde, non ha natura e fondamento giuridico, ma sociale, ed ha solamente per derivazione un contenuto di portata giuridica.

A chi abbia per avventura conoscenza del nostro pre
cedente lavoro (2), non tornerà la nostra opinione in contrario nuova. Se non che in quel lavoro d'indole generica
abbiamo potuto appena accennare ciò che in questo ci
proponiamo ampiamente svolgere e dimostrare.

Per ciò che riguarda questa quistione noi siamo d'accordo in conclusione con lo Stein nell'assegnare al Diritto amministrativo sociale natura e fondamento giuridico, pur divergendo da lui nella giustificazione del nostro
modo di pensare.

La onnipotenza dello Stato che pel solo fatto del suo
intervento mutasse in giuridici i rapporti sociali, non po-

---

(1) ORLANDO, *Principii di Diritto amm.* Ediz. cit., p. 41,
n. 53.

(2) *Prenozioni* cit., Capit. VI, pp. 33-37.

trebbe essere, ammessa da noi italiani che non siamo mai stati rei di statolatria, come i tedeschi.

Secondo noi la giustificazione della natura giuridica e del fondamento giuridico del Diritto amministrativo sociale è da trovarsi in ben altre ragioni più essenziali. Bisogna all'uopo partire da una distinzione fondamentale tra diritto assoluto e diritto positivo.

E preliminarmente occorre notare che il diritto assoluto; sinonimo di giustizia assoluta, è una mera concezione dello spirito umano. Il diritto scritto o positivo, anche nei suoi più remoti primordii, non è stato mai diritto assoluto, perocchè questo — che fa il suo centro dell'io individuale — doveva essere necessariamente modificato dalle influenze della vita sociale, effetto dell'evoluzione delle comuni tendenze egoistiche in tendenze ego-altruistiche.

Siccome però le Società primitive erano le più vicine all'egoismo animale puro, solo in esse possiamo trovare gli esempii che forse più si approssimano alle manifestazioni del diritto assoluto. Informino per tutti i barbari diritti che avevano i creditori sul corpo del debitore e le leggi del taglione.

Man mano però che nella vita sociale si è andata sviluppando la solidarietà tra i consociati, per effetto dell'avanzata evoluzione delle tendenze egoistiche in tendenze sempre più ego-altruistiche, anche le regole del diritto si sono andate allontanando passo passo dall'ideale del diritto assoluto, che è rimasto e rimarrà sempre una mera concezione della mente umana filosofeggiante.

Un canone di diritto assoluto — per esempio — sarebbe questo: il debitore deve pagare il suo debito in qualunque modo; egli ne deve rispondere su tutti indistintamente i suoi beni immobili e mobili, e perfino sulla sua stessa persona.

Giustissima, sotto un aspetto logico, la massima, ma inapplicabile in fatto, perchè: *summum jus summa injuria*.

Di riscontro a cotesta massima di diritto assoluto, ecco altri principii di equità naturale.

Se il creditore ha diritto ad essere pagato, il debitore ha diritto alla propria libertà, della quale non dev'essere privato, per non essere messo nella impossibilità di soddisfare il debito col frutto del suo lavoro. Il debitore inoltre non può essere privato degli oggetti necessarii alla più stretta sussistenza, nonché dei mezzi materiali di lavoro; perocché il diritto alla sussistenza, alla libertà e al lavoro sono diritti naturali preesistenti a quello civile del creditore.

A questi santi principii s'informano le legislazioni delle Società civili. Or le relative leggi, le dottrine che tali leggi studiano, hanno natura e fondamento giuridico o hanno semplicemente un contenuto sociale di portata giuridica? Ma allora tutto il Diritto civile e tutto il Diritto penale avrebbero un contenuto sociale di portata giuridica, e non una vera e propria natura giuridica e fondamento giuridico.

Perché mai adunque dovremmo, nella determinazione delle materie giuridiche, partire dal presupposto di un diritto assoluto ch'è semplicemente un'astrazione di filosofi? Il diritto, il diritto positivo, è quello che si manifesta nella Società, e non hanno utilità, nè pratica, nè teorica, distinzioni che pigliano il loro punto di partenza da trascendentali concezioni di diritti ideali che in natura non sono.

E, per venire più da vicino al nostro tema, osserveremo che il nostro secolo passerà alla storia pel suo caratteristico movimento a favore della cosiddetta legislazione sociale, richiesta dal sempre crescente sviluppo della solidarietà e dell'affratellamento umano. Questa legislazione appunto è l'oggetto di studio del Diritto amministrativo sociale. Vediamo quale ne sia il contenuto.

Gli scopi dello Stato, si dice, si riferiscono oggidi a triplice oggetto: al diritto, alla prosperità e alla coltura (1).

_____

(1) F. von Holtzendorff, *Die principien der Politik*. Berlin 1869, pp. 215-223.

Non basta più che lo Stato proclami norme di diritto privato (civile e commerciale) e di diritto penale; è mestieri ch'esso regoli anche la pubblica prosperità e la coltura pubblica : d'onde una serie di leggi in materia antropologica, economica, spirituale.

Queste leggi hanno esse natura e fondamento giuridico ? Indubiamente sì, secondo noi. O per lo meno noi non vediamo alcuna differenza tra le leggi di diritto privato e le leggi di diritto sociale. Sia nelle une sia nelle altre noi troviamo un contenuto estraneo ai principii puri di diritto, e questi ne formano la parte, diremmo così, esterna, l'involucro.

Abbiamo citato—in tema di diritto privato—l'esempio delle disposizioni legislative, che inibiscono l'arresto personale per debiti (1) e il pignoramento di alcuni mobili indispensabili al creditore (2). E possiamo riportarne ben altre.

Così sarebbe di stretto diritto che il possessore senza giusto titolo restituisse sempre l'oggetto del suo illegale possesso al vero proprietario, e, in generale, che chiunque avesse un diritto potesse farlo in qualunque tempo valere; ma ragioni sociali, importantissime per l'ordine pubblico, hanno fatto prevalere l'istituto della prescrizione (3).

E lo stesso ragionamento potrebbe ripetersi per l'espropriazione in causa di pubblica utilità , per le restrizioni apportate dalla legge in ordine alle successioni testamentarie (4), e così via.

(1) Vedi la legge 6 Dicembre 1877 abolitiva dell'arresto personale, già regolato dagli art. 750-777 del nostro Codice di Procedura civile.

(2) Art. 585, 586, 588, 589, 591, 592 Codice di Procedura civile; art. 36 e 45 della Legge 15 Marzo 1864 sui sequestri degli stipendii e pensioni; art. 351-354 della Legge 20 Marzo 1865 sui lavori pubblici.

(3) Art. 309, 666 e segg., 2106, 2135-2147 *Codice civile;* articoli 113, 475, 678, 915, 916-926 *Codice di Commercio.*

(4) Art. 767, 768-773, 805 e segg. *Codice Civile.*

In questi e altri casi, che per brevità omettiamo, troviamo adunque un contenuto sociale, arbitrario, mutevole,
in leggi che pur tuttavia hanno natura e fondamento giuridico, per universale consenso. Diceva bene adunque
Guido Iona (1) che l'elemento sociale ritrovasi in tutte le
leggi ed è solo quistione di quantità.

Non di meno niuno si è mai sognato di negare che la
legislazione privata abbia natura e fondamento giuridico;
e ciò perchè le leggi di diritto privato sono informate ai
supremi canoni del diritto puro, meno qualche lieve deroga di convenienza sociale.

Or forse che anche la legislazione sociale, che è oggetto del Diritto amministrativo sociale, non è informata
ai supremi canoni del diritto ?

Quando lo Stato dichiara l'istruzione primaria obbligatoria, limitando la libertà del volere paterno ; quando
disciplina il lavoro delle donne e dei fanciulli, limitando la libertà personale e quella d'industria; quando ordina il regime forestale, limitando il diritto di proprietà, non è
forse l'azione dello Stato informata ai supremi principii
del diritto ?

Infatti, in che differisce in questo caso l'azione statale
da quello in cui limita i diritti del creditore, del proprietario, del testatore e simili ? Tanto nell'uno quanto nel-
l'altro caso riscontriamo una deroga al diritto privato
nell'interesse o dell'equità o del diritto sociale.

Il quantitativo poi dell'elemento sociale, che entra a
far parte dell'istituto giuridico, non ha valore nella determinazione logica del suo fondamento giuridico. Perocchè la valutazione quantitativa dell'elemento sociale di
pende dalle temporanee condizioni sociali, e varia con esse.
In una data epoca di civiltà—a cagion d'esempio—entrerà
a far parte di un istituto giuridico la sanzione del diritto
che anche il debitore insolvibile ha alla propria vita, alla
propria libertà personale, agli oggetti più necessarii alla

(1) *Il metodo nello studio del Diritto Pubblico*. (Nella *Rivista
di Diritto Pubblico*. Bologna, 1889. Anno I, Fasc. 1°, p. 28).

vita e al lavoro, per cui se ne vieta il pignoramento da parte del creditore. In un'altra epoca di più avanzata civiltà si passerà altresì a sanzionare il diritto che l'individuo ha all'istruzione primaria, e conseguentemente lo Stato limiterà la libertà del volere paterno, affinchè per le ore e i giorni destinati alla scuola il figlio di famiglia non venga impiegato ad altri lavori.

E non ci si venga a dire che i còmpiti di prosperità e coltura pubblica non sono essenziali all'idea della personalità dello Stato. Così si cade nello stesso errore di voler porre a base di una scienza e delle sue determinazioni sistematiche uno Stato ideale, come quando si vogliono stabilire i caratteri essenziali d'un istituto giuridico, pigliando le mosse dal presupposto d'un diritto puro, che non esiste.

Ora lo Stato è quel che è, e sbaglia di grosso chi lo considera o qual'era o quale potrebbe essere. Lo Stato è un organismo che, al pari di qualunque altro, subisce le sue continue fasi evolutive. Ogni sua fase è necessaria allo sviluppo della sua personalità e conseguentemente dell'organismo sociale; cosicchè tanto è necessaria la prima quanto l'ultima fase. Benchè idealmente possiamo raffigurarci uno Stato il quale abbia quei soli còmpiti che i nostri avversarii chiamerebbero giuridici per natura o per eccellenza, pure non sarebbe esso nè lo Stato storico nè lo Stato contemporaneo. Così l'embrione di ogni animale è la cellula, ma questa non è alcuno di essi.

E qui giova far osservare, con uno scrittore di cui non rammentiamo più il nome, che non è possibile nemmeno stabilire quali siano le funzioni essenziali dello Stato; poichè non vi ha alcuna di queste funzioni, che, in certi paesi e in determinati momenti, non sia stata esercitata contemporaneamente dallo Stato e dai privati. Si sa difatti che in Ispagna, per esempio, un'associazione privata, la *Santa Ermendad* si era costituita pel mantenimento della polizia, e in Inghilterra non era ancora sparita, nel 1876, l'istituzione dei *Constables* speciali, ossia agenti di polizia, volontarii, temporanei e gratuiti.

E poi, da ciò prescindendo, bisogna fare sempre distinzione tra il principio e l'applicazione. Chiariamo il nostro concetto.

Conveniamo nel credere che lo Stato potrebbe per avventura spogliarsi di alcune missioni sociali, quali la posta, il telegrafo, l'istruzione pubblica, le costruzioni stradali o ferroviarie e simili, poichè tale possibilità si è vista talvolta attuata nell'ordine dei fatti; quantunque lo sviluppo cui tali istituzioni sono oggidì pervenute, non faccia sembrare spediente che lo Stato ne abbandoni l'esercizio, pel molti inconvenienti che ne nascerebbero, senza la guida d'un'azione regolatrice, omogenea e centrale. Tuttavia, ciò posto, nè l'istituto in sè verrebbe materialmente meno, nè sparirebbe o muterebbe il principio che deve ugualmente regolarlo, sia che lo esercisca lo Stato sia che lo esercisse un'associazione di privati. In altri termini, sempre uguali sarebbero le norme e i principii giuridici dell'istituto, come quello ch'è determinato dal diritto della Società in combinazione a quello dello Stato, e non dal fatto materiale di chi lo esercita.

L'istruzione pubblica primaria, ad esempio, non cesserebbe di essere obbligatoria e regolata nei suoi sommi lineamenti e indirizzi dallo Stato, affinchè le associazioni private non se ne facessero un' arma, pel divulgamento di idee contrarie o alla costituzione nazionale o alla religione imperante o ai progressi della scienza e via dicendo; il trasporto delle corrispondenze, dei pacchi e simili, e le trasmissioni dei telegrammi sarebbero sempre soggetti a una tassa e sottoposti ad orarii fissi, che lo Stato dovrebbe stabilire, per la loro armonia, allo scopo delle coincidenze: la costruzione delle strade e delle ferrovie infine dovrebb'essere anch'essa soggetta all'approvazione dello Stato, e affinchè gli scopi dell'industria e del commercio si conciliassero con quelli della difesa nazionale, pel facile trasporto di truppe e di armi, in caso di guerra, e affinchè non si pregiudicassero luoghi strategici. E tutto ciò senza dire che lo Stato dovrebbe sempre intervenire, per le medesime ragioni, nella costruzione delle vie internazionali,

3

e prescindendo altresì dal regolamento dei rapporti giuridici che nascerebbero tra lo Stato e le associazioni private, nonchè tra queste, le Provincie ed i Comuni.

Insomma gli istituti della vita sociale, o in mano allo Stato o in mano a privati, saranno sempre dipendenti dallo Stato, e indispensabili all'idea di Stato, secondo il concetto attuale di questo massimo organismo giuridico, a meno che non si voglia saltare a piè pari il momento evolutivo pel quale passa attualmente la nostra civiltà.

E dobbiamo ancora osservare che la natura e il fondamento giuridico di un istituto di diritto sociale non deve giudicarsi alla stessa stregua di un istituto di diritto privato, poichè con le stesse parole del sommo Bluntschli (1) bisogna dire che « la relazione della legislazione col diritto pubblico non è perfettamente simile alla relazione della stessa col diritto privato. Lo Stato, come legislatore, ha quanto a quello maggior libertà che quanto a questo; perchè quando esso stabilisce le istituzioni di diritto pubblico e i relativi rapporti giuridici, agisce in cose sue proprie, mentre quando per contra emana leggi di diritto privato non regola nulla di suo, bensì i rapporti fra private persone, le quali nè sono opera sua nè intieramente ad esso soggette ».

Pur non di meno il corpo sociale ha anch'esso le sue leggi stabili, i suoi principii giuridici, larghissimi sì, ma certi. Lo Stato, nel determinarli, gode, è vero, in questo caso una maggiore libertà di azione che non in quello in cui determina gli istituti di diritto privato e i conseguenti rapporti, tuttavia anche nella legislazione sociale, l'azione dello Stato ha delle frontiere che non può varcare : esse sono i limiti istessi del diritto.

Epperò, conchiudendo, crediamo, dopo quanto abbiamo detto, poter a buon dritto affermare, che il Diritto amministrativo sociale, a somiglianza di qualunque altro diritto positivo, ha natura e fondamento giuridico, poichè diremo

(1) *Diritto Pubblico Universale*. Traduz. Trono. (Vallardi, Napoli. Vol. I, p. 10).

col Prof. Delogu (1): « La società, considerata come orga-
·nismo, come personalità collettiva, ha leggi naturali proprie che devono essere codificate; è pure certo che queste
leggi sono diverse da quelle che regolano i rapporti privati, come diverso è l'organismo sociale dall'individuale.
Epperò s'intende il concetto di un codice sociale, se ne
sente il bisogno, se ne possono facilmente segnare i limiti
e gli obbietti ».

Questa codificazione dà luogo al diritto pubblico o meglio a una parte del diritto pubblico — la cui natura e il
cui fondamento sono giuridici — perchè il diritto pubblico
altro non è che una derivazione dal diritto in genere, di-
stintosi poi in diritto privato e diritto pubblico. Or queste
due branche, nate dallo stesso tronco, non possono non
avere caratteri uguali, e però come ha natura e fondamento giuridico l'una, così ha parimente natura e fondamento giuridico l'altra. E a convincersene basterà citare
la magistrale definizione con la quale Ulpiano (2) distinse
il diritto privato dal pubblico: « *Publicum jus quod ad
statum rei romanae spectat; privatum quod ad singulorum utilitatem; sunt enim* QUAEDAM PUBLICE UTILIA,
QUAEDAM PRIVATIM ».

Dalla quale definizione chiaramente si ricava che il
diritto privato disciplina i rapporti di privata utilità; il
diritto pubblico all'incontro — del quale il Diritto amministrativo sociale è una branca — ha per obbietto di provvedere al benessere sociale, rappresentato oggidì dalla
prosperità e coltura pubblica, e alla migliore conservazione nonchè al perfezionamento di esso. Laonde tanto il
diritto privato, quanto il diritto pubblico — e per conseguenza il Diritto amministrativo sociale — sono discipline
giuridiche.

E così finalmente crediamo d'avere dimostrato la nostra
tesi.

Nicosia, Agosto 1892.

Dott. Mariano La Via-Bonelli.

(1) *Codice privato e Codice sociale.* Ediz. cit., pp. 12-13.
(2) L. 1, § 2 D. de iust. et jure (1. 1).

LA CORRUZIONE DEI MEMBRI DEL PARLAMENTO
SECONDO IL CODICE PENALE

— ☞ —

(lettera al Direttore)

— ⚓ —

Illustre Collega,

Ella desidera il mio parere sulla questione se il Codice penale preveda la corruzione dei membri del Parlamento. Essa formò il 18 corrente oggetto di una mia conferenza nel mio libero corso esegetico di diritto penale; e Le esporrò brevemente i motivi che mi hanno indotto a ritenere che la questione debba essere risoluta negativamente.

Tutto sta nello esaminare se il membro del Parlamento sia un *pubblico ufficiale* a' sensi del Codice penale, poichè per gli articoli 171 e 172 dello stesso Codice, la *corruzione* è la venalità del *pubblico ufficiale*. E l'affermativa non incontrerebbe difficoltà nel letterale significato della definizione che l'articolo 207 dà del pubblico ufficiale, secondo che segue:

« Per gli effetti della legge penale sono considerati pubblici ufficiali:

1° Coloro che sono rivestiti di pubbliche funzioni, anche temporanee, stipendiate o gratuite, a servizio dello Stato, delle Provincie o dei Comuni, o di un istituto sottoposto per legge alla tutela dello Stato, di una Provincia o di un Comune;

2° i notai;

3° gli agenti della Forza pubblica e gli uscieri addetti all'ordine giudiziario.·

« Ai pubblici ufficiali sono equiparati per gli stessi effetti, i giurati, gli arbitri, i periti, gl'interpreti e i testimoni durante il tempo in cui sono chiamati ad esercitare le loro funzioni ».

Non può cader dubbio, difatti, che i membri del Parlamento sono *rivestiti di pubbliche funzioni*, essendo essi gli organi della funzione legislativa dello Stato, oltre che di quell'altra funzione, che Ella bene chiama *inspettiva* (diritto d'interrogazione, d'interpellanza, d'inchiesta) e che serve a dirigere l'azione del Governo. E perciò stesso sono queste delle funzioni che si esercitano per il conseguimento dei fini dello Stato, cioè *a servizio dello Stato*.

Di fronte ad una nozione tanto ampia qual'è quella contenuta nel n. 1° dell'art. 207, tornano inutili e le specificazioni dei n. 2° e 3°, e la stessa *equiparazione* ai pubblici ufficiali dei giurati, arbitri, periti ed interpreti: dei quali i due primi sono organi principali, gli ultimi due organi subordinati di giustizia.

È una nozione che si distacca da quella comune e convenzionale secondo cui sono intesi pubblici ufficiali i funzionari dell'ordine amministrativo e giudiziario, essendo tale, nella lettera della legge, da comprendere qualunque siasi persona destinata all'esercizio di una pubblica attività, compresi gl'insegnanti ufficiali e i medici condotti, che pur non esercitano un'attività prettamente giuridica dello Stato o del Comune, compresi i membri di un ufficio elettorale: e si noti, del resto, come dai lavori preparatorii risulta che si vollero queste persone incluse nella definizione del Codice.

Nè alla nostra interpretazione osterebbe la disposizione dell'articolo 51 dello Statuto che dice i Senatori e i Deputati insindacabili «per ragione delle opinioni da loro emesse e dei voti dati nelle Camere». Indubbiamente qui insindacabilità importa irresponsabilità, e non politica, essendo la responsabilità politica propria del Gabinetto e dei membri di esso, ma giuridica, oltre che disciplinare (si pensi ai membri del Parlamento impiegati dello Stato che censurino l'opera dei Ministri gerarchicamente loro superiori); ma tale irresponsabilità è nei limiti dell'attività esplicata nelle Camere; non si estende punto a quei fatti che, commessi fuori della Camera, costituiscano per sè medesimi reato. Tale sarebbe il delitto di *corruzione*, il quale si consuma soltanto per essersi ricevuta una retribuzione, o accettata la promessa di una retribuzione non dovuta, per l'esercizio di un atto di ufficio (art. 171, 172). Questo reato è perfetto per la dimostrata venalità del pubblico ufficiale; per cui l'esercizio dell'atto di ufficio non è al medesimo essenziale, bastando che la indebita retribuzione sia stata data o promessa in considerazione di un atto di ufficio. Incriminando dunque la venalità di un membro del Parlamento non si verrebbe ad incriminare l'esercizio della sua funzione parlamentare, come se si avesse a procedere per diffamazione a causa di un discorso pronunziato nella Camera, ma un fatto che avrebbe per causa una opinione emessa o da emettere, un voto dato o da dare nella Camera, senza che per ciò materia del reato fosse l'opinione espressa o il voto dato, coperti dalla immunità parlamentare. Si punirebbe insomma, non *per ragione dell'opinione e del voto parlamentare*, ma per il fatto distinto della *corruzione*. Lo Statuto, per fermo, a tutelare la libertà e l'indipendenza· della funzione parlamentare, l'ha posta sotto l'usbergo della irresponsabilità, non dissimilmente di ciò che è stabilito per l'esercizio della funzione giudiziaria; ma non ha potuto con ciò volere impedire la incriminazione di quegli atti, che lungi dall'essere l'esercizio di una funzione parlamentare ne sono una offesa. La incriminazione di quegli atti servirebbe appunto a quello stesso fine di pubblico interesse a cui è rivolta l'immunità parlamentare.

Se non che, la legge vuol'essere principalmente interpretata con la legge stessa; e l'articolo 207 del Codice penale, se isolatamente considerato può comprendere, per i termini in cui è espresso, i membri del Parlamento, non può ritenersi di averli in fatto compresi, quando si confronta con le altre disposizioni del Codice. Questo difatti parla distintamente dei *pubblici ufficiali* e dei *membri del Parlamento* negli articoli 187, 194, 195 e 200, in cui si tratta dei delitti di violenza, di oltraggio, e di aggravare la responsabilità penale per gli altri delitti commessi a causa dello esercizio di una pubblica funzione; a differenza che negli articoli 168, 169, 170, 171, 172, 173, 175, 176, 177, 178, 180, 181, in cui tratta del peculato, della concussione, della corruzione, dell'abuso di autorità ecc., e non parla che del *pubblico ufficiale* : anche là dove il delitto potrebbe concepirsi commesso da un membro del Parlamento, come è per la corruzione e la concussione. E così nell'articolo 204, della *vendita di fumo*.

Il Codice ha dunque distinto il membro del Parlamento dal pubblico ufficiale; e la distinzione è sistematica : quando la funzione è offesa da coloro stessi che la esercitano, il Codice li chiama *pubblici ufficiali*; quando è offesa in coloro che la esercitano, il Codice considera distintamente la persona del pubblico ufficiale e quella del membro del Parlamento. Nè ciò basta : quando si è voluto, come nell'articolo 365 e nell'articolo 373 che si riferisce al 365, elevare a ragione speciale di aggravamento della pena, nell'omicidio e nella lesione personale, la circostanza di essere stato il delitto commesso a causa dello esercizio di una pubblica funzione, il membro del Parlamento vittima del delitto si. è pur designato distintamente dal pubblico ufficiale, allo stesso modo come per gli altri delitti in genere si fece con l'articolo 200.

E notisi che gli articoli 190 e 196, in cui pur si prevedono dei reati commessi contro gli organi di una pubblica funzione, non fanno parola che del *pubblico ufficiale*, per ciò che i detti reati non possono essere commessi contro un membro del Parlamento. Difatti la *resistenza* (art. 190) non può essere commessa contro un membro del Parlamento, giacchè non può alcuno *opporsi all'adempimento dei suoi doveri di ufficio*, senza usare violenza per impedire o turbare le adunanze o l'esercizio delle funzioni del corpo, o della rappresentanza del corpo, in cui il membro del Parlamento agisce; e allora il fatto cade sotto la sanzione dell'articolo 188, quando non rivesta il carattere più grave del delitto preveduto nell'arcolo 118, 3°. E l' oltraggio preveduto nell'articolo 196 contro un pubblico ufficiale *nell'atto dello esercizio pubblico delle sue funzioni* non potrebbe neanco concernere i membri del Parlamento, giacchè l'*oltraggio* non può commettersi che *in presenza* della persona rivestita di una pubblica funzione (art. 194; e altrove si dice *al suo cospetto*, art. 197); or un membro del Parlamento non può in sua presenza e nello esercizio pubblico delle sue funzioni ricevere oltraggio, poichè nessuna delle persone estranee al Parlamento può trovarsi in presenza di lui quando egli *pubblicamente*, cioè nella Camera, esercita il suo ufficio: gli estranei possono assistere alle discussioni e alle votazioni dalle tribune, senza che si trovino perciò al suo cospetto.

Potrebbe concepirsi questo reato commesso da un usciere di servizio, ma via, il legislatore non ha potuto pensare ad una evenienza di tal natura; come anche non ha certamente pensato alla eventualità bene straordinaria di una inchiesta parlamentare pubblicamente eseguita.

E così pure del solo *pubblico ufficiale* è parola negli articoli 192 e 199, ove si tien proposto dello *eccesso* del pubblico ufficiale, appunto perchè una esorbitanza dai limiti delle proprie attribuzioni è difficilmente concepibile nell'opera di un membro del Parlamento.

Il legislatore ha invece indicato il *membro del Parlamento* accanto al *pubblico ufficiale*, sempre che il reato può ledere, direttamente o indirettamente, i funzionarii del potere esecutivo o giudiziario, o i membri di un ufficio elettorale, come ancora un membro del Parlamento. È adunque tutto un sistema, costantemente seguìto, per distinguere questo, vale a dire per escluderlo dalla classe dei pubblici ufficiali.

Gli articoli 171 e 172 che prevedono quindi la corruzione dei pubblici ufficiali non prevedono la corruzione dei membri del Parlamento.

E i lavori preparatorii armonizzano con il Codice nel ribadire il proposito del legislatore di escluderla dalle sue ipotesi.

Allorchè, difatti, nella Commissione Reale di revisione del Progetto del 1887 si discuteva l'art. 196, corrispondente all'articolo 207 del Codice, il Commissario Ellero propose che vi fossero mentovati anche i membri del Parlamento, ma la sua proposta fu combattuta e respinta, come risulta dalla parte del verbale (XXIV) che qui trascrivo :

« Ellero. Chiede se non sia il caso di mentovare in quest'articolo anche i *membri del Parlamento.* Fece tale proposta in seno della Sottocommissione, e fu osservato in contrario, che non in tutte le situazioni e in ogni rapporto i membri del Parlamento meritino di essere equiparati ai pubblici ufficiali. Ma ciò importerebbe solo che in dati casi la regola subisse un'espressa eccezione.

« Auriti. Osserva che bisognerebbe ripetere questa esclusione in molte disposizioni particolari ; e ad evitare tali ripetizioni, è meglio il sistema opposto di prevedere caso per caso la qualità di membro del Parlamento, ove può avere importanza agli effetti penali. *Nota che, fra l'altro, si dovrebbe con la proposta Ellero escludere il membro del Parlamento dall'articolo relativo alla corruzione, tenuto conto della insindacabilità de' suoi atti parlamentari.*

« Ellero. Insistendo su la sua proposta, dice che la insindacabilità non esclude che il reato vi sia. Altra cosa è il reato, altra l'immunità parlamentare, che vieta le indagini per constatarlo.

« Nocito. È contrario alla proposta Ellero. Il pubblico ufficiale non appartiene che al potere esecutivo ; e tale carattere di funzioni relative al potere esecutivo hanno gli stessi uffici di giurato, di arbitri, di periti ecc., che si nominano a parte nell'ufficio, non perchè le loro funzioni abbiano natura diversa da quelle degli altri pubblici ufficiali, ma solo perchè temporanee. Il membro del Parlamento invece non esercita una funzione relativa al potere esecutivo, ma un ufficio di carattere puramente legislativo.

« *Posta a' voti la proposta Ellero, non è approvata* ».

E qui noto per incidente come non si possa intendere con l'onor. Ellero un reato non constatabile, privo, cioè di sanzione; e ricordo quello che già ho detto, vale a dire che la nozione del pubblico ufficiale è per l'articolo 207 del Codice realmente più estesa di quella voluta dall'onorevole Nocito. Resta sola ragione apprezzabile per determinare la esclusione dei membri del Parlamento, quella espressa dall'on. Auriti, della insindacabilità degli atti parlamentari. E questa io credo di aver dimostrato non applicabile al caso nostro.

La conclusione è che il nostro Codice penale non ha preveduta come reato la corruzione dei membri del Parlamento; al contrario di ciò che è statuito nel § 109 del Codice penale per l'Impero germanico con la seguente disposizione generale:

« Chiunque in un pubblico affare compra o vende un voto, è punito con la carcere da un mese a due anni; può anche essere decretata la privazione dei diritti civici onorifici ».

Ed è una omissione tanto più deplorevole, in quanto che, se da una parte lo Statuto non è, come io credo, di ostacolo alla incriminazione della venalità di un membro del Parlamento, dall'altra parte questa è ben più perniciosa ancora che la venalità dei funzionarii di una pubblica amministrazione, perchè non si esercita in un determinato affare, ma in affari di ordine generale, ed estende pertanto i suoi effetti nocivi a tutta la nazione, gettando in pari tempo il discredito sulle istituzioni.

Palermo 26 febbraio 1893.

Prof. Giovan Battista Impallomeni.

ECCESSO DI POTERE E VIOLAZIONE DI LEGGE

come mezzi d' impugnativa
avanti la giurisdizione amministrativa di annullamento

———◇◆◇———

I. Della efficacia delle leggi — Della illegittimità in
atti amministrativi.

I. La legge che in senso obiettivo equivale a diritto (1),
contiene una norma di agire : effettivamente la stessa talora ha la virtù di costituire l'idea della iniziativa che il
privato o l'autorità amministrativa in determinate circostanze è obbligata a porre in atto, talora invece, e questo
è il caso più frequente, del limite entro il quale le loro
azioni devono essere ristrette : tale diversa efficacia ha la
sua spiegazione nella natura medesima delle materie che
la legge governa e in eguale modo si nota e nel diritto
pubblico e in quello privato, le cui disposizioni sono dirette a comandare o a vietare un determinato fatto. La
Romana Sapienza per bocca del giureconsulto Modestino,
già insegnava : « *Legis virtus haec est: imperare, vetare,*
permittere, punire» (2): ma la prescrizione che minaccia una
pena, in sè pur sempre contiene un comando e quella che
accorda un permesso, non ha vero contenuto giuridico
poichè la sua funzione è meramente negativa e, il più
delle volte, è destinata ad affermare lo impero della nuova
legge in senso intieramente opposto a quello della legge
anteriore, se non a vietare tutto ciò che non è esplicitamente permesso. In epoca più recente quel diligentissimo
cultore del diritto pubblico che fu il barone di Holtzendorff,
considerando la legge in rapporto al Governo vedeva nella
medesima predominare tre caratteri (3): in verità, a suo dire,
la legge è *proibitiva* e cioè destinata a impedire che una

---

(1) MANTELLINI. *I conflitti di attribuzioni.* Firenze, 1878, 44.
(2) L. 7, D. de legg. 1, 3. Windscheid, *Diritto delle Pandette*
(trad. Fadda e Bensa), Torino. 1887, 80. Il grande romanista aggiunge una categoria di norme dichiarative o negative.
(3) *Principes de la politique.* Paris 1888. Parte 2ª 11, 32.

azione si verifichi, o *costitutiva* e cioè avente lo scopo di
moderare la formazione e la costituzione di certi organi,
o infine *permissiva* e cioè diretta ad accordare piena tol-
leranza al riguardo di certe iniziative : ma non parmi che
questa classificazione delle leggi sia tale da far dimenticare quella classica del diritto Romano e assai meno da
formare assioma nella scienza nostra : le leggi *costitutive*
sono una specie di quelle imperative che possono avere
un contenuto ben diverso dalle norme che si riferiscono
alla organizzazione di un ente, servizio o corpo di ragione
pubblica o privata : ora non certo conviene abbandonare
una teoria che bene coglie la natura di tutto un genere
di leggi per erigere in categoria a sè una specie, che forse
non è neanche la più notevole : non accettiamo per le ragioni già svolte che si faccia una speciale menzione delle
leggi permissive. Però il difetto maggiore della teoria
del Holtzendorff lo si ritrova nella deficienza di una categoria di leggi imperative : in verità abbondano nel diritto, specie in quello pubblico, le disposizioni che impongono allo Stato o ad altro ente una determinata azione,
ma a quale delle specie menzionate appartengono ? Ad
esempio la legge impone ai Comuni l'obbligo di iscrivere
nel loro bilancio le somme occorrenti per certe spese;
tale disposizione non è certo nè proibitiva, nè costitutiva,
nè permissiva, ma imperativa.

Perciò crediamo di dovere insistere in quanto abbiamo
detto superiormente : la legge è o *imperativa* o *limita-
tiva :* a queste due specie si può ridurre in ogni caso la
sua efficacia.

II. Le regole che guidano o limitano l'azione amministrativa non ritrovansi per lo più nelle leggi civili ma in
quel complesso di principii che si riferiscono all'andamento
e governo della cosa pubblica, o meglio, dei fini proprii
dello Stato e degli organi destinati a raggiungerli , *quod
ad statum rei publicae pertinet.* È concetto attualmente
repudiato dalla dottrina quello della scuola che sostiene
essere puro còmpito dell'amministrazione l'eseguire le
leggi, mentre è certo che la sua missione non può essere
ristretta a un limite così angusto, ma si estende per ne-

cessità inesorabile di cose, per il bisogno stesso della conservazione nello Stato, al conseguimento di quei fini d'ordine generale che le leggi gli assegnano, pure determinando i mezzi, le forme e le circostanze in cui i fini debbono essere raggiunti; la legge non si riferisce a un determinato caso, ma a tutta una serie dello stesso genere. Forsechè si può seriamente dire che il prefetto eseguisce la legge o non piuttosto attende al conseguimento dell'utile pubblico, allorquando sopra istanza della parte interessata, pronunzia l'espropriazione di un fondo ? E così accade nel maggiore numero dei casi; la legge autorizza il funzionario pubblico ad emettere un determinato provvedimento: lo scopo che lo stesso si propone, non è l'esecuzione della legge, ma il conseguimento del bene pubblico (1): se la legge ha una relazione coll'atto amministrativo, questa non è di causa efficiente ad effetto, ma di puro comando o limite.

Ma a lato della regola generale, vi ha pure la eccezione: vi è senza dubbio un ristretto numero di leggi che fissando le modalità tutte di una certa intrapresa, ad esempio, della costruzione di una ferrovia, all'amministrazione lasciano la sola cura di eseguirle: allora l'atto amministrativo che ne deriva ripete nella legge la sua causa: noteremo che non senza ragione alcuni pubblicisti negano a queste leggi tale appellativo in senso proprio poichè la loro relazione con un solo fatto, meglio le fa ascrivere nel novero delle disposizioni regolamentarie.

III. Tali principii generali si applicano non solo alle leggi, ma ancora ai regolamenti che fatti o per delegazione del potere legislativo o pei poteri che sono proprii all'amministrazione, contengono norme giuridiche (2), le quali, come meglio si vedrà in seguito, fanno parte del diritto obiettivo e almeno *titulo justitiae*, reclamano dall'autorità amministrativa osservanza e rispetto.

(1) Conforme è l'opinione dello Stengel : si veda nella *Zeitscrift für die gesammte Staatswissenschaft*, Tübingen, 1882, il lavoro col titolo *Begriff, Umfang und System des Verwaltungsrechts pag. 223.*

(2) BLUNTSCHLI, *Allgemeines Staatsrecht.* München, 1857, I, 456, II, 106.

·: La legge deve in ogni caso essere osservata dall'am-
·ministrazione : se per avventura accade che un atto o
provvedimento della medesima violi la legge in qualsiasi
modo e sotto qualsiasi rapporto obiettivo e subiettivo, diciamo che è affetto dal vizio di illegittimità : illegittimità
significa qualunque dissonanza della iniziativa di chi amministra, dalla lettera e dallo spirito della legge (1). Data
la diversa natura della norma in questa contenuta, è u-
gualmente illegittimo il contegno di chi mentre deve eseguire un atto o provvedimento vi si rifiuta, come di chi
lo fa, mentre o non lo poteva fare in alcun modo o non
in quelle forme e circostanze : è poi ripugnante allo spirito della legge quell'atto che pur essendo emesso dal funzionario competente e nelle forme e modi indicati dalla
legge, non è diretto al fine che la medesima gli ha assegnato : tale principio si applica allorquando il fine della
legge è da implicita o espressa disposizione accertato, ma
pure trova luogo nelle stesse facoltà discrezionali attri-

(1) Conforme è la definizione data dal Meucci nelle sue Istituzioni 1. Roma 1879, pag. 103 : « La legittimità dell'atto, ossia
la sua conformità alla legge si riferisce o alla competenza del-
l'autorità, o alle condizioni, o ai limiti, o alle forme ». In senso
identico adopera tale vocabolo l'art. 12 della legge 2 Giugno 1889
sul Consiglio di Stato : appare quindi mancante di fondamento
la distinzione a questo proposito fatta dalla Corte d'Appello di
Macerata colle seguenti frasi : « Dicesi *legittimo* un atto, quando
il funzionario che gli dà vita ha dalla legge il potere di farlo
e questo atto dicesi ancora *legale* quando è stato fatto nei termini preveduti dalla legge. La *legittimità* di un atto riguarda
la potenza di farlo : la *legalità* l'uso del potere » (Decisione 23
Giugno 1890. Venturini e Economato Generale dei Beneficii Vacanti. Foro It. 1. 1890 pag. 1206). La distinzione tra legalità e
legittimità è per quanto noi sappiamo, nuova e non appoggiata
nella dottrina e nella giurisprudenza : e se pure si palesa necessario il tenere separato il vizio della violazione di legge al
riguardo del potere, da quello al riguardo delle forme e modi,
non si deve provvedere a tale bisogno, urtando contro principii
consacrati dalla tradizione e dal comune avviso degli scrittori.

buite all'amministrazione, se l'agente o funzionario pubblico motiva il suo provvedimento con ragioni erronee o ripugnanti al diritto.

Non diversamente accade nel diritto civile, che ha col diritto amministrativo comuni principii di ragione, ove si tenga conto delle intrinseche differenze che intercedono tra queste due scienze: se la legge autorizza un'azione ma in vista di un fine che nomina e questo manca, la medesima (azione), quand'anche in altro modo non leda il diritto, lo viola perchè non ispirata al fine che ne costituisce la ragione di essere. L'efficacia del principio si mostra specialmente nei dibattiti giudiziarii: Tizio domanda avanti al giudice di essere autorizzato a condurre acqua al suo fondo attraverso gli immobili dei confinanti: non v'ha dubbio che, se sussiste il fine industriale o agricolo che a senso dell'art. 598 del Cod. Civ. gli conferisce tale diritto, avrà l'autorizzazione del magistrato: ma se questo fine non sussiste, se invece di destinare l'acqua ad uso della irrigazione delle sue terre, la destina ad uno scopo voluttuario, per esempio alla formazione di cascate in un suo parco, la sua azione manca di base: così anche a senso dell'art. 578 chi vuole aprire una sorgente nel suo fondo deve oltre le distanze stabilite dalla legge osservare quelle maggiori ed eseguire le opere richieste affinchè non ne derivi nocumento alle sorgenti, capi od aste di fonte a cui altra persona già abbia diritto; poichè se il magistrato avesse prove che suo intento fu di emungere la sorgente del vicino, la sua iniziativa che in se stessa è conforme alla legge, diventa illegittima e deve essere repressa. Di questo delicato argomento basti avere dato un cenno, nel corso del lavoro ne tratteremo con migliore agio.

IV. Varie sono le specie d'illegittimità o violazioni di legge derivanti da un atto o provvedimento amministrativo. a) L'atto stesso può essere assolutamente contradittorio alla disposizione della legge, o perchè questa, mentre l'amministrazione vi si rifiuta, le imponga di agire o perchè voglia che non agisca. b) L'atto in se legittimo non rientra nella competenza di quel determinato funzionario.

c) Può non essere lecito con quelle forme e modalità.

d) L'atto legittimo sotto ogni rapporto reale e personale, può avere una causa non conforme alla legge o essere indirizzato a fine dalla legge non voluto. Quali di queste forme tipiche d'illegittimità si riferisce alla mancanza di facoltà nel funzionario, e quali alle modalità dell'uso del potere a questo dalla legge conferito? Premettiamo un'osservazione che bisogna in questa difficile materia avere presente: una risposta assoluta non è spesso possibile e la teoria a prima vista più esatta e seducente, in pratica sotto qualche punto di considerazione si palesa erronea: la prima e seconda specie si riferiscono a un difetto di facoltà, costituiscono quasi un vizio *personale, soggettivo :* la terza e la quarta riguardano l'uso del potere e costituiscono un vizio *reale* o *oggettivo*.

Per ultimo è facile scorgere che il vizio soggettivo di illegittimità comprende in se quello oggettivo, ma non è ugualmente vera la proposizione reciproca.

II. Dei mezzi coi quali l'illegittimità è repressa.

Importa moltissimo che la legge sia osservata non solo dai cittadini ma anche dalla pubblica amministrazione, la quale già avendo una vastissima sfera di attività, continuamente accenna a doverla aumentare ed è per quasi necessaria conseguenza governata da una serie di leggi, ordinanze, decreti e regolamenti che singolarmente la riguardano. Varie sono le vie aperte a seconda dei casi per reprimere le violazioni del diritto dalla stessa o meglio dai suoi funzionarii commesse : se un diritto fu leso, viene concessa azione avanti i tribunali ordinarii come l'art. 2 della legge 20 Marzo 1865 All. D prescrive ; se invece la lesione riguarda un solo interesse il ricorso è portato avanti la giurisdizione amministrativa nel senso dell'art. 24 della legge 2 Giugno 1889 sulla Riforma del Consiglio di Stato, salvi i casi in cui si apre l'adito al reclamo in merito avanti la stessa IV Sezione e le Giunte Provinciali Amministrative, nonchè in quelli dell'art. 2 della legge 1

Maggio 1890 sull'ordinamento della Giustizia Amministrativa: vi ha poi il ricorso per le ordinarie vie gerarchiche, che mentre non fa ostacolo e non influisce sull'azione esperibile in giudizio è condizione indispensabile per l'articolo 28 della legge organica, alla proponibilità del ricorso innanzi alla IV Sezione. Il ricorso avanti al Re ove, esauriti gli ordinarii mezzi d'impugnativa, tenda a combattere la legittimità di atto amministrativo (art. 12 n. 4 della legge organica), rappresentava e pur rappresenta nei casi in cui non si possa adire l'autorità giudiziaria e non siavi ricorso alla IV Sezione, l'ultima tutela dalla legge accordata allo interesse del cittadino. Ma allo esperimento del ricorso in sede graziosa non sono spesso allegati termini o formalità indeclinabili, mentre sonvene sempre per quello esperibile avanti alla giurisdizione amministrativa e talvolta non ne mancano per la stessa azione da promuoversi avanti i tribunali.

Di quale e quanta efficacia sia nel campo del diritto oggettivo la tutela esercitata dalla giurisdizione amministrativa di annullamento abbiamo già dimostrato (1): ora intendiamo di dare opera allo studio delle condizioni positive necessarie allo esercizio della medesima, che si riassumono nella incompetenza, eccesso di potere e violazione di legge di cui è parola nell'art. 24 della legge organica, 2 e 19 dell'altra sulla Giustizia Amministrativa.

Facciamo opera vana o che pur avendo un'importanza teorica, non sia praticamente utile? È un dubbio che si è presentato con insistenza alla nostra mente e che abbiamo respinto; se a torto o con ragione il lettore ne sarà giudice.

La controversia che si presenta pregiudiziale alla giurisdizione di annullamento e forma il punto di gravitazione della ricevibilità del ricorso, si riduce in queste parole: vi è illegittimità nell'atto amministrativo, contro cui il ricorso è diretto? Non vi è dubbio che colle tre specie

---

(1) *La giurisdizione amministrativa di annullamento* (Archivio Giuridico. Vol. XLVIII. Fasc. 6).

4

menzionate dall'art. 24 della legge organica e cioè incompetenza, èccesso di potere e violazione di legge, si è voluto comprendere qualsiasi illegittimità (1).

Ma ove sia certo che realmente la legge fu violata, importa precisare quale specifica violazione di legge occorre nel caso in esame.

È poi certo che se dalla sussistenza della illegittimità. dipende la reintegrazione dell'ordine giuridico, dal verificarsi l'una o l'altra specie di violazioni della legge, conseguano certi effetti di non lieve importanza.

È notevole che la turbazione dell'ordine giuridico possa assumere presso le diverse legislazioni una forma diversa: perciò la legge Francese del 3 Maggio 1872 parla solamente dello *excès de pouvoir* come mezzo d'impugnativa nelle domande di annullamento degli atti delle diverse autorità amministrative (1). La legge Austriaca sulla istituzione d'una Corte di Giustizia Amministrativa (22 Ottobre 1875) genericamente accenna che qualsiasi decisione o misura *illegale* apre l'adito al ricorso (art. 2): questo deve essere fondato sopra i mezzi stessi valevoli per un ricorso avanti la nostra Corte di Cassazione e cioè violazione o falsa applicazione della legge (art. 7) ai fatti che risultano dagli atti: la Corte annulla rinviando le parti avanti l'autorità amministrativa che emette un'altra decisione, ma che in questa deve uniformarsi ai principii di diritto stabiliti nella sentenza: al contrario il Consiglio di Stato Francese annulla senza ulteriormente occuparsi dell'affare.

Il nostro diritto positivo nelle già citate disposizioni menziona tre specie d'illegittimità e agli effetti della decisione di annullamento erige la incompetenza a criterio autonomo, poichè l'art. 38 della legge organica stabilisce che se la Sezione IV del Consiglio di Stato accoglie il ricorso per detto motivo, annulla l'atto o provvedimento e rimette la pratica all'autorità competente; se accoglie il ricorso

<hr>

(1) Conf. ARMANNI. *La riforma del Consiglio di Stato*. Assisi 1892, pag. 149.

per altri motivi, annulla, salvo gli ulteriori provvedimenti dell'autorità amministrativa : quindi la Sezione IV nel caso d'incompetenza adempie di fronte al ricorrente una funzione positiva non diversa da quella che l'art. 544 del Cod. di Proc. Civ. affida alla Corte di Cassazione : in verità a senso di questo articolo, quando la Corte cassi per violazione delle norme sulla competenza, statuisce su questa e rimanda la causa all'autorità competente. È poi sommamente commendevole la disposizione del detto art. 38 della legge organica, poichè provvede a rimuovere il pericolo di conflitti di competenza che in tale modo si tolgono nella loro origine, sull'argomento la decisione della IV Sezione come la sentenza della Corte Suprema costituendo cosa giudicata : non diversamente è concepito l'art. 14 della legge sulla Giustizia Amministrativa.

Senonchè l'articolo 19 della medesima legge attribuendo alla Sezione IV il diritto di giudicare quasi come Corte di Cassazione sopra i ricorsi, elevati contro le decisioni delle G. P. A., fa una distinzione del tutto nuova ma appropriata alla natura della materia, e prescrive che se il ricorso viene accolto per violazione di legge, e questa si riferisce alla forma, la Sezione IV annulla la decisione e rimette l'affare alla Giunta Provinciale competente per la rinnovazione del procedimento dell'ultimo atto annullato : *e se trattisi di altra violazione di legge, decide nel merito, ritenuto il fatto stabilito nella decisione impugnata.*

III. **Il ricorso al Re contro la legittimità di atti amministrativi.**

Riferendo letteralmente la parte ultima dell'art. 19 della legge sulla Giustizia Amministrativa, notiamo che la stessa ci dà una prima argomentazione per dimostrare che l'incompetenza e lo eccesso di potere in detto articolo ricordati come mezzo d'impugnativa, altro non sono se non specie o forme della violazione della legge e che l'art. 24 della legge organica, il più comprensivo nella materia,

enumerando tre cause d'illegittimità, ultima delle quali la
stessa violazione di legge, ha inteso di denotare nel modo
più ampio qualsiasi difetto per cui l'atto che s'impugna,
sia contrario alla lettera o allo spirito della legge. È poi
certo che la funzione attribuita alla giurisdizione amministrativa sarebbe stata incompleta ove le fosse sfuggito
il controllo di una qualsiasi violazione di legge, salve le
materie deferite all'autorità giudiziaria e ai tribunali amministrativi speciali : i propugnatori della radicale riforma
sempre dichiararono che la nuova giurisdizione era creata
per togliere in via contenziosa ogni illegalità che sino ad
allora era stata abbandonata al rimedio assai dubbio e del
ricorso in via gerarchica e di quello al Re nel senso del-
l'art. 12-4 della legge organica.

L'art. 24 di questa legge crea nella Sezione IV l'organo
supremo e quasi direi, ordinario della Giustizia Amministrativa : è notevole che questa ha gli stessi poteri conferiti o per meglio esprimermi, conservati come prerogativa dipendente dalla qualità di capo del potere esecutivo, al Re, che per l'art. 12-4 più volte ricordato, decide
dei ricorsi contro la legittimità di provvedimenti amministrativi sui quali siano esaurite e non possono proporsi
domande di riparazione in via gerarchica : come la Corte
di Cassazione è costituita arbitra della reintegrazione e
conservazione del diritto soggettivo, così la Sezione IV
adempie alla funzione di tutelare quello oggettivo : nessuna violazione o falsa applicazione di legge sfugge al-
l'una e all'altra nel campo che è loro assegnato. Tale
conclusione può ricevere una conferma anche dalla storia,
che ci apre adito a fare altre e non meno importanti riflessioni sull'argomento. È noto che nella monarchia Francese il Consiglio di Stato, o meglio, il Re nel suo Consiglio
reprimeva, dovunque si manifestassero, le violazioni di
legge : allo stesso facevano capo i ricorsi diretti contro le
decisioni dei Parlamenti, delle Corti, delle molte giurisdizioni amministrative speciali, e delle varie autorità del-
l'amministrazione : il fatto non è punto strano, ma anzi
spiegabile e ragionevole se si rifletta che il Re, sorgente

unica d'ogni autorità che dopo una virile lotta coi privi-
legii della giustizia signorile o feudale, era riuscito a con-
globare in se stesso, per necessità era costituito arbitro e
moderatore d'ogni diritto pubblico e privato. È perciò che
il Re coadiuvato dal *Conseil privé des parties* cassava le
sentenze dei Parlamenti e delle Corti che male avessero
applicata la legge e sedendo nel vero *Conseil d'Etat* decideva dei ricorsi allo stesso effetto elevati contro le decisioni degli intendenti e dei ministri (1).

Questo sistema che nella monarchia assoluta aveva la
sua ragione di essere, colla medesima scomparve: i principii a cui deve informarsi la monarchia temperata esigono la divisione dei poteri: la giustizia deve essere am-
ministrata da un ordine indipendente quantunque più in
omaggio alla tradizione che a una vera ed effettiva relazione, le Corti Costituzionali dichiarano che è governata
in nome del Re: per conseguenza al *Conseil privé des
parties* viene surrogata la Corte di Cassazione e dopo un
periodo di tempo non breve in cui i pubblicisti Francesi
fanno sottigliezze per distinguere la giustizia delegata ai
tribunali per decidere le controversie di mero diritto privato, da quella riservata al Sovrano nel suo Consiglio di
Stato (2) per decidere delle contestazioni sorgenti da atti
amministrativi, al Consiglio di Stato è riconosciuta in questa materia una propria giurisdizione.

Secondo il diritto nazionale vigente, la Sezione IV ha
mansioni che in tema di annullamento degli atti amministrativi illegali non sono diverse e per l'importanza e per
l'indole loro da quelle del Consiglio di Stato Francese, ma
al Sovrano è pur sempre riservata la facoltà di emettere
in sede graziosa i provvedimenti che la giurisdizione amministrativa ordina dopo lungo dibattito e con pieno contraddittorio delle parti interessate. È logico tale sistema

(1) DARESTE, *Justice Administrative en France*. Paris, 1862,
pag. 70 e 78.

(2) SERRIGNY, *Traité de l'organisation de la competence etc.*
Paris, 1842, vol. 1, cap. I.

cóntro il quale milita l'esempio ponderosissimo della legge Francese e di quella Prussiana che vieta il ricorso in sede graziosa al Sovrano, allorquando è aperto il ricorso in via contenziosa ? Coloro che nelle discussioni parlamentari della legge sul Consiglio di Stato e dell'altra sulla Giustizia Amministrativa oppugnarono l'idea di sopprimere il ricorso in via gerarchica, quando alla persona lesa soccorreva quello in via contenziosa e solo vollero che l'uno impedisse lo esperimento dell'altro con nuova applicazione dell' assioma « electa una via ad alteram non datur recursus » , si fondavano sopra ragioni di economia, poichè senza il minimo dubbio qualsiàsi ricorso diretto al Re presenta una piccola spesa e non manca di una certa garanzia, sull'accoglibilità dello stesso dovendo essere il Consiglio di Stato sentito in adunanza plenaria.

La ragione dell'economia è tale che certo non può essere disconosciuta, ma sonvi motivi di non lieve importanza che de lege condenda ci fanno credere savio il partito di abolire il ricorso al Re quándo la parte interessata può far valere i suoi mezzi di gravame in sede contenziosa.   .

Prima che trionfasse il concetto della necessità di una giurisdizione amministrativa destinata a conservare il rispetto della legge nella sfera d'ogni atto di competeuza del potere esecutivo, il diritto di annullare atti dell' amministrazione interdetto dall' art. 4 della legge 20 marzo 1865, All. E sul Contenzioso all'autorità giudiziaria, fondavasi sull'abusata teoria della responsabilità ministeriale : bene è vero che il Re come capo del potere esecutivo, decideva in ultima istanza dei ricorsi contro la legittimità di atti amministrativi, ma questa sua decisione pur sempre era coperta dalla responsabilità ministeriale: invero il provvedimento emanato in seguito al ricorso, nel nome del Re, poteva essere contrario al parere del Consiglio di Stato, purchè si facesse constare nel decreto reale che si era pure udito il consiglio dei ministri (1). La disposizione

(1) Tale sconcio alcuna volta in pratica si è verificato. Lo

dell'art. 12 della legge organica è in tutto identica a quella
dell'art. 9 della legge soppressa: a nessuno sfugge che in
questa guisa lusingando le parti interessate colla imagine
di una eventuale economia, le si attirano sopra un terreno
infido: la decisione della Sezione IV è sempre obbligatoria
per l'amministrazione, il parere del Consiglio di Stato può
essere disconosciuto: ci si obietterà che vi è un freno nella
responsabilità ministeriale, ma quanto la stessa sia effimera
il nostro paese ognuno se n'è potuto convincere dopo una
prova ben dura.

Per conseguenza ammettiamo noi pure che si debba
avere un giusto riguardo alla economia dei rimedii concessi ai cittadini contro atti amministrativi illegittimi, ma
ci pare che non si possa, ove soccorre un rimedio giurisdizionale, concederne con esempio nuovissimo un altro
di natura affatto diversa: la nostra giurisdizione amministrativa fa parte ed anzi è un organo dei più importanti
che rimane nella sfera del potere esecutivo, però non si
comprende come nello stesso ordine vi siano due autorità
tra le quali possano le parti scegliere per avanzare il loro
ricorso. In vero il ricorso al Re non impedisce a chi è
stato leso in un suo diritto, di adire i tribunali se anche
il parere del Consiglio di Stato gli fu contrario, ma la
stessa conclusione non è vera per chi solo lamenta la violazione di un suo interesse: il solo fatto del ricorso al Re
gli preclude l'adito a quello in sede contenziosa. In ultimo
non crediamo che siano rimossi totalmente certi pericoli
cui dovevasi porre mente: la IV Sezione esercita oltre
tutto anche un compito altamente scientifico e giova a
mantenere unita la giurisprudenza amministrativa; ma è
chiaro che questo vantaggio è reso problematico per es-
serle posto a lato il Consiglio di Stato che in sede plenaria emette il suo avviso sui ricorsi avanzati al Re: e sì
che la utilità di avere una giurisprudenza concorde aveva
dettato un capoverso dell'art. 38, pel quale se la sezione

SPAVENTA nel suo celebre discorso sulla Giustizia Amministrativa ne dà l'esempio delle elezioni di Grottaglie. (V. *Codice della
Giustizia Amministrativa*, Firenze, 1891. pag. 14).

riconosce che il punto di diritto sottoposto alla sua decisione ha dato luogo a precedenti decisioni tra loro difformi, può rinviare con ordinanza la discussione della controversia ad altra seduta plenaria col concorso di nove votanti (1). È poi tolto il pericolo di decisioni contraddittorie sul caso stesso, allorchè essendo varie le parti interessate l'una ricorre al Re e le altre alla Sezione IV ? si applicherà in tale circostanza il sistema della prevenzione o per analogia quello dell' art. 4 del Regolamento 4 giugno 1891 per l'ordinamento della giustizia amministrativa ? non essendo prefisso un termine per il ricorso avanti al Re, potrà l'interessato che vide respinto il suo reclamo dalla IV Sezione, ricorrere per altri motivi al Re ? Dunque il sistema seguito dalla legge nostra che conserva i vecchi rami isteriliti a lato dell'innesto fecondo adattato sul tronco del nostro diritto amministrativo, non è in sè buono e presta luogo a molti e gravi dubbi: il Re nella finzione costituzionale, o meglio, il ministro nella pratica, è inetto a esercitare facoltà giurisdizionali che esigono il contraddittorio delle parti e certe regole di procedura. Nè si dica che chi ricorre, è libero nella scelta dei rimedii, mentre rimane pur sempre vero che il decreto reale emesso in sede graziosa può danneggiare chi si sarebbe avvantaggiato se la controversia si fosse discussa avanti alla IV Sezione, poichè avanti questa gli sarebbe stato lecito presentare un controricorso e far sentire i suoi difensori: il ricorrente in una parola può scegliere il ricorso in sede graziosa come terreno più propizio e ciò torna a danno di altra persona che abbia interesse a non vederne accolte le istanze (2).

(1) Forse il nostro legislatore ebbe presente l'esempio del diritto amministrativo Prussiano: in vero l'art. 29 della legge del 3 luglio 1875 che istituisce il Tribunale Supremo·Amministrativo prescrive che se una sezione vuole abbandonare la massima stabilita in una questione di diritto, dalla decisione anteriore di cui altra sezione o delle sezioni riunite, deve rinviare la pratica e la decisione da prendersi, alla riunione plenaria.

(2) Conf. TIEPOLO, La Giustizia Amministrativa e il discentramento nel periodico Giust. Amm., III, 4ª, pag. 137.

Auguriamo quindi che la legge sia modificata nel senso delle fatte osservazioni.

La giurisdizione amministrativa, come dicevamo, allorchè esplica la facoltà di annullamento , è chiamata a reprimere qualsiasi violazione di legge : se la incompetenza e lo eccesso di potere sono espressamente menzionati, ciò non sta ad indicare che alcuna specie di violazione sia esclusa, ma solo che se ne vollero nominare le due specie più salienti e mentre è certo che il gravame della incompetenza ha una vera individualità, l'avere ricordato lo eccesso di potere, lo si spiega come un omaggio alla tradizione del diritto amministrativo Francese, col quale l'art. 24 ha certo una qualche parentela.

IV. Se la violazione di legge comprenda quella di regolamenti, ordinanze, decreti e circolari.

Se l'incompetenza e l'eccesso di potere sono specie della violazione di legge, è bene evidente che prima di procedere oltre in questo studio, è necessario fissare il significato preciso in cui la parola « legge » è adoperata.

È noto che nello Stato costituzionale viene designata col nome di legge la dichiarazione di una norma giuridica promanante dall'approvazione delle Camere rappresentative e dalla sanzione del Capo dello Stato (art. 3 dello Stat. it.) : ciò costituisce la funzione legislativa in senso stretto (1). Ma la legge è l'unica sorgente del diritto? La Romana Sapienza distingueva varie fonti del diritto , le leggi, i plebisciti, i senatusconsulti, i decreti dei principi e persino le massime fermate dall'autorità dei prudenti : chiamavasi legge in senso stretto, « quod populus Romanus, senatorio magistratu interrogante (veluti consule) constituebat » (2): ma bene il Vinnio notava (3) che « le-

(1) ORLANDO , *Principii di Diritto Costituzionale* . Firenze , 1888, pag. 111. — WINDSCHEID, *Diritto delle Pandette* (trad. Fadda e Bensa), Torino, 1887, pag. 48.

(2) *Inst. Iust.* I-II, § 4.

(3) *Institutionum Commentarius*, Venetis, 1730, pag. 18.

gis nomen hic strictissime accipitur, alias jus omne scrip-
tum significat, opponiturque consuetudini ut passim in li-
bris nostris et apud Cic. 1 de legibus: saepe etiam non
minus late quam vocabulum juris ut et νόμος apud Grae-
cos » : e Cicerone aveva già scritto ritenendo l'equipollenza
della legge al diritto : « inter quos porro est comunio legis,
inter eos comunio juris est » (1).

Si può con certezza asserire che come nel Diritto Romano esistevano varie fonti del diritto, così pure esistono
nel diritto vigente e che pur ora la parola legge viene
spesso adoperata come sinonimo di diritto. I regolamenti
fatti dall' amministrazione nell' orbita dei suoi poteri , ne
vincolano l'iniziativa e quando siano diretti a regolare
rapporti tra i privati in vista della pubblica utilità, hanno
un effetto giuridico nel campo del diritto civile e creano
veri diritti esperibili avanti i tribunali : la conseguenza è
ovvia di fronte al dettato degli art. 436, 573, 574 del Cod.
Civ.; ma il vincolo dei regolamenti o altre disposizioni
aventi carattere generale, avrà o no di sanzione avanti
giudice amministrativo? Rispondiamo tosto affermativamente senza fare distinzione da caso a caso : fino a quando
il regolamento non è revocato, costituisce una norma di
azione per il potere esecutivo e gli interessi che vi si
riannodano, « titolo justitiae » devono ottenere che venga
eseguito in tutta la sua estensione.

Ad ogni modo vogliamo tosto osservare che bisogna
distinguere tra regolamento e regolamento : accade assai
spesso o per poca attitudine delle popolari assemblee a
determinare le particolarità delle leggi o in omaggio alle
conoscenze tecniche di chi posto a capo dell' amministrazione, che venga dal potere legislativo delegata al Governo
del Re la facoltà di provvedere a determinata materia :
in questo caso il regolamento sta in luogo della legge e
quantunque emani da sorgente diversa, ha della legge il
medesimo vigore : non è allora possibile il dubbio, violazione di legge tanto vale, quanto violazione di regolamento :

(1) *De legibus*, I-VII.

non il nome ma la sostanza del vincolo giuridico determina la protezione che gli si deve accordare.

Ma incertezza non può neanche sussistere al riguardo
dei veri regolamenti emanati dall'amministrazione centrale
o locale in forza delle facoltà che o le leggi esplicitamente
le riconoscono o le competono a senso dei principii generali del diritto: abbiamo già detto che sono rivestiti di
una vera efficacia al riguardo dell'amministrazione, che
sono norma della sua iniziativa e costituiscono veri vincoli della sua libertà: tanto basta per dire che le sue
norme in quanto siano conformi a quelle della legge, ne
hanno il vigore e sono con sanzione effettiva garantite di
fronte allo interesse che il privato o un corpo morale giuridico pretenda leso.

Quale è il legittimo fondamento della potestà regolamentare? quello stesso che rende valida la sua azione nei
singoli casi: il diritto di dettare norme regolamentarie è
immediatamente proprio del potere esecutivo: ciò che gli
è lecito in un caso, ben può stabilirlo come norma generale (1): non si può pretendere che la sua missione come
una certa scuola pretende, si restringa a disporre soltanto
per l'applicazione delle leggi. Anzi vi sono bisogni rimessi
alla discrezione del potere esecutivo e fra questi princi-
palissimo quello dell'organizzazione e del governo di uffici
dell'amministrazione interna, che mentre non aspirano a
essere regolati con legge, pur devono seguire una norma
generale e costante che per lo appunto è data dalle disposizioni regolamentarie: finchè il regolamento dura, l'amministrazione ne è vincolata come da fonte sussidiaria del
diritto e se per avventura lo violasse, il suo provvedimento

---

(1) Bene notavà a questo proposito il GNEIST (Verordungs-
recht *nel* Rechtslexicon di Holtzendorff Lpg. 1882 III. 1059). —
Das Verordung ist ein unmittelbarer Ausfluss der Regierungs-
gewalt, vollziehnden Gewalt (des Imperium) beruhend auf dem
Grundsatz, dass was dies Obrigkeit im einzelner Fall zu gebieten oder zu verbieten befugt ist solches sie auch für alle
Fälle gleicher Art gebieten und verbieten mag.

deve essere a senso dell'art. 24 della legge organica, annullato : è principio indiscutibile che la legge differisce dal regolamento per la sua origine e per i modi in cui può essere abolita o revocata, ma se questo si è contenuto nei limiti imposti all'autorità donde emana, e avanti ai tribunali e all' amministrazione, ha un valore identico alla legge (1). Che queste conclusioni siano vere, ben lo dimostrano le disposizioni colle quali il legislatore ha voluto rafforzare e garantire le facoltà regolamentarie spettanti all'amministrazione. Per l'art. 12 n. 1 della legge organica deve essere domandato il parere del Consiglio di Stato sopra tutte le proposte di regolamenti generali di pubblica amministrazione e l'art. 10 faculta il Governo del Re a richiedere allo stesso Consiglio di Stato che formoli quei progetti di legge e di regolamenti che meglio gli piacciano. Per l'art. 167 della legge Comunale e Provinciale) (testo unico approvato con regio Decreto 10 febbraio 1889) sono sottoposti all'approvazione della Giunta Provinciale Amministrativa i regolamenti dei dazi e delle imposte comunali, di edilità e polizia locale attribuiti dalla legge ai Comuni : il prefetto trasmette al competente Ministero copia dei regolamenti approvati dalla Giunta provinciale : il Ministero, udito il Consiglio di Stato, può annullarli in tutto o in parte, in quanto siano contrari alle leggi e *regolamenti generali*, cui in questo modo espressamente viene riconosciuto un effetto identico a quello delle leggi.

Certo i regolamenti sono per lo più stabiliti allo intento di meglio guidare l'azione amministrativa e non per assicurare un vantaggio agli amministrati, ma si dovrà per questo ritenere che l'amministrazione possa non tenere conto delle disposizioni di un regolamento sotto pretesto di averle stabilite in vista di una sua esclusiva utilità e di volere per conseguenza tenerne quel conto che meglio le piace? È tuttora dominante nella scuola il principio che criterio discretivo della competenza giudiziaria da quella amministrativa è il rapporto che intercede tra la norma

(1) GNEIST, op. cit., pag. 1064.

dettata dalla legge e l' interesse che il privato o l'ente
morale giuridico, ha nel vederla rispettata : se la legge ha
riguardo alla *singulorum utilitas*, la violazione della stessa
apre l'adito a un' azione esperibile avanti i tribunali , in
caso diverso l'interesse leso ha la sola tutela del ricorso
avanti alla IV Sezione. Ora il principio che è vero per le
leggi, per una ragione uguale si applica ai regolamenti: e il
Sen. Costa in quella sua lucidissima Relazione (1) alla legge
riformatrice del Consiglio di Stato osservava che si era
manifestato il bisogno di provvedere alla scrupolosa esecuzione di leggi, regolamenti e ordinanze che non avevano
coll'interesse privato un rapporto diretto e pure recla-
mavano una protezione e realmente dalla riforma l'otte-
nevano.

Quanto abbiamo detto dei regolamenti, pure si applica
ai decreti , circolari e istruzioni che contengono norme
riguardanti l'azione amministrativa o comunque un interesse del cittadino: questi atti del potere esecutivo hanno
un tratto successivo, poichè l'amministrazione è tenuta a
uniformarvisi : quando anche contengono una sola disposizione di carattere generale, questa è sufficiente affinchè
in tutti i casi contemplati i pubblici funzionari siano tenuti
a darvi esecuzione.

Gli stessi statuti dei Consorzi e dei Corpi Morali in
cui prevale il fine pubblico e che in qualsiasi guisa sono
sottoposti alla sorveglianza dello Stato , a nostro avviso
fanno parte del diritto e rientrano nel concetto di legge,
intesa in largo senso , come crediamo la si debba intendere a proposito dell'art. 24 della legge organica (2).

Non però si intende che equivalgano a legge circolari,
istruzioni o norme regolamentarie quando altro non contengono se non semplici consigli atti a rendere più agevole o spedita l'azione di chi amministra: il consiglio non

(1) *Relazione per l'ufficio centrale del Senato* , Atti interni
del Senato, sess. 1887-88, n. 6-A.

(2) STENGEL , *Deutsches Verwaltungsrecht* , Stuttgart, 1886 ,
pag. 24. « Acch die Statuten Reglements, Regulative u s. der So-

vincola e lascia per il suo contenuto, libero l'impiegato che agisce, di seguire una via diversa da quella suggerita, se così impongono le circostanze: nè si potrebbe tenerne conto come di mezzo sussidiario per interpretare la legge, poichè questa, una volta emanata, ha pieno vigore di per se stessa e quanto alla stessa si aggiunge, può essere valutato in ragione dell'autorità dalla quale emana: del resto se vi è dubbio nella legge, il potere di toglierlo in modo autentico e decisivo, solamente risiede in chi ne fu l'autore; *cuius est condere, eius est legem interpretari.*

Possiamo quindi conchiudere ritenendo che la violazione di legge di cui parla l'art. 24 della legge organiva, va intesa nel senso più ampio in modo che comprenda ogni fonte del diritto e che pur a proposito delle norme fissate in un regolamento, in un decreto, in circolari etc. si verifica l'eccesso di potere e l'incompetenza.

(*Continua*)   R. Porrini.

gen. Sebsverwaltungskörper, gehören zu den Gesetzen in weiteren Sinne. » L'art. 52 della legge 17 Luglio 1890 sulle istituzioni pubbliche di beneficenza afforza tale interpretazione, statuendo l'annullamento delle deliberazioni e dei provvedimenti delle congregazioni di carità ed altre istituzioni di beneficenza, quando contengano violazioni di leggi *o di regolamenti generali o di statuti speciali aventi forza di legge.*

DIRITTO E POLITICA

NOTA

Il sig. Combothecra, l'autore del pregiato *Essai sur le régime parlementaire*, ha recentemente pubblicato un notevole articolo sul « concetto del diritto e della politica », il quale, anche prescindendo da altri meriti intrinseci, ha quello di riassumere in una felice ed opportuna sintesi le molte. e discordi opinioni degli scrittori sull'arduo e grave argomento. E poichè, a tal proposito, cita anche l'opinione mia (2) e la combatte, credetti opportuno rilevare le obiezioni che egli mi oppone, lieto di avere così un'occasione di tornare su questo punto, vitale per le discipline nostre.

Bisogna premettere un'osservazione. La questione, fra le sue molte e ardue difficoltà, ne presenta una di terminologia scientifica. Voglio dire con ciò che l'espressione « politica » non viene sempre presa nel senso medesimo, ma questo varia da lingua a lingua, da tempo a tempo, e, spesso ancora, da scrittore a scrittore. Si vegga per esempio il senso che vi dà il signor Combothecra: « Peut-on vraiment se représenter plusieurs notions se rapportant à l'Etat en tant que tel, sans que l'on puisse faire de ces différentes notions un tout homogène, quoique, à la rigueur, complexe ? Evidemment, non. Nous pouvons donc concevoir une notion multiple considérant l'Etat en tant

---

(1) *La conception du droit et de la politique*, nella *Revue générale du droit et de la legislation*, t. XV (1891) p. 520, t. XVI (1892), p. 24.

(2) Esposta nei miei *Studi giuridici sul governo parlamentare*, Bologna , 1886, § 2: confr. *Principii di Diritto costituzionale* n. 37-39.

que tel, qui comprend les diverses notions dont nous parlons. A cette notion multiple le nom est tout indiqué, c'est celui de « politique » pag. 536.

Si vede come il Combothecra dà così all'espressione « politica » un senso larghissimo che corrisponderebbe su per giù, a ciò che i tedeschi chiamano « Staatswissenschaft », cioè, meglio che a una scienza, ad un vasto complesso di scienze attinenti allo Stato : concetto che, come ognun vede, si allontana considerevolmente da altri sensi, forse più ancora ricevuti, dell'espressione « politica ».

Una tale incertezza nei termini è più facile deplorare anzichè portarvi rimedio. Poichè l'accordo manca, — ed è questo un fatto che non si può negare, — ne discende che ogni scrittore è, per così dire, autorizzato a servirsi dell'espressione stessa con quella larghezza di apprezzamento che lo stato medesimo della scienza purtroppo permette. Ma da questa considerazione di fatto discende una necessaria conseguenza, cioè, che nell'apprezzare una teorica di uno scrittore, relativamente alla presente materia, bisogna pur mettersi dal punto di vista da questo scrittore seguito : diversamente sarebbe come se due persone volessero discorrere fra loro in due lingue diverse e che reciprocamente non intendono.

Ad ogni modo, io ho per quanto era possibile evitato tale difficoltà, dappoichè la distinzione da me sostenuta non mirava tanto a delineare i limiti divisori fra due scienze cioè fra il « diritto » e la « politica », quanto piuttosto a distinguere, nel seno stesso di una scienza determinata (il Diritto Costituzionale), due *criteri* diversi il cui uso poteva occorrere simultaneamente, e che perciò bisognava distinguere, sotto pena di cadere in gravi equivoci ed errori. Così è che precipuamente io mi soffermava sulla distinzione fra « ordine giuridico » ed « ordine politico ».

Mi è parso necessario rilevare questo punto di vista metodico, appunto perchè esso è essenziale per una piena intelligenza della mia opinione, pure ammettendo che il Combothecra ha sufficientemente apprezzato la differenza dei termini di cui rispettivamente egli ed io ci serviamo.

Il C. riassume la distinzione da me posta fra diritto e politica in quella che passa « tra la verità obbiettiva e la verità subiettiva ». Una tale proposizione sintetica io non nego che risponda sostanzialmente alle idee da me soste- nute: ma, come avviene per tutte le generalizzazioni, può generare probabilmente equivoci, certamente oscurità. Mi si permetta quindi di ricostruire un po' più largamente il mio pensiero, prima di venire all' esame delle obbiezioni che il C. mi rivolge.

Secondo me, adunque, il diritto suppone il regolamento di rapporti determinati : regolamento *necessario* , poichè appunto la *necessità* è una delle caratteristiche del di- ritto. Come anche i giureconsulti romani ne ebbero chiara coscienza , ogni *ius* suppone una *regula* : e noi diciamo che il diritto suppone sempre , come sua essenza , una « norma » regolatrice dei rapporti sociali cui dan luogo così gl' interessi dei singoli (diritto privato) come quelli della collettività considerata in se stessa e nei suoi rapporti coi sudditi (diritto pubblico).

Così avviene che la ricerca o, più esattamente, la de- terminazione di una norma giuridica ci riporta sempre ad una valutazione di elementi costanti ed obbiettivi, i quali ora hanno un contenuto logico per cui, date alcune premesse determinate, bisogna venire a determinate con- seguenze (come avviene nel diritto filosofico o, come più correttamente dicono i tedeschi, diritto *generale*, p. es. *allge- meines Staatsrecht*) ora invece si riferiscono ad una norma non meno fissa ed immutabile, riconosciuta e stabilita dal potere sovrano, ordinariamente sotto forma di *legge* (diritto *positivo*.

La verità superiormente esposta non viene, almeno in teoria, negata da alcuno nella sua ultima parte : nè credo che alcun giurista abbia mai affermato, come regola teo- rica, che la determinazione di una regola di diritto positivo possa avvenire indifferentemente in un modo o in un altro : la legge è *quella che* è : l'interprete non può che ricono- scerla ed applicarla. Ma anche nel campo del diritto ge- nerale, quella nostra proposizione non è men vera, quan-

tunque metodi, secondo me, falsi, ma purtroppo ordinariamente prevalenti, l'abbiano siffattamente offuscata, che
il riconoscerla può essere difficile. Ma, ripeto, non è men
vero che, per esempio, uno Stato esiste *necessariamente*,
che esistendo esso suppone condizioni *necessarie*, cioè un
potere sovrano, che questo potere sovrano, per logica
necessità, ha una determinata natura ed un ordinamento
determinato che si esplica in date istituzioni le quali, pur
variando indefinitamente col variare dei tempi, dei popoli,
del grado di civiltà, sono anch'esse regolate da una serie
di norme logicamente connesse e che ingenerano una serie
di principi logicamente innegabili. Un organismo di istituti
con cui uno Stato si regge è sottoposto a delle *leggi* senza
delle quali non potrebbe sussistere: e queste leggi *sono
quali sono*. Ecco il diritto.

Dall'altra parte non si può negare che queste istituzioni possono variamente adattarsi: e che i popoli, considerati come un complesso d'individui coscienti, possono
sceglierle, *modificarle*, renderle più idonee ai propri bisogni: libertà di scelta che può essere meramente fittizia,
giusta l'eterno ed irresolubile problema del determinismo
e non determinismo (problema che dall'individuo si riper-
cuote nelle collettività), ma che tuttavia lo studioso deve
riconoscere come fatto esternamente innegabile. Certo, l'i-
stituto della rappresentanza è regolato da norme che hanno
una intima ragion logica assoluta; ma non è men vero perciò che un popolo può questo istituto accogliere o pur no:
ed accogliendolo può concedere la rappresentanza a classi
più o meno numerose di cittadini, può richiedere che il
voto sia pubblico o palese, che la rappresentanza sia o
pur no proporzionale, e così via via. Il criterio che presiede a questo esame è la *convenienza*, l'*opportunità*; poichè si tratta di sapere se, date alcune esigenze determinate di un dato popolo, in un dato momento del suo sviluppo, sia preferibile l'una o l'altra forma, l'uno o l'altro
meccanismo. Ecco il criterio politico.

Posta così la dottrina, vediamo che cosa il C. vi ob-
bietta. Egli dice, in primo luogo, che la nostra distinzione

ci trasporta « sur un terrain on ne peut plus glissant »
essendo impossibile determinare il punto preciso « où s'ar-
rête l'objectif et où commence le subjectif ». A questa obbiezione rispondo che, se con essa si vuol dire che la distinzione fra i due criteri sia sempre impossibile, con ciò
si verrebbe a negare, certo, la mia teorica, ma la si neghe-
rebbe senza ragioni : poichè io la distinzione fo e l'ap-
plico, mi potrete dimostrare che sia erronea, ma non mi
dovete dire che è impossibile. Se invece si vuol dire, come
io credo che sia stato pensiero dell'A., che un taglio netto
fra i due criteri non può farsi e che vi sono per così dire
delle « zone grigie » in cui il criterio puramente giuridico
non può riconoscersi distinto da quello politico, allora mi
sarà agevole rispondere che una tale osservazione potrà
esser vera, ma non contradice affatto alla verità della
mia teorica, poichè nelle scienze nostre è quasi sempre
impossibile evitare che fra i criteri diversi vi siano dei
punti di contatto, nei quali la ragione distintiva si confonde e si perde. Le distinzioni scientifiche non sono quasi
mai dei « tagli ».

Ma, dice in secondo luogo il C., « enlever au droit le
côte subjectif, c'est le priver de toute initiative, de tout
essai. Enlever à la politique le côtè objectif, c'est lui enlever tout le champ d'esperiences et de renseignements...
Comment le droit pourrait-il trouver les rapports naturels
et necessaires de l'Etat sans avoir recherchè la variabi-
litè de ces rapports ? A son tour, comment la politique
pourrait-elle ètudier la variabilité sans avoir examinè les
éléments de cette variabilité ? »

Anche qui osservo che questa obbiezione del nostro
autore, presa in senso assoluto, non dice nulla contro la
verità della nostra teorica ; presa in senso relativo, dice
cosa che io stesso ho ammesso.

Certo, i sussidi del diritto sono preziosi alla politica e
così reciprocamente. Ma non è questa una buona ragione per
confondere l'uno con l'altra. Certo, un buon fisico si giova
immensamente della chimica e della matematica : ma non
per questo alcuno ha preteso che la fisica, la chimica e

la matematica formino una scienza unica. In sostanza, la distinzione fra le scienze tutte in tanto si fa in quanto è imperiosamente richiesta dalla divisione del lavoro scientifico : se da questo criterio prescindiamo, non bisognerà solo dire che il giurista non può fare a meno della politica, ma altresì che non potrà fare a meno dell'etica, della storia, della economia, e così procedendo si arriverebbe a tutto lo scibile! Non vale adunque il dire che un ordine scientifico trovi sussidio o, anche, integrazione indispensabile in un altro : ciò non implica che i due ordini debbano confondersi, quando fra di loro esistano delle differenze fatto e di metodo così essenziali, come noi dimostriamo che esistono fra l'ordine giuridico e l'ordine politico.

Che se poi l'osservazione del C. si piglia in un senso relativo, sul senso cioè che fra il diritto e la politica deve esistere distinzione ma non separazione; ciò non contraddice per nulla alle mie idee, anzi io l'ho espressamente riconosciuto nei passi che il C. stesso, con una diligenza di cui gli son grato, cita testualmente nel suo lavoro.

Del resto, se io tengo a difendere quella mia opinione, sono ben lungi dall'attribuirmi il merito di essa. Dirò di più. Io ho dedotto la mia distinzione dal confronto fra la letteratura di diritto pubblico francese ed italiana e quella tedesca. Nelle prime due appunto la fusione, che secondo me è confusione, fra i due criteri, ha fatto sì che ne è venuta fuori una scienza ibrida (il così detto « Diritto costituzionale ») non abbastanza politica e non abbastanza giuridica, mentre gli studi di diritto pubblico positivo sono rimasti in una deplorevole trascuranza. I tedeschi applicano la distinzione e perciò il loro diritto pubblico è adulto e rigoglioso. L'egregio C. consideri un po' le opere di « Deutsches Staatsrecht » del Laband, del Rönne e di tanti altri, e mi dica un po' se esse non sono riuscite delle perfette esposizioni di *principii giuridici*, senza alcuna infiltrazione di quei criteri politici di cui gli scrittori nostri, francesi ed italiani, non arrivano completamente a separarsi, riuscendo così a soffocare, come disgraziatamente è avvenuto, l'organismo giuridico delle scienze nostre.

Ora, io concedo tutto, a patto che mi si conceda questo soltanto: che il «diritto» sia una scienza «giuridica;» così quando questo diritto si chiama «civile» come quando si chiama «costituzionale».

V. E. ORLANDO.

RIVISTA DELLA LEGISLAZIONE STRANIERA

Riassumiamo dall'ultimo volume dell'*Annuaire de Législation Étrangère* :

Portogallo. Si sa che con legge del 3 maggio 1878 si sono stabilite 20 categorie di cittadini nelle quali devono esser scelti i membri ereditarî della Camera dei Pari. Si sa pure che lo stesso venne stabilito colle leggi del 21 e del 24 luglio 1885 per i 50 seggi elettivi da esse istituiti. Col Decreto Legge del 3 febbraio 1890 si sono allargate alcune di quelle categorie : i presidenti della Camera dei Deputati sono eleggibili dopo aver presieduto per tre sessioni di tre mesi almeno, in luogo di quattro ; i Deputati dopo aver seduto per sei sessioni, invece di otto ; i proprietari con una entrata di 2000000 di reis (11,110 L. ital.) invece di 4000000 (22,220 L. ital.) È una maggiore libertà di scelta che si è data al governo ed agli elettori, libertà che può servire tanto in bene che in male. Bisogna però notare che le condizioni stabilite per alcune categorie di ufficiali pubblici erano troppo elevate e che l'abbassamento del censo è da lodarsi perchè bisogna che la ricchezza non abbia troppo influenza nell'andamento degli affari dello Stato. Un decreto del 29 marzo dichiara incompatibile la carica di ministro colla funzione di direttore di qualsiasi impresa che abbia un contratto col governo. Presso di noi tale incompatibilità è indirettamente stabilita perchè la maggior parte dei ministri sono deputati e la legge sulle incompatibilità parlamentari ha introdotta anche quella per ragion d'affari.

Olanda. Una legge del 12 agosto 1890 stabilisce le categorie nelle quali debbono essere scelti i membri di quel senato, che, come si sa, è elettivo. Esse sono analoghe a quelle dell'art. 33 del nostro statuto ma un po' più larghe; così vi sono compresi i professori delle Università ed i sindaci delle città maggiori. Secondo la costituzione, i maggiori censiti sono determinati collo stabilirne uno per ogni 1500 abitanti. I membri del senato devono soddisfare anche alle condizioni di eleggibilità sancite per l'altra camera.

Serbia. Nel 1891 vennero promulgate diverse leggi che ci interessano. Il 30 gennaio si ebbe quella sulla responsabilità dei ministri. Questi possono essere messi in istato d'accusa, sia sulla domanda del re, sia sulla richiesta della Skoupchtina : 1° per tradimento verso la patria e il re ; 2° per violazione della Costituzione e dei diritti da essa garantiti ; 3° per prevaricazione ; 4° per pregiudizio arrecato allo Stato in vista di un interesse personale ; 5° per violazione delle garanzie specialmente previste dalla legge elettorale ; 6° per abuso di potere nell' esecuzione delle leggi, delle decisioni legislative e delle sentenze giudiziarie, dal quale sia derivato pregiudizio allo Stato od ai cittadini ; 7° per false relazioni presentate al re o alla Skoupchtina nazionale. Le pene sono quelle del diritto comune, salvo per alcuni casi, e, per esempio, per la sospensione della Costituzione. La domanda di porre un ministro in istato d'accusa deve esser fatta nei quattro anni consecutivi al fatto che darebbe luogo a responsabilità. L'accusa deve essere pronunciata dalla Skoupchtina colla maggioranza dei due terzi dei voti. Giudica, colle garantie della processura giudiziaria, un tribunale composto di otto membri del Consiglio di Stato e di otto membri della Corte di Cassazione scelti a sorte dalla Skoupchtina.

Una legge del 31 marzo 1891 regola la stampa, che è libera perchè non esistono nè l' autorizzazione, nè l' avvertimento governativo, nè altri simili vincoli. Per le pubblicazioni periodiche esiste l'istituzione del gerente ; però è dichiarata la responsabilità degli scrittori conosciuti. In generale la responsabilità pesa sullo scrittore, il disegnatore, il venditore, sul gerente, sul suo sostituito, sullo stampatore, sul proprietario. L'istruzione e il giudizio nei processi di stampa spetta ai tribunali.

Un'altra legge del 31 marzo 1891 dà norme sulle riunioni e le associazioni. Le riunioni private sono assolutamente libere senza che sia necessario dare alcun avviso
alla pubblica autorità. Libere sono pure le riunioni pubbliche, ma si richiede l'avviso all'autorità di pubblica
sicurezza, sottoscritto da una almeno delle persone che
promuovono la riunione. La legge cura di definire quali
sieno le riunioni privati e quali le pubbliche. Le prime
sono quelle che si fanno sulla convocazione di una persona e alle quali non possono assistere che le persone
specialmente invitate, e quindi una riunione privata suppone sempre un luogo affatto chiuso ; le seconde quelle
accessibili a qualsiasi cittadino e a certe categorie di persone all'uopo convocato. Le riunioni pubbliche sono presiedute dai loro convocatori fino all'elezione della presidenza; i membri della presidenza provvisoria e definitiva
sono responsabili del mantenimento dell'ordine rispettivamente per il tempo che stanno in seggio. Le associazioni
sono libere quando non abbiano uno scopo contrario alla
legge ; non sono soggette ad alcun provvedimento d'indole preventiva. Le società segrete sono vietate.

Stati Uniti. Nel 1890 venne ammesso nell'Unione il
nuovo Stato di Wyoming. Esso è notevole perchè ha conceduto l'elettorato politico alle donne. Siccome la Costituzione federale stabilisce che la Camera dei rappresentanti federale sia nominata dagli elettori politici dei diversi
stati, così si vede come le donne, per l'ammissione del
nuovo Stato, concorrano alla formazione della Camera
dei rappresentanti federale. Esse poi indirettamente in-
fluiscono altresì sulla costituzione del senato e nella nomina del presidente dell'Unione pel modo con cui, secondo la costituzione federale, quello vien formato e questo
eletto.

La tendenza a dare sempre maggiori poteri all'Unione
e a diminuirli ai singoli stati che si andò accentuando
dopo la guerra di secessione e che venne rilevata dal
Gladstone nel suo celebre articolo del 1878, continua.

Nel 1890 la corte suprema pronunciò varie decisioni nelle quali quella tendenza è manifesta.

Australia. Il 22 aprile 1889 la regina d' Inghilterra sanzionava un *bill* approvato dal Parlamento inglese col quale si dava l'autorizzazione alla colonia dell' Australia occidentale di promulgare la Costituzione dai poteri di questa votata. È una legge fondamentale che organizza un governo libero sul modello britannico. Fra le cose notevoli, osserviamo che per l'eleggibilità alla Camera dei Deputati è richiesta la proprietà di un immobile del valore di 12,500 franchi o della rendita annua di 1250, mentre per l'elettorato si domanda l'occupazione di immobili del valore di 2500 franchi o della rendita di 250. Per il Consiglio legislativo, o Senato, bastano le condizioni di eleggibilità stabilite per l'altra Camera, le condizioni per l'elettorato invece sono maggiori, richiedendosi l' occupazione di un immobile del valore netto di 5000 franchi o della rendita di 750. Il numero dei suoi membri è di 15 (1) e fra essi vi deve sempre essere un ministro, il che conferisce alla sua importanza ad impedire i conflitti fra le due assemblee. Sono esclusi dalle due Camere i magistrati, gli ecclesiastici, coloro che hanno contratti col governo, i fornitori dello Stato, gli intraprenditori di lavori pubblici, i membri delle società di ferrovie costrutte colla garanzia dello Stato. I membri dal Consiglio legislativo sono eletti per sei anni; esso si rinnova per terzo ogni due anni. La camera è nominata per quattro anni. Entrambe le assemblee possono essere sciolte o prorogate dal Governatore. I giudici della Corte suprema sono inamovibili come in Inghilterra. Come in questa, è stabilito un fondo consolidato sì per le entrate che per le spese ed accettato il principio che i progetti relativi a spese o a tributi non possano venir discussi se non sono proposti dal governo.

Giov. Battista Ugo.

(1) Quello dell'Assemblea legislativa è di 30. La popolazione della colonia è di 43,698, non compresi gli aborigeni (26,066 uomini, 18,632 donne).

RIVISTA DELLA GIURISPRUDENZA

Espropriazione per causa di utilità pubblica — Se possa dedursi dinanzi la IV Sezione del Consiglio di Stato il difetto dell'elemento della pubblica utilità — Requisiti perchè l'opera possa ritenersi di p. u.

Con sentenza del 27 Settembre 1892 (1) la IV Sezione ha deciso un punto che ci sembra di grave importanza sia in rapporto al tema speciale dell'espropriazione, sia in rapporto ai principii generali del contenzioso amministrativo.

Non era nuova nella giurisprudenza e nella dottrina la quistione se potesse censurarsi, dinanzi il potere giudiziario, il criterio per il quale il provvedimento dell'autorità amministrativa dichiara l'opera di pubblica utilità. Ma si riteneva la opinione negativa: escludendo difatti l'ipotesi di un difetto nelle forme o nella competenza, non poteva disconoscersi che la dichiarazione della pubblica utilità era dalla legge affidata all'autorità amministrativa, ed al prudente apprezzamento di essa.

La stessa quistione si è riproposta dinanzi la IV Sezione, e questa con la sentenza, ripetiamo, importantissima, precedentemente citata, ritiene che il difetto del « pubblico interesse » può costituire un motivo sufficiente per lo annullamento, in sede di IV Sezione, del provvedimento amministrativo che dichiarò la pubblica utilità.

Noi plaudiamo a questa sentenza che ci sembra inspirata ad una maniera larga e liberale di intendere il compito affidato al supremo organo della giustizia amministrativa. In se stessa poi considerando la teoria sudetta, ci pare che essa possa sostenersi brillantemente sulla base dell'articolo 24 della legge organica che rende ammissibile

(1) Vedila nel *Monitore dei Tribunali* 1893 pag. 195.

il reclamo alla IV Sezione non solo per *illegittimità* o *violazione* di legge, ma anche per « *eccesso di potere:* » e nel caso in esame non può disconoscersi che l'amministrazione la quale concede la. dichiarazione di pubblica utilità per un'opera la quale non presenti utile alcuno pel pubblico, commette « un eccesso di potere ». Essa non usa delle facoltà sue pel *fine* e nei *limiti* per cui le furon concesse.

Se da queste semplici osservazioni appare pienamente giustificata l'opinione adottata dalla IV Sezione, dall'altro lato il confronto con la giurisprudenza costante delle corti giudiziarie le quali avevano dichiarato la propria incompetenza, ci pare che presenti un non lieve interesse per la valutazione intrinseca della competenza generale della IV Sezione e ribadisce in noi la vecchia convinzione che, per quanto sottilmente si distingua, l' « eccesso di potere » può riuscire un mezzo indiretto coi quale l'apprezzamento del « merito » sia pure in casi specialissimi ed eccezionali, non vien precluso alla IV Sezione anche giudicante sulla base dell'articolo 24. E di ciò ognuno avrà ragione di rallegrarsi (1).

La stessa decisione dianzi citata esamina anche la quistione se la dichiarazione di pubblica utilità possa concedersi anche quando l'opera, pur mediatamente giovando all'universale, abbia direttamente per iscopo un'interesse privato. La IV Sezione decide affermativamente: ed anche in ciò ci sembra che abbia pienamente ragione; non tanto per il motivo addotto che la legge permette la concessione della dichiarazione anche a un privato, che voglia compiere l'opera di pubblica utilità, ma per il motivo anche più generale cioè che la legge nel parlare di « opera di di pubblica utilità, » non richiese altresì la condizione che questa utilità fosse scopo *esclusivo* dell'opera. E la

(1) Rinviamo il lettore che trovasse deficienti di sviluppi questi nostri « appunti » al finissimo studio pubblicato dal prof. CODACCI PISANELLI sull'*Eccesso di potere nel cont. amm.* (*Giustizia amm.*) Anno III, parte IV, pag. 1 e segg.

lettera della legge si accorda col suo spirito. Se, difatti, un privato proprietario di vasti latifondi volesse costruire una via per riunire punti lontani di essi, e questa via giovasse grandemente anche alle pubbliche comunicazioni, sarebbe assai inconseguente che quest' opera non potesse giovarsi del beneficio dell'espropriazione, sol perchè col vantaggio pubblico concorre, e si vuole anche, predomini, quello di un privato.

A. Longo.

RECENSIONI

GNEIST R., *Il Parlamento inglese nelle sue mutazioni durante il millennio del IX secolo alla fine del XIX secolo*, prima versione it. con prefazione ed appendice di G. COLUCCI. (Livorno, 1892).

L'egregio traduttore di quest'opera importantissima era già noto come uno fra i pochissimi alti funzionarii cui le cure dell'amministrazione attiva non impediscono di coltivare con grande serietà gli studii scientifici. E la traduzione che ora ha pubblicata costituisce per lui un elevato titolo di benemerenza in questo nostro ramo di discipline. Rilevare i pregi e l'importanza dell'opera del celebrato scrittore tedesco, ricordare quale grande e benefica rivoluzione esso abbia compiuta nelle idee dominanti circa l'intelligenza e l'apprezzamento delle istituzioni inglesi, ci pare cosa quasi superflua. Disgraziatamente, l'ostacolo della lingua impediva a moltissimi lo studio di quegli scritti: e il Colucci, rimuovendo tale ostacolo, ha reso un servizio segnalato alla nostra cultura.

La traduzione a taluno è parsa inelegante, qua e la. L'osservazione potrà esser vera, ma l'appunto non sarebbe giustificato. Pretendere delle traduzioni « letterarie » di queste opere equivale a pretendere che un uomo vi dedichi gran parte della sua vita sicché a traduzione finita... l'opera sarebbe antiquata! Difatti, accoppiare perfettamente l'eleganza con la fedeltà al testo e l'una e l'altra con le esigenze del moderno linguaggio scientifico é cosa che rasenta l'impossibile, e, attese le difficoltà che tali lavori presentano, non esitiamo ad affermare che la traduzione del Colucci è assai buona.

• Precede una prefazione del traduttore ricca di utili e importanti contributi e ammirevole per la profonda conoscenza dell'ampia quanto ardua materia.

V. E. O.

H. SPENCER, *La Giustizia* (trad. di SOFIA FORTINI SANTARELLI, con uno studio sul *Sistema etico-giuridico di H. Spencer* per il prof. ICILIO VANNI) Città di Castello, Lapi, 1893).

Anche questa traduzione dell'ultimo lavoro del grande filosofo inglese costituisce un vero servizio reso ai nostri studii.

È noto come gli scritti dello Spencer ad un valore scientifico inestimabile uniscano una grande genialità per cui la loro lettura riesce non solo utile ma gradita. Si aggiunga che questa « Giustizia » presenta un grande interesse non solo pel filosofo e pel giurista ma altresì per la generalità degli uomini colti, essendo pure relativa alla questione dell'individualismo, cioé a dire, alla più grave e terribile quistione che agiti la moderna società. La difesa del principio individualistico — cui risponde il sistema spenceriano — é in quest'ultima opera proseguita con un vigore ed un'energia meravigliosa. All'attenzione degli speciali studiosi di questa *Rivista*, segniamo in ispecie i cap. 16, 17, 18 (diritti di libertà industriale, di credenza e di culto, di parola e di stampa), 22 e segg. (i così detti diritti politici, la natura e le funzioni dello Stato).

Una prefazione era assai opportuna per mettere in grado il il lettore di accordare le idee contenute nel libro con il sistema generale dello Spencer. Di questa prefazione, dovuta al Vanni, diremo semplicemente che é degna di questo nostro eminente giurista, in cui non si sa se lodare di più l'acume e la finezza della critica, la padronanza della materia, l'eleganza, l'efficacia, la lucidità dell'esposizione.

V. E. O.

La science du droit en Grèce (Platon, Aristote, Théofraste) par R. DARESTE, membre de l'Institut, conseiller à la cour de cassation, Paris, 1893, Larose et Forcel. Un vol. in-8°, de 316 pages.

Il sig. Dareste, nell'introduzione al libro superiormente annunziato, avverte che egli si propone di studiare alcune opere « la cui importanza é capitale per la conoscenza del diritto greco e per la scienza del diritto in generale ». Queste opere sono i Dialoghi di Platone sulla Repubblica e le Leggi, i Trattati di Aristotele sulla Costituzione Ateniese e sulla Politica, e finalmente il Trattato delle Leggi di Teofrasto. Ed egli si è limitato a darci delle analisi di un'accuratezza insuperabile, ma sempre libere, avendo riguardo di attenersi, innanzi tutto, alla sostanza delle cose e al pensiero dell'autore. Bisogna anche aggiungere che spesso, in coteste sue analisi, egli tralascia tutto ciò che non ha interesse pel giurista.

L'opera del Dareste ci dimostra ancora una volta che la maggior parte delle quistioni che interessano la moderna civiltà, datano da molto tempo. Le disposizioni legislative che noi attualmente abbiamo o quelle che noi domandiamo, sono già state applicate o reclamate dagli antichi. Così, a Sparta, giusta quanto ci riferisce il nostro A., vi era contro i celibatarii un'azione pubblica che portava con sé l' « atimia »; il principio dell'istruzione uniforme e obbligatoria, il sistema elettorale della rappresentanza proporzionale, l' istituto reazionario della censura su tutti gli scritti, e l'utopia socialista della comunità delle donne sono preconizzati dal divino Platone; in Atene, il diritto di perseguire ogni infrazione delle leggi compete non solo alla parte lesa ma a tutti i cittadini senza eccezione; Aristotele ci fa comprendere come importi studiare quali impieghi possano essere riuniti o cumulati e se debbano essere generali o locali; Teofrasto che il legislatore deve avere di mira i casi che ordinariamente si verificano e non quelli eccezionali i quali non si presentano che una volta o due.

Tali questioni ed una grande quantità di altre, che noi qui non possiamo mentovare, sono state riferite dal Dareste in maniera magistrale e con uno stile chiaro e limpido. Il dotto giureconsulto vi ha aggiunto qua e là delle osservazioni opportune e giuste. Qualche volta tuttavia, l'A. ha spinta la sua discrezione troppo oltre,—specialmente nell'analisi della costituzione ateniese,—limitandosi strettamente a una semplice esposizione.

Noi non avremmo voluto rilevar nulla nel bel lavoro del sig. Dareste Vi abbiamo tuttavia notato un argomento vizioso su cui non possiamo tacere. Il Dareste suppone che Aristotele ragionasse nel modo seguente (pag. 240) : « Considerant l'Etat comme une *société* ordinaire..... Si les hommes se mettent en *société*, ce n'est pas... ni pour faciliter entre eux les écharges et les services, car il suffit pour cela d'un traité entre *deux Etats* ». Ora, perché fra due Stati vi sia un trattato, occorre che lo Stato, — la Società — esista. Conseguentemente, la possibilità di concludere un trattato fra due Stati non varrebbe ad escludere il motivo che si allega per la formazione della società, cioè come un fatto che facilita gli scambii e i servizii fra i cittadini. In realtà poi, il ragionamento di Aristotele, esattamente interpretata non presenta alcun difetto. Il grande filosofo greco ha scritto : καὶ γαρ ἂν Τυῤῥηνοὶ καὶ Καρχηδόνιοι καὶ πάντες, οἷς ἐστι σύμβολα πρὸς ἀλλήλους, ὡς μιᾶς ἂν πολῖται πόλεως ἦσαν (Pol. III, 5). Dunque il sig. Dareste avrebbe, per esempio, dovuto esprimersi

così : poichè basterebbe un trattato fra due Stati per formare
di essi un solo ed unico Stato.
Ginevra, febbraio 1893.

X. S. Combothecra
Docteur en droit.

MARTINI C. *Nozioni elementari di Diritto Costituzionale ed amministrativo*, ad uso degli Istituti tecnici, Vol. I, D. Costituzionale, un vol. in-8°, pag. 100. (Parma, casa editrice Bat-
tei) 1893.

Non siamo mai stati molto convinti dell'utilità dell'insegnamento giuridico negli istituti tecnici. Il diritto, scienza eminentemente tecnica, richiede studii e preparazioni speciali, al
fuori delle quali si possono avere delle *cognizioni* più o meno
esatte, ma non si può dire che si possieda la scienza del dritto.
Attese queste difficoltà inerenti alla natura delle cose, dobbiamo riconoscere che il libro del Martini è abbastanza ben fatto
per lo scopo che si prefigge. Così non si pretenderà di trovarvi
novità di concetti e un metodo rigorosamente scientifico; qua
e là qualche nozione appare non precisa e qualche volta inesatta (come quando p. es. si dice che la promulgazione serve
a « dar pubblicità » alle leggi pag. 51), ma d'altra parte si deve
lodare una sufficiente chiarezza di esposizione, le buone fonti
— comunque limitate — cui l'A. attinse, una opportuna ed equi-
librata trattazione sistematica, pregi che, come dicemmo, rendono il lavoro assai utile per lo scopo speciale cui è destinato.

Dr. R. Barabbino.

NOTIZIE

— Annunziamo due nuove riviste nate col 1893 : *La Scienza
del diritto privato, rivista critica di filosofia giuridica, legislazione e giurisprudenza;* direttori G. D'Aguanno e A. Tortori
(Direzione in Firenze, abb. annuo L. 12); — *Rivista internazionale di Scienze sociali e discipline ausiliarie*, Direzione in Roma,
abb. annuo L. 20).
— Il primo fascicolo della *Zeitschrift für Lit. und Gesch.
der Staatswiss*, contiene gli articoli seguenti :
Dietzel, Prof. Dr. H., Bonn, Beiträge zur Geschichte des So-
zialismus und des Kommunismus I. — Oncken, Prof. Dr. A.,
Bern, Ludwig XVI. und das physiokratische System. — Rabbeno,
Prof. Dr. U., Bologna. Ein neues System der Sozialökonomie
e inoltre larghe recensioni critiche di opere attinenti alla letteratura tedesca, italiana, della Scandinavia e dei Paesi Bassi.

Palermo, Tip. « Lo Statuto », Via Monteleone, 25.

Prof. V. E. ORLANDO—*Direttore responsabile.*

DELLA INCOMPETENZA

ECCESSO DI POTERE E VIOLAZIONE DI LEGGE

come mezzi d'impugnativa

avanti la giurisdizione amministrativa di annullamento

(Cont. e fine, v. f. I, Anno III)

V. Ammessibilità del controllo della giurisdizione amministrativa a riguardo di regolamenti.

È argomento connesso a quello ora esaurito, l'altro non meno importante della facoltà nella giurisdizione amministrativa di annullare regolamenti o decreti aventi efficacia generale: abbiamo veduto che sono queste fonti del diritto e poichè costituiscono un vincolo per l'amministrazione, da questa devono essere rispettate. Pure in pratica talora accade che un regolamento, una circolare, un decreto violino la legge, arrecando offesa a un interesse di privato o di persona morale giuridica: in tale contingenza potrà essere diretto il ricorso contro il regolamento o il decreto, o non converrà invece attaccare il provvedimento emesso in base a questo, domandando che la illegale disposizione non sia applicata? Più ancora, sarà lecito alla Sezione IV o alla G. P. A. di non applicare la disposizione illegale per un qualsiasi effetto?

L'art. 5 della legge sul Contenzioso Amministrativo fa

6

precetto all'autorità giudiziaria di applicare gli atti e regolamenti dell'amministrazione locale e generale, quando
li riconosca conformi alla legge : l'articolo precedente ne
aveva limitato i poteri alla sola *turisdictio sine imperio*,
interdicendole di modificarli o revocarli e in una parola,
attentare comunque alla loro esistenza o modo di essere.
Queste disposizioni che l'una all'altra così strettamente si
collegano, non crediamo che si debbano totalmente, sia pure
per ragione di analogia, applicare alla nostra materia; non
certo la seconda che è letteralmente contraddetta dalla
natura stessa della giurisdizione amministrativa, bensì in
parte la prima che è fatta non solo in contemplazione del
fine di nettamente separare la competenza dell'autorità
giudiziaria da quella amministrativa. Tuttavia la conseguenza non muta : sta in fatto che quando si richiede al
giudice amministrativo di non tenere conto di una norma
illegale di regolamento, allo stesso implicitamente si domanda di applicare la sola legge a cui detta norma è contraria e che consacra l'interesse leso : ora se è in gioco
l'applicabilità della legge e nello stesso tempo quella del
regolamento, non v'ha dubbio che la legge come fonte in-
defettibile del diritto, dovrà avere la preferenza ed il regolamento non essere tenuto in alcun conto : l'ammettere
una diversa soluzione, condurrebbe all'assurdità di costringere il giudice amministrativo a chiudere gli occhi sulla
legge per il solo fatto che esiste un regolamento alla stessa
contrario.

Anzi se si ammettesse che la giurisdizione amministrativa
non può annullare regolamenti, decreti etc., non per questo
sarebbe ragionevole la conseguenza che oppugniamo. È
risaputo che in forza della Costituzione Francese dell'anno
VIII dopo la grande Rivoluzione fu conferita al Senato la
facoltà di annullare le ordinanze e gli atti del potere esecutivo e perfino le leggi che riconoscesse contrarie al diritto nazionale, ma il Senato aveva questa eccezionale facoltà solo quando vi fosse denunzia del tribunato : dalla
circostanza dell'annullamento mancato per qualche tempo
la Cassazione traeva argomento a dedurne che l'ordi-

nanza e regolamenio infetto da eccesso di potere, diven-
tava legale: ma quel conoscitore profondissimo di diritto
pubblico, che fu l'Hello (1), rifletteva che altro è annullare
un atto ed esercitare su esso a titolo superiore una censura diretta e viva che lo annienta, altro è il ricusare di
applicarlo alle persone quando ne deriva un'imposta o
infligge una pena: nel primo caso è un processo fatto
all'atto, è un'azione offensiva spontanea ed indipendente
da qualsiasi litigio, scopo della quale è di vendicare un
principio; nel secondo è un autorità cui certe condanne
sono permesse solo in virtù di atti di un certo carattere
e che non trovando la condizione di rigore nell'atto che
si presenta, niega la chiesta condanna, e la niega entro
il solo limite dei suoi doveri, per l'unica forza d'inerzia
di cui è dotata, senza annullare l'atto, senza giudicarlo,
lasciandolo per quello che vale.

Ora quanto è detto dell'autorità giudiziaria devesi per
eguaglianza di ragioni applicare alla giurisdizione amministrativa che con quella ha comune la missione di applicare la legge e a questa come a pietra di paragone,
confrontare le pretese delle parti: il diritto di valutare
la legalità dell'atto o regolamento di cui si domanda l'applicazione, è così per l'uno come per l'altra, il principio
stesso dei loro doveri e il toglierlo costituirebbe la più
certa negazione di ogni principio di correlazione tra i
mezzi loro concessi ed il fine proposto.

Riesce invece assai più grave la controversia relativa
allo annullamento di decreti e norme regolamentarie
aventi generale efficacia: tale questione dobbiamo risolvere, poichè avendo riconosciuto che i regolamenti sono
una fonte di diritto, preme di stabilire quando tale massima cessa di essere vera in via di eccezione.

Diciamo tosto che è opinione nostra essere l'art. 24
della legge organica applicabile colla sola esclusione degli
atti emananti nell'esercizio del potere politico, a ogni

(1) *Regime Costituzionale* (trad. Vecchi). Firenze 1830 — 1
pag. 83.

provvedimento, qualunque ne sia il nome o il contenuto,
dell'autorità amministrativa.

Ci persuadono ad adottare tale principio la natura e il
fondamento giuridico del regolamento, il carattere delle
facoltà conferite alla Sezione IV.

L' amministrazione ha potestà di emanare norme sia
per l'esecuzione delle leggi, sia per provvedere in materia
di generale interesse dalla legge non direttamente o totalmente contemplate, ma ha un limite che mai può oltrepassare, limite, che è costituito dal diritto nazionale
vigente: i pubblicisti ammettono che possa stabilire come
norme generali quanto le è lecito nei singoli casi: ma se
è tollerato il controllo dello annullamento per i casi speciali, corre *de plano* la conseguenza che non si possa fare
distinzione tra questi e gli atti aventi un contenuto generale: che un atto invece di toccare una persona sola,
tocchi tutta intiera una classe, che invece di riferirsi a
un luogo, riguardi l' intiero territorio nazionale, è circostanza nella materia nostra affatto secondaria, poichè una
sola eccezione dalla legge è fatta e questa si basa sulla
natura intrinseca dell'atto che si impugna, altre non se
ne deve aggiungere: *lex ubi voluit, dixit:* perchè se una
potestà è concessa in eguale modo nei casi singoli e in
quelli generali all'amminisfrazione e pure egualmente negata all'autorità giudiziaria, si dovrà usare trattamento
diverso per la giurisdizione amministrativa? e se questa
può, come si è veduto, non tenere conto di una disposi-
zioue illegale di regolamento, quale difficoltà vi è per la
sua natura affatto diversa da quella dell'autorità giudiziaria, di riconoscerle la potestà di metterla nel nulla? se
le si riconosce la *jurisdictio*, perchè negarle lo *imperium?*
bene lo si nega ai tribunali, non potendo questi ingerirsi
nell'amministrazione, ma come non riconoscerlo alla stessa
che fu creata al precipuo intento di rimediare a tale deficienza?

Ognuno ripete che alla giurisdizione amministrativa
spetta il còmpito di conservare la giustizia nell'amministrazione, ora tale scopo rimarrebbe frustrato se un re-

golamento potesse costituire un vincolo o quasi una barriera insuperabile ai poteri di questa : e a quel prò, mentre pur sempre dovrebbero essere annullati i provvedimenti eseguiti in base alle norme regolamentarie illegali ?

Pare che si obietti l'origine dei tribunali amministrativi che nella legge nostra come secondo il sistema di diritto amministrativo Prussiano, sono non organi separati ma parte integrante della amministrazione : ora, da tale osservazione corrispondente alla verità si trae la conseguenza (1) che le norme regolamentarie siano egualmente vincolatrice per l'amministrazione come per la giurisdizione amministrativa : si aggiunge che il diritto pubblico della Prussia riconosce espressamente nelle Camere il controllo delle facoltà regolamentarie conferite all'amministrazione (2).

Tralasciamo di occuparci della rilevanza di questo fatto che neanche come argomento d'esempio, ha per noi alcun valore: pure basta ricordare quello che l'Hello diceva sulla materia e che sopra abbiamo riferito : i funzionari e gli impiegati pubblici non possono per il dovere della subordinazione gerarchica *entro certi limiti* ribellarsi ed anzi sono obbligati a dare esecuzione a qualsiasi comando, avente carattere speciale o generale del loro superiore, ma ben diversa è la missione di un collegio amministrativo, chiamato a curare la legalità nell'amministrazione : notiamo che alcun tribunale amministrativo della Prussia possiede le attribuzioni che l'art. 24 della legge organica conferisce alla Sezione IV, ma da ciò prescindendo e pure esaminata la questione sotto l'aspetto della applicabilità o inapplicabilità di un regolamento a un caso concreto, mi pare che il collegio giudicante sia e debba essere per sua natura obbligato ad applicare la legge senza curarsi dell'ostacolo di un regolamento fatto in odio alla stessa.

(1) Gneist. *Das Englische Verwaltungsrecht* 3ª ediz. pag. 125.
(2) Codacci-Pisanelli. *Legge e Regolamento.* Napoli , 1888 pag. 88.

Del resto la teoria opposta a quello del Gneist, conta fautori in Germania (1) e in Francia (2) dove si fa ecce- zione alla teoria del ricorso parallelo per ammettere che è lecito denunziare per eccesso di potere al Consiglio di Stato i regolamenti di polizia illegali : la IV Sezione con un suo autorevole responso ha confermato che gli stessi regolamenti vanno soggetti al suo controllo qualunque ne sia la forma (3).

Giova poi osservare che la IV Sezione e la Giunta Provinciale Amministrativa non hanno facoltà di annul- lare un regolamento o decreto se non quando possono to- gliere eguale decisione al riguardo di un atto speciale in quella determinata materia, dell'autorità che ha fatto il regolamento : quindi la Giunta non può annullare una circolare emanante dal Ministero se pure in base alla stessa l'autorità di P. S. ha commesso uno degli atti di cui è parola nell'art. 2 della legge sull'Ord. della Giustizia Amministrativa, ma solo è libera ove la trovi contraria alla legge, di non applicarla annullando l'atto eseguito nel senso della medesima. Tale massima discende da quanto abbiamo finora detto e non ha bisogno di ulteriori dimo- strazioni : gli identici poteri che sono alla giurisdizione amministrativa conferiti nei singoli casi, pur lo sono in quelli che hanno un contenuto generale.

Se non che non tutti i regolamenti non possono essere annullati e neanche vanno soggetti al controllo della giu- risdizione amministrativa : sonvene, già lo notammo, di quelli che riconoscono la loro origine dall'amministrazione, ma hanno vera autorità di legge : tali le così dette ordi- nanze di urgenza (4) : tali i regolamenti fatti per delega del potere legislativo : bene è vero che non mancano scrittori i quali ammettono nell'autorità giudiziaria (e per pari ra-

(1) STENGEL. Op. cit. pag. 180.
(2) LAFERRIÉRE. Op. cit. II, pag. 453.
(3) In questo senso è la decisione in data 16 Aprile 1891 tra De Gregori e Ministero delle Finanze Giust. Amm. II-I pag. 149 è la bella annotazione contenuta in questo periodico I-I pag. 58.
(4) Sulla ammessibilità delle ordinanze di urgenza nel di- ritto patrio v. Codacci-Pisanelli nota nel Foro Ital. 1890, I, 18.

gione bisognerebbe riconoscerla nella giurisdizione amministrativa), la facoltà di decidere se l'amministrazione, si è o no contenuta nei limiti del mandato o abbia fatto disposizioni ripugnanti alla volontà del potere legislativo (1): non si può in materia di puro diritto pubblico applicare le norme che disciplinano i rapporti di gius privato, quali sono le conseguenze del mandato: la manifestazione della volontà del potere legislativo è fatto che sotto ogni riguardo non può trovare un interprete se non nelle due Camere: la controversia relativa è politica e non meramente giuridica: non è supponibile che quasi a mò di litiganti per causa di una controversia di diritto civile o politico, compariscano idealmente avanti i tribunali il potere legislativo e l'autorità amministrativa, bensì se si elevarono lamenti, la competenza a giudicarne appartiene alle Camere che sono investite di un potere sovrano.

Brevemente ci occupiamo di un argomentazione con cui si tentò d'impedire alla Sezione IV di togliere conoscenza del ricorso diretto contro una circolare ministeriale che sorta per regolare i rapporti del Governo con tutti gli agenti d'emigrazione stabiliti nel territorio nazionale, va equiparata ai regolamenti: pretendevasi che il Governo provvedendo a ciò che riteneva essere generale interesse, usasse del suo potere politico e quindi gli atti ne andassero esenti dal controllo della IV Sezione. Questa pretesa a primo esame si manifesta destituita di fondamento (2): il Governo è tenuto a conformarsi alla legge provvedendo al bene pubblico: se una eccezione si fa per gli atti politici, il motivo è ben diverso, perchè la salute pubblica non tollerando dilazioni, può spesso costringere l'amministrazione a dispensarsi dalle regole richieste nei casi or-

(1) Codacci-Pisanelli. Op. cit. pag. 94. Clementini. *Della competenza e dei provvedimenti speciali.* Torino U. T. E. 1892, pag. 197· Conf. Meucci, Op. cit. I, 73. Hello, Op. cit. 123.

(2) Conformemente fu ritenuto dalla Sezione IV con decisione 9 nov. 1890 nella controversia Laurens e Min. dell'Int.— *Giust. Amm.* II-1 293.

dinari per rendere legittimi i suoi atti: in una parola,
siamo a fronte del principio stesso che sotto forma diversa giustifica le ordinanze di urgenza. Quando un supremo interesse della nazione esige un provvedimento,
l'amministrazione deve poterlo attuare, riservato pur sempre alle due Camere il diritto di controllo: si tratta di
un apprezzamento per eccellenza politico: il Governo può
avere male apprezzata la situazione di cose, può avere
commesso un atto anzichè utile, dannoso alla salute pubblica; non i tribunali e qualsiasi giurisdizione ha diritto di
censurarlo ma il solo potere legislativo. Quindi non ogni
atto che dall'amministrazione emani *jure imperii* è politico, ma solo quelli ispirati a un grave e indifferibile bisogno pubblico.

I rapporti contrattuali mai hanno avanti la giurisdizione amministrativa forza di legge.

Possiamo ora riassumere in una sola proposizione sintetica lo intento dal legislatore assegnato alla giurisdizione amministrativa: «Dessa deve mantenere intatto l'ordine giuridico, quale risulta dalle leggi, regolamenti, ordinanze e decreti che mentre direttamente vincolano l'amministrazione, in se pure non contengano una causa di
obbligo per la stessa di fronte ai privati e agli enti mo-
rali-giuridici: quando invece vi sia discordanza tra la
legge e il regolamento, ha come nei casi ordinarii i più
ampi poteri di controllo e di annullamento: in una parola
la sua sfera d'azione è il diritto obiettivo».

Fa però d'uopo notare che l'amministrazione è obbligata a rispettare non solo la legge, ma quelli stessi vincoli che ripetono la loro origine da un fatto estraneo, ad
esempio, da un contratto, dalla cosa giudicata etc. e la
loro protezione mediata dalla stessa: un'atto che sia eseguito in odio a tali vincoli conterrà quella violazione di
legge di cui è parola nell'art. 24 della legge organica e
che solo rende proponibile il ricorso?

La legge ha in se una nota d'impersonalità e di generalità che impedisce di confonderla con qualsiasi altra
causa di obbligazione. La legge è una emanazione diretta

dei poteri sovrani dello Stato, che le danno forza d'impero
in ogni parte del territorio nazionale : il Portalis la de-
finiva in modo che il corso del tempo non ha reso meno
esatto : « *la loi est une dèclaration solennelle de la vo-*
lontè du souverain sur un objet d' intèrêt commun; » e
a torto il Laurent (1) vuole che si aggiunga « *et de rè-*
gime intèrieur » perchè è questo uno degli oggetti d'interesse comune. I pubblicisti distinguono le leggi in proprie
e improprie (2) : cómpito della legge propria è di sanzionare
il diritto che si è venuto elaborando e costituendo nella
coscienza popolare, essa ha efficacia *quo ad omnes*, nega o
attribuisce diritti a una immensa quantità di persone,
senza avere riguardo ai singoli : le leggi improprie più
frequenti ad aversi in pratica, quale ad esempio è la legge
del bilancio, non contengono un vero precetto giuridico,
ma si rivolgono come norma d'azione all'autorità amministrativa e dalla stessa devono essere osservate (3) : per conseguenza pur sempre rimangono esenti da ogni concetto
di riunione delle volontà umane individuali allo effetto di
stringere un vincolo prima non esistente.

Il contratto ed in genere ogni rapporto che dalla legge
è protetto ma colla stessa non s'identifica, ha in se note
ben diverse : sorge dal *duorum vel plurium in idem pla-*
citum consensus ed in seguito dalla volontà dei paciscenti
è in principale modo regolato : sono dessi liberi di rinunziare ai vantaggi che loro ne derivano e se per avventura
non si fanno a reclamarli, non è tenuto il giudice a pronunziare in ordine a questi : con tutta precisione dice
l'art. 1123 del Cod. Civ. che « i contratti legalmente for-
mati hanno forza di legge per coloro che li hanno fatti, »
e cioè hanno un *quid* di comune, l'efficacia tra le parti,
colla legge, ma del resto hanno natura e caratteri ben
diversi : in vero avanti la Suprema Corte ove più non
si esamina la questione del diritto subiettivo ma della

(1) *Principes de droit civil*, I § 2.
(2) Orlando, Op. cit. 119. *Studi giuridici*. Torino 1888, *pas-*
sim v. pag. 30 e seg.
(3) Ne ha scritto sulla legge del bilancio il *Filomusi Guelfi*
nell'Annuario Critico del *Cagliolo*, III, 1.

retta applicazione della legge si discute, non è lecito piatire sulla interpretazione di un contratto, sulla esistenza
o meno della cosa giudicata : se controversia vi ha di
puro diritto subiettivo, questa è per eccellenza tale e deve
essere per molteplici ragioni lasciata all'autorità giudiziaria. Come potrebbe la Sezione IV, la cui missione si limita alla conservazione del diritto obbiettivo, occuparsi
di una controversia di puro diritto privato i cui criterii
sarebbero tolti dal Codice Civile ? Posta in questi termini
la controversia, non è difficile ritenere che la giurisdizione amministrativa è carente di competenza e giurisdizione per interloquire in così fatti rapporti : violare un
contratto, violare la cosa giudicata non significa commettere quella violazione della legge e del diritto oggettivo,
di cui l'art. 24 della legge organica fa parola : tali relazioni l'autorità amministrativa è tenuta a rispettarle, ma
ove sorga una controversia relativa, la discussione ne è
lecita solo avanti i tribunali (1), che pure possono statuire
sovra gli obblighi incombenti alla medesima; non certo è
agevole il farle rientrare nel concetto di diritto oggettivo
che riguarda principalmente l'esercizio del potere pubblico (2).

VI. Della interpretazione delle leggi.

Nello interpretare la legge amministrativa e nel determinare se questa è stata violata, fa d'uopo tenere presenti
i principii che a tale effetto quasi *lex legum* sono stati
preposti al Codice Civile : va *de plano* che siano applicabili le disposizioni degli art. 3, 4, 5, che si hanno a ri-

(1) È facilmente spiegabile la diversa teoria della dottrina
Francese : v. LAFERRIÉRE. Op. cit. II, 510.

(2) LOENING, *Lehrbuch des Deutschen Verwaltungsrechts.*
Lpg. 1884 pag. 9. Das öffentliche Recht hat zu seinem Inhalt
die öffentliche Gewalt. Die öffentliche Gewalt ist organisint, sie
hat zur Durchführung der öffentlichen Aufgaben thatig zu werden, sie übt zu diesen zwecken die Herschaft über die ihr unterworfenen Personen aus. Così del diritto oggettivo parla questo
chiarissimo pubblicista.

guardare come ispirate ai veri principii della ragione naturale: quale norma più ovvia di quella dell'art. 3 in forza di cui se una controversia non si può decidere con una precisa disposizione di legge, si ha riguardo alle disposizioni che regolano casi simili e materie analoghe e che, ove il caso rimanga tuttavia dubbio, si decida secondo i principii generali del diritto? Qualunque collegio investito di giurisdizione non può rifiutarsi di pronunziare sulle controversie che gli sono sottoposte: e se manca una espressa disposizione di legge, è ben chiaro che si debbano applicare quelle norme che governano materie analoghe: *ubi eadem est ratio legis, ibi eadem est dispositio*. Mezzo valevole per l'interpretazione delle leggi sono le discussioni preparatorie parlamentari, quando il testo ne è equivoco: in queste si rivela chiaro lo intendimento del legislatore e al medesimo sopra tutto l'interprete deve usare deferenza (1).

Pure è necessario avere sempre presente che la natura del diritto pubblico non comporta l'applicazione completa di tutte le massime buone per quello privato: non si stenta quindi ad approvare quello che la IV Sezione ha stabilito in varii casi e cioè che è permessa l'esecuzione anticipata di una legge prima che la stessa sia diventata obbligatoria e non solo quando si tratti di meri interessi privati, ma pure se si tratti di interessi pubblici o misti, se la nuova legge non deroga ad alcuna legge preesistente, e molto più quando l'anticipata esecuzione è diretta unicamente a preparare e agevolare l'attuazione della legge nuova pel giorno in cui questa deve entrare in vigore (2). Così del pari il concetto di diritto quesito è assai meno rigoroso che non sia nel *gius* privato: se un aspirante ad un pubblico ufficio presenta i suoi titoli per l'ammis-

---

(1) Conf. Sezione IV, 13 Giugno 1890, Atenolfi, Calenda c. Mazziotti e Consiglio Provinciale di Catania.— *Giust. Amm.* I-I pag. 55.

(2) Decisione 24 Febbraio 1891. Roselli c. Consiglio Provinciale di Aquila *Giust. Amm.* II-I 149.

sione ad un concorso e in seguito la legge e il regolamento sono mutati con innovazione dei requesiti relativi all'impiego, non ha alcuna ragione a essere ritenuto idoneo all'ammissione secondo la legge e il regolamento anteriore: nessun *vinculum juris* è sorto colla presentazione dei titoli e della domanda: l'amministrazione non fa un contratto con chi aspira a un concorso, la sua iniziativa rimane circoscritta in una regione ben più alta, in quella della sua pura sovranità; non è perciò a meravigliarsi se la legge da applicare è la sola che impera nel momento in cui la Commissione incaricata di valutare i titoli dei concorrenti, gli ammette o respinge (1).

La sola legge o regolamento, se questo è relativo alla materia, applicabile, è quello che impera nel momento in cui il concorrente comincia ad avere un interesse legittimo all'osservanza del medesimo e cioè allorquando in ipotesi è commessa la illegalità dall'amministrazione.

VII. **Incompetenza, eccesso di potere e violazione di legge.**

Esaurita in tale modo quella che si può considerare come teoria generale della violazione di legge, discendiamo allo esame delle singolari caratteristiche che ne distinguono le varie specie.

La legge è la norma entro cui l'amministrazione deve circoscrivere le sue iniziative: i limiti dalla medesima posti sono sacri: *diligenter fines sunt custodiendi*: in quale modo se ne determini la violazione abbiamo superiormente esposto: violazione di legge è termine generale con cui si qualifica qualsiasi specie d'illegittimità, sia questa derivante dalla natura dell'atto o abbia la sua origine da un difetto di facoltà nella persona che provvede. Incompetenza ed eccesso di potere sono specie del genere=violazione di legge.

(1) Decisione della Sezione IV, 21 Giugno 1890. Savini c. Ministero dell'Interno. *Giust. Amm.* I-I 10.

Notiamo senza maggiormente soffermarci per ora a spiegare questa sostanziale differenza, che nel diritto amministrativo francese la illegittimità degli atti amministrativi viene designata col termine generico di *excès de pouvoir* : gli scrittori parlano *des moyens d'annullation des actes administratives attaqués pour excès de pouvoir* e contano tra questi mezzi altrettante specie del genere-eccesso di potere: ad esempio, il Laferrière (1) menziona l'incompetenza, il vizio di forma, la violazione della legge e dei diritti quesiti, il *détournement de pouvoir* : i successori del Dalloz (2) parlano dell'incompetenza della violazione di legge e di forme e del *détournement de pouvoir*.

Si aggiunga che in Francia le regole in vigore sull'annullamento di atti amministrativi nelle vie contenziose sono opera della giurisprudenza del Consiglio di Stato piuttosto che del legislatore: nella nostra patria invece non abbiamo avuto e neanche potevamo avere una giurisprudenza sui mezzi di annullamento per l'ovvia considerazione che questi furono riconosciuti insieme alla giurisdizione incaricata di farvi ragione.

Queste semplici osservazioni sono sufficienti a dissipare equivoci che con tutta facilità possono sorgere ove la giurisprudenza e la dottrina Francese si accettino come argomento di per se solo valevole a decidere una questione del nostro diritto positivo: chè gli autori della recente riforma della Giustizia Amministrativa abbiano largamente attinto allo esempio francese, non è lecito contestarlo, ma questo fatto non deve essere denaturato piegandolo a conseguenze non vere.

a) Non si può parlare del senso che il legislatore ha inteso dare alla parola « incompetenza » senza tenere nel giusto conto la disposizione relativa dell'art. 38 della legge organica: già abbiamo avuto occasione di riflettere che la Sezione IV (e lo stesso dicesi della Giunta Provinciale

(1) Op. cit. II pag. 468 e seg.

(2) *Supplément au Repertoire.* Paris, 1888, voce *Conseil d'E-tat* n. 90 e seg.

Amministrativa in forza dell'art. 14 della legge sulla Giustizia Amministrativa) ha, quando l'atto sia impugnato per vizio d'incompetenza, le facoltà che in casi analoghi competono alla Corte di Cassazione: essa in buona sostanza è chiamata a regolare la competenza tra le varie autorità amministrative e senza dubbio è in obbligo quando annulla un provvedimento, di designare quale sia l'autorità amministrativa competente: questa singolarità della sua giurisdizione nella soggetta materîa, sfuggita a coloro che si occuparono della riforma del nostro contenzioso, è degna del massimo riguardo e basta per dire che l'incompetenza di cui ci tratteniamo, va commisurata su quella di cui in senso stretto e proprio può portare giudizio la Corte di Cassazione (1). Come la competenza giudiziaria è la misura della giurisdizione ai tribunali deferita, così la competenza amministrativa è la misura della giurisdizione e delle attribuzioni spettanti alle sue varie autorità e collegi giudicanti: perciò si ha incompetenza quando un funzionario o un consiglio amministrativo spende un potere che appartiene ad altro organo della amministrazione medesima: se il Consiglio Comunale toglie una deliberazione che è proprio della Giunta e ad esempio licenzia uno dei salariati addetti al servizio del Comune, la sua deliberazione è affetta da incompetenza perchè vi è stata usurpazione dei poteri d'altro corpo pur sempre contenuto nella sfera del potere esecutivo: non diversamente nell'ordinario diritto processuale si chiama incompetenza il difetto della facoltà di decidere in un magistrato che è pure fornito di giurisdizione, mentre tale facoltà appartiene ad altra autorità giudiziaria: è incompetente ad esempio il pretore a dare sentenza in una controversia che sia relativa ad oggetto che superi le lire millecinque-

---

(1) L'espressione « incompetenza » è usata impropriamente a designare la carenza di giurisdizione nei tribunali a decidere di una pratica che rientra nelle attribuzioni o dell'amministrazione pura o delle giurisdizioni amministrative: pure la si trova usata anche nella legge 31 Marzo 1877 n. 3761.

cento, ma sarebbe carente di giurisdizione e commetterebbe vero eccesso di potere, se non usurpasse le facoltà di altro giudice; ma dell'amministrazione o del potere legislativo. È poi certo che l'incompetenza di cui è parola nella nostra materia consiste nel fatto col quale chi amministra usurpa le attribuzioni o le funzioni giurisdizionali d'altro amministratore o collegio amministrativo e solo nel caso dell'art. 19 della legge sulla Giustizia Amministrativa si tratta dell'usurpazione commessa dalla Giunta Provinciale a danno di altra Giunta o altra autorità o collegio nell'orbita dell'amministrazione, mentre l'incompetenza vera e propria del diritto giudiziario è il vizio della *decisione* che usurpa la *giurisdizione* di altro giudice.

Altro senso non può attribuirsi alla incompetenza nella sottoposta materia: la Sezione IV, che in ultima istanza decide degli appelli interposti per incompetenza contro le decisioni della Giunta a senso dell'art. 19 della legge sulla Giustizia Amministrativa, non può avere altra facoltà fuorchè quella di regolare la competenza puramente amministrativa : mai e poi mai le sarebbe lecito rinviare una pratica o ai tribunali o al potere legislativo, e perchè fosse inapplicabile l'art. 38 della legge organica, si dovrebbe conchiudere che il mezzo d'impugnativa non è « incompetenza »; questa, lo ripetiamo un'ultima volta, presuppone che vi sia nell'orbita dell'amministrazione un'autorità competente a cui l'affare debba e possa essere rimesso.

Ciò posto a tutta evidenza si scorge come l'incompetenza del diritto amministrativo francese non possa corrispondere a quella di cui è parola nell'art. 24 e 38 della legge organica : ammettiamo che siavi incompetenza *ratione materiae e ratione loci*, ammettiamo che mentre tale è certamente il vizio di cui è colpito l'atto di chi esercita un potere che non ha, pure lo sia quello di chi a torto si rifiuta di esercitare un potere che ha, dichiarandosi incompetente : ma non l'ammettiamo, quando vi è usurpazione di poteri che non spettino ad alcuna autorità amministrativa e l'atto illegittimo pone in essere l'esercizio di un'attribuzione estranea a questa autorità e spettante a quella legislativa o giudiziaria o meramente politica (1): in vero la giurisdizione amministrativa donde trarrebbe i poteri per rinviare un'affare ad autorità che non appartiene al suo ordine?

Un principio però è certo, e cioè che le parti non possono in veruna guisa rinunziare a qualsiasi specie d'incompetenza, fosse pure quella territoriale: le regole che riguardano la competenza amministrativa sono connesse e anzi discendono dall'ordine pubblico e nessuno può abdicarne i benefizi.

Concludendo, l'incompetenza è difetto inerente alla persona la quale toglie il provvedimento che rientra nelle facoltà di altro funzionario amministrativo o, ciò che accade più di raro, rifiuta di esercitare attribuzioni che gli spettano : in ogni caso è vizio personale, soggettivo che si riferisce alla facoltà di agire.

b) È ben più arduo il compito di precisare il caratteristico significato della specie d'illegittimità designata coll'appellativo di « eccesso di potere. »

Il legislatore nostro ha voluto forse dare alla stessa la comprensione che la giurisprudenza e la dottrina Francese gli hanno attribuito?

Non lo crediamo: il fatto che l'art. 24 distingue i varii mezzi d'impugnativa e tutti li menziona a differenza dell'art. 9 della legge del 24 Maggio 1872, abbastanza dimostra che si vollero conservare in tutta la loro efficacia le tradizioni che sino ad allora avevano ispirati gli scrittori e i tribunali patrii. Questa è la nostra povera opinione e mentre per ora ci accontentiamo di esprimere poche idee sul contenuto positivo dell'eccesso di potere e ci riserviamo più oltre di entrare in polemica coll'illustre fautore di una contraria dottrina, osserviamo che in gran parte la disputa è teorica poichè in buona sostanza veniamo ad acconsentire il ricorso in quasi tutti i casi in cui gli scrittori Francesi vedono *dètournement de pouvoir* e noi violazione della legge nel suo spirito.

(1) LAFERRIÉRE. Op. cit. II pag. 469.

In omaggio a questo concetto accettiamo quanto in proposito ha scritto l'illustre Mantellini e cioè che « l'eccesso di potere rincara sulla incompetenza in quanto esce fuori da ogni limite che contiene la giurisdizione e dentro cui la si distribuisce tra più giudici » e che dal giudice « si eccede con irrompere in atti che non sono affatto di giurisdizione o di sua pertinenza » (1) e per conseguenza da chi amministra si commetterà eccesso allorchè usurpi funzioni o attribuzioni che non sono proprie di alcun organo dell'amministrazione, ma appartengono ad altro potere o a nessuno : eccederebbe i suoi poteri il ministro che dichiarasse non tenuti i cittadini all'osservanza di una legge o ne sospendesse l'applicazione contro il preciso disposto dello Statuto (art. 6.), mentre la facoltà di abolirle e sospenderle risiede nel solo potere legislativo : e pure eccederebbe i poteri conferitele dall'art. 84 della legge comunale e provinciale l' assemblea dei presidenti, che nel riassumere i voti dati a ciascun candidato nelle varie sezioni attribuisse ai consiglieri comunali alcune schede trovate nell' urna dei consiglieri provinciali (2) : pure eccederebbe i suoi poteri il prefetto che annullasse una deliberazione del Consiglio Comunale per soli motivi di merito, mentre l'art. 162 della legge Comunale e provinciale chiarisce sino all'evidenza che allora solamente può annullare una deliberazione quando :

1° sia stata presa in adunanza illegale e senza l'osservanza delle forme che la legge prescrive.

2° se con essa siansi violate disposizioni di legge : in verità la deliberazione che non è viziata da alcuna illegittimità e non è tra quelle sottoposte all'approvazione

(1) MANTELLINI. *I conflitti d' attribuzioni in Italia.* Firenze 1878 pag. 225. Per un più ampio svolgimento della dottrina, giurisprudenza e legislazione italiana sull'argomento sino al 1889 rimandiamo il lettore al diligentissimo esame che ne fa il CODACCI PISANELLI nel suo lavoro sull'*Eccesso di potere nel contenzioso amministrativo. Giust. Amm.* II-I p. 12.

(2) Decisione 19 Febbraio 1891. Tacchi c. Cervelli e G. P. A. di Pisa. *Giust. Amm.* II-I, 101.

7

della G. P. A., per sua natura è definitiva e nella sua sostanza intangibile: qualsiasi atto che abbia lo scopo di attentarle, significa violazione dell'autonomia che limitatamente, ai Comuni è accordata, ed eccesso dei poteri in colui che la commette.

Per conseguenza l'eccesso di potere talvolta assume l'aspetto di trasgressione delle essenziali condizioni alle quali è sottoposto lo esercizio di una facoltà: se ad esempio un prefetto, a senso dell'art. 12 della legge sanitaria del 22 Dicembre 1888 munito della facoltà di nominare l'ufficiale sanitario sulla proposta del Consiglio comunale, arbitrariamente nomina una persona che non gli era stata proposta, cumulando in tale modo i poteri proprii e del Consiglio Comunale, viola condizioni essenziali imposte all'esercizio delle sue facoltà e commette un vero eccesso di potere (1).

Certamente però non è eccesso di potere la violazione pura della legge il disconoscimento di regole di rito segnate all'azione amministrativa (2): manca in questi casi il concetto indispensabile a questa figura d'illegittimità, il concetto di carenza assoluta o relativa di facoltà, assoluta se la facoltà ·nel funzionario o consiglio pubblico è onninamente manchevole, relativa, se la facoltà è concessa ma subordinata nello stesso tempo al verificarsi di circostanze e condizioni che in realtà mancano.

c) Incompetenza ed eccesso di potere stanno a significare qualsiasi più o meno grave difetto di facoltà: e per tanto chiaro che l'articolo 24 specificamente menzionandola, ha inteso significare col termine « violazione di legge » qualsiasi altra specie d'illegittimità che non sia di quelle ora ricordate, e cioè che invece si riferisca alla essenza dell'atto: invero l'atto che s'impugna con ricorso avanti la giurisdizione amministrativa, può essere illegale o perchè all'agente manca la facoltà di provvedere o perchè

(1) Decisione 19 Febbraio 1891. Pica e Prefetto di Basilicata. *Giust. Amm.* II-I 59. Conf. Meucci. Op. cit. 103.

(2) Mantellini. *Op. e l. cit.*

l'atto stesso pure rientrando nella facoltà dell'agente, è stato compiuto per cause e in circostanze e forme che la legge non approva: havvi cioè a lato della violazione soggettiva altra oggettiva i cui motivi risiedono tutti nell'atto che si vuole impugnare.

Si possono distinguere queste violazioni oggettive in due grandi categorie: violazione di forme e cioè ommissione o falsa applicazione di alcuno di quei requesiti esteriori che debbono accompagnare un atto amministrativo o violazione sostanziale e cioè difetto dei requesiti intrinseci che rendono legittimo l'atto: così è violazione di forme in una deliberazione della G. P. A. la mancanza in fine della medesima, della data, della firma del Presidente e del relatore: è violazione sostanziale la mancanza di circostanze che a seconda dei casi la debbono accompagnare: così se è domandata alla Giunta Provinciale che pronunzi la divisione di un Comune in sezioni elettorali a senso dell'art. 62 della legge Com. e Prov. e tale domanda non è appoggiata, come in forza di detta disposizione deve essere, dalla maggioranza degli elettori di una frazione o da deliberazione del Consiglio Comunale, e la Giunta non tenendo conto di tale irregolarità, toglie ad esame ed accoglie la domanda, è violata la sostanza medesima della legge: e quando la deliberazione del Consiglio Comunale fosse stata surrogata da deliberazione d'urgenza del Commissario Straordinario eletto ad amministrare il Comune e questa in seguito non fosse ratificata dal Consiglio, la decisione della Giunta che l'avesse tolta a base *ex post factum* diventerèbbe suscettibile di annullamento: (1) commette del pari una violazione sostanziale della legge il funzionario pubblico che senza esservi autorizzato nè da alcuna disposizione regolamentare o legale, nè dalla richiesta della parte interessata, adempie una funzione *o extra o ultra petita:* quindi fu ritenuto avere violata la legge il sindaco che nel rilasciare copia di un certificato esistente nell'archivio

(1) Decisione Sezione IV, 27 Maggio 1892 *Annuario Critico del Cogliolo*, IV, III, 39.

comunale, vi apponga indicazioni dal richiedente non chieste (1).

Pure tra violazione sostanziale e violazione di forme, tra queste e l'eccesso di potere la differenza non è grande e talora è difficile sapere se l'una o l'altra specie d'illegittimità concorra nel caso in questione : un Consiglio Comunale è chiamato a deliberare sopra questioni concernenti persone e tiene pubblica udienza in spregio all'art. 240 della legge Com. e Prov. non vi ha dubbio che la violazione è intermedia e riguarda egualmente la forma e la sostanza della legge : così quando alla pronunzia della Giunta Provinciale è necessario il substrato di una deliberazione del Consiglio Comunale o la domanda di un certo numero di persone e questa manca, vi è sotto un certo punto di vista violazione di legge e sotto altro eccesso di potere.

Però notiamo una buona volta che la disputa è meramente teorica, poichè l'effetto della decisione quasi in ogni caso è identico e cioè se i motivi del ricorso sono fondati, l'atto viene posto nel nulla, salvi all'autorità competente i provvedimenti ulteriori : la violazione di forme è però ricordata nell'art. 19 della legge sulla Giustizia Amministrativa, e di tale disposizione terremo più oltre parola.

Che pure in alcun caso importi fare la distinzione, lo dimostra l'art. 24 della legge organica, il quale accorda il ricorso contro le decisioni riguardanti controversie doganali o la leva militare solo quando siano colpite da incompetenza o da eccesso di potere e per conseguenza non da violazione di legge.

Lo ripetiamo, è una violazione della sostanza della legge il difetto di circostanze o fini dalla medesima richiesti e ciò che vale egualmente, l'esistenza di una causa illegittima dell'atto amministrativo: manchi il fine di pubblica utilità in un'opera e il prefetto pronunzi senza avervi riguardo l'espropriazione domandata da chi vi ha interesse, oppure

(1) Decisione Sezione IV, 13 Luglio 1891. *Giust. Amm.* II. I. 305.

tolga a fondamento del suo decreto fatti e circostanze ine-
satte e non conformi al vero : il suo decreto a ragione potrà
essere impugnato per violazione di legge avanti la IV Sezione e questa in vero ne colpisce la sostanza : il funzionario pubblico è munito della facoltà di emettere nella generalità dei casi un simile provvedimento, lo ha emesso
nelle forme dalla legge volute e ciò non ostante la legge
nella sua essenza è violata : quale è il requesito essenziale
affinchè l'espropriazione sia accordata? Che si tratti di
un'opera di utile pubblico : se una persona la domanda per
costrurre opera di suo esclusivo vantaggio, ad esempio
un giardino che renda più gradito il soggiorno della sua
casa e il prefetto l'accorda, chi oserà dire che la legge non
sia violata? quale ragione vi ha in forza della quale si possa
ritenere non ammessibile contro il decreto del prefetto
un ricorso alla Sezione IV? Si può forse dubitare se il
ricercare a qual fine l'opera in questione realmente serva,
sia proprio del giudice del merito o pure pertinente alla
giurisdizione di annullamento : ma a tutti è noto che a
questa sono concesse facoltà d'indagine così late che l'autorità giudiziaria mai ebbe e mai potrà per la sua natura
avere ; essa facendo parte dall'amministrazione, a questa
può ordinare di produrre in causa ogni documento e non
per venire a un nuovo apprezzamento di fatti, ma per
sapere se una data circostanza che l'atto allega o è necessaria alla sua legittimità, realmente sussiste : ora tra
queste circostanze non deve mancare quella dello effetto
di pubblica utilità in ordine all'opera da iniziarsi : certo
ove risultino vere le circostanze allegate dal prefetto e
queste rientrino nel concetto di utile pubblico, non è lecito
alla Sezione IV di ricercare se nell'ordine amministrativo
sia o no opportuno l'accordare l'espropriazione : in una
parola, finche è noto il fine della legge e questo consiste
nel verificarsi di circostanze, di un fatto implicitamente
o esplicitamente dalla legge richiesto, a questo può estendersi l'indagine della giurisdizione amministrativa di annullamento, ma non così all'apprezzamento del fatto che deve
essere rilasciato integro all'amministrazione responsabile.

Questa demarcazione a noi appare nettissima : la Sezione
IV ha nel caso di un ricorso avanzato nel senso dell'art.
24, per constatare la violazione della legge, le più ampie
facoltà di ricercare se il fatto che la legge richiede, affinchè
non sia esorbitante il procedere dell'amministrazione, in
realtà sussiste, e di decidere se i criterii giuridici seguiti da
questa, sono retti, ma le è proibito di entrare nell'apprezzamento della situazione che risulta dai fatti e di decidere
sulla maggiore o minore convenienza dei provvedimenti
che sono da prendere: il merito costituisce causa di gravame ma in pochi casi tassativamente determinati : se così
non fosse, a che cosa si ridurrebbe la differenza tra le due
giurisdizioni di merito e di annullamento ? tale conclusione
non è poi esagerata o nuova : abbiamo esposto nello
inizio di questo nostro lavoro i varii casi in cui anche il
diritto comune accorda facoltà analoghe all'autorità giudiziaria (1).

E certo la legge può essere violata nel suo spirito, e
ciò accade allorchè le facoltà anche discrezionali attribuite
a un dato funzionario o corpo dell'amministrazione sono
impiegate per uno scopo che quantunque non espressamente dalla legge proibito, pure è dallo spirito di questa
vietato : è possibile senza entrare nel merito dell'atto amministrativo, prendere conoscenza di tale difetto : valga il
caso sopra citato ; valga quello di lavori ordinati sotto
pretesto di provvedere a urgente necessità pubblica e in
realtà destinati a procurare all'amministrazione un lucro
patrimoniale: se una causa illegittima vizia l'atto, pure
lo vizia una circostanza allegata e realmente non sussi-
stente : qui pure si applica sebbene in altro senso la nota
massima : *plus valet quod agitur quam quod simulate con-
cipitur*. L'amministrazione che rispetta ogni forma dalla
legge voluta per inseguire un scopo illecito, in buona costanza froda la legge medesima, poichè ne rispetta la lettera e reca offesa al suo spirito.

Giova a questo riguardo stabilire che il criterio della

(1) Vedi pag. 47, retro.

violazione della legge nel suo spirito, risale alla Romana Sapienza: e lo stesso come più vero ed obiettivo d'ogni altro ricalcato su esempi forestieri preferiamo seguire: tale violazione è con frase energica e incisiva chiamata *fraus legis:* così Ulpiano nel suo commento all'Editto del Pretore ne parlava: *Fraus enim legi fit, ubi, quod fieri voluit, fieri autem non vetuit, id fit: et quod distat* ῥητὸν ἀπὸ διανοίας, *id est dictum a sententia, hoc distat fraus ab eo quod contra legem fit* (1): e Paolo nel commento alla legge Cincia: *Contra legem facit, qui id facit quod lex prohibet: in fraudem vero qui, salvis verbis legis, sententiam eius circumvenit* (2). Senza dubbio poi simili frodi alla disposizione della legge sono più facili ad avverarsi nel diritto amministrativo che in quello privato.

Vi è però nella specie eccesso di potere? Abbiamo superiormente conceduto che i limiti tra queste due figure d'illegittimità, eccesso di potere e violazione di legge, sieno difficili a precisarsi, pure osiamo dire che il più delle volte l'adoperare nel caso di violazione dello spirito e sostanza della legge il termine « eccesso di potere » che sempre risveglia l'idea di carenza di facoltà, può racchiudere una grave improprietà di linguaggio: e certo distinti cultori della nostra scienza, esaminando la dottrina Francese dello « eccesso di potere » hanno accennato a una teoria non diversa (3).

(1) L. 30 D. I, 3.
(2) L. 29 D. I, 3.
(3) Basti citare il MEJER. Verwaltungsrecht nell'Enciclopedia di Holtzendorff Lpg. 1890 p. 1246. Excés de pouvoir ist aber selbst dann vorhanden, wen zwar das betreffende verwaltungs organ sich ganz innerhalle seiner Competenz gehalten, auch die vorgeschriebenen Formen beobachtet, aber sein amtliches Handeln zu einem Zweche angewendet hat, dessen Erfüllung durch die betreffende gesetzliche Vorchrift nicht beabsichtigt war, so dass also weniger die Verletzung einer dispositiven Norm als eine solche der Motive derselben vorliegt: oder wie Aucoc sagt: ce n'est plus ici la violation du texte de la loi, c'est la violation de son exprit ».

VIII. La teoria Francese del « detournement de pouvoir ».

La più autorevole giurisprudenza del Consiglio di Stato
Francese ammette il ricorso per eccesso di potere anche
per gli atti discrezionali se diretti a scopo che non è quello
della legge contemplato : tale vizio denota più specialmente
col termine *detournement de pouvoir :* è ragionevole tale
teoria nel diritto patrio ?

Che gli atti discrezionali vadano esenti dal controllo del
giudizio amministrativo, non è sostenibile di fronte all'art.
24 della legge organica che assoggetta al ricorso tutti gli
atti e provvedimenti amministrativi che non sieno quelli
compiuti nell'esercizio del potere politico : negli stessi può
verificarsi la violazione della legge in ogni sua specie (1) : in
vero quale atto più discrezionale della espropriazione per
causa di utile pubblico, ma non può forse accadere che
l'autorità amministrativa, se n'è il caso, chiamata a pro-
nunziarla, l'accordi o la rifiuti fuori delle debite circostanze,
per motivo illegale o su beni che ne vanno esenti ? se un
prefetto nega di concedere l' espropriazione di un fondo
appartenente al patrimonio dello Stato, sotto pretesto che
questo non può essere costretto a cedere la sua proprietà,
ma chi desidera acquistarla, debba procedere a trattative
amichevoli, quantunque siasi in materia riservata all'arbitrio dell'amministrazione, il suo arbitrio non può trascendere alla illegalità ; bene essa è libera di agire come
meglio le piace per motivi di merito, ma non può disco-
noscere, come nel caso fa, i limiti imposti alla sua azione,

(1) Non deve credersi che fosse d'opinione contraria il professore Longo che in un caso pratico, quello del disciogimento
della rappresentanza del Comune, nega il ricorso « perchè in
tale materia la potestà discrezionale del Governo del Re non
può essere arrestata da qualsivoglia reclamo o ricorso ». (v. La
teoria dei diritti pubblici subiettivi. Archivio I, 332): l'illustre
pubblicista intendeva solo evidentemente che fossero insindacabili i motivi di merito che ispirano l'atto.

e togliere un provvedimento per causa illegittima : il movente del suo rifiuto, la causa giuridica che sempre può essere apprezzata dalla Sezione IV, è in urto colla legge a cui attribuisce un limite che se non la lettera certo il suo spirito non impone.

A questo ordine di idee ci pare che siasi uniformata la suprema giurisdizione amministrativa con recente pronunzia dovuta alla penna dell'illustre Giorgi (1): eccone i ragionamenti : —

« Attesochè col motivo pregiudiziale d'irricevibilità, il Ministero per mezzo della R. Avvocatura generale erariale sostiene, che il decreto ministeriale impugnato, sfugge alle attribuzioni giurisdizionali di questa sezione. Il Ministero non sostiene già che la materia del decreto impugnato riguardi la competenza giudiziaria e nemmeno che sia di natura politica; la afferma insindacabile solo perchè verte sopra una materia rimessa alle attribuzioni discrezionali dell'amministrazione.

Che per altro questa deduzione converte una questione di merito in questione pregiudiziale: dacchè se è verissimo che l'amministrazione pubblica può negare il decreto di espropriazione in virtù di un apprezzamento sulla pubblica utilità , dipendente dal suo arbitrio discrezionale e però incapace a convertirsi in violazione di legge, non è meno vero che la dichiarazione di pubblica utilità forma tema di un procedimento che ha le sue forme essenziali e le sue regole di competenza.

Ora ogni violazione che avvenga di queste forme o regole, può costituire una violazione di legge, una incompetenza, un'eccesso di potere : e quando ciò si verifichi, il provvedimento definitivo della autorità amministrativa può essere impugnato e andare soggetto ad annullamento avanti questa sezione (2) ».

(1) Decisione Sezione IV. 4 Febbraio 1892. Terza e Min. LL. PP. e Com. di Roma. *Giur. It.* 1892, III. 65.

(2) Anche più esplicita nello stesso senso è la decisione della stessa Sezione IV, 27 Settembre 1892, Zoppoli-Rulli c. Dini e Min. LL. PP. — *Fôro It.* 1893, III, 25.

Trattavasi nella specie di un ricorso diretto contro decreto ministeriale che aveva negato l'espropriazione di un tratto del sottosuolo di una strada comunale, dandone a motivo la circostanza che i beni di uso pubblico appartenenti al demanio nazionale, provinciale o comunale, non soggiacciono alle norme solite sulle espropriazioni per causa di utile pubblico: la Sezione IV lo respingeva trovando esattissima in diritto la motivazione di questo decreto, benchè i principii a cui la medesima si ispira non sieno scritti in nessun testo di legge ma solamente si deducano dall'insieme coordinato di varie disposizioni.

Ammesso il caso inverso di un ricorso che impugnasse un decreto ministeriale o prefettizio che avesse conceduto l'espropriazione di una dipendenza del suolo pubblico, ben avrebbe dovuto la IV Sezione in omaggio ai principii accolti nella riferita decisione, annullarlo : e certo si sarebbe verificato un *détournement de pouvoir* e cioè come l'Aucoc ne dà la definizione = *le fait d'un agent de l'administration qui, tout en faisant un act de sa compètence et ou suivant le formes prescrites pour la législation, use de son pouvoir discretionnaire pour des cas et pour des motifs autres que ceux en vue desquels ce pouvoir lui a èté attribuè.* (1)

Pure è facile, esaminando gli esempii che di *détournement de pouvoir* ci offrono la dottrina e la giurisprudenza Francese, scorgere che la causa di tale vizio risiede spesso nei motivi che accompagnano l'atto o decreto che s'impugna, spesso nello scopo a cui l'amministrazione tende : realmente l'autore più perspicace che della materia si è occupato, non fa gran conto di questa differenza e anzi pare che confonda queste due entità giuridiche tra loro, almeno in teoria, distinte.

Appartiene alla prima specie di *détournement* il seguente esempio : un sottoprefetto ritira l'autorizzazione concessa a uno dei due Comizi agrari che esistono nel suo Circondario, e di tale provvedimento reca ragione che la legge

(1) Vedi presso LAFERRIÉRE, op. cit. II, pag. 523.

del 20 Marzo 1851 relativa a questi Comizi, lo mette nella pretesa necessità di sopprimere l'uno dei due : non essendovi in questa legge ne in alcun' altra disposizione che importi una simile conseguenza, il Consiglio di Stato annullò il decreto del sottoprefetto, redarguendolo per *détournement de pouvoir* (1).

Che a identiche massime si venga secondo la legge patria, già lo dimostrammo, basti ora il riferire in appoggio quanto in una specie recente la IV Sezione ha stabilito. Alcuni farmacisti di Torino domandarono al Prefetto della locale provincia l'autorizzazione di aprire in determinata località una farmacia, poichè l'accresciuto numero della popolazione esigeva nello interesse pubblico un simile provvedimento, essendo inetta a soddisfare i varii bisogni la farmacia piazzata ivi esistente : il Prefetto invece coi decreti impugnati dichiarava di non trovare luogo a deliberare per difetto di giurisdizione : ma la IV Sezione rifletteva (2) che desso veniva così a violare l'art. 68 della nuova legge sanitaria, giacchè secondo questo articolo ed in relazione alle discipline regolatrici dei privilegi esistenti di cui ivi è parola, avrebbe dovuto pronunziare sulle domande di apertura delle nuove farmacie coi criterii determinati dai citati articoli del regolamento del 16 Marzo 1839 e dopo sentito il Consiglio provinciale di Sanità a norma degli art. 97 e 111 del regolamento 6 Settembre 1874 modificato col regio decreto del 14 Gennaio 1877.

« La quale *violazione di legge*, così si esprime la Sezione IV, importa unicamente che i decreti prefettizi in esame debbano essere annullati giusta l'art. 24 della legge sul Consiglio di stato ». Non è forse questo un caso tipico di *détournement ?* Si ricordi bene la definizione datane dall'Aucoc e si vedrà che il decreto impugnato era per lo appunto emesso dal funzionario competente colle forme vo-

(1) Conseil d'Etat. 4 Feb. 1881 aff. d' Argent in Dalloz Supplement au Répertoire. Cons. d'Etat 126.

(2) Decisione 28 Gennaio 1892. Baggio ed altri e Prefetto di Torino. (*Gior. It.* 1892. III. 60).

lute dalla legge ma determinato da altri motivi che non sono quelli pei quali nella materia gli è attribuito un potere discrezionale : e senza dubbio se il Prefetto usando e magari abusando di questo potere, avesse respinta la domanda suddetta di autorizzazione col pretesto che l'apertura di una nuova farmacia non recavà vantaggio allo interesse pubblico, il suo decreto sarebbe stato intieramente legittimo, valida essendo la sua motivazione.

È poi una considerazione che non ha bisogno di essere per la sua evidenza dimostrata, questa che non v'ha di uopo di una complicata istruttoria per chiarire il difetto di un provvedimento amministrativo che ha una causa illegittima : basta all'intento di chi ricorre versare in causa, come del resto la legge organica nel suo art. 30 e quella 1 Maggio 1890 nel suo art. 5° impongono, copia dell'atto impugnato.

Al contrario se la violazione di legge, il *détournement de pouvoir*, deriva dalla irregolarità dello scopo *(l'incorrection du but)*, un'istruttoria è quasi sempre necessaria, essendo cosa difficile ad avverarsi in pratica che l'amministrazione menzioni lo scopo a cui tende. Ma le investigazioni del giudice amministrativo hanno nello stesso diritto Francese forme e limiti che non sono quelle dell'ordinario diritto processuale. E poichè crediamo che la controversia debba essere esaminata con singolare riguardo alla procedura amministrativa, delle norme di questa, faremo qualche cenno per tosto ritornare all'argomento principale.

L'istruttoria delle controversie amministrative assai presto si è distinta da quella delle cause civili per la tendenza a far prevalere i provvedimenti tolti ex-officio dal Consiglio di Stato, alle domande delle parti : il Dareste (1) notando questo fenomeno, ne dava le seguenti ragioni assai persuasive : « *Si le Conseil d'État ne dirigeait pas l'instruction, l'administration opposerait souvent une force d'inertie insurmontable, préjudiciable toujours à*

(1) Op. cit, pag. 656.

l'intèrêt des parties, quelquefois aussi à l' intèrêt public. On ne pouvait sans des grands inconvénients laisser au juge administratif le caractère trop souvent passif du juge civil. Toute la marche de la procèdure administrative a été tracèe en vue de ce double but ». Ecco la origine degli ampi poteri del Consiglio di Stato Italiano e Francese, per richiedere all'Amministrazione documenti relativi alla controversia.

Delicatissima la missione del Consiglio di Stato allorchè si tratti di ricercare lo scopo di un atto : riferiamo quello che il *Laferrière* ne scrive : « *La preuve du dètournement de pouvoir doit donc rèsulter, autant que possible, de documents èmanès de l' administration elle-même et versès par elle au dossier, soit spontanément, soit sur la demande que le Conseil a pu faire en communiquant le pourvoi au ministre compétent. Parmi ces documents on peut mentionner : lo motifs que l'auteur de l'acte a lui-même insérès dans sa décision ; la correspondance qui l'a prècèdèe ou suivie et qui en fait connaître la portèe; les instructions du supérieur hiérarchique d'après lesquelles la dècision a été prise; les explications contenues dans les observations du ministre et dans les rapports des agents intèressès rèspondant à la communication du pourvoi. Le Conseil peut aussi se fonder sur les circonstances de fait rèvèlèes par l'instruction écrite et d'où naissent de prèsomptions graves, prècises et concordantes : mais nous ne pensons pas qu'il puisse aller jusqu'à ordomer der mesures d'instruction pour rechercher lui même quelles ont été ces circonstances ».*

Numerosa è la serie di casi in cui fu accolto il ricorso per *dètournement de pouvoir* basato sopra la illegittimità dello scopo dell'impugnato provvedimento (1).

Riteniamo, e superiormente ne abbiamo dato le ragioni, che pure nel diritto patrio sia concesso il ricorso in annullamento, quando lo scopo dell'atto che v'impugna non è conforme a legge.

(1) Vedi presso LAFERRIÈRE. Op. cit. p. 524.

A queste conclusioni si può pianamente venire senza
che sia necessario l'accordare alla parola « eccesso di potere » un significato che nella maggior parte dei casi è
irrazionale e ripugna alla sua estensione filologica e alle
rette tradizioni della dottrina patria. Uno dei migliori nostri pubblicisti, il prof. Codacci-Pisanelli, ha in una sua
recente monografia sostenuto che pure nell'eccesso di p>
tere dell'art. 24 va compreso il *dètournement de pouvoir*:
le ragioni addotte sostanzialmente sono due: lo esempio
della giurisprudenza Francese che doveva essere presente
ai compilatori della riforma del nostro contenzioso; il fatto
che l'art. 19 della legge sulla Giust. Amm. apre in certi
casi per l'incompetenza e l'eccesso di potere il ricorso alla
Cassazione Romana, per altri alla Sezione IV.

L'importanza della controversia è affatto scientifica,
poichè noi pure ammettiamo il ricorso nei casi in cui il
Consiglio di Stato Francese vede *dètournement de pouvoir*, ma riteniamo che meglio tale specie d'illegittimità
si classifichi tra le pure violazioni di legge: non però con-
cediamo una tale latitudine ai poteri della Sezione IV che
questa sia chiamata sotto scusa di violazione della legge
nel suo spirito, a indagare il merito d'atti amministrativi:
e se pure si possono citare decisioni del Consiglio di Stato
Francese che quasi ci conducono a tale conseguenza, la
stessa non è per noi tollerabile.

Che il Consiglio di Stato Francese nella missione di
tutelare la legalità nell'amministrazione qualche volta non
esorbitasse, era assai difficile: in primo luogo essendo
dall'art. 9 della legge del 1872 accordato il ricorso solo
per eccesso di potere e non per altro motivo e in genere
per violazione di legge, come fa anche l'art. 24 della legge
organica, era supponibile e prevedibile la tendenza a
dare al vizio dello eccesso di potere una latitudine che
nel suo vero significato l'autorità giudiziaria non gli
aveva accordata: le tradizioni della precedente giurisprudenza fecero sì che per eccesso di potere fosse intesa ogni
violazione dello spirito e della sostanza della legge: e certo
non mancano i sottili ragionamenti per rendere legittima

tale conclusione: chi viola la legge, esce sempre sotto un certo punto di vista dall'orbita dei suoi poteri.

In realtà il supremo Consesso, quando mancava un mezzo per controllare l'osservanza della legge nell'azione amministrativa, aveva trovato modo di giustificare i ricorsi fondati sull'incompetenza e sullo eccesso di potere in un decreto del secolo passato e in seguito ne estendeva la efficacia a tutti i casi in cui mancasse al privato una guarentigia del suo interesse leso (1): tanto è vera l'aurea massima che nella necessità ritrova l'origine mediata di ogni istituto giuridico: *necessitas jus constituit, rebus ipsis dictantibus.*

Ma il puro controllo della giurisdizione di annullamento non basta: occorre pure che il giudice amministrativo in certi casi più gravi sia investito della facoltà di indagare se l'atto che s'impugna sia quello che veramente *libra in equa lance* l'interesse pubblico e il privato e l'uno all'altro concilia col minore sacrificio dell'ultimo: se il *détournemente de pouvoir* e certe violazioni della legge nel suo spirito sono represse, l'abuso di potere in istretto senso va esente da controllo: il sindaco che usando delle facoltà che l'art. 133 della legge Com. e Prov. gli accorda, ritiene pericolose le condizioni di una casa, che però non minaccia in alcun modo la pubblica incolumità e ne ordina la demolizione con provvedimento d'urgenza, abusa ma non eccede i suoi poteri, perchè se difetto vi ha nel suo provvedimento, questo non è di avere in alcuna guisa violata la legge, ma di avere male apprezzato sia per ignoranza, sia per altra colpa o dolo, la situazione ed i fatti: la giurisdizione di merito corregge l'abuso di potere che ha così stretta parentela colla violazione della legge (2),

(1) Aucoc. *Le conseil d'État et le recours pour excès de pouvoir (Revue de deux mondes)* fasc. Sett. 1878.

(2) Il Costa nella sua bella relazione (Atti Interni del Senato. Documenti, sessione 1887-88 n. 6-A) alla legge organica adopera la parola abuso di potere in senso lato e con tali espressioni che è quasi lecito argomentarne avere esso nella sua mente

essendo chiamata ad emettere giudizio sulla opportunità di atti amministrativi: la legge sull'ordinamento della Giustizia Amministrativa ha inteso a rimuovere l'abuso di potere, ammettendo il ricorso in merito nel caso di atti discrezionali della maggiore importanza (v. art. 1 e 21).— Ma la legge Francese per atti discrezionali non apre altro ricorso se non avanti all'amministrazione pura e al Consiglio di Stato per eccesso di potere: mai ammette che della opportunità si discuta in sede contenziosa: e forse necessità di cose ha tratto alcuna volta il Consiglio di Stato a ricercare invece che lo scopo, il merito stesso dell'atto amministrativo: ma la teoria fondamentale della dottrina francese rimane nei suoi postulati vera e nella maggior parte dei casi il nostro Consiglio di Stato non pronuncierebbe decisioni diverse.

Anzi tale principio, che col ricorso per eccesso di potere non si possa intaccare il merito di un atto dell' amministrazione, è con chiarezza in varie decisioni del Consiglio stesso affermato; così fu respinto il ricorso diretto contro il decreto che avea autorizzato un notaio a portare altrove il suo studio, quantunque il ricorrente pretendesse che il provvedimento non fosse diretto a raggiungere un interesse generale (*Cons. d' État, 14 Déc. 1883*): e fu pure respinto allorchè si pretese che fosse esagerata la spesa di mantenimento di mentecati, spesa che era stata determinata a carico dei Comuni in virtù di una deliberazione del Consiglio generale (*Conseil d' État, 22 Juin 1882, aff. Ville de Marseille*) (1).

contemplata l'ipotesi del *détournemente de pouvoir* e avere acconsentito il ricorso quando il medesimo si verifichi: crediamo utile riferirle: « Ai motivi di illegittimità non si è aggiunto l'abuso di potere e l' esercizio cioè *illegale* od ingiusto di una facoltà legittima, giacché evidentemente *si compenetra nella violazione* della legge o si risolve in un giudizio di estimazione: si è invece mantenuto, colla incompetenza e colla violazione di legge, *l'eccesso di potere*, che rende radicalmente nullo il provvedimento per assoluta mancanza di facoltà ad emanarlo, agli abusi intenzionali e dolosi provvede il diritto comune ».

(1) DALLOZ, *Supplément au Répertoire*, voce e l. cit. n. 127.

In tale senso perfettamente consono alla nostra tesi, deve intendersi lo esempio della dottrina francese i cui risultati erano certo conosciuti al nostro legislatore che in base a questi menzionava tra i mezzi di ricorso la violazione di legge, mentre in Francia la si fa rientrare nel concetto coartato dello eccesso di potere. Le ampie facoltà di indagine concesse al Consiglio di Stato Francese, sono pure riconosciute alla IV Sezione e alla stessa Giunta Provinciale, poichè per l'art. 37 e 11 delle due leggi relative, se l'istruzione dell'affare è incompleta *o i fatti affermati nell'atto o provvedimento impugnato sono in contraddizione colle risultanze dei documenti*, il giudice amministrativo prima di decidere, può, se ne è il caso, promuovere il parere dei corpi consultivi istituiti per legge o per regolamento, e richiedere all'amministrazione interessata schiarimenti o la produzione di documenti, od ordinare alla amministrazione medesima di fare nuove verificazioni, autorizzando le parti, quando lo creda, ad assistervi, ed anche a produrre determinati documenti.

È per noi sopra tutto vero che la giurisdizione amministrativa non cessa per le attribuzioni delle quali è investita, di far parte del potere esecutivo: questa riflessione ci spiega perchè le è concesso quello imperio al riguardo di atti amministrativi illegali che ai tribunali è negato, e spiega pure come nella istruttoria della causa le sia pure concessa tale un'autorità che i tribunali in alcun caso e di fronte ad alcuna persona hanno mai avuto: l'inerzia che il Dareste lamenta, viene dall'amministrazione giustamente opposta di fronte alle indagini del giudice civile: è vecchio assioma della procedura comune: *nemo tenetur edere contra se;* e l'altro : *arma non sunt sumenda de domo rei :* anche i documenti sono una proprietà di chi ne è il legittimo detentore e l'*actio ad exibendum*, promossa al riguardo degli stessi, sarebbe temeraria e illegittima. Ma ben diversamente va la bisogna avanti la giurisdizione amministrativa : questa pur avendo per certe controversie la qualità di giudice, non cessa di ritenere l'autorità dell'amministrazione per ordinare gl'incombenti tutti sopra ricordati allo intento di chiarire la verità. 8

Queste differenze delle due procedure civile e amministrativa ad esuberanza spiegano come in certi casi il Consiglio di Stato sia stato più facile ad accogliere un ricorso di quello che l'autorità giudiziaria a menare per buona l'azione relativa alla legalità di un atto amministrativo. Non è neanche a dimenticare che scopo della giurisdizione ordinaria è la tutela del diritto soggettivo, di quelle create dalle leggi di riforma, la conservazione del diritto oggettivo, concetto immensamente più vasto e che richiede una maggior larghezza di criterii.

Per quanto è a nostra notizia, la IV Sezione non ha finora deciso alcuna specie di ricorso che nel suo concetto corrisponda al *détournement de pouvoir* nella sua forma di illegittimità dello scopo a cui l'atto tende: pure vi è una sua bella pronunzia dovuta alla penna di quel dottissimo giureconsulto che è il Bianchi, la quale abbastanza dimostra che i criterii da seguirsi sono quelli che noi pure propugnammo (1). Tizio aveva domandato copia di un certificato esistente nell'archivio comunale: il sindaco di sua iniziativa aggiungeva al certificato postille che ne diminuivano il valore: ricorreva lo interessato alla G. P. A., la quale, riferiamo le parole della decisione «qualificata l'autenticazione, che è ministero di segretario, dichiarò che il certificato contiene una attestazione non richiesta *con l'evidente scopo* di contrapporla al certificato del sindaco predecessore. Il che in sostanza significa che il ricorrente ncn richiesto, rilasciava un certificato. Ora non può essere dubbio che alla Giunta, a cui spetta il giudizio sul rifiuto a rilasciare un certificato, appartenga anche la cognizione sul valore giuridico di un certificato che non è stato richiesto» e più oltre: «È quindi evidente che il sindaco, certificando la conformità della copia all'originale, esercitò un potere che la legge non gli attribuisce e quando dichiarò di non assumere responsabilità, *violò lo spirito dell'art. 134*, perchè fece una attestazione che non gli era richiesta».

(1) Decisione 13 Luglio 1891. PANFILI e GIUNTA P. A. di Ascoli Piceno. *Giust. Amm.* II-I, 305.

In ultimo osserviamo che non pare esatta l'interpretazione che il prof. Codacci Pisanelli dà all'art. 19 della legge sull'Ordinamento della Giustizia Amministrativa : non vi sono due specie di eccesso di potere, l'uno racchiudente carenza di facoltà in chi amministra, del quale la Cassazione Romana sia chiamata a portare decisione in riguardo alle pronunzie delle Giunte Provinciali, l'altro applicazione non corretta della legge o uso di facoltà discrezionali a scopo illegittimo, di cui la IV Sezione sia chiamata a portare giudizio : non è la più o meno grave violazione della legge che dà il termine discretivo per decidere se la competenza a pronunziare lo annullamento delle decisioni della Giunta Provinciale, appartiene alle Sezioni riunite della Cassazione Romana o alla IV Sezione, ma il diverso effetto che producono al riguardo delle parti interessate : se trattasi di una lesione di diritto, il ricorso compete avanti il Supremo Collegio giudiziario, se di lesione ad un puro interesse, avanti la IV Sezione : cioè è confermata anche in questo caso la competenza conferita all'una e all'altra dall'art. 3 n. 3 della legge sui Conflitti e dall'art. 24 della legge organica. È poi certo che l'interpretazione data alla legge dall'insigne pubblicista ha il difetto di provare troppo : se vi sono due specie di eccesso di potere, vi saranno pure due specie d'incompetenza, poichè questa pure l'art. 19 menziona come mezzo di gravame avanti le due giurisdizioni : e ciò non è ammessibile. Facilmente poi si scorge che in una decisione di corpo contenzioso, quale è la Giunta Provinciale, non si può verificare il *dètournement de pouvoir* che invece si riscontra nell'amministrazione pura chiamata a spendere facoltà discrezionali : chi decide, può egualmente violare la legge, come pronunziare fuori dei limiti della sua competenza o eccedere i suoi poteri, ma non mai agire nel limite delle sue facoltà, nelle forme legali e tendere a scopo illecito : non v'ha pericolo che un tribunale possa essere redarguito di *dètournement de pouvoir* nel senso che a questo termine dà la dottrina Francese !

Riassumendo i principii che siamo venuti discutendo,

non v'ha eccesso di potere che non consista in assoluta mancanza di facoltà o in deficienza relativa per essere state ommesse le forme sostanziali che debbono accompagnare il provvedimento dell'amministrazione: la legge può essere violata nella sua sostanza e nel suo spirito: la giurisdizione amministrativa può indagare se il fine dalla legge implicitamente o esplicitamente voluto, è quello a cui tende l'atto contro il quale fu diretto il ricorso: se manca il fine che la legge negli stessi atti discrezionali richiede affinchè sieno regolari, la legge è frodata: non sarebbe mai ammessibile come non lo è avanti i tribunali ordinarii, un ricorso che impugnasse il merito di un atto amministrativo; quindi l'abuso di potere in stretto senso va libero da controllo.

IX. Della violazione di forme al riguardo dell'art. 19 della Legge sull'Ordinamento della Giustizia Amministrativa.

L'art. 19 della legge sull'ordinamento della Giustizia Amministrativa, ammettendo come mezzo di gravame avanti la IV Sezione le stesse specie d'illegittimità menzionate nell'art. 24 della legge organica, stabilisce che se il ricorso viene accolto per violazione di forma, la decisione della Giunta Provinciale è annullata e l'affare di bel nuovo rimesso alla Giunta competente per la rinnovazione della procedura dell'ultimo atto annullato. Invero, per esprimerci colle parole medesime di uno de' più illustri fautori della riforma: « Se si viola la forma, è evidente che non esiste la decisione annullata e quindi se ne deve fare un'altra: ed in questo caso il Consiglio di Stato deve annullare tutti gli atti successivi a quello nullo e rimandarli alla stessa Giunta, perchè pronunci una nuova decisione (1) ». Ben si comprende il diverso tenore dell'art. 38 della legge organica che nel caso di annullamento di un atto ammi-

(1) *Codice della Giustizia Amministrativa.* — Firenze 1893, p. 173.

nistrativo per violazione di legge, che non distingue dall'altro di forma, non ordina e prescrive altro provvedimento, essendo l'amministrazione libera di provvedere, come meglio le piace, al pubblico interesse e, se ciò ritenga più conveniente, potendo anche astenersi da ogni ulteriore iniziativa al riguardo dell'oggetto della controversia: ma nel caso nostro la Giunta di cui fu annullata una deliberazione per difetto di forma si trova nuovamente vincolata da quelle istanze che nel precedente giudizio le parti avanti la stessa avevano formulato; la sua giurisdizione è sollecitata e la legge le impone l'obbligo di far ragione ai lamenti di chi le ha sottoposto il ricorso. Vi ha poi motivo per distinguere tra le vere e proprie violazioni della legge che doveva essere applicata alla controversia e quelle di forma; poichè se il giudice ha errato nella applicazione della legge, la decisione sua esiste, ma ha un vizio che ne rende indispensabile la riforma: si presenta allora la questione se meglio convenga limitare i poteri della suprema magistratura a una semplice *declaratio juris* o a una pronunzia definitiva sopra le basi di fatto poste al sicuro dal giudice inferiore: questo secondo sistema è stato dalla legge preferito come più corrispondente ai principii di economia, alla natura della nostra suprema giurisdizione amministrativa e alle stesse tendenze della dottrina. A qual prò si dovrebbe invece distinguere tra violazione propria del diritto e quella di forme, quando non si tratti di ricorsi contro decisioni della Giunta mentre la consegnenza della decisione non muta perchè in ogni caso la IV Sezione si limita, se accoglie il ricorso ad essa sottoposto nel senso dell'art. 24 della legge organica, ad annullare l'atto e sotto alcun pretesto può surrogarsi all'amministrazione attiva facendo quello che questa ha fatto in malo modo? La distinzione sarebbe assurda.

Quali possono essere le violazioni di forma in una pronunzia della Giunta Povinciale? Ricordiamo la definizione che superiormente ne abbiamo dato e che qua non deve essere emendata: forma della decisione e degli atti vari del giudizio, poichè dalla lettura dell'art. 19 abbastanza si evince che in questi pure può essere nascosta una causa di annullamento, sono i requesiti estrinseci, che meglio della legge, nel caso nostro sono richiesti dal regolamento di procedura a garanzia del regolare corso del giudizio amministrativo: requesiti di forma sono per eccellenza quelli degli art. 45, 46, 47, 48, 49 del regolamento 4 Giugno 1891, tutti relativi alla decisione. E poichè i vizii di forma possono non rimanere circoscritti a questo atto finale del giudizio, ma estendersi a quelli anteriori, il concetto loro si allargherà sino a comprendere qualsiasi violazione delle norme regolamentarie della procedura e istruttoria della pratica: vi sarà violazione di forma se contro il disposto dell'art. 26 a cura dell'amministrazione, cui sono state commesse verificazioni nuove, non siasi tre giorni prima notificato, il giorno, l'ora e il luogo in cui si procederà alla verifica dalla Giunta ordinata: tra le violazioni di forma rientrerà quella dell'art. 2 e 3, se siansi discussi affari in giorni non fissati o in udienza convocata senza le cautele ivi stabilite etc.: se la violazione si riferisce a un incombente di procedura, rimarranno salvi gli atti anteriori e le decisioni interlocutorie che per avventura avessero risoluto un incidente o ordinata un'istruttoria supplementare, ma, l'incombente dovrà essere rinnovato.

Quale è l'efficienza dell'art. 19? Si dovrà distinguere tra violazione di forma e di sostanza pure a riguardo di altri casi che non siano quelli della legge sull'Ord. della Giust. Amm. e ad esempio in quelli di appello relativo a materia elettorale o quella dei ricorsi di segretari comunali a senso dell'art. 12 della legge Com. e Prov.? Stiamo per la negativa. La disposizione di detto articolo non può riferirsi a materie contenziose, che erano di competenza del Consiglio di Stato in forza di norme di legge anteriore a quella del 1° Maggio 1890 e sulle quali la Giunta delibera composta di un diverso numero di consiglieri e, osiamo aggiungere, con forme diverse, che sono quelle del regolamento 10 Giugno 1889 per la esecuzione della legge sull'ammin. Com. e Prov.

Alcuno osserverà che le ragioni di applicare l'artic. 19

rimangono pure nei casi accennati: ma è facile scorgere come questo argomento non abbia sussistenza: la funzione esercitata dalla Sezione IV sulla pronunzia delle G. P, A. nei casi che la legge sull'ordinamento della G. A. designa per violazione di forme, sono quelle stesse che la Cassazione esercita al riguardo delle sentenze dei giudici del merito, mentre nei casi accennati la Sezione IV funge come vero giudice di merito, quasi direi, come tribunale di appello: ed appunto per questo motivo, può rinnovare di suo arbitrio gli atti che fossero nulli, ordinare un'altra istruttoria e togliere di bel nuovo ad esame la pratica malamente decisa dalla Giunta Previnciale. Non v'ha poi dubbio che la Sezione IV in base all'art. 12 e 91 della legge Com. e Prov. eserciti l'ufficio di giudice del merito poichè è in suo arbitrio di confermare o revocare il licenziamento o la destituzione del segretario comunale e riformare l'esito delle operazioni elettorali con la facoltà tra le altre di surrogare i consiglieri che hanno diritto ad essere eletti, a quelli che erroneamente l'Ufficio aveva dichiarato eletti. Neanche si può obiettare l'articolo 1º del regolamento 4 Giugno 1891, in forza del quale per il procedimento relativo all'esercizio della giurisdizione di cui la giunta provinciale amministrativa è investita dalla legge 1º Maggio 1890 n. 6837 e da altre leggi, si osservano le norme in detto regolamento sancite, poichè nulla vi è a questo proposito, e se pur vi fosse, non avrebbe efficacia, non potendo una disposizione di legge essere distrutta da quella di un regolamento: le altre leggi, a cui si fa allusione, sono posteriori alla ricordata del 1º Maggio 18J0.

X. Dei mezzi d'impugnativa in ordine al ricorso.

Il ricorrente che impugna un atto amministrativo che abbia leso un suo interesse, fonda ogii domanda che fa valere, sopra il mezzo di gravame corrispondente alla specie di violazione della legge che in ipotesi si è verificata. L'articolo 5 n. 3 del regolamento di procedura 23 Novembre 1889 dinanzi alla IV Sezione esige che sotto

pena di nullità nel ricorso sia contenuta « La esposizione
sommaria dei fatti, i motivi su cui si fonda il ricorso con
le indicazioni degli articoli di legge e le conclusioni ».
Uniformandosi a un identico principio l'art. 8 n. 3 del
regolamento di procedura 4 Giugno 1891 per l'ordinamento
di procedura avanti le Giunte Provinciali, contiene una
norma che è nella sua lettera conforme a quella riferita
e quantunque non sia ripetuta nella intestazione dell'articolo la minaccia di nullità, questa si deduce a chiare note
dal contenuto imperativo della disposizione. A nessuno
sfugge che ci troviamo a fronte di una norma mutuata
dall'ordinario diritto giudiziario, regolante i ricorsi avanti
la Corte Suprema: l'art. 523 del Cod. Proc. Civ. esige
tra gli altri requesiti (2 e 4) l'esposizione sommaria dei
fatti ed i motivi per i quali si chiede la cassazione e l'indicazione degli articoli di legge su cui si fondano.

Facilmente si comprende perchè una deduzione generica di qualsiasi violazione di legge, non sia bastevole: e
per espressa disposizione della legge e, quasi direi, per
necessità di cose, affinchè la Sezione IV o la Giunta Provinciale, sia in modo valido sollecitata a decidere sopra
un mezzo di gravame, mentre non è ben chiaro quale sia
la violazione di legge dedotta, è indispensabile la menzione
degli articoli di legge violati: in omaggio a tali principii
per lo appunto fu giudicato irricevibile un controricorso
fondato su ragioni vaghe e indeterminate (1): il giudice
amministrativo al pari di quello ordinario non può e non
deve supplire alla deficienza nella deduzione delle parti;
suo obbligo è quello di decidere *iuxta allegata et probata*
é non di interpretare quale possa essere stata la intenzione
del ricorrente o controricorrente: tale conclusione è poi
resa indispensabile anche dalla economia bene intesa del
giudizio.

Sarà del pari richiesta a pena di nullità la menzione
dello appunto specifico che si fa all'atto amministrativo

(1) Decisione 8 Gennaio 1891 n. 3. Ministero d'Agr. e Comm.
Forestale di Reggio (*Giust. Amm.* II-I. 32).

che s'impugna e cioè il dire se lo si accusa di eccesso di potere, d'incompetenza o violazione di legge? e quando la menzione del mezzo di gravame sia inesatta, si dovrà senz'altro il ricorso dichiarare irricevibile?

Pare a noi che quando si ricorra per violazione di legge, mentre si ha incompetenza o eccesso di potere che sono specie della stessa, non sia possibile alcuna eccezione: ma vi è motivo di dubitare quando ad esempio si ricorre per incompetenza e l'atto amministrativo non è tocco da questo vizio ma da pura e semplice violazione di legge. È risaputo che per giurisprudenza costante delle nostri Corti di Cassazione, all'effetto di ottenere cassata una sentenza è necessario di precisare l'obietto specifico del ricorso; e questo diventa irricevibile quando il ricorrente deduca il vizio di avere la sentenza pronunziato su cosa non domandata, mentre sta in fatto che la stessa contiene disposizioni contraddittorie. Tale rigore secondo la nostra opinione, non si deve adottare avanti alla giurisdizione amministrativa che senza dubbio si ispira a una maggiore larghezza di vedute e a un più largo senso di equità: l'incompetenza, l'eccesso di potere e la violazione di legge alla fin fine, costituiscono altrettanti aspetti di un solo vizio, la illegittimità e quando è certo che il privato o l'ente morale giuridico intendono reclamare e, come è prescritto, designano l'articolo di legge violato o male applicato, non si deve trascendere al rigore delle formule, ma guardare alla sola intenzione che è certa. Scopo precipuo della giurisdizione amministrativa è la tutela del diritto oggettivo, ora non si comprende perchè si debba renderne difficile il raggiungimento con nullità che non sono state dalla legge espressamente minacciate e che neppure si possono dedurre stando ai più semplici principii di legale ermeneutica.

Non vale il dire che la designazione precisa del difetto che s'imputa all'atto, è necessaria perchè a questa tiene dietro, come già si è veduto, una diversa pronunzia: la disposizione degli art. 38 della legge organica, 13 e 19 di quella sulla Giust. Amm. è precettiva e senza che vi sia d' uopo di una speciale istanza delle parti, prescrive alla Sezione IV e alla Giunta Provinciale di togliere la decisione voluta dalle circostanze: sono poteri che alla giurisdizione amministrativa come alla Corte Suprema, competono *ex officio*, poichè hanno la loro origine nel solo pubblico interesse e le parti colla loro istanza non possono influire sulla esecuzione della legge, ma si limitano a fruirne la protezione.

R. Porrini.

IL PROGETTO SULL'AUTONOMIA DELL'IRLANDA

Il progetto contiene quaranta articoli, non pochi dei quali sono divisi e suddivisi, e sette allegati. I quaranta articoli si riferiscono a diversi capitoli che trattano rispettivamente dell'autorità legislativa; dell'autorità esecutiva; della costituzione del Parlamento irlandese; della rappresentanza irlandese nella Camera dei Comuni imperiale; delle finanze; delle poste, dei telegrafi e delle casse di risparmio; degli appelli irlandesi e della decisione delle questioni costituzionali; del Lord luogotenente e delle terre della Corona; dei giudici e dei funzionari dell'amministrazione civile; della polizia; di disposizioni d'indole diversa; di disposizioni transitorie.

Riguardo all'autorità legislativa, si dice che in Irlanda vi sarà un Parlamento composto della Regina e di due camere: il Consiglio legislativo e l'Assemblea legislativa. Il Parlamento, colle eccezioni e restrizioni determinate nell'Atto, avrà diritto di far leggi sulla pace, l'ordine e il buon governo per quanto riguarda l'Irlanda od alcune parti di essa. Non potrà far leggi nelle seguenti materie: a) sulla Corona, la successione alla Corona, la reggenza e il Lord Luogotenente come rappresentante della Corona; b) sulle dichiarazioni di pace o di guerra o sulle materie relative allo Stato di guerra; c) sulle forze di mare o di terra e sulla difesa del regno; d) sui trattati ed altre relazioni cogli Stati stranieri, sulle relazioni fra le diverse parti dei dominii imperiali e sulle offese riferentisi a tali trattati o relazioni; e) sulle dignità e titoli onorifici; f) sul tradimento, sulla fellonia e sulla naturalizzazione; g) sul commercio colle contrade fuori dell'Irlanda; sulle quarantene e sulla navigazione (salvo i regolamenti sulle acque interne, la sanità e i porti locali); h) sui fanali, fari e segnali marittimi (eccettuati quelli che per legge generale del Parlamento imperiale possono essere costrutti e

mantenuti dalle locali autorità di porto); *t*) sul conio delle
monete e sui tipi legali dei pesi e delle misure; *b*) sulle
marche di commercio e di fabbrica, sui diritti d'autore
e sui brevetti d'invenzione; e si aggiunge che qualsiasi
legge fatta in contravenzione di tali divieti è nulla. Il
Parlamento irlandese inoltre non può fare qualsiasi legge
che miri a stabilire o a dotare una religione o ad impedire la libertà in materia religiosa, o ad imporre incapacità o a stabilire qualsiasi privilegio in fatto di religione,
o ad abrogare o a pregiudicare il diritto di stabilire e
mantenere istituzioni d'istruzione o di carità confessionali,
o a pregiudicare il diritto di qualsiasi fanciullo di frequentare una scuola sussidiata dallo Stato senza obbligo
di attendere all'istruzione religiosa impartita in tali scuole.
A quel Parlamento è pur vietato di far leggi per le quali
una persona possa essere privata della vita, della libertà
o della proprietà senza legale processo giudiziario o possa
esser negata l'eguale protezione delle leggi o tolta la
privata proprietà senza giusto compenso, o, qualsiasi
esistente corporazione incorporata per carta reale o per
locale o generale atto del Parlamento imperiale (che non
sia una corporazione che imponga per pubblici scopi tributi, tasse, pedaggi o che amministri fondi così riscossi)
possa, senza il suo consenso o il previo permesso della Regina conceduto sopra indirizzo delle due camere del Parlamento irlandese, venir privata dei suoi diritti, privilegi
o proprietà senza legale processo giudiziario, o qualsiasi
abitante del Regno Unito possa venir privato degli eguali
diritti riflettenti le pubbliche pesche sul mare. Ognun
comprende quali importanti garantie costituiscano questi
divieti che equivalgono alle dichiarazioni dei diritti contenute nelle leggi fondamentali dei diversi paesi. Specialmente degne d'attenzione sono le guarentigie riflettenti la
libertà religiosa e la libertà d'insegnamento quando si
consideri che le minoranze protestanti hanno tutto il diritto di essere protette contro il nuovo Parlamento che
naturalmente resterà nella sua grande maggioranza composto di cattolici. Si deve poi considerare che per questi

divieti è ripetuta la disposizione sopra riferita: che qualsiasi legge fatta in contravvenzione di essi sia nulla, ed
essa costituisce una rilevantissima garanzia perchè non
solo permetterà alla Regina ed al Lord Luogotenente ·di
rifiutare la sanzione alle leggi che avessero contravvenuto al divieto, ma gli stessi tribunali, ove venissero sanzionate, potranno ritenerle come inesistenti e non appli-
carle perchè incostituzionali. Il Parlamento irlandese può
abrogare o modificare solamente quei provvedimenti della
nuova Legge che questa dichiara potersi da esso alterare.
Nulla è innovato per quanto riguarda il divorzio e il matrimonio.

Riguardo alla costituzione del Parlamento irlandese,
esso, diversamente da ciò che veniva proposto nel 1886,
è diviso in due Camere. Il Consiglio legislativo o Senato,
è composto di 48 membri, scelti, secondo il primo allegato,
in 26 collegi a scrutinio uninominale, in 5 a scrutinio di
lista con due nomi e in quattro a scrutinio di lista con
tre. Per l'eletforato si richiede la proprietà o l'occupazione nel collegio di un fondo del valore imponibile maggiore di venti sterline e le condizioni per l'elettorato stabilite dalla legge elettorale del 1884 per la Camera dei
Comuni, purchè un cittadino non sia elettore che in un
solo collegio. In questo modo, secondo il Gladstone, si
avrebbero circa 170000 elettori. Norme meno importanti
sulle elezioni sono contenute nel settimo allegato. Il Consiglio dura in carica otto anni senza essere soggetto a
scioglimento ed i suoi membri si rinnovano per metà ogni
quadriennio. Per avventura si potranno sollevare obbiezioni perchè non sia permesso lo scioglimento, ma or ora
citeremo una disposizione stabilita per la risoluzione dei
conflitti fra le due Camere. L'Assemblea legislativa è composta di 103 membri eletti dagli attuali collegi irlandesi
i quali oggi contano, in complesso 750000 elettori; dura
in ufficio cinque anni, a meno che non avvenga lo scioglimento. Trascorsi sei anni dalla sanzione dell'Atto, il
Parlamento irlandese può mutare le condizioni dell'elettorato, la costituzione dei collegi, il numero dei membri

ad essi assegnati, purchè abbia sempre riguardo alla popolazione. Per la risoluzione dei conflitti, è stabilito che
se un progetto o qualche disposizione di un progetto approvato dall'Assemblea legislativa è respinto dal Consiglio
legislativo e dopo lo scioglimento o trascorsi due anni
dalla reiezione l'assemblea vota di nuovo il progetto o,
con un progetto, la disposizione respinta dal Consiglio, e
questo si oppone di nuovo, le due assemblee si uniscono
in una sola e la maggioranza decide. A coloro che sol-
levassero obbiezioni contro tale preponderanza lasciata
alla Camera popolare, si può rispondere che al Parlamento
irlandese vengono sottratte materie importanti come sopra
si è detto, e che i suoi provvedimenti sono soggetti al rifiuto della sanzione ed al sindacato dei giudici. D'altronde
per la stabilità della costituzione del Consiglio legislativo
è disposto che non possa mutarsi dal Parlamento irlandese.

Nelle disposizioni varie si dice che le prerogative di
ciascuna delle Camere e dei loro membri sono tali quali
verranno stabilite dal Parlamento irlandese purchè non
sieno maggiori di quelle della Camera dei Comuni imperiale
e dei suoi membri. Secondo il settimo allegato, il Lord Luogotenente, finchè non sia altrimenti disposto dal Parlamento irlandese, può emanare norme per adattare le vigenti leggi elettorali alle elezioni delle due Camere e fare
i regolamenti per ciascuna di queste. Il Parlamento irlandese deve sedere ogni anno. Finchè esso non abbia stabilito altrimenti, potranno sedere nelle due assemblee i
funzionarii designati dalla Regina in Consiglio, ma l'accettazione di un impiego rende il posto vacante a meno che
il nominato abbia accettato l'ufficio in surrogazione di
altro. Sono ammesse le dimissioni dei membri in entrambe
le Camere (1).

Si credette che, dato un governo con proprio potere
legislativo all'Irlanda, si dovessero ancora ammettere, an-

(1) Il Parlamento irlandese si dovrebbe riunire il primo
martedì di settembre del 1894.

che quì diversamente da quello che si stabiliva nel progetto del 1886, nel Parlamento imperiale rappresentanti irlandesi e che questi tuttavia non potessero deliberare negli affari speciali alla Gran Bretagna. Quindi nella Camera dei Comuni seggono, finchè il Parlamento imperiale non stabilisca altrimenti, 80 deputati irlandesi (1) eletti, come è statuito nel secondo allegato, 17 in altrettanti collegi uninominali, 26 in 13 collegi a scrutinio di lista con due nomi, 24 in 8 collegi a scrutinio di lista con tre nomi, 8 in due collegi a 4 nomi, e 5 in un solo collegio. L'U niversità di Dublino cessa di mandare qualsiasi membro. Nella Camera dei Lordi è mantenuta l'esistente rappresentanza irlandese. Tutto l'ordinamento elettorale riguardante la rappresentanza nel Parlamento imperiale dipende da esso e non può venire alterato dal Parlamento irlandese, ma questo può provocare l'emanazione dei decreti di convocazione dei collegi. I rappresentanti irlandesi nelle due Camere imperiali non possono deliberare o votare sui *bills*, sulle mozioni o risoluzioni che si riferiscono esclusivamente alla Gran Bretagna, sulle mozioni o risoluzioni per tributi che non si riscuotono nell'Irlanda, sui voti e sulle appropriazioni di denaro fatte esclusivamente per servizi non menzionati nel terzo allegato. Il quale è relativo alle finanze imperiali e contiene tre parti, di cui la prima comprende il debito pubblico consolidato o no; la seconda la spesa suddivisa in due sessioni, a) la spesa per l'armata e per l'esercito, b) quella per il servizio civile (lista civile e appannaggi della famiglia reale; stipendii per il Lord Luogotenente e per i giudici dello Scacchiere in Irlanda; spesa per il Parlamento imperiale, per il servizio diplomatico e consolare, per l'ufficio coloniale, per il Consiglio Privato, per il Consiglio di Commercio, per il conio delle monete, per la società di meteorologia, per il servizio della tratta degli schiavi e per il servizio postale e telegrafico per l'estero). La terza

(1) Non 103, come finora, per ragguagliare la rappresentanza d'Irlanda alla popolazione di questa.

parte dell'allegato, relativa all'entrata ad una porzione della quale ha diritto l'Irlanda, comprende le entrate provenienti dal canale di Suez, i prestiti ai paesi stranieri, gli annuali pagamenti per parte dei possedimenti inglesi, ed altre. L'ammissione dei rappresentanti irlandesi darà luogo ad obbiezioni perchè in pratica non poche volte sarà difficile distinguere se si tratta di affari comuni o di negozi speciali alla Gran Bretagna; inoltre, il Regno Unito e la Gran Bretagna avendo il medesimo gabinetto, i rappresentanti irlandesi potranno influire sul governo di questa. Ma alla fin fine l'ammissione sarà il miglior partito perchè altrimenti gli Irlandesi sarebbero soggetti a leggi ed imposte alle quali non avrebbero acconsentito per mezzo dei loro rappresentanti.

Il potere esecutivo in Irlanda spetta alla Regina e, in suo nome, al Lord Luogotenente cui compete qualsiasi prerogativa potestà esecutiva il cui esercizio gli possa esser delegato della Regina ; ed egli può, in suo nome, convocare, prorogare e sciogliere il Parlamento irlandese. È nominato dalla Regina per sei anni senza aver riguardo alle sue credenze religiose, il che vuol dire che potrà essere un cattolico. Può venir dalla Regina revocato. Vi è un comitato esecutivo del Consiglio privato, vale a dire un Gabinetto responsabile verso il Parlamento irlandese ed obbligato a procurarsi la fiducia di questo sotto pena di dover abbandonare il potere. Tale comitato può essere regolato per atto emanato dall'Irlanda. Il Lord Luogotenente può, coll'avviso di tale comitato, dare o rifiutare la sanzione della Regina ai *bills* votati dalle due Camere del Parlamento irlandese, essendo tuttavia soggetto alle istruzioni di S. M. per qualsiasi di questi *bills*.

I funzionari civili in servizio permanente si possono ritirare dopo tre anni dall'approvazione della legge, ed entro questo termine, possono, su proposta del governo irlandese, venir dispensati dal servizio, garantendosi naturalmente loro lo stipendio o indennità cui avessero diritto. Come si vede, questa disposizione tende a dare all'Irlanda la libertà di rinnovare il personale dei propri funzionari.

Nell'art. 30 e nel terzo allegato si accorda all'Irlanda, ed anche in ciò diversamente da quello che si stabiliva nel progetto del 1886, una propria polizia, che deve essere regolata dal Parlamento d'Irlanda. Via via che nelle diverse località si costituiscono forze di pubblica sicurezza, devono in esse località cessare di funzionare le attuali forze imperiali. Intanto in queste non si può più, dopo la promulgazione della legge, fare alcuna nomina. È però lasciata facoltà al Lord Luogotenente di conservare per sei anni la presente forza ove creda cosa dannosa il toglierla subito.

Riguardo alle finanze, l'Irlanda ha un proprio Scacchiere ed un proprio fondo consolidato del quale fanno parte le rendite pubbliche dell'Irlanda, e queste sono appropriate al pubblico servizio con atto emanato dal Parlamento irlandese. I dazi doganali, quelli di consumo e le tasse postali sono stabiliti dal Parlamento imperiale; tutti gli altri tributi dal Parlamento irlandese. I diritti di dogana riscossi in Irlanda e, salvo ciò che è stabilito dalla nuova legge, quella porzione della pubblica entrata del Regno Unito a cui ha diritto l'Irlanda secondo il terzo allegato, sono iscritti sul fondo consolidato imperiale come contributo dell'Irlanda al pagamento del debito e delle spese pubbliche secondo quell'allegato. Ma dopo quindici anni dalla promulgazione della nuova legge si può, sia sulla proposta della Camera dei Comuni, sia su quella dell'Assemblea legislativa d'Irlanda, sottoporre a nuovo esame il modo di concorrere da parte dell'Irlanda alle spese imperiali. Sono a carico del fondo consolidato irlandese a favore dello Scacchiere del Regno Unito in primo luogo tutte le somme le quali si devono pagare a questo Scacchiere da quello irlandese, quelle per rimborsare allo Scacchiere del Regno Unito le somme pagate per interessi e per ammortamenti e quelle che sono state o devono essere pagate dallo Scacchiere del Regno Unito in conseguenza della mancanza di pagamento per parte dello Scacchiere o del Governo irlandese. Se il controllore, o l'uditore generale, si persuada che alcuna di tali somme sia dovuta ne rife-

risce alla Tesoreria, la quale si rivolge al Lord Luogotenente che senza obbligo di alcuna controfirma, ordina il
pagamento, essendo tutti i funzionarii obbligati ad obbedire
e non potendosi dallo Scacchiere irlandese autorizzare altro
pagamento prima di quello per queste somme. In secondo
luogo sono a carico del fondo consolidato irlandese altre
somme, fra cui tutti i carichi esistenti sul fondo consolidato del Regno Unito per i servizi irlandesi e gli stipendi
nonchè le pensioni per i membri delle corti irlandesi nominati dopo la promulgazione della nuova legge, e si ripete
la clausola che nessun altro pagamento possa essere autorizzato prima di quello per queste somme. Sono a carico
dello Scacchiere irlandese tutti i pesi sulla proprietà ecclesiastica dell'isola ai quali essa non può far fronte; essa
apparterà al Governo irlandese e verrà regolata per atto
di quel Parlamento. I progetti finanziari devono venire
iniziati nell'Assemblea legislativa, senza però aggiungersi,
come si fa nella Costituzione di Vittoria, che il Consiglio
non abbia il diritto di emendamento; e non si può discutere e deliberare su proposte finanziarie se non partono
dal Lord Luogotenente. Fra i membri della Corte Suprema
d'Irlanda sono eletti due giudici dello Scacchiere che godono di stipendio sul fondo consolidato imperiale e non possono venir revocati se non sopra concorde indirizzo delle
due Camere imperiali e non di quelle irlandesi perciò che
ora si è detto riguardo ai pesi sul fondo consolidato irlandese; il loro stipendio non può essere diminuito e il
diritto alla pensione alterato, senza loro consenso. I giudici
dello Scacchiere pronunciano sopra tutte le istanze che
sieno presentate o contro la tesoreria o contro i commis-
sarii per le dogane o contro i loro ufficiali o contro le
elezioni al Parlamento imperiale. Dalla loro decisione non
si può che ricorrere alla Regina in Consiglio. Se per l'e-
secuzione delle loro sentenze trovano ostacoli negli sce-
riffi o in altri funzionarii, possono sostituirli con elementi
più sicuri. Fino a che non sia altrimenti stabilito dal Parlamento irlandese, si applicano, per quanto è possibile, le
norme ora vigenti circa lo Scacchiere e il Fondo Consoli-

dato imperiale, e i conti del Fondo Consolidato sono esaminati secondo l'atto del 1865 sullo Scacchiere e sull'esame dei conti.

L'Irlanda avrà una propria amministrazione postale e telegrafica regolata per atto del suo Parlamento, salvo per quel che si riferisce alle tasse postali e per il servizio coll'estero o i telegrafi sottomarini. Nel quarto allegato poi si danno norme per il rimborso all'Irlanda delle spese fatte per il servizio riferentesi alle comunicazioni coll'estero e per il contributo dell'Irlanda alle spese cagionate dalle comunicazioni fra essa e la Gran Bretagna. Insieme cogli uffici postali e telegrafici si concedono all'Irlanda le casse di risparmio.

I giudici della Corte Suprema e di qualsiasi altra Corte d'Irlanda nominati dopo la promulgazione della nuova legge, sono inamovibili, non potendo essere revocati, al modo inglese, se non dopo una concorde deliberazione delle due Camere d'Irlanda; il loro stipendio non può essere diminuito e il diritto alla pensione alterato senza loro consenso. I giudici esistenti ed i funzionari civili permanenti godenti stipendio sul Fondo Consolidato che finora non potevano essere revocati che sopra indirizzo del Parlamento imperiale e quelli che erano amovibili altrimenti, continueranno a godere delle attuali guarentigie. È stabilito che se un giudice od uno di tali funzionarii si ritira dall'ufficio coll'approvazione della Regina prima del termine del tempo che gli darebbe diritto alla pensione, questa possa venirgli conceduta. Ciò favorirà il rinnovamento del personale giudiziario. Ma nei primi sei anni dalla promulgazione della legge, le nomine dei magistrati si continueranno a fare come per l'addietro, dalla Regina colla controfirma di un Segretario di Stato.

Gli appelli dalle Corti d'Irlanda d'ora innanzi saranno giudicati, non più dalla Camera dei Lordi che ritiene solamente l'esame dei titoli d'ammissione dei nuovi Pari, ma dal Comitato giudiziario del Consiglio Privato, come accade per le Colonie, il che da se solo è una garanzia per la maggioranza cattolica irlandese che non sarà soggetta

agli arbitrii partigiani della Camera dei Lordi e per le
minoranze protestanti che avranno un ricorso in ultimo
grado contro le decisioni delle Corti irlandesi che, per
quanto indipendenti, per avventura non ispireranno loro
simpatia perchè composte di cattolici. Inoltre esistono altre
guarentigie fra le qnali quelle che nel detto comitato per
quelli appelli vi siano non meno di quattro giudici d'appello ed un membro almeno appartenga od abbia appar-
tenuto alla Corte Suprema d'Irlanda. Se al Lord Luogotenente o a qualche Segretario di Stato sembri che qualche
atto oltrepassi i poteri del Parlamento irlandese, può ri-
volgersi a S. M. in Consiglio che fa decidere la cosa dal
detto comitato giudiziario colle accennate guarentigie e
sentendosi coloro che hanno interesse nel provvedimento,
come se si trattasse dell'esame di un atto d'appello e colla
guarentigia della pubblicità. La Regina può direttamente
deferire a tale comitato atti del Parlamento irlandese, ed
a questo effetto i cittadini hanno diritto di inviarle petizioni. Pertanto il comitato giudiziario del Consiglio Privato è fatto arbitro della costituzionalità delle leggi del
Parlamento irlandese, e ciò non solo sopra istanza del
Lord Luogotenente e dei poteri imperiali, ma anche dei
semplici cittadini, che così hanno aperto il ricorso ad un
corpo che procede sentendo le parti interessate e colle
garanzie che offre il procedimento giudiziario. Si noti che
questo sindacato è molto più ampio di quello della Corte
Suprema e degli altri tribunali degli Stati Uniti perchè
va più oltre della lesione dei diritti civili e politici dei
cittadini e perchè non si limita alla semplice non applicazione delle leggi, ma può aver per risultato il loro annullamento.

Come si vede, l'autonomia che col progetto si accorda
all'Irlanda, è assai maggiore di quella di cui godono le
provincie negli Stati liberi. Essa ha un proprio potere
legislativo diviso in due Camere, con larghe attribuzioni
e coi diritti e colle prerogative del Parlamento inglese.
Ha organi propri per il governo, quali sono il Lord Luogotenente e il comitato esecutivo il quale è un vero ga-

binetto che starà al potere finchè avrà l'appoggio del Parlamento irlandese. Vi è un potere giudiziario indipendente. L'Irlanda provvederebbe a se, avrebbe una propria polizia, mezzi finanziarii proprii ed una speciale amministrazione postale e telegrafica. La sua condizione dunque si può paragonare a quella delle singole parti che formano gli Stati composti.

L'autonomia di cui godrebbe l'Irlanda si potrebbe sotto molti aspetti assimilare a quella delle colonie parlamentari inglesi, ma avrebbe questo di più che suoi rappresentanti sederebbero nelle due Camere imperiali; il che non avviene per le colonie, quantunque se ne sia non poche volte disputato.

G. B. Ugo.

DELLA RESPONSABILITÀ PENALE DEI MEMBRI DEL PARLAMENTO
PEL TITOLO DI CORRUZIONE

NOTA

Su questa grave quistione che si è agitata per qualche tempo a proposito di fatti purtroppo noti, noi abbiamo pubblicato nel precedente fascicolo una « lettera » che, gentilmente aderendo ad un nostro invito, ci indirizzò il chiarissimo nostro collega Prof. Impallomeni alla cui cortesia rendiamo qui pubbliche grazie. In quella « lettera » la questione viene esaminata con ammirevole precisione e sobrietà, pervenendo alla conclusione della non punibilità dei membri del Parlamento per il titolo di corruzione. Noi siamo di accordo sulla conclusione: ma dissentiamo alquanto dai criteri adottati per arrivare a quella. Nè il dissenso stesso è grave: si tratta, per dirla alla francese, di lievi *nuances* delle quali, stando da un punto di vista pratico, neppure metterebbe conto di occuparsi. Ma poichè gl'intendimenti di questa Rivista sono strettamente *scientifici*, non ci parve inopportuno di avvertire qui brevemente il nostro modo di intendere la questione, non fosse altro, come un nostro modesto contributo alla stessa.

In sostanza, l'Impallomeni ragiona così. Lo Statuto non è di ostacolo alla punibilità del Deputato corrotto, bensì gli art. 171 e 172 del Cod. Pen.; i quali non possono riferirsi ai membri del Parlamento, poichè in essi subietto di quel reato speciale è, soltanto, il « pubblico ufficiale ». Ora, avverte subito l'Impallomeni, dal punto di vista scientifico e teorico, il membro del Parlamento *è* pubblico ufficiale, ma *non lo è* ai sensi del Cod. pen. italiano, il cui sistema è tutto ispirato alla distinzione tra « pubblico ufficiale » e « membro del Parlamento, » distinzione che sorge espressa negli art. 187, 194, 195 e 200 del Cod. Pen.

Avvertiamo subito la *nuance* per cui noi dissentiamo dal nostro collega, pur convenendo nella conclusione cui egli arriva. Egli suppone la punibilità ammessa dallo articolo 51 dello Statuto ed esclusa dagli art. 171 e 172 del Cod. Pen. Noi ammettiamo che la punibilità non possa ritenersi, ma solo in quanto gli art. 171 e 172 si considerino non già in se stessi (dappoichè allora la questione sarebbe per lo meno dubbia) ma in rapporto appunto all'articolo 51 dello Statuto da cui sorge, secondo noi, la non punibilità del membro del Parlamento ed a cui bisogna intendere che la legge penale si sia riferita.

Noi non crediamo di dovere lungamente giustificare questo nostro criterio esegetico per il quale desumiamo una maniera di interpretare la legge, considerandola in concorso con altra fonte del dritto. Dobbiamo bensì avvertire la maggiore importanza che nel caso nostro speciale ha questa legge che ci serve per mezzo di confronto, cioè lo Statuto. Noi abbiamo già aderito a quella opinione che ritiene lo Statuto italiano essere modificabile dal potere legislativo ordinario (1): ma non crediamo di essere in contraddizione con tale nostra opinione affermando il fatto che il nostro legislatore ha dimostrato sempre una grande esitanza relativamente alla sua competenza statutaria, e tutte le volte che ha toccato a qualche disposizione dello Statuto, ciò è avvenuto, per così dire, suo malgrado e senza mai esplicitamente ammetterlo. Il che giustifica sempre più il nostro criterio esegetico per cui, *nel dubbio*, bisogna ammettere che una legge ordinaria si sia riferita allo Statuto per confermarne e non per abrogarne le disposizioni.

Or mentre la non punibilità del deputato sembra all'Impallomeni *certa* in base al Cod. pen., a noi sembra invece alquanto *dubbia*. *Certa* cosa è che l'articolo il quale stabilisce gli elementi del reato di corruzione parla sol·tanto di « pubblico ufficiale: » certa cosa è pure che il membro del Parlamento è « pubblico ufficiale » dal punto

(1) Confr. i nostri *Principii di Diritto Costituzionale* § 180, 181.

di vista scientifico. Lo è pure pel Codice penale? L'Impallomeni lo nega, facendo capo al *sistema* del Codice stesso e precisamente a quegli articoli, già citati, in cui il codice stesso parla di « pubblico ufficiale » e « membro del Parlamento, » distintamente. L' argomento è grave e ci sembrerebbe anzi decisivo se non fosse la disposizione dell'articolo 207 del Cod. stesso. Qui noi troviamo che il legislatore intese il bisogno di definire esso stesso quella espressione di pubblico ufficiale di cui si serve, e disse: « Pubblico ufficiale agli effetti della legge penale si considera chi è rivestito di pubbliche funzioni, etc. » Or che in tale definizione vada compreso il membro del Parlamento nessuno può dubitare e l'Impallomeni ammette che la parificazione del membro del Parlamento al pubblico ufficiale « non incontrerebbe difficoltà nel letterale significato della definizione che l'art. 207 dà del pubblico ufficiale ».

E allora il nostro dubbio ci pare giustificato. Vi è corruzione per l'art. 171 quando il *pubblico ufficiale* riceve una retribuzione, etc., ma per l'art. 207 dello stesso Codice il membro del Parlamento è *pubblico ufficiale*, ed allora avremmo le due premesse del sillogismo classico da cui scenderebbe la conseguenza che il membro del Parlamento sarebbe punibile per corruzione. D'altra parte nessuno potrebbe negare verità e gravità all' osservazione in contrario che l'Impallomeni desume dal *sistema* tenuto dal codice stesso: e sorgerebbe allora la quistione se convenga stare piuttosto a ciò che il legislatore *disse* difatti o a ciò che il legislatore *volle dire*.

Questo dubbio, noi diciamo, si risolve col confronto coll'art. 51 dello Statuto il quale, secondo noi, esclude la punibilità. Se l'art. 171 del Cod. pen. avesse indubbiamente stabilita la punibilità del membro del Parlamento per corruzione, noi diremmo esser questo uno dei casi in cui una legge ordinaria ha mutato lo Statuto, ma una volta che l'interpetrazione del Codice non dà per se sola una guida sicura, è preferibile supporre che la disposizione statutaria sia stata conservata.

Ma l'art. 51 sancisce questa impunità? Vediamone il testo: « I Senatori ed i Deputati *non sono sindacabili* per ragione delle opinioni da loro emesse e dei *voti* dati nelle Camere ». Ora « sindacabile » significa « responsabile » anzi quella parola è dai puristi ritenuta la vera italiana, mentre l'altra è imputata di francesismo. L'art. 51 adunque sancisce l'*irresponsabilità* dei membri del Parlamento: nè si può ritenere che qui si parli di responsabilità politiche, perchè questa espressione nel caso dei deputati e dei senatori non avrebbe alcun senso come ne ha pei ministri e perchè del resto tuttodì in pratica si applicano quelle disposizioni alle responsabilità penali non ritenendo ammissibile le imputazioni di ingiuria e di diffamazione per i discorsi pronunziati in Parlamento. Il che ammette il nostro valente collega: ma soggiunge che quella irresponsabilità non si estende a « fatti che, commessi fuori della Camera costituiscano per sè medesimi reati », mentre il reato di corruzione è perfetto per la dimostrata venalità del pubblico ufficiale, sicchè incriminando il membro del Paelamento per corruzione non si verrebbe ad incriminare l'esercizio della sua funzione parlamentare.

L'argomento è certamente serio, conforme alla autorità di chi lo adduce. Ma non ci convince. Di fronte alla maniera larghissima con cui il principio è sancito nell'art. 51 ci pare difficile che possano ammettersi restrizioni. Nè possibile ci sembra questa separazione assoluta che si verrebbe a fare tra il fatto del voto ed il fatto della corruzione. Il voto, cioè la funzione parlamentare, sta alla corruzione del membro del Parlamento che lo emise, nel rapporto di effetto a causa, nè si può esaminar l'una senza arrivare necessariamente all'altro, poichè qualora fra i due fatti esistesse una indipendenza assoluta io non saprei più dove consisterebbe il reato. Se anche noi consideriamo praticamente quel che è seguito in Francia in un processo di tal natura, noi troviamo che per determinare la responsabilità del deputato fu necessaria una lunga e minuta disamina della sua attitudine parlamentare; si richiamarono i di lui discorsi prima e dopo della presunta corruzione, si lessero verbali di commissioni parlamentari, s'interrogarono i colleghi, etc. Se dunque l'accertamento del reato suppone indispensabilmente la ricerca dei *motivi del voto*, questa ricerca ci sembra perentoriamente esclusa dall'assoluta irresponsabilità sancita dallo Statuto.

Se questa, secondo il nostro modesto avviso, è *la legge*, vediamo ora se alla nostra maniera d'intenderla corrispondano i *precedenti* e la *ragione* della legge stessa. Quanto ai precedenti, se prescindiamo dai fatti recentemente avvenuti in Francia ed in Italia, nell'oramai lunga storia del governo rappresentativo noi non troviamo alcun caso, almeno per quanto è a nostra notizia, di un'azione giudiziaria penale istituita contro un membro del Parlamento, per corruzione. Nè si dirà che ciò dipenda dal non essersi verificato il fenomeno della corruzione! La storia parlamentare inglese specialmente nella prima metà del secolo XVIII ha tali esempi di corruzione parlamentare, che i fatti attuali diventano delle inezie al paragone. Non può dunque negarsi che, a parte anche l'esame delle disposizioni legislative, il sottoporre tali materie al giudizio del magistrato abbia incontrato una ripugnanza, sinora, insormontabile. Ciò prova altresì che quella immunità che noi riscontriamo nel testo del nostro Statuto ha la sua *ragione*. Non diciamo che sia una buona ragione; ma una ragione c'è, e questo illustra e conferma l'interpretazione nostra. Lasciamo anche stare quello « spirito di corpo » — che nelle origini medioevali della forma rappresentativa era anche assai più forte di quello che ora non sia — e per cui le assemblee legislative tendono ad escludere gelosamente qualsiasi intervento esteriore nei loro atti interni (confr. p. es. l'art. 61 dello Stat. e, inoltre, il principio che vieta ad una delle due Camere di ingerirsi anche lontanamente negli affari e nelle discussioni dell'altra, art. 39 Reg. Sen.). Ma una ragione più elevata e più obiettiva starebbe in ciò: che un giudicato che condannasse un deputato per fatti delittuosi relativi ad un voto parlamentare di esso verrebbe a colpire direttamente l'atto legislativo cui quel voto si riferisce; ed a scuotere profondamente la rispettabilità della legge, cioè una delle basi più intangibili della sicurezza anzi della vita stessa dello Stato. Come questo effetto derivi da quella causa non occorre neppure dimostrarlo : pensi ognuno che la stessa *res iudicata* viene soggetta a rivocazione quando il giudice fosse stato corrotto dalla parte. Nè importa considerare il caso estremo che la legge sia stata approvata proprio per quel voto o per quei voti dovuti a deputati corrotti : dapoichè gli effetti del lavoro legislativo di un deputato non si concretano nel solo voto, ma anche, e più, nei suoi discorsi, nel suo intervento nelle commissioni, nella sua influenza sul partito di cui fa parte ecc.

E allora io penso che cotesta immunità parlamentare si pone negli stessi termini della immunità regia. Qui si fa un'equazione e si ritiene che fra il danno sociale del capo dello Stato tradotto in giudizio e il danno sociale di un reato impunito, quest'ultimo sia danno minore. Certo una tale equazione può porsi nel caso nostro : è meno male permettere un giudizio capace di esautorare il momento formativo della legge, cioè dell'atto più grave e solenne della vita pubblica, o lasciare impunito l'eventuale reato del membro del parlamento? Secondo il nostro avviso, il diritto storico e l'attuale accolsero quest'ultima soluzione. Noi torniamo ad essere d'accordo col nostro illustre collega ritenendo preferibile, oramai, la prima. Solo un dubbio ci resta : sarà un diritto che si applicherà *sempre* ed *egualmente?* Vedremo noi tradotti in Corte di Assise i deputati rei non solo di aver ricevuto denari da una banca, ma di qualunque simonia politica e per qualunque caso di voto dato non conforme a coscienza ma per conseguire un « utilità qualsiasi » (art. 171 Cod. Pen.)... compresa quella di ottenere un Sottosegretariato di Stato?!

V. E. Orlando.

SUL DIRITTO DI SPOGLIO NEI BENEFICI VACANTI IN SICILIA

Non intendo qui fare uno studio di diritto ecclesiastico su la materia delli spogli nelle sedi vacanti. Questo studio non avrebbe che un'importanza storica. Limito invece il mio ad un punto, che ne ha una grandissima, e non soltanto storica, ma sopratutto positiva pel diritto pubblico ecclesiastico. Io cerco, cioè, brevemente che cosa sia stato e di che natura, e che sia il diritto di spoglio in Sicilia; se duri e in che forma, e se lo abbia modificato o distrutto il diritto vigente. Questa ricerca speciale è, si può dire, nuova, mentre è risaputa la materia generale sulli spogli, del diritto canonico.

Da codesta materia attingiamo appunto la nozione generica delli spogli, che è incontroversa: gli spogli sarebbero rappresentati da quei beni clericali, che alla morte de' chierici il Fisco Apostolico ha facoltà di prendere, sottraendoli così alla naturale successione ereditaria (1).

In confronto al diritto privato ci troviamo di fronte ad una successione anomala, come ha detto qualcuno: ma tanto vale il dire, che non siamo in una successione di diritto privato.

Storicamente e giuridicamente il diritto di spoglio risponde ad un momento della sovranità nella Chiesa; e fa capo al gius pontificio, perchè prima che la Chiesa assumesse nel Papato consistenza ed autorità politica e sopratutto *beni*, prima che le cariche ecclesiastiche diventassero patrimoni, non si poteva avere l'instituzione di un rapporto di successione, il cui contenuto è essenzialmente politico e feudale.

(1) « *Spolia clericorum dicta sunt ea bona, quae clericis vita functis, Romani Pontificis auctoritate, Fiscus Apostolicus accipit, ne ad eorum heredes, futurosve in beneficio successores transmittantur* ». GIOVANNI AZORIO — *Quaestiones de spoliis clericorum* I, 1.

E in fatti non si ha nella società cristiana de' primi secoli, dove un collettivismo a base di pietà ed umiliazione incondizionate rende impossibile il comando organicamente concentrato e distribuito per la gerarchia sacerdotale, ed in oltre, il dispregio assoluto delle ricchezze, come consentaneo all'ideale insegnato da Cristo, se non attarda la formazione de' patrimoni, perchè l'avidità mondana del clero seppe presto trar vantaggio dalla pietà dei fedeli rinuncianti ai beni della terra, certo ne maschera per molto tempo l'affermazione giuridica.

Possiamo dunque escludere anche pel diritto ecclesiastico generale, che lo spoglio abbia una qualunque indole religiosa, perchè nessun concetto può rintracciarsi in esso d'indole religiosa, e la sua manifestazione è coeva alla potenza politico-feudale del Papato.

※

Ora nulla di più naturale, che le monarchie esclusivamente politiche si accorgessero un giorno di avere in sè quel diritto, che il Papato esercitava come signoria politica. Ciò avvenne in modo caratteristico nella monarchia siciliana, che dal contatto col Papato ebbe a ritrarre i vantaggi più eminenti, senza preoccupare nè adombrare mai la sua indipendenza.

Non v'è documento e non v'è fatto, che accenni ad investitura ponteficia della monarchia normanna: se nelle investiture di Unfredo e di Guiscardo si parlò della Sicilia da acquistarsi, della Sicilia acquistata al dominio normanno nessun re, poi, volle investitura dal Papa. Ciò era a quei tempi molto più strano di quel che pare a noi, che guardiamo a distanza, ma ciò è tanto più forte argomento a pensare di quale spirito d'indipendenza s'improntasse rimpetto al Papato la monarchia siciliana. La chiesa siciliana fu emanazione diretta di quella monarchia e di quello spirito. Ed il Papa taceva e tollerava. Stretto dai nemici di sopra, dall'impero e dal feudalismo imperiale, si vedeva pur troppo sfuggire di mano persino dei poteri ieratici, e cedeva, e doveva anche lodarsi dell' opera dei monarchi normanni già debellatori dei Saraceni.

« Era stato Dio stesso, dice Urbano II del conte Ruggieri (1), quel Dio che atterra e suscita i troni, e cangia i tempi, che portò dall'occidente un soldato, anzi un eroe, ottimo nel consiglio, fortissimo in guerra, che con fatiche e stragi e sangue frequenti liberò dal servaggio la Sicilia ». Questi meriti de' normanni, che la Chiesa era costretta ad ingrandire per coonestare gli strappi, che le venivan fatti, furon cagione, che crescesse in vigore il *sacro patronato regio*, e dell'investitura perpetua di legati apostolici, concessa a tutti i discendenti reali dalla bolla di Urbano II.

><

Nel diritto pubblico siciliano, lo spoglio su' benefici vacanti sorse e si mantenne come diritto appunto di regio patronato, prerogativa, regalia essenziale alla sovranità.

La dottrina de' giuristi siciliani, per quanto scarsa, è costante nel riconoscere questo carattere, trascurato poi da' canonisti o confuso con le facoltà delegate della monarchia. Le quali sono di natura essenzialmente ieratica (2), e si riportano alla lotta sostenuta da Ruggieri per la nomina di Roberto vescovo di Troina a legato apostolico in Sicilia, cui volle essere sostituito Ruggieri stesso e i suoi discendenti. Il diritto di spoglie, invece, è di natura indiscutibilmente politica.

(1) Dominator autem omnium Deus, cuius sapientia et fortitudo quando vult et quomodo vult regna transfert, et mutat tempora quemdam ex occidentis partibus militem, scilicet virum et consilio optimum et bello strenuissimum ad eamdem insulam transtulit, qui multo labore, frequentibus proeliis et crebra suorum militum caede ac sanguinis effusione, Regionem praedictam (*Siciliam*) a servitude gentilium opitulante Deo liberavit » Urbano II boll. del 1093.

(2) v. GIAMPALLARI. *Diritto Ecclesiastico Siculo* vol. II p. 105 e seg.

Juan Lucas la Barbera, Juan Ramundetta cominciano ad occuparsi direttamente di questo diritto della monarchia (1). E la discussione, intr'ecciatasi intorno al secolo XVII e riassunta ne' loro libri, dimostra sempre più l'indole delli spogli; perchè si chiedeva appunto, se ad essi contradicessero i sacri canoni, in altri termini, se rappresentassero in fondo un'usurpazione, che i re siciliani non' dovessero mantenere così come facevano scrupolosamente, la quale discussione non avrebbe senso, se gli spogli avessero avuto tratto a' diritti costituenti la legazione apostolica.

La migliore trattazione però sulli spogli in Sicilia ci vien tramandata da questo tempo in un libro di Pietro Corseto, uomo di varia cultura e giureconsulto insigne (2). Quando il vicerè duca d'Alcalà impiegò il ricavato delli

(1) Juan Lucas la Barbera. De privilegiis. Capibrevio Ecclesiastico. D. Joannis Ramundetta Responsum juridicum super Spoliis ac fructibus viduarum ecclesiarum Regni Siciliae Sacrae Catholicae Maiestati competentibus De omnibus Praelatiis caeterisque Ecclesiasticis beneficiis Regio Juri Patronatus addictis An scilicet possit de eis in usus etiam mere profanos disponere v. anche D. Rocco Pirro in *Notitiis Siciliensis Ecclesiae* t. 1 tit. de elect. n. 16. Ant. Xileun. Tractatus Regiae Monarchiae. Pietro Frasso. Tract. de Jure Patron. dal n. 45 sino al 60 del lib. 1 c. 21.

(2) Questo libro del Corseto citato dal Mongitore (*Biblioth. Sicula* t. II p. 135 a 137) e dal Gregorio (*Considerazioni su la Storia di Sicilia* p. 592, Palermo 1853) ho avuto modo di leggerlo in una traduzione spagnuola, dalla quale attingo, giacchè non pare che esista più l'originale. Tale traduzione si trova nella biblioteca nazionale di Palermo e s'intitola: *Tratado de los Espolios de Prelados y frutos de Iglesias sedevacante del Regno de Sicilia. Como son de Jure Patronato Regio , y que pertenecen a su Mayestad , y succede por ser absoluto dueño dellos, y ser su Regalia Compuesto por el Regente Don Pedro Corset..... De nuevo sacado a luz y traducido en lengua castellana por' el Rev. D. Joseph Escalona Salamon ec. En Palermo por Carlos de Adamo 1673.*

spogli per le spese della guerra nello Stato di Milano, il re, scrivendo al duca d'Alcalà, si fece scrupolo e se ne mostrò risentito « perchè il suo *Consiglio Supremo d'Italia* gli avea fatto presente, che codesti spogli e frutti vacanti ecclesiastici son destinati a limosine e ad opere pie (1) ». Al che il Corseto rispose nettamente, dissipando tutte le preoccupazioni reali, affermando che « sempre s'è tenuto in questo regno da' ministri di Sua Maestà, che li spogli de' prelati e frutti delle chiese, vacante la sede, son di regio patronato e che dal momento in cui vaca la sede sino alla nuova elezione de' prelati, Sua Maestà ha assoluto dominio su detti spogli e frutti, e quindi può disporne a sua volontà (2) ».

Con molta enfasi il Corseto attribuisce questa regalia a' re d'Inghilterra e di Francia, e quanto a questi ultimi ritiene, che essa abbia avuto origine dal Concilio Aurilianense, nel tempo di Claudio in premio della vittoria ottenuta contro Alarico re dei Visigoti eretico, e che fu confermata a Carlomagno e a' suoi successori per aver distrutta la setta degli ariani. « I nostri re pertanto, soggiunge il Corseto, i quali meritano ben più di tutti gli altri, acquistano i frutti delle chiese vacanti, perchè soggette al loro patronato (3) ».

In fondo alle declamazioni enfatiche de' giuristi di questo tempo e ai riscontri così vagamente fatti con i re di

---

(1) « Mi Consejo Supremo de Italia me ha representado que esta consignacion de los espolios, y frutos vacantes ecclesiasticos esta destinada para limosinas y obras pias » — insomma il re si preoccupa de lo scopo « parque siendo procedidos de cosas Ecclesiasticas ». — Madrid, 20 agosto 1633.

(2) « Siempre se ha tenido en este Regno de los Ministros de su Magestad, que los espolios de los Prelados y frutos de las Iglesias Sede vacante que son de Jure Patronato Regio, y de la hora que vacan basta la nueva eleccion de sus Prelados, ser dichos espolios y frutos absoluto dueño Su Magestad y assimismo poderlos om su voluntad disponer ». — CORSETO l. c.

(3) CORSETO l. c.

Inghilterra e di Francia, ci è il carattere feudale dell'instituto delli spogli, che si riattaccano appunto al sistema delle investiture, per cui le sedi beneficiarie si ricevevano in feudo dal re; e ciò, secondo il concetto del tempo, perchè il *re consecrato partecipa delle cose sacre*, come dice il Corseto, cioè pel diritto divino, e, d'altra parte, perchè il giuramento di fedeltà del vescovo l' impegna verso il re anche morto. Tutte queste ragioni, che il Corseto va mendicando per giustificare la pertinenza delli spogli al regio patronato, per noi sono inutili, che intendiamo l'organismo del feudo : era una conseguenza della investitura questa, che la proprietà delle sedi beneficiarie si riattaccasse al dominio eminente del re, centro ed origine della gerarchia feudale. Li spogli non sono, che parte di questa proprietà, così connessa alla regalità feudale.

Però è notevole, che l'elemento politico nel diritto di spoglio non sta da solo, nè bisogna intenderlo con la stessa nettezza, onde si farebbe al tempo nostro, in cui la strana miscela dei poteri pubblici de lo Stato e della Chiesa ha dato luogo alla distinzione e separazione di essi. Invece all'esistenza del diritto di spoglio in Sicilia, un'esistenza così privilegiata, così caratteristica per le condizioni particolari della monarchia, dovette concorrere tuttavia il riconoscimento pontificio. Il Pontefice s'ingeriva in questo campo, in quanto potere politico, così come la monarchia assumeva la legazia, come potere religioso.

Sotto questo profilo fu ritenuto, anche dal Corseto, che è così fiero sostenitore del regio patronato, che l'origine del diritto di spoglio si riportasse al privilegio concesso dal pontefice ad Alfonso I per il ricupero della Marca anconitana.

Ciò però potrebb'essere, in ogni caso, un riconoscimento, che, stanti le relazioni con 'l pontefice, era ben anche necessario, ma non toglie il carattere essenziale del diritto di spoglio.

Tutto sommato, come ogni dritto, che si riconnettesse alla sovranità medievale, anche il dritto di spoglio risulta da un cumulo di circostanze, l'ordinamento feudale, il ri-

10

conoscimento pontificio, la potenza stessa della monarchia siciliana, che vi dette impronta speciale. Questo ne pare il risultato delle notizie, che troviamo sparse e confuse in codesti libri citati, dove si dà la prevalenza all'una o all'altra delle circostanze che costituivano la facoltà reale sulli spogli, a seconda degli umori de lo scrittore.

La destinazione delli spogli è prevalentemente, ma non esclusivamente religiosa : il Corsetò cita una folla di carte, dove son distribuiti li spogli per scopi diversi ; ed egli stesso encomia altamente l'impiego di essi per le spese di guerra.

A proposito degli abusi e delle ruberie, che si consumavano nelle sedi vacanti provvide parecchie volte la monarchia ; ma la definitiva sistemazione del diritto di spoglio l'abbiamo ne' reali dispacci del 10 aprile 1745, del 18 maggio 1747 e del 13 dicembre 1776.

Si transasse nel primo in via di grazia lo spoglio dei mobili, lasciandosi ai prelati la libertà di disporre col pagamento però alla regia corte di onze mille all'anno.

Cominciarono a sorgere dei dubbi su l'estensibilità di quell'esenzione, e il re allora, prima nel dispaccio del 18 maggio 1747 e poi definitivamente nel dispaccio del 13 dicembre 1776 dichiarò pienamente valida ancora la sua regalia di spoglio « dovendo restare esclusi dalla grazia dell'esenzione in tutti li nomi dei debitori per li frutti pendenti maturati e non esatti, che si troveranno fino al giorno della morte dei prelati, che debbono riservarsi ed eseguirsi in beneficio della Regia Corte per conto di spogli e sedi vacanti ».

Questo lo stato legislativo, in cui la monarchia di Sicilia lascia il diritto di spoglio. Divagare su' precedenti dispacci è inutile; essi contengono delle concessioni fiscali, che poi finirono in quella transazione, onde il dispaccio del 1745, in rapporto ai mobili, restando pieno ed ineccepibile il diritto di spoglio per gli altri beni.

Se si cerca dunque una legge, che regoli lo spoglio, bisogna fermarsi a quei reali dispacci, la cui autorità ed efficacia fu confermata dallo stesso legislatore italiano.

Quando infatti il legislatore italiano estese alle provincie siciliane l'instituto del regio economato generale col decreto delli 8 giugno 1862 per i prodotti dello spoglio, cui vanno sòggetti i benefizi di regio patronato, richiamò espressamente coll'art. 2 quei reali dispacci del 10 aprile 1745 e 18 maggio 1747. « Considerando, dice il decreto del 1862, che nelle nostre provincie siciliane i frutti dei benefizi vacanti, specialmente di quelli soggetti a regio patronato, *hanno sempre formato una regalia della corona,* per la quale il Civil Principato ha avuto il diritto di assumere il possesso di detti benefizi, di amministrarne i beni e le rendite e di applicarne i proventi: Considerando che nelle stesse provincie siciliane così pei diritti di generale regalia, come per lo speciale privilegio della Legazia apostolica, può anche su i benefizi non soggetti al nostro patronato legittimamente estendersi l'accennato dritto di possesso e di amministrazione » — così si dichiara instituito l'ufficio del regio economato generale in Sicilia, trasferendogli l'esercizio del reale diritto di possesso e l'amministrazione 1° di tutti i benefizi vacanti maggiori o minori, di libera collazione o soggetti a patronato sia regio, sia comunale, sia particolare, 2° *dei prodotti dello spoglio a cui vanno soggetti i titolari d'alcuni benefizi di nostro patronato* o della tassa che per ragion di spoglio si corrisponde giusta i reali dispacci del 10 aprile 1745 e 18 maggio 1747 (1). »

Possiamo dunque affermare, che il diritto di spoglio fa parte del regio patronato; ch'esso si distingue completamente dalle facoltà derivanti dalla Legazia apostolica de' re di Sicilia; che i reali dispacci del 1745 e 1747 non sono abrogati, anzi sono il diritto vigente nella materia.

Nessun'altra disposizione ulteriore, esiste, o che si affidi al Banco di Finanza l'amministrazione del regio patronato, o che ritorni quell'amministrazione all'economato, la quale tolga il carattere essenziale dello spoglio e sna-

(1) Decreto 8 giugno 1862 n· 652 art. 2·

turi il suo contenuto di regalia, prerogativa della Corona, diritto del potere civile.

La sua origine, come s'è visto, non si riporta al momento della ingerenza del potere politico in una rappresentanza di Chiesa, ma è nel fondo stesso dei diritti della regalità, nel modo, onde si andarono cumulando e affermando, a traverso la splendida storia della monarchia siciliana. Prima che Urbano II creasse la Legazia Apostolica siciliana nella casa normanna e senza la legazia apostolica, Ruggieri fondava le più importanti sedi vescovili, le dotava, le controllava, vi esercitava i suoi diritti eminenti di regalia. Non fu per un fatto occasionale, per una rappresentanza data dal Papa, invece che ad un cardinale o a un vescovo ad una dinastia, che si spiegano la regalia dello spoglio, i diritti del regio patronato, ma per naturale e necessaria forza di cose, che nella sovranità della monarchia siciliana accolse il concetto di una preeminenza essenziale alla sovranità ed indipendente da qualunque delegazione.

Corron paralleli nella storia il complesso de' diritti, che costituiscono il regio patronato, e le facoltà onde i sovrani di Sicilia furono investiti della legazia apostolica.

Il diritto pubblico moderno obbligò, pel principio dell'incompetentismo e della separazione, lo Stato italiano a rinunciare la legazia apostolica, non però le regalie del regio patronato. Infatti all'art. 15 della legge su le guarentigie del 1871, dove si dichiara rinunciata dal governo la legazia apostolica in Sicilia, si dice espressamente mantenuto il diritto ecclesiastico vigente in rapporto al regio patronato.

※

Un argomento indiretto conforta sempre più la definizione da noi data del diritto di spoglio in rapporto alla legazia apostolica: si sarebbe dovuto esercitare anche su' benefizi di libera collazione nel senso portato da' su citati reali dispacci. Non dovremmo trovare il diritto di spoglio

nelle provincie napoletane, dove non era investitura ne'
sovrani di legati apostolici; e invece noi lo troviamo splen-
didamente affermato nella prammatica del 12 luglio 1779.
La storia dell'esercizio di questa regalia pel Napoletano è
riassunta nel Decreto del 17 febbraio 1861, con cui si abro-
gava il concordato del 16 febbraio 1818 (1).

Dunque non si tratta della legazia apostolica, ma di
una prerogativa della Corona, che in Sicilia ebbe una figura caratteristica ed un'organizzazione più forte, perchè
« non vi ha alcuno, che non sappia, le chiese siciliane essere state arricchite con fondazioni e regie dotazioni ed
una gran massa di beni rimasta vergine dalle innovazioni
avvenute nei principi di questo secolo nelle altre provincie
continentali, valsero la pena di essere perciò gelosamente
custoditi i dritti di regalia da apposite leggi emanate dal
potere del tempo, che non possono tenersi distrutte, senza
che chiaramente una legge vi provveda (2) ».

Non si può dire, che questa legge derogante a' reali
dispacci sia il Codice del Regno di Napoli del 1819, e nè

---

(1) « Considerando che per l'antichissima polizia ecclesiastica
di queste provincie meridionali d'Italia i beni delle Chiese furono
posti sotto la *mano* e la *protezione* regia, ed i frutti dei benefici
in qualunque maniera vacanti costituirono sempre una regalia
inseparabile dalla Corona. Che per l'esercizio di tal diritto venne
in Napoli con la Prammatica del 12 luglio 1779 introdotto il
sistema di confidare l'amministrazione delle Chiese e benefici
vacanti ai regi economati e sotto economi, e poscia eretta la
regia Amministrazione delli Spogli e delle vendite delle Mense
Vescovili, Abbadie ed altri benefizi vacanti conosciuta sotto il
nome di Monte Frumentario, a cui successero le Amministrazioni Diocesane stabilite in ciascuna Diocesi del concordato anzidetto,
e che nel cessare del medesimo debbono rimanere disciolte. Che
per recente Decreto del Governo centrale trovavasi provvida-
mente prescritto l'uniforme esercizio di questa regalia in tutte
le provincie della Monarchia Italiana ecc. » *R. Decreto* 17 febbraio 1861.

(2) Sent. Corte d'App. di Palermo 7 settembre 1877 2ª Sez.
promiscua. Causa Ciccolo ed Economato.

il Codice Italiano, per ciò che regolino con estensione comune il diritto successorio. Una legge generale non può aver valore da distruggere una legge speciale, nè una legge di dritto privato influisce in tal modo sopra una legge di diritto pubblico.

Gli obblighi, di cui li spogli rispondono devono essere naturali ed inerenti alla mensa. Anche questo è sistemato in modo positivo nel rescritto di Francesco I del 9 ottobre 1828.

Avv. Ettore Lombardo Pellegrino.

RECENSIONI

F. STOERK. *Der staatsbürgerliche Unterricht.* Freiburg, 1893.

Sotto questo titolo l'A., uno dei più stimati scrittori ed insegnanti di diritto pubblico della Germania e direttore, in unione col Laband, dell'*Archiv für öffentlicher Recht*, ha dato alle stampe un suo discorso, pronunziato nell'Università di Greifswald nella ricorrenza del genetliaco dell'imperatore Guglielmo. La scelta del tema, data l'occasione, non poteva essere più felice, perché, parlando delle riforme che l'imperatore vagheggia d'introdurre nell'insegnamento delle scienze politiche, l'oratore rese omaggio ad una iniziativa tutta personale del sovrano; il il quale fin dal maggio 1889, con un'ordinanza di gabinetto diretta al Ministero di Stato prussiano, manifestò il fermo intendimento di provvedere, acciocché nelle scuole si usasse in avvenire maggiore diligenza nel preparare il terreno per la educazione politica e sociale della gioventù secondo principii razionali.

« La scuola, è detto nell'ordinanza in parola, deve fare maggiori sforzi per favorire la conoscenza di ciò che nel campo del diritto pubblico e dell'economia è vero, reale, possibile. Essa deve valersi della storia moderna e modernissima più che non abbia fatto finora per mettere in luce come soltanto lo Stato ordinato fortemente a monarchia, possa garentire al singolo la famiglia, la libertà, il diritto ».

Sebbene da queste parole traspaia come nella mente dell'imperatore la riforma miri innanzi tutto ad uno scopo politico immediato e contingente, quello cioè di porre un argine al dilagare di teorie economiche e di diritto pubblico improntate ai principi del socialismo e comunismo, non può negarsi però che il programma imperiale racchiuda anche un concetto più ampio ed universale, in quanto afferma che lo Stato moderno ha compiti positivi e diretti in ordine all'insegnamento delle scienze sociali e deve con un acconcio sistema d'istruzione curare che

si diffonda nelle masse la conoscenza del diritto pubblico ne-
gl'istituti suoi più importanti, senza la quale non è possibile
una retta intelligenza delle funzioni dello Stato medesimo.

È sotto questo aspetto che lo Stoerk si propone d'illustrare
la portata dell'accennato piano di riforma. Egli infatti lo considera nelle sue linee generali che escono fuori dal campo della
politica di parte, nel suo contenuto essenziale che è la necessità
d'una *propedeutica civile*, idonea ad avviare il cittadino, fin dai
gradi inferiori dell'insegnamento, allo studio del corpo sociale
nella sua struttura, della sfera giuridica assegnata al singolo
in rapporto all'universalità dei cittadini ossia dei doveri e dei
diritti nascenti dalla convivenza sociale.

Chi guarda con occhio d'osservatore imparziale e sereno il
funzionamento delle istituzioni rappresentative nei paesi continentali d'Europa, non può dissimularsi che il livello della coltura politica delle masse è quasi dovunque ancora di molto inferiore alle concrete esigenze d'una forma di governo fondata
sul concorso reale e cosciente del popolo al reggimento dello
Stato. Un siffatto concorso presuppone che almeno i concetti
più elementari del diritto pubblico siano patrimonio di tutti. È
senza dubbio un'anomalia, nota lo Stoerk, che nelle scuole pri-
marie e secondarie si parli tanto delle leggi di Solone, di Silla
o di Dracone e tanto poco delle leggi vigenti della patria. Quando
si voglia nel cittadino sviluppare la facoltà di pensare politicamente colla propria testa, occorre che lo si sottragga all'azione
esclusiva ed unilaterale della propaganda di partito, ma ciò non
è possibile se non coll'insegnamento. La scuola soltanto è in
grado di preparare la maturità politica della nazione.

Prendendo le mosse da queste considerazioni, l'A. si ferma
a dimostrare più particolarmente la sproporzione che nell'attuale società esiste fra la gravità dei compiti che l'ordinamento
politico impone al cittadino e l'insufficienza delle attitudini speciali del cittadino stesso a disimpegnarli. Chiamato all'urna
elettorale per costituire la rappresentanza nazionale, a fungere
pubblici uffici o ad amministrar la giustizia nelle giurie, egli
si sente ciò non pertanto quasi estraneo all'organismo giuridico
dello Stato e come distaccato dal diritto del suo proprio paese.
Nessun ramo del sapere nel nostro tempo così orgoglioso de'
suoi progressi intellettuali è dominio più evolusivo d'una ristretta classe sociale che la perizia del diritto. Non solo gli strati
bassi della popolazione, ma anche la maggior parte di coloro,

che appartengono alle classi dirigenti sogliono riguardare il diritto come una specie di libro a sette suggelli in cui non potranno mai leggere. Un popolo di giuristi certo sarebbe ancora peggio di un popolo ignaro del diritto, ma vi dev'essere, secondo l'A., ma giusta via di mezzo. Ed importa trovarla anche nell'interesse della conservazione e formazione del diritto medesimo, perocché il principio generatore del diritto é pur sempre la coscienza popolare, laddove nel nostro tempo la produzione legislativa esuberante, affrettata, inorganica trae il suo alimento da tutt'altre fonti. Dopo aver strappato alla monarchia assoluta il potere esclusivo di dettar leggi, il popolo si trova un'altra volta spossessato dal ceto dei giuristi e legislatori di professione che pretendono per se soli il privilegio di legiferare. Ma é assurdo di credere che alla lunga il popolo debba accontentarsi della lustra del *diritto al voto*. Il principio puramente formale della rappresentanza comincia a perdere il fascino che esercitò dapprima sulle masse. Esse chiedono di sperimentare le loro forze in un concorso più materiale all'opera legislativa che significkerebbe anche il ritorno ad una genesi organica del diritto.

Dopo aver posti così i termini della quistione ed averne accennato l'intimo nesso col problema fondamentale della moderna filosofia del diritto, l'A. volge lo sguardo al campo delle applicazioni pratiche. E qui cominciano le vere difficoltà, perocché, chiarissimo nella enunciazione teorica, il disegno del sovrano germanico, patrocinato dallo Stoerk, appare tutt'altro che semplice nella sua esecuzione. Quale la forma, quale la misura dell'insegnamento giuridico-politico da introdursi nelle scuole per fare opera veramente utile ed efficace?

Occorre tenerci ugualmente lontani da un'ampio svolgimento dottrinale delle teoriche supreme sulla sovranità, sulle forme di governo, sulla divisione dei poteri, sui vari sistemi di voto e via dicendo, come da un'esposizione arida ed inorganica di ordinamenti positivi. Occorre distinguere l'essenziale dal secondario e tener presente che i giovani hanno bisogno anzi tutto d'imparare a conoscere gl'istituti giuridici e sociali nella loro intrinseca ragion d'essere e nei loro rapporti, anziché nelle modalità e nei particolari. Parlamentarismo o costituzionalismo, sistema bicamerale od unicamerale, elettorato per classi o per censo, competenza legislativa od esecutiva, queste son tutte cose che per le menti giovanili mancano d'attrattiva e di valore.

Bisogna cominciare dal mostrare ai giovani l'azione dello Stato, diretta a mantenere l'ordine e la coesistenza dei singoli sotto la legge, l'elevatezza ed imparzialità della protezione giuridica ch'esso accorda ad ognuno, la potenza e maestà dell'organismo statuale; poi man mano iniziarli nella conoscenza dell'ordinamento interno ed esterno della comunanza, della struttura locale, provinciale e nazionale, dei vari istituti giuridici aventi per iscopo la tutela contro i nemici esterni, la repressione dei disordini all'interno, il benessere, l'assistenza pubblica; e finalmente renderli coscienti dei loro diritti di cittadini e dei loro doveri verso la patria comune.

La scuola, conchiude l'A., può e deve ajutare il nostro Stato di cultura, a riconquistare quei millioni di allucinati e sognatori che nelle loro fantastiche concezioni sulla potenzialità dello Stato, attribuiscono a mal volere ed a perfidia la sua inazione di fronte a taluni problemi sociali e non sperano di trovare la felicità se non in un mondo avvenire senza Stati.

In questa conclusione rispunta, a dir vero, la tendenza speciale della riforma che nella mente di chi la propugna sembra concepirsi sovratutto come un'arma o come uno schermo contro i partiti estremi, minaccianti la compagine dell'impero tedesco. Ma, astraendo da questo carattere specifico, determinato dalle condizioni particolari di quell'ambiente, l'idea fondamentale di assegnare all'istruzione civica della gioventù il posto che razionalmente le spetta nel sistema del pubblico insegnamento, merita di essere accolta e ponderata in tutti gli Stati civili come una grande e feconda idea politica. Anche qui, come in generale per l'azione dello Stato rispetto alla società, sorge la quistione dei limiti. L'insegnamento che lo Stato impartisce nelle scuole non deve degenerare in un mezzo per conculcare la libertà di pensiero, non deve pretendere di foggiare le menti giovanili secondo un tipo prestabilito a beneplacito di chi governa, non deve consacrare una dommatica politica intransigente ed intollerante; ma d'altro canto è fuor di dubbio che lo Stato anche in questo campo ha fino ad un certo punto il dovere di esercitare la sua tutela sulle masse popolari nonché quello di garantire se stesso contro i pericoli che potrebbero derivargli dal non ostacolato diffondersi di teoriche antistatuali.

Come ogni altro organismo lo Stato, deve lottare per la propria conservazione e significa avere un concetto affatto erroneo della sua missione il volerlo ridurre alla condizione di sem-

plice spettatore nelle contese sociali. Se spetta in prima linea
alla famiglia ed alle libere associazioni sia religiose sia politiche
di formare l'uomo morale, non si può negare allo Stato per lo
meno il diritto d'impedire che venga falsata e travisata l'imma-
gine sua nella mente delle generazioni crescenti. È in questo
senso e con le riserve sopra accennate che crediamo poter far
piena adesione alle idee svolte così nobilmente e con tanto
acume d'osservazione dallo Stoerk nel suo prezioso lavoro.

Da una quistione apparentemente modesta di pedagogia e di
metodi d'insegnamento lo scrittore assorse con mirabile vigore
di sintesi alle più elevate considerazioni d'ordine generale.

Il problema ch'egli pone innanzi è certo dei più complessi e
dei più delicati, ma ciò non è una ragione per ritrarsi dal ri-
solverlo. Tutto sta a scegliere la via buona ed a serbare la
giusta misura.

Carlo Schanzer.

CAGNETTA Avv. LUIGI, *Stipendio* (estratto dal *Digesto italiano*),
   Torino, 1893.

È una monografia — come ne vorremmo molte — che illustra
pienamente quell'argomento di diritto pubblico positivo. Noi
vogliamo essere particolarmente grati all'A. di aver ridotte a
proporzioni giuste, e per ciò stesso ristrettissime, le disquisi-
zioni storiche, teoriche e di legislazione comparata, per soffer-
marsi invece a svolgere, con metodo rigoroso e scientifico, i
principii che regolano il diritto italiano sulla materia. Non poche
difficoltà si presentavano, fra cui non ultima il difetto di altri
lavori speciali: e bisogna riconoscere che tali difficoltà sono
state felicemente superate. L'enumerazione sola dei titoli dei
capitoli basterà a mettere in chiaro come la materia sia stata
trattata completamente, in tutte le sue varie parti.— Premesse
alcune brevi notizie di storia, dottrina e sulle fonti legislative,
si da il *concetto* di stipendio e se ne determina la natura giuridica ed economica. Si esaminano in seguito le questioni della
misura, dell'*ordinamento amministrativo*, della *perequazione*

e del *cumulo* degli stipendii; poi delle *modificazioni attive*
(soprassoldi e simili) e *passive* (ritenute e simili); poi della
decorrenza e del *pagamento*, infine della *perdita*. Chiudono il
lavoro capitoli sui *diritti dei creditori* sullo st. e sul *contenzioso*.

La materia, come si vede, è ampia, e, come è naturale, non
tutte le affermazioni dell'A saranno accolte senza controversia.
Così per quanto riguarda la natura giuridica dello st., l'A.
esclude ogni criterio contrattuale, adottando in sostanza le idee
del Mantellini, che, dominanti un tempo in Germania, sono
state colà vivamente combattute mentre, in Italia, è dominante
l'opinione opposta, cioè la contrattuale. Non ci pare che la dimostrazione fatta dal nostro A. trionfi degli argomenti avversarii. Il dire che lo stipendio è « un *compenso speciale*, che le
leggi speciali dichiarano inerente all'*esercizio di una funzione* »
non risolve affatto la questione, poiché bisogna vedere la *ragione giuridica* per cui le *leggi speciali* ciò fanno e questa'ragione è appunto per noi, il *do ut facias*. Anche negli ordinarii contratti di locazione d'opera, esiste — secondo il concetto della nostra
teorica — questa *legge speciale*, ed è il *contratto* fra le parti.

Ma queste ed altre eventuali divergenze in materia ardua
ed eminentemente opinabile non entrano per nulla nell'apprezzamento del lavoro che è riuscito un utile ed importante contributo al diritto amministrativo italiano.

V. E. ORLANDO.

A. LA GRECA, *Sinossi di enciclopedia giuridica* (disp. 1-4) Por-
tici 1893.

Le esigenze degli studii moderni rendono indispensabile il
tener presenti, per ogni argomento, la legislazione, la giurisprudenza e la bibliografia ad esso relative: e legislazione,
giurisprudenza e bibliografia si sono talmente moltiplicate
che la ricerca di esse costituisce un lavoro sempre arduo
per gravi difficoltà qualche volta anche insormontabili. Il La
Greca ha avuto un'idea arditissima quanto felice, di riunire in

un indice alfabetico ben 3000 voci comprendenti i varii argomenti al diritto attinenti, coordinando sotto ognuna di esse le
disposizioni legislative, le massime di giurisprudenza e la bibliografia che vi si riferiscono. Basta essere appena appena ver·
sato nelle nostre materie per apprezzare l'inestimabile vantaggio di quest'opera di cui si può con certezza asserire che costituirà il sussidio indispensabile di ogni studioso del diritto
sia a fini scientifici, sia professionali. Sarebbe eccessivo pretendere che in un lavoro così formidabile non debba riscontrarsi
qualche lacuna: certa cosa è che, sopratutto da un punto di
vista pratica, il La Greca, con l'opera sua, si è reso veramente
benemerito.

V. E. ORLANDO.

DEL GUERRA ENRICO, *L' amministrazione pubblica in Italia*,
(Man. Barbera, serie pratica, Firenze 1893).

L'ordinamento amministrativo d'Italia, che abbraccia materie
così vaste, complesse e disparate, regolato da leggi e regolamenti che sommano a parecchie centinaia, può paragonarsi
alla dantesca « selva selvaggia ed aspra e forte » in cui si perde
inesorabilmente chi è privo di una guida sapiente e sicura.
Questa guida ha voluto darci il Del Guerra col suo *manuale*,
nel quale, senza proporsi scopi scientifici, volle racchiudere in
un grande e fedele quadro le varie parti dell' organizzazione
amministrativa d'Italia. Il manuale è diviso in tre parti. La
prima enuncia alcuni principii teorici sul diritto amministrativo; la seconda abbraccia l'enumerazione di tutti i servizii pubblici e degli organi a ciò destinati, distribuendoli sistematicamente per ogni singolo ministero, la terza contiene un sunto
abbastanza diffuso della legislazione relativa allo stato degli impiegati civili: segue una larga appendice in cui notiamo una
cronologia di leggi e decreti.
È un libro che può essere utilmente consultato da tutti gli
studiosi del diritto amm., ma che più specialmente gioverà a

chi voglia darsi un'opportuna preparazione per la carriera di funzionario pubblico.

Dr. R. Barabbino.

———————

The Science of Jurisprudence chiefly intended for indian students by W. H. Rattigan, vice-chancellor of the University of the Punjab. London, Wildy and Sons, 2ª ed. 1892. Un volume in-8° di XII-398 pag.

Il libro del signor Rattigan contiene uno studio di principii giuridici. L'autore invoca ora questa ora quella legislazione positiva per conforto delle teorie che egli mette avanti. Il diritto romano, l'inglese, l'indiano, quello dell'Europa continentale concorrono a quella dimostrazione, e, spesso, si deve con stupore constatare l'accordo che esiste fra legislazioni in apparenza le più diverse.

L'opera è divisa in due parti. La prima è un'introduzione a tutta quanta la Scienza del diritto. La seconda comprende il diritto privato (interno e internazionale), e il diritto pubblico (interno e internazionale). In quest'ultima suddivisione, l'A., certo per distrazione, scrive, che « the State is but the mane in miniature » mentre, evidentemente, è vero il contrario. Più avanti l'Autore ci dice che l'ultimo blocco pacifico è stato quello della Plata al 1845-48, dimenticando quella della Grecia, al 1886.

Il Rattigan ci avverte che la seconda edizione del suo libro è stata messa al corrente della letteratura recente. Contro questa affermazione sta che l'A. non ha preso in considerazione le opere di Seydel, Gerber, Jellinek, Thon, Roguin. Ed appunto per non aver consultato questi e molti altri lavori, ne segue che il Rattigan tace necessariamente su molte questioni che si agitano fra i migliori giuristi moderni. Così, per esempio, la controversia sul concetto di persona giuridica non è neppure sfiorato dall'A.

L'opera, sopra ogni altro pregio, ha quello di essere un modello di chiarezza. L'Autore ci conduce al culmine della Scienza giuridica *leniore via* e lo si segue *sine magno labore et sine*

ulla diffidentia. Così, quantunque l'opera sia stata scritta specialmente per gli studenti indiani, noi possiamo e dobbiamo
raccomandarla vivamente a tutti coloro che si interessano degli
ardui studii del diritto.

X. S. COMBOTHECRA.
docteur en droit.

NOTIZIE

Il caso del bilancio respinto

Nella seduta del 19 maggio, è avvenuto, nel nostro Parlamento,
un caso che fra noi non aveva precedenti, mentre dal punto di
vista scientifico era stato argomento di molteplici scritti : la Camera dei deputati ha negato il suo voto al bilancio di grazia e
giustizia.

Noi non vogliamo qui neppure ricordare le gravi quistioni
che nella scienza si son dibattute sul proposito : ragioni di tempo
e di spazio non lo permetterebbero ; mentre, d'altra parte, pare
che nel caso odierno il ricordo di esse sarebbe quasi del tutto
fuori luogo. Difatti la rejezione del bilancio non implica per nulla
nel caso attuale l'intenzione nella Camera di non volere le spese
per la giustizia o, almeno una seria divergenza sulla misura di
tali spese. Neppure si tratta di un profondo conflitto fra la Camera e il potere esecutivo che abbia indotto quella a servirsi
di un mezzo poderoso di « resistenza legale ».

Mancano adunque i termini di un vero conflitto costituzionale. Sotto parvenze gravi si cela un fatto di piccola anzi « pic-
cina » importanza. Già da tempo è prevalso il cattivo vezzo di
significare una diminuzione di fiducia verso un ministro con
un numero più o meno notevole di palle nere nella votazione
del relativo bilancio : e, presto o tardi dovea accadere quel che
è accaduto cioè che la « lezione » che volea darsi al ministro si
tramutasse in voto deplorevole e deplorato forse anche da non
pochi di coloro che vi concorsero. In sostanza dunque, il voto

del 19 maggio non ha altra portata che di una manifestazione
ostile a un ministro, e poichè questi si è subito dimesso e con
lui, correttamente, l'intero gabinetto, la questione costituzionale
dovrebbe dirsi chiusa non restando altro a rimpiangere che la
forma poco coraggiosa ed ancor meno conveniente con cui quel
biasimo fu voluto manifestare.

Ma un'altra questione—anch'essa di una certa gravità, comunque affatto formale — si è presentata. Per ripresentare il
bilancio respinto, bisogna stare alla nota disposizione dell'articolo 56 dello Statuto, cioè chiudere la presente sessione e ripresentare il progetto in un'altra? Certa cosa ci pare che se
questa soluzione si adottasse, la conseguenza necessaria sarebbe
di ripresentare tutto il bilancio, poichè quello di grazia e giustizia non è che una parte, nè si potrebbe per ora approvare
definitivamente il bilancio generale senza ancora sapere quale
sorte toccherà ad una parte integrale di esso.

Ciò posto, e tornando alla quistione posta dianzi, noi la troviamo dubbia. Torna qui una quistione di massima sulla natura
del bilancio, quistione di cui ci occupiamo nei §§ 212-214 dei
nostri *Principii di D. C.*. *Formalmente* non può dubitarsi che
il bilancio è *legge*, e, allora, l'art. 56 troverebbe piena e completa applicazione. Ma, *in sostanza*, il bilancio è una legge affatto *sui generis*, il cui contenuto è un conto che può appro-
varsi in una maniera o in un'altra ma che presuppone tutto
quanto un ordinamento legislativo preesistente cui deve riferirsi. Ora la peculiarità di tale natura, non consiglierebbe un'intelligenza dell'art. 56 tale da non consigliarne l'applicazione al
caso attuale?

Ripetiamo: la quistione è grave. Ci basti per ora averla posta,
anche avuto riguardo alle ragioni di tempo e di spazio sovra
cennate. Contiamo di tornare sull'argomento, tenendo conto della
soluzione che di fatto sarà adottata.

V. E. Orlando.

Prof. V. E. ORLANDO—*Direttore responsabile.*

Palermo, Tip. « Lo Statuto », Via Monteleone, 25.

SULLA GENERALE IMPORTANZA SCIENTIFICA

DELLE

MODERNE RIFORME AMMINISTRATIVE INGLESI (1)

————◆————

Debbo esser grato alla gentile costumanza di ritenere particolarmente solenne il primo ritrovo di un professore coi colleghi e gli studenti di un Ateneo, poichè, solennemente, mi è data maniera di dichiarare i sentimenti molteplici che profondamente io provo nel salire oggi questa cattedra, onorata dalla storia di questa Università fra le più gloriose del mondo civile. Tra questi varii sentimenti due ne dominano. L'uno mi rende avvertito dell'alta ragione di onore e di orgoglio che è per me il far parte di questo Ateneo. L'altro mi rende trepidante per la disparità che sento fra quell'onore e le mie forze. Dico trepidante, ma non sconfortato, poichè la benevolenza vostra può farmi sperare un benigno e gentile accoglimento.

Il tema che forma obietto di questa prima lettura può a prima vista sembrare eccessivamente particolare: io spero che questa prima impressione, se pur voi la proverete, si dileguerà tosto dinanzi alle considerazioni che in seguito faremo, e che, spero, vi mostreranno che le conseguenze che noi trarremo dalla considerazione delle recenti forme assunte dal diritto amministrativo inglese, sono feconde d'importanti insegnamenti anche da un punto di vista scientifico affatto generale.

La storia delle vicende per cui è passato lo studio degli ordinamenti inglesi nella letteratura scientifica dei popoli continentali, costituisce per fermo un'argomento di un'in-

(1) Prolusione al corso di diritto amministrativo e scienza dell'amministrazione nella R. Università di Pavia.

teresse straordinario, nè solo ai fini scientifici : poichè come *a priori* ben si comprende, l'influenza certo grandissima, che gli istituti inglesi hanno esercitato sul diritto pubblico continentale, è stata dipendente e conseguenziale allo studio giuridico. Cerchiamo di tracciare rapidamente le fasi più salienti di tali vicende.

È noto come, specie in seguito al famoso indirizzo tracciato nella prima mettà del secolo XVIII dal Montesquieu, l'Europa cominciò a conoscere ed ammirare l'Inghilterra nella sua costituzione politica : e non è men nota l'influenza decisiva che ebbe negli istituti politici degli stati continentali moderni, l'imitazione che si volle fare di quella costituzione. Ma l'indirizzo odierno degli studii , specialmente per opera del sommo giurista tedesco Rodolfo Gneist, ha dimostrato tutto quanto eravi di sostanzialmente falso in quelle idee, che da più di un secolo erano universalmente ricevute circa la natura degli ordinamenti inglesi; e l'equivoco e il pregiudizio erano anzi così inveterati, che dominano purtroppo anche oggidì in iscritti non volgari. La critica fatta a tale erronea ricostruzione abbraccia, si può dire, tutte le parti di essa : basti osservare che quella famosa divisione dei poteri, che il Montesquieu credette di riconoscere come caratteristica della costituzione inglese e che ha di sè informato tutte le teorie costituzionali moderne, trova nell'Inghilterra la sua più formale smentita. Ma ai fini della presente lettura occorre soffermarci su questa sostanziale lacuna che si è lamentata negli studii costituzionali inglesi : *la costituzione si concepiva indipendentemente dall' amministrazione.* Esatta o no la cognizione, cosciente o no il giudizio , l'ammirazione ed il rispetto per la costituzione inglese sono stati così grandi da rasentare qualche volta l'idolatria : accanto a questa ammirazione riesce assai notevole la noncuranza in cui erano tenuti gli ordinamenti amministrativi inglesi, poco studiati, e peggio compresi. E pure, se verità si può ritenere oggimai assolutamente dimostrata è certamente questa : che la grande forza della costituzione inglese non è che un'effetto di quei sistemi amministrativi, e che una piena intelligenza di quella presuppone una profonda cognizione di questi. La costituzione inglese sta a quella amministrazione come il tronco poderoso e i rami rigogliosi e ricchi di foglie e di fiori stanno alle radici umili e nascoste, ma da cui l'albero riceve vita e vigore.

Convinti di questa verità, gli studii moderni si sono dati con grande amore a ricostruire ed approfondire i sistemi amministrativi inglesi : specie per l'opera intelligente e indefessa dello Gneist medesimo. Ma qui appunto comincia a verificarsi il lato più interessante del fenomeno su cui vorrei richiamare tutta la vostra benevola attenzione. Quell'amministrazione, diremo così, classica, che per tanti secoli era stata la forza e la caratteristica della nazione inglese, veniva mano mano trasformandosi lentamente ma sicuramente ed inesorabilmente, all' uso inglese, senza scosse, senza rivoluzioni, senza reazioni, nè pentimenti. L'opera legislativa di un anno pareva non avesse innovato che dei particolari di un'interesse minore e quasi trascurabile : quest' opera invece considerata nel suo complesso, obbliga lo studioso a convenire che da mezzo secolo cioè dal Bill di Riforma del 1832 ad ora, il diritto amministrativo inglese si è, diciamo la parola, radicalmente trasformato.

E se di questa profonda trasformazione nessuno dubita, possiamo procedere oltre nel nostro esame e chiederci in qual senso sia essa avvenuta. E questo è il lato più importante, secondo noi, della quistione. Noi speriamo di dimostrare che le riforme amministrative inglesi son procedute in senso perfettamente reciproco a quello delle riforme costituzionali del continente : e mentre la Francia e con essa la generalità dei popoli europei ha foggiato la sua costituzione sul tipo inglese, l'Inghilterra ha radicalmente innovato la sua amministrazione foggiandola sul tipo continentale o meglio ancora sul tipo francese.

Di questa affermazione che crediamo gravissima per le conseguenze scientifiche onde è capace, cerchiamo di dare le prove con quella necessaria parsimonia che i limiti della presente lettura ci impongono.

Un'osservazione tutta materiale e di fatto, ma che a-
vrebbe certamente un'importante significato, si potrebbe
desumerla innanzi tutto dal progresso fatto in Inghilterra
dalla « burocrazia » : espressione nella quale, in un certo
senso, potrebbero riassumersi tutte le caratteristiche del-
l'amministrazione francese, poichè burocrazia implica non
solo un corpo di impiegati stipendiati, anzi professionali,
legati da un vincolo di gerarchia che li disciplina e li reg-
gimenta, ma ancora, per gli scopi cui serve e che la gene-
rano, burocrazia implica da un lato accentramento amministrativo dall'altro lato allargamento delle funzioni e
dell'ingerenza dello Stato.

In questo senso si può quasi dire che il tipo classico
del *Selfgovernment* inglese escludesse affatto l'elemento
burocratico, in quanto l'organo predominante della pubblica amministrazione era l'impiegato onorario, il cittadino
che la posizione economica rendeva indipendente dal potere centrale, e la lunga e secolare tradizione rendeva
naturalmente dedito ad interessarsi della pubblica cosa,
ed assumere gli svariati ufficii locali, mediante i quali la
pubblica autorità conseguiva i suoi fini.

Per avere quindi una misura di fatto, approssimativa
ma preziosa, del progresso fatto dall'Inghilterra nel senso
dei sistemi amministrativi continentali, sarebbe assai spediente confrontare il numero degli impiegati burocratici
che l'Inghilterra aveva al principio del presente secolo, e
prima del 1832, con quelli attuali. Disgraziatamente un
tale fine non può raggiungersi se non in maniera imper-
fetta, ma pur sempre abbastanza significativa. Una statistica degli impiegati inglesi non può aversi se non per
l'anno 1851, quando dunque già da un ventennio l'Inghilterra si era avviata per il nuovo indirizzo : ed anche quella
statistica, desunta dal censimento del 1851, pecca di molte
imperfezioni e lacune. Ad ogni modo, in cifre rotonde,
mentre quel censimento dà 54000 impiegati civili (escludendo i pensionati), la statistica accuratamente fatta e che
si contiene negli atti parlamentari del 1877 (Vol. XLIX
pag. 153-256) fa ascendere il numero degli impiegati bu-

rocratici a 108000: il che vuol dire che nei 26 anni che
corrono dal 1851 al 1877 la burocrazia aveva in Inghilterra raddoppiato le sue forze. E di volo osserviamo che
il diritto il quale è ammesso in Inghilterra per regolare
i rapporti fra lo Stato e i pubblici impiegati coincide quasi
perfettamente con quello continentale, per quanto riguarda
la maniera di nomina che, in seguito ad una disputa rimasta famosa, si fa generalmente dietro accertamento di
capacità, e così pure relativamente al diritto all'impiego,
e al conseguente diritto di rimozione da parte dello Stato,
e così pure per quanto riguarda i vincoli disciplinari e
gerarchici. La terra classica della burocrazia, cioè la Francia, ha importato in Inghilterra tutto quanto il sistema
giuridico che regola il pubblico impiego.

Ma per quanto tutto ciò possa parere importante, si
tratta sempre di un segno esteriore ed alquanto materiale,
ed occorre quindi procedere oltre nell'esame e nella critica intrinseca dell'evoluzione subita dall'ordinamento amministrativo inglese. E l'antitesi più generale che può riscontrarsi fra il tipo dell'amministrazione classica inglese,
e quello moderno delle amministrazioni continentali, si
può forse far consistere nella grande varietà e complessità
dell'una e la grande semplicità e simmetria delle altre.
Giusta un paragone, noto ma sempre appropriato, gli ordinamenti inglesi possono da questo lato rassomigliarsi ad
un vecchio edificio, sorto da secoli come piccola e modesta
casetta, che si è mano mano lentamente ampliato per
adattarsi ai bisogni cresciuti e mutati dei suoi abitatori,
sino a ridursi un'immane complesso di edificii, similmente
al palazzo Vaticano, diversi per tempo, per struttura, per
stile architettonico; mentre l'amministrazione sul tipo
francese richiama il palazzo di Versailles, l'edificio ricostruito con unità di tipo e di stile e con l'osservanza più
rigorosa di quella simmetria, cui prevalentemente si ispira
l'arte di Vitruvio.

La grande varietà propria dell'amministrazione inglese,
si manifestava esternamente innanzi tutto nella legislazione.
L'idea di una legge generalmente regolatrice di un dato

òrdine di rapporti, (e che nel nostro linguaggio burocràtico si chiama *legge organica*), si può dire che sia mancata, sino ai principii di questo secolo, nel diritto amministrativo inglese, appunto perchè mancava l'interna uniformità dei rapporti stessi. Era un continuo incrociarsi di *common Law* e di statuti parlamentari, e questi ultimi sminuzzati, se ci si permette l'espressione, aventi per obietto modalità specialissime, conferenti speciali poteri o speciali privilegi. Dal 1850 intanto comincia in Inghilterra un poderoso lavoro di « consolidazione » come colà si dice, di unificazione delle leggi amministrative, come noi diremmo. Così è che i varii rami della pubblica amministrazione sono ora regolati da un centinaio circa di statuti parlamentari, ognuno dei quali abbraccia sistematicamente un campo determinato di servizii, e questo numero che non può sembrare eccessivo, anche in rapporto alle amministrazioni continentali, rappresenta un grande trionfo del principio della semplicità, quando si rifletta che questi cento statuti vennero a sostituirne circa 4000, poichè a tanto sommavano le leggi su cui il diritto amministrativo inglese si fondava al principio del secolo presente.

Ma veniamo ad uno studio più particolare.

È noto come una delle forme più salienti e di una importanza sostanziale, onde si manifestava questa inesauribile varietà di forme propria del tipo classico dell'amministrazione inglese, si riscontrasse nella circoscrizione amministrativa che uno scrittore francese chiamò un *caos*, espressione certo giustificata dal confronto colle circoscrizioni amministrative francesi. Da noi si è cominciato con creare delle unità sociali organiche, ognuna con propria circoscrizione, il comune e la provincia : distinzione che comprende tutto il territorio. Gli ufficii locali per l'amministrazione generale, si fecero coincidere con quelle due unità organiche e così ogni provincia è nel tempo stesso una prefettura; ogni comune è sede di un ufficiale pubblico che vi rappresenta il potere centrale : il sindaco. I varii servizii che il nostro stato fa dipendere dall'auto-amministrazione economica si fondano su circoscrizioni per regola coincidenti con le anzidette; la cura dell'istruzione elementare compete ai comuni, e a questi compete la viabilità comunale, e quella provinciale alla provincia, e così via via. Quanto finalmente alla indefinita serie di servizii speciali che lo Stato direttamente esercita, si è cercato per quanto più fosse possibile, di fare coincidere le divisioni territoriali di essi sempre con quelle grandi linee; e così gli ufficii locali per l'amministrazione finanziaria, le intendenze, sono provinciali, provinciali gli ufficii di conservazioni di ipoteche, provinciale la circoscrizione scolastica dei provveditorati agli studii e così di seguito: e quando le necessità del servizio impedivano questa coincidenza perfetta, perchè, a mo' di esempio, una sola provincia sarebbe stata una circoscrizione troppo ristretta, le circoscrizioni speciali sono procedute costituendo sempre dei consorzii di provincie diverse: così per esempio, nella circoscrizione giudiziaria, i distretti di corte di appello abbracciano sempre una o più provincie, ma non mai una frazione di esse, lo stesso si dica pei comandi di corpi di armata etc.

Mentre tutta questa simmetria è oramai diventata così essenziale al nostro modo di concepire le circoscrizioni amministrative, che noi quasi non possiamo più avere l'idea del contrario, il diritto amministrativo inglese ci mostra, per l'appunto, un sistema di circoscrizione perfettamente opposto. La circoscrizione maggiore e la minore che colà si riscontrano, la Contea ed il Borgo, hanno un senso ben diverso che da noi: poichè mentre il nostro comune è contemporaneamente una parte della provincia, sicchè questa sorge del complesso di varii comuni, il Borgo inglese lungi dal far parte della circoscrizione di contea, ne è perfettamente indipendente: e mentre fra noi la divisione per comuni è generale a tutto il territorio sicchè non vi è zolla di terreno che non sia compresa in una circoscrizione comunale, in Inghilterra la qualità di Borgo è, come è noto, uno stato particolare a talune città. La parrocchia stessa, questa forma primitiva ed antichissima, che potrebbe con approssimazione maggiore rassomigliarsi al nostro comune, a parte che ora ha un'importanza poco

più che nominale, non ha tuttavia formato, sempre rife-
rendoci al tipo classico dell'amministrazione inglese, una
circoscrizione uniforme: e la parrocchia che serve per
l'organizzazione del servizio dell'assistenza ai poveri, non
sempre è la stessa parrocchia che serve ai fini della
riscossione della *Land-tax*... E mentre la nostra provincia
contiene sempre un numero perfetto di Comuni, non di
rado invece una stessa parrocchia partecipa alle circoscrizioni di più Contee. Cosa più interessante ancora:
quando si è trattato di costituire servizii speciali, lungi
dal servirsi delle circoscrizioni esistenti, come abbiamo
visto avvenire fra noi, si è sempre ricorso a circoscrizioni
speciali non solo, ma non si ha avuta neppure la preoccupazione di raggruppare questi elementi territoriali in
maniera che avessero almeno delle analogie fra loro. e con
le circoscrizioni generali. Per provvedere alla pubblica
viabilità, ai servizii sanitarii, alla pubblica assistenza, si
sono costituiti degli enti appositi, specie di consorzii di
comuni diversi; e intanto la circoscrizione che serve ai fini
dell'assistenza pubblica è diversa da quella che serve ai
fini sanitarii, e questa diversa dai distretti per la viabilità: e tutte poi queste circoscrizioni lungi dal costituire
parti determinate di una data Contea, capricciosamente,
cervelloticamente, tagliano ed intersecano Contee diverse.
Tutto ciò ispirava allo stesso scrittore francese che precedentemente citai, l'arguta idea di paragonare il territorio
inglese, quanto alla sua circoscrizione, ad un foglio di
stampa passato successivamente e senza ordine sotto un
gran numero di cilindri portanti figure diverse.

Certo, se si sta alle apparenze, il paragone ironico
dello scrittore francese può sembrare giustificato. Ma prescindendo dai difetti pratici e dagli eccessi con cui il principio generale ha ricevuto quelle applicazioni in Inghilterra, sarebbe giudizio precipitoso e leggiero quello che
condannasse senz'altro il vecchio sistema delle circoscrizioni inglesi. I pregi del nostro sistema non hanno bisogno
di spiegazione in quanto si racchiudono in una sola parola:
la semplicità; ed è perciò che esso prontamente seduce.

Ma se si guarda alla intima natura delle cose, bisogna convenire che questa semplicità viene raggiunta comprimendo,
e spesso deformando, i naturali rapporti, ai quali maggiormente si adatta il tipo inglese. Così è incoerente pretendere che tutte le circoscrizioni territoriali dello Stato
possano simmetricamente corrispondersi, appunto perchè,
sotto l'impulso di cause storiche diverse, regna fra esse
la più grande varietà, per cui la grande città si distingue
dal piccolo comunello, il centro industriale da quello agricolo, il villaggio alpestre da quello marittimo, il comune
lombardo da quello siciliano. Meno logico ancora si è pretendere che i servizii pubblici locali debbono distribuirsi
pel territorio in base di uno schema perfettamente simme-
trico; la *reductio ad absurdum* di questo concetto condurrebbe alla istituzione di capitanerie del porto in provincie
non toccate dal mare, e di ispezioni forestali la dove i
boschi mancano. È cotesta, ripetiamolo, una *reductio ad
absurdum*; ed abbiamo visto come le amministrazioni a
tipo continentale, per quanto riguarda la distribuzione degli uffici locali, non hanno sempre potuto applicare scrupolosamente il criterio della simmetria: ma è appunto
questa una maniera di dimostrare come non sia razionalmente giustificata la pretesa di una distribuzione uniforme
e simmetrica. Lo stesso si dica per quanto riguarda l'organizzazione degli interessi locali. Anzi qui noi non esitiamo ad affermare che teoricamente è certamente vero
il criterio inglese di non costringerli nei limiti prestabi-
liti di una circoscrizione. Egli è che l'amministrazione
degli interessi locali bisogna che si ordini relativamente
al modo con cui questi interessi si formano, e questo non
può da mente umana stabilirsi a priori. Chi può assegnare,
a titolo di norma generale i limiti territoriali cui far corrispondere gli interessi relativi p. e. alla costruzione di una
strada ferrata? Questi interessi potranno essere in certi
casi esclusivamente nazionali, come nelle linee puramente
strategiche, in altri puramente comunali; ora una linea
gioverà a un'intera provincia, ora ad una parte di essa,
ora a più parti di due o tre provincie diverse e così via
via indefinitamente.

Ma io non voglio lasciarmi vincere dalla tentazione seducente di soffermarmi sulla critica degli istituti amministrativi inglesi, in confronto con quelli continentali : arduo compito che oltrepasserebbe di gran lunga i limiti di una lettura e che del resto io non mi sono prefisso. Io intendevo solo dimostrare come la sostanziale diversità che il vecchio diritto amministrativo inglese presenta in confronto con quello francese moderno, risponde anch'essa a taluni punti di vista teorici anche quando apparentemente sembri il contrario. E per tornare alla tesi che fin da principio mi sono proposto, certo non dirò che tutto questo sistema tipico di circoscrizioni complesse, sia venuto meno per dar luogo all'adozione delle forme semplici e simmetriche proprie del continente. Aspettarsi ciò sarebbe dimenticare l'indole insieme prudente e tenace del popolo inglese, alieno dalle riforme radicali, tanto che nella materia stessa delle circoscrizioni, col famoso Bill della Riforma del 1888 non si osò dichiarare formalmente ciò che già di fatto esistiva cioè l'abolizione di quella parrocchia vera cellula primitiva dell'antica amministrazione inglese, che un lungo lavoro secolare aveva a poco a poco quasi affatto spogliato di pratiche attribuzioni.

Ma ai fini del presente studio basta accertare l'esistenza di fenomeni i quali costituiscono un indizio securo che l'Inghilterra, se non ha ancora cancellato questo principio della varietà degli ordinamenti locali, si è però messa risolutamente per la via opposta. E non potendo soffermarmi in troppi estesi particolari, mi basterà accennare quello che a me pare il più saliente di tali indizii. Difatti una delle conseguenze pratiche più importanti di questa diversa maniera di concepire il problema delle circoscrizioni locali, sta appunto nella diversità degli ordinamenti legislativi che, a seconda dell'uno o dell'altro sistema, regolano la materia. Il tipo continentale alla uniformità dei tipi di circoscrizione fa corrispondere l'uniformità delle norme legislative. Confrontate l'ordinamento della nostra provincia e del nostro comune: lievi le differenze, sostanziali le analogie. Il tipo classico inglése portava a ben diverse conseguenze. Anche prescindendo dagli ordinamenti più antichi per cui quasi quasi poteva dirsi che ogni circoscrizione amministrativa avesse leggi e privilegi speciali, nel secolo presente, e sino a pochi anni fa, colpiva la sostanziale differenza che passava fra le due forme precipue dell'ordinamento locale inglese, cioè la Contea ed il Borgo : questo a base democratica, quella a base aristocratica; questo retto da consigli elettivi, quella dalla classe privilegiata per ragioni storiche : nè l'autorità di cui godono i *Boards* delle città coincide con quella spettante ai *magistrates* della Contea. La legge del 1888 ebbe per lo appunto questo effetto: di cancellare tali differenze, riducendo l'ordinamento di queste due circoscrizioni fondamentali ad un tipo perfettamente analogo salvo per quanto riguarda i criterii dell'ammissione all'elettorato, onde è che da questa parte può dirsi il territorio inglese essere diviso in circoscrizioni simmetriche quanto al loro ordinamento legale : vero è che sussiste tuttavia una gravissima differenza in quanto che le città oltre i 50000 abitanti invece di far parte di una Contea, — come fra noi tutti i comuni, anche i più grossi, fanno parte di una provincia, — nè sono indipendenti, e costituiscono, come in Inghilterra si dice, una Contea nella Contea.

Ma certamente di tutte le riforme amministrative compiute dall'Inghilterra in questo periodo, che pure da così grandi riforme è caratterizzato, si può con certezza asserire la più importante essere quella relativa all'ordinamento locale, per cui si è sostanzialmente trasformato quel *Selfgovernment*, non a torto definito la vera, per quanto rimota, sorgente delle libertà inglesi. Gravissima riforma compiuta per due gradi successivi cioè prima pei Borghi poi ora per le Contee. Quale è stato il senso generale di tale riforma ? Lungamente la caratteristica forse più saliente del *Selfgovernment* inglese, si riassumeva nell'istituto del giudice di pace : caratteristica per la nomina, caratteristica per le funzioni. La nomina costituiva un *tertium genus* fra i due tipi moderni del funzionario burocratico, e di quello elettivo, e questo tipo speciale era pei suoi dati teorici così felice che bene a ragione Lord Coke osservava che « quando l'ufficio di giudice di pace fosse esercitato come si deve, in tutta la cristianità non si troverebbe nulla di eguale. » Ufficio onorario, e quindi scevro di tutti i difetti della burocrazia; nè dall'altro lato dipendente da quella origine così pericolosa, per quanto seducente, della elezione che porta con sè il giuoco delle maggioranze e delle minoranze e che rende non di rado impossibile la retta amministrazione. Ed in questa magistratura specialissima, forte per indipendenza economica e per tradizioni aristocratiche, si concentrano ufficii anch'essi specialissimi che abbracciano così la giustizia come la polizia nel senso largo di questa parola, come le imposte locali. Qui le antitesi col sistema continentale sono profonde quanto evidenti, sia per quanto riguarda la nomina agli ufficii locali, che fra noi non si concepisce se non o sotto forma burocratica o sotto forma elettiva, sia, ancor più, per quanto riguarda le funzioni. È di fatti assolutamente incompatibile colle nostre istituzioni, fondate sul principio della divisione dei poteri, che in uno stesso ufficio si concentrino attribuzioni di ordine giudiziario e di ordine amministrativo; mentre dall'altro lato per tutto quanto concerne l'attuazione locale della pubblica autorità, le amministrazioni continentali si sono attenute al più rigoroso accentramento e non permettono che gli attributi di sovranità, quanto alla tutela del diritto, sieno esercitati se non da organi immediatamente e burocraticamente dipendenti dalla potestà centrale. Ai corpi elettivi, poi, e precisamente ai consigli comunali e provinciali, non si lascia di regola altra attività se non in materia di amministrazione sociale.

Or per l'appunto chi consideri le recenti trasformazioni dell'ordinamento locale inglese, non potrà non essere colpito nell'osservare i passi giganteschi che si sono fatti avvicinandosi al tipo francese. Ed il fatto più saliente è senza dubbio la separazione, che in parte può dirsi oramai compiuta, della giustizia dall'amministrazione locale. Già nelle città gli affari giudiziarii sono affidati a giudici nominati dalla Corona, come veri e proprii impiegati professionali (*Recorders*), mentre essi non hanno alcuna partecipazione nè alle sessioni dei giudici di pace nè alle diverse incombenze di ordine finanziario ed amministrativo. D'altra parte le rappresentanze elettive si introducono, come già accennammo, nell'amministrazione locale, ed in maniera affatto analoga all'ordinamento continentale: cioè un consiglio (*Council*) di Contea o municipale, gli *aldermen* analoghi ai nostri assessori e deputati provinciali, e il *Mayor* analogo al nostro sindaco o presidente della deputazione provinciale. Dall'altro lato, perfettamente giusta i criterii nostri, si riscontra in Inghilterra una ripugnanza decisa a far partecipare questi elementi elettivi a ciò che gl'inglesi, con espressione che va presa in senso larghissimo, chiamano *Iurisdiction*, e i tedeschi con espressione più felice e più appropriata *Obrigkeit;* cioè, servendoci di una perifrasi, a quella parte di attività dello stato, che essendo diretta al fine della tutela del dritto, implica esplicazione dei poteri sovrani e dà luogo all'impero: mentre l'elemento elettivo resta, per regola generale, ristretto nei limiti della pura amministrazione sociale. E la polizia, che sarebbe appunto quella parte di tale attività che chiameremmo giuridica, dedotta la giurisdizione propriamente detta, ha subito quel processo di accentramento così caratteristico fra noi ed è passata nelle mani dello stato. Ai vecchi *Constables*, nominati dai giudici di pace, gerarchicamente da questi dipendenti e di regola senza stipendio, si è ora sostituita la *Constabulary* stipendiata dipendente in gran parte dal ministero dell'interno.

In conclusione adunque possiamo dire che i criterii fondamentali che sono serviti di guida all'indirizzo delle moderne riforme dell'ordinamento locale inglese possono riassumersi così: allargamento considerevole degli elementi da un lato burocratici dall'altro elettivi; distinzione dell'elemento giurisdizionale da quello amministrativo, e alla sua volta distinzione, in quest'ultimo, dell'amministrazione di polizia di regola sottratta all'elemento elettivo, dall'amministrazione economica a quest'ultimo riserbata. Chi non riconosce in questi, i principii fondamentali che nel continente regolano le amministrazioni locali? E lasciamo stare gli altri passi fatti verso l'accentramento sia nel senso di funzioni un tempo affidate ai corpi locali, ed ora sotto la sorveglianza diretta dello stato (come avvenne per es. per l'importante servizio dell'amministrazione carceraria), sia nel senso della sorveglianza esercitata dalla autorità centrale sui corpi elettivi locali, ordinata in maniera che ha tanti punti di contatto con quella continentale, per es. il dritto di cassazione dei regolamenti locali (*Byelaws*) riserbata all'autorità centrale mediante *Order in Council*.

Questo ed altro ancora tralasciamo giusta l'osservazione che abbiamo premesso di non volere nè potere qui istituire un completo raffronto su tutti gli antichi ed i nuovi istituti amministrativi inglesi, e fra questi e quelli continentali. Del resto noi non dovevamo già dimostrare la proposizione (la quale sarebbe stata manifestamente falsa) che il diritto amministrativo inglese sia diventato del tutto analogo a quello continentale: abbiamo solo asserito che la tendenza che si manifesta spiccata e vigorosa nelle riforme compiute in Inghilterra sia per lo appunto di adottare i tipi amministrativi continentali. Quanto abbiamo osservato ci pare che sufficientemente conforti di prova l'affermazione nostra, sì da potere ritenere che se questa tendenza, come tutto fa credere e come è nell'indole inglese, continuerà a manifestarsi in future riforme, tempo verrà, e forse da noi non troppo rimoto, in cui potrà dirsi che l'Inghilterra diede al continente la sua costituzione, ma prese dal continente, ed in ispecie dalla Francia, la sua amministrazione.

O io mi inganno o le conseguenze di ordine teorico e generale che da questa osservazione discendono, sono di una importanza gravissima e direi anzi incalcolabile. Poichè, riportandomi alla storia delle vicende traverso le quali è passata l'opinione scientifica sul valore degli istituti inglesi, è certo che il tipo classico del *Selfgovernment* se potè prestare il fianco a censure e a dileggi da parte di osservatori superficiali, considerato invece nella sua intima essenza, e fu merito precipuo dello Gneist, si è rivelato una costruzione ammirevole per forza e per solidità; e l'opinione la quale ritiene solamente buone le istituzioni che un lento sviluppo secolare ha adattato ai bisogni di un popolo determinato, dalla considerazione del valore di quegli istituti amministrativi ne trasse trionfale argomento; mentre, per naturale antitesi, si aguzzarono gli strali, e bisogna pur confessare che le ragioni non mancarono, contro i difetti dei sistemi amministrativi continentali, quali difetti si trovava assai comodo al proprio preconcetto teorico, di attribuirli al difetto di un fondamento storico e tradizionale di essi.

Ora è per l'appunto questo caposaldo di tale opinione che l'Inghilterra stessa ha, pare a me, rovesciato dalle fondamenta, e si vede chiaro negli ultimi scritti e più ancora nell'insegnamento orale dell' illustre fondatore degli studii di diritto amministrativo inglese, nello Gneist medesimo, un senso di sconforto, nel vedere lentamente ma inesorabilmente venir meno quel tipo da lui ricostruito e prediletto, e con esso le deduzioni teoriche che ne traeva. Ripeto ancora che io non voglio far qui la critica del valore intimo dei varii ordinamenti: ma restando pur sempre da un punto di vista rigorosamente obiettivo, mi pare che le fatte osservazioni rendano innegabile che il sistema amministrativo francese, potrà essere cattivo, potrà anche esser pessimo, ma ha trionfato dell'obbiezione la quale si traeva dal confronto con l'amministrazione inglese e dalle considerazioni teoriche cui questo confronto si prestava. Questo tipo classico dell' amministrazione inglese, buono anzi ottimo se vuolsi, certa cosa è che ha dovuto cedere di fronte alle esigenze dei tempi nuovi, e nel mutare, è venuto mano mano accostandosi a quel tipo francese che ne costituiva l'antitesi teorica, la quale così andrà pure risolvendosi in un'antitesi meramente storica.

Queste osservazioni io credo che dobbiamo tenere in pregio anche noi che il diritto amministrativo italiano dobbiamo studiare. In gran parte importazione esotica anzi francese, questo nostro diritto è stato esposto alla doppia accusa di mancare cioè così di base nazionale come di base tradizionale. Accusa certamente vera, ma alla quale mi pare che le considerazioni già fatte tolgano molta importanza così dal lato pratico come dal lato scientifico, poichè l'esempio inglese ci dimostra che questa importazione esotica deve pure avere una sostanziale rispondenza con i bisogni della moderna società europea, se un popolo così ricco di tradizioni e così giustamente orgoglioso del suo diritto nazionale va per lenta e naturale evoluzione a quel tipo accostandosi. Certo è pur vero d'altra parte che la identità formale degli istituti può celare e cela difatti una grave difformità circa al modo con cui essi sono compresi ed attuati, difformità che ha le sue radici in quel contenuto che anima le istituzioni cioè *l'indole del popolo presso cui sono attuati.* Anche se identica alla nostra, l'amministrazione inglese potrebbe servire assai bene al suo scopo, e giovare colà un istituto che qui nuoce, quando nella nostra vita pubblica mancasse quel senso di serietà e di disciplina, quell'alta intuizione del pubblico diritto e dei pubblici doveri che ha fatto così grande l'Inghilterra. Continuare il confronto da questo punto di vista, io non voglio, per ragioni che voi ben comprenderete, ed anche per il motivo un po' egoistico, ma che io lealmente confesso, di non voler concludere con una nota pessimista questo discorso che si collega con un avvenimento per me alto e fausto, in questo giorno, il cui ricordo sarà per me ragione di grande compiacimento e di legittimo orgoglio.

Antonio Longo.

LA LETTERATURA DEL DIRITTO PUBBLICO

a proposito di recenti pubblicazioni.

I.

L' egregio penalista dell' Università di Torino non è nuovo alle nostre discipline : di lui sono notissimi infatti vari scritti di diritto internazionale e sopratutto il giudizioso commento al diritto costituzionale del Casanova. Eppure, quasi a dare nuova e troppo dolorosa prova dell'apatia per tutto ciò che si riferisce al diritto pubblico e alla sua scienza in Italia, un importante lavoro (1) del Brusa, che è stato stampato da più d'un anno e che è notissimo all'estero non è da noi conosciuto quanto meriterebbe. E non solo non si è tenuto in giusto conto il suo merito intrinseco, ma sopra tutto non se ne è notata l'importanza in relazione ai criteri metodici della scienza del diritto pubblico. Più per richiamar l'attenzione sopra questo punto (senza tuttavia sviscerare affatto le questioni cui si connette) che per dare una vera recensione del libro crediamo opportuno di farne parola.

Per spiegarci chiaramente fin dapprincipio, anche con chi non è versato nelle questioni odierne circa il sistema del diritto pubblico, il Brusa ha unito nel suo trattato il diritto costituzionale col diritto amministrativo , sul modello germanico dello «Staatsrecht» parola questa che non ha un riscontro esatto nella nostra lingua, quasi per mostrare che la cosa che essa designa non s' è ancora adattata all'Italia. Noi per brevità e perchè si usa così,

(1) *Das Staatsrecht des Königreichs Italien , bearbeitet von* D. E. BRUSA. (*Marquardsen' s Handbuch des oeffentlichen Rechts. IV. I. 7*). *Freiburg. i. B. 1892.*

12

tradurremo « diritto pubblico » senza nascondere peraltro
che la parola più propria sarebbe « diritto di Stato », non
foss'altro per non confondere lo « Staatsrecht » col diritto pubblico nel suo senso più schietto ed esteso (öffent-
liches Recht) il quale comprende, oltre allo « Staatsrecht »,
il diritto ecclesiastico, internazionale, ecc.

Il tentativo adunque di unire il diritto costituzionale con
l'amministrativo è, ripetiamo, affatto nuovo in Italia (1);
e ciò basterebbe già a rendere notevole l'opera del Brusa.
Ma oltre che nuovo, noi crediamo ch'esso sia utilissimo ;
e questo, notisi bene, senza ammettere l'utilità di congiun-
gere in via normale le due parti suddette del diritto pubblico. Lo crediamo utile per avere così almeno un *tipo*
in Italia di un prodotto scientifico, comune ed anzi quasi
esclusivo in Germania ; e inoltre crediamo utile non l'u-
nione per l'unione, ma perchè essa, avvincendo il diritto
costituzionale all'amministrativo e investendo quello coi
criteri di questo, e improntandolo di un carattere di maggior praticità, può meglio persuadere e costringere quasi
per ragioni di analogia e di simmetria a far discendere
il diritto costituzionale in un sistema giuridico positivo e
irrigidirlo nella forma delle leggi italiane. Certo è che
se questa tendenza fosse esagerata porterebbe dei danni
alla scienza troppo impicciolendola, anche perchè la natura del diritto costituzionale è diversa per molti riguardi
e più delicata, diremmo quasi, di quella del diritto amministrativo : — mentre se non è giusta in sè, ha un lato
di verità la frase di Pellegrino Rossi, secondo la quale il
diritto costituzionale dà all'amministrativo l'intestazione
dei capitoli. Questo è ciò che non riflettono abbastanza i
partigiani dell'unione delle due scienze e che noi qui possiamo solo accennare, anche col pericolo che sia interpre-
tato male il nostro pensiero. Il Brusa stesso lascia trape-
lare la divisione trattando in principio del libro il diritto
costituzionale e poi l'amministrativo; e ugualmente fanno,

(1) Non citiamo un'opera poco conosciuta dell'Arabia, perchè
parte da criteri differenti.

più spesso che non sia stato rilevato, gli scrittori tedeschi: il Bornhak, per citare uno dei più recenti, divide addirittura il volume del « Verfassungsrecht » dal volume del « Verwaltungsrecht ».

Dunque noi accettiamo l'unione delle due scienze, ma in via affatto eccezionale e, diremmo per spiegarci alla meglio, transitoria; perchè cioè ce ne ripromettiamo nel momento attuale dei vantaggi: non l'accetteremmo per contrario come *assestamento* normale della scienza.

Ma ancora un'altra osservazione dobbiamo fare. Come è noto, esistono in Italia trattati di « diritto costituzionale », non esistono trattati di « diritto costituzionale italiano » : il Brusa invece nella prima parte del suo lavoro si è strettamente tenuto al diritto costituzionale ora vigente presso di noi. A taluno parrà poco merito codesto: ma secondo noi, nelle condizioni attuali della scienza, il merito è invece grandissimo: è un presupposto necessario di una vera scienza del diritto costituzionale italiano. Finchè il diritto costituzionale italiano non si raccoglie interamente nelle sue svariate e minute particolarità rivelantisi nelle leggi, nelle consuetudini parlamentari e popolari ecc., non si otterrà certo, tanto meno, la scienza del diritto costituzionale italiano : perocchè la scienza di un diritto positivo evidentemente non si può avere se prima non si sono raccolti i fatti e le leggi positive dai quali si devono trarre i principi giuridici. Chi farà adunque decisivamente e completamente un tal passo, avrà bene meritato della nostra disciplina; intanto il Brusa si è messo per primo nella via.

Ma per spiegare meglio questi concetti, e per mostrare quindi il merito del Brusa, bisognerebbe che continuassimo nella critica da noi brevemente abbozzata: il che esorbita affatto dal nostro scopo. Ci teniamo quindi contenti di notare solamente la difficoltà che l'autore deve aver incontrato, per il diritto costituzionale, a interpretarne il vero senso dopo che la costituzione s'è tanto mutata senza aver cambiato, per nostra fortuna, la legge scritta; e ancor peggio per il diritto amministrativo a rintracciarne, comprendendole poi in un organico sistema, le tanto svariate e minute particolarità, nella massa caotica ed informe delle nostre leggi, decreti, regolamenti, circolari, ecc. che aspettano, e per molto tempo ancora aspetteranno, una codificazione. E per esattezza, per ricchezza di particolari, per il modo esauriente, come oggi si dice, onde la materia è trattata, per il giusto senso delle proporzioni tra le singole parti, si può affermare che l'opera del Brusa è degna della massima lode. Per dare una qualche idea di ciò e dell'opera in genere, eccone in brevi linee la tela.

In una introduzione il Brusa riassume rapidamente la storia politica d'Italia fino alla proclamazione del Regno, la formazione di esso, i precedenti delle moderne libertà, sopratutto in Sicilia, in Savoia, in Piemonte, le modificazioni, il carattere, lo spirito della costituzione, e le fonti del diritto pubblico italiano.

Poi tratta dello Stato, comprendendo in questa parte non solo la descrizione materiale e formale dello Stato italiano, ma anche i diritti e i doveri dei cittadini e degli stranieri. Quindi viene all'ordinamento specifico dello Stato, parlando del Re, del Parlamento, della legislazione, del potere esecutivo e governativo, dei pubblici uffici ed ufficiali.

In altre parti separate e svolte molto largamente il Brusa parla del diritto finanziario, della amministrazione locale, comunale e provinciale, dell'amministrazione centrale, della forza militare, degli affari esteri, e della Colonia Eritrea. Certo in questa divisione, non tutti consentiranno; così, per esempio, alcuno dubiterà che sia conveniente parlare delle libertà politiche nella parte riservata allo Stato, altri noterà che non sembra opportuno dividere la forza militare dalle altre attività pubbliche, se almeno non si scindono per analogia in tante parti distinte le principali di esse, ecc. Ma ad ogni modo nessuno potrà negare la grande organicità ed ampiezza della tela sulla quale il Brusa ha lavorato da maestro.

Non entrando a discutere molti particolari in cui facciamo le nostre riserve, rileviamo solo una lieve menda nella parte formale del lavoro del Brusa, ch' è poi così bene riuscito per questa stessa parte, nel vincere la difficoltà di rendere in tedesco molte frasi e nomi italiani. Notiamo cioè, ch' egli talora non adopera abbastanza discernimento nella citazione degli autori, ma cita talvolta delle opere le quali invece, a nostro avviso, andrebbero meglio taciute: d' altra parte il Brusa avrà pensato che, nelle condizioni odierne della scienza del diritto pubblico italiano, è forza accontentarsi anche delle briciole! Forse per compensare la povertà di vari autori citati, ha incluso tra gli *Handbücher* di diritto costituzionale italiano « la questione sociale » di Pietro Ellero; ma ad ogni modo la cosa ci pare affatto impropria. Ci spiace infine che sia sfuggita all'A. la citazione del manuale di diritto amministrativo e sopratutto del manuale di diritto costituzionale dell'Orlando; perocchè, escluso il Palma (tanto apprezzabile per meriti in parte diversi da quelli dell' Orlando) francamente riteniamo il manuale dell' Orlando indiscutibilmente superiore, e di molto, a quanti ne abbiamo in Italia.

Per concludere questi cenni, riassumiamo ancora i due aspetti sotto i quali è notevolissima l' opera del Brusa: l'aver unito il diritto costituzionale con l'amministrativo, interpretando poi i limiti sistematici di questo in senso larghissimo, e l'aver coordinato l'intero diritto pubblico positivo, purificandolo da ogni elemento estraneo. Da ciò ognuno capirà come sarebbe desiderabile, pur tuttavia temendo che le condizioni con l'editore non lo permettano, una traduzione dell'opera nel nostro idioma, affinchè possa esser meglio conosciuta in Italia.

II.

Il nome di Max von Seydel, del chiaro professore dell'Università di Monaco, non è certo ignoto in Italia: ogni cultore infatti degli studî di diritto pubblico conosce già

i « Grundzüge einer allgemeinen Staatslehre », libretto tenue di mole, ma così denso di concetti e terso ed evidente nella sua forma giuridica, che fa dimenticare l'improprietà del titolo trattandosi di un' « einleitung » o ancor
più esattamente d'una propedeutica alla dottrina dello
Stato, che non di veri principî fondamentali. Meno conosciuto in Italia è invece il Seydel per un' opera che nel
suo paese lo ha portato al primo posto tra i giuspubbli-
cisti viventi, il « Bayerisches Staatsrecht », e che, a nostro
parere, in materia di diritto positivo tedesco, cede per
merito forse solo all'opera classica del Laband pel diritto
pubblico germanico. E infine notiamo ancora la sua grande
attività, che gli permise di collaborare nella direzione di
varî periodici tra cui ricordiamo anche attualmente gli
« Annalen des Deutschen Reichs » e la « Kritische Viertel-
jahresschrift für Gesetzgebung und Rechtswissenschaft »,
giornale quest'ultimo di cui, com'è noto, lo Schupfer alcuni anni fa avea tentato presso di noi l'imitazione con
la « Rivista critica. » Crediamo perciò di far cosa utile
annunciando una raccolta di articoli, già pubblicati dal
Seydel in varî periodici, ma difficili ad essere rinvenuti, e
ch' egli ha perciò con ottima idea riunito in un sol volume (1).

Comincia il volume con un lungo articolo sopra la
dottrina delle leghe di Stati. Ma qui il lettore ci permetta
che uscendo dal tema facciamo alcune brevi considerazioni intorno ad un punto della scienza tedesca il quale
in Italia non è abbastanza conosciuto, toccando però più del
valore e della forma della questione che non della sua
sostanza, valore e forma poco considerati in Germania,
dove pure la scienza tanto si accalora intorno al merito
della questione, — e nulla in Italia.

Come ognuno sa, due sono le forme principali dello
Stato composto, o delle unioni di Stati, (Staatenverbindun-
gen) insomma di ciò che più propriamente in latino si

(1) *Staatsrechtliche und politische Abhandlungen*, Freiburg,
i. B., 1893.

dice *systema civitatum;* e queste due forme principali, per
lasciare le altre diverse organizzazioni sono: lo Stato federale o federativo (Bundesstaat) e la confederazione di
Stati (Staatenbund).

Ora nella pratica è avvenuto quasi costantemente che
lo Staatenbund ha preceduto e precorso il Bundesstaat.
L'America del Nord è Stato federale dal 1787 ; la Svizzera
lo è dal 1848; la Germania, nella sua forma odierna completa, dal 1871 ; ma prima le varie parti di tali Stati si
andavano avvicinando con varie forme, e talora con una
lenta evoluzione, ma con una certa costanza e continuità:
ad ogni modo per noi basta rilevare il fatto che furono
federazioni prima che Stati federativi. È forse da ciò che
è derivata, più che non si noti, la difficoltà di adagiare
in una teoria precisa e in pari tempo rispondente alla
realtà, l' organismo giuridico dello Stato federativo; appunto perchè la scienza, che, vogliasi o no, vive di tradizioni, non ha saputo, anzi non ha potuto, spogliare lo
Stato federativo degli elementi inerenti alla precedente federazione di Stati. E notisi ancora, che la federazione di
Stati non presenta mai un' identica forma costituzionale ;
anzi le gradazioni delle diverse forme sono svariatissime
e affatto irreducibili ad un tipo unico ; e non solo le forme
nei vari popoli, ma confrontando la forma di uno stesso
popolo in momenti diversi. Perciò facendo quella sentire,
come noi sosteniamo, la sua efficacia anche sullo Stato
federativo, ch'è storicamente sopravvenuto, pure essendo
questo meno oscillante e meno restio quindi ad una comprensione scientifica, per il riverbero storico, se così possiamo dire, dell' altra forma, porta in sè il germe della
difficoltà nella pratica di stabilire rapporti costituzionali
fissi tra le varie parti dello Stato, e maggiormente nella
scienza di concepire e di delineare esattamente tali rapporti. La teoria quindi è sorta con un vizio d'origine, dal
quale faticosamente e talora inutilmente cerca di liberarsi.
L'esser poi la Germania un Impero, complica più ancora
il tema ; perocchè l'Impero federativo non sta esattamente
alla Repubblica federativa nella proporzione con cui la

monarchia sta alla repubblica ; ma l'Impero federativo ha caratteri speciali e molto più delicati e fuggevoli all'indagine che non la Repubblica federale.

Consideriamo un punto capitale nella disputa: quello che concerne la sovranità nello Stato federale. È innegabile che in questa teoria la scienza tedesca è maestra. Eppure quali furono i risultamenti ? Essa ha ridotto il problema all'analisi sottile della ripartizione della Sovranità nello stato federale, sostenendo con svariatissime formule, svariatissimi concetti di sovranità, e, secondo questi concetti, più o meno ripartendo la sovranità stessa, o studiandosi anzi spesso di mostrarne l'unità. Eppure dal Klüber al Brie, che sono quasi le due pietre migliari nel terreno percorso dalla questione, perocchè l'ultimo trattatista in materia, il Westlatre è inferiore al Brie dal lato teorico, il progresso non è quale si sarebbe desiderato. Non neghiamo che rapporti giuridici fluissimi non si siano trovati, che in qualche parte dell'argomento non si sia espressa l'ultima formula scientifica, che certi punti ormai non si possano dire sviscerati e vinti dalla scienza; ma, nel suo complesso, una ricostruzione giuridica della teoria, che veramente appaghi, ci pare non ci sia affatto.

Non diciamo con ciò che si sia sottilizzato troppo : per noi anzi l'analisi non è mai esagerata : solo diciamo che affatto perdendosi gli autori nelle analisi non hanno sufficientemente colpito nella sua interezza il rapporto giuridico. Sarà forse un errore il nostro, ma francamente crediamo che alcune intuizioni, — tenuto conto del tempo non si possono chiamare con altro nome,—del Bluntschli in un suo scritto anonimo e poco conosciuto del 1848 (Bemerkungen über die neuesten Vorschläge zur deutschen Reichsverfassung. Eine stimme aus Baiern. München, 1848) come pure nella sua « storia del diritto federale svizzero, » valgano almeno quanto alcune parti del sistema dello Jellinek, che non è poi uno dei più pedanti in materia, ed è ad ogni modo uno dei migliori, se non il migliore, tra quelli che hanno trattato espressamente l'argomento.

Per noi sarebbe leggerezza presuntuosa voler decidere con una parola questioni tanto ardue ; ma volendo fare un'osservazione critica generale, ci sembra francamente che in parte siano questioni mal poste : anzitutto perchè spesso non si designa esattamente in esse con la parola l'idea, e poi perchè, sottilizzando troppo, molti autori si sono allontanati dalla realtà delle cose, giungendo sovente ad una dogmatica scarsa di contenuto positivo. Ripetiamo quindi che nessuno più di noi ritiene importante considerare il modo con cui la sovranità si dispone nello stato federale, ma che spesse volte, volendo ridurre a rapporti troppo fini ed ideali la teoria, si cade in una specie di dottrinarismo che non dà certo guida sicura per distinguere realmente ciò ch'è, per esempio, di pertinenza della sovranità centrale e ciò che invece è di pertinenza della sovranità locale, dove pure sta uno dei nodi più intricati e più gravi della questione.

Ma dopo ciò ritorniamo all'idea primitiva : che la difficoltà nella costruzione giuridica della teoria sia cagionata in maggior parte dalla materia che non dagli scrittori. Questo forse può dirsi dimostrato anche da un fatto esterno, ma, secondo noi, abbastanza significante : la questione cioè, proposta nel modo che abbiamo detto, meglio si adatta alla scienza e al pensiero tedesco che a qualsiasi altro : e ciò diciamo purchè ci si intenda con discrezione. Infatti già il Tocqueville avea trattato, ma in modo affatto superficiale, formale, meccanico, del vincolo federativo, concludendo quindi — tout court — col riconoscimento della sovranità divisa e frazionata, a differenza della teoria tedesca che la riconosce, tranne qualche eccezione negli scrittori più vecchi, una ed organica e non si appaga di esteriorità d'osservazioni; o peggio ancora riconoscendo due sovranità affatto contrapposte : deux gouvernements complètement sèparès et presque indèpendents ». Il Cherbuliez s'è accontentato anch'esso di osservazioni più argute ed eleganti che veramente profonde, e senza risolvere le questioni più importanti di dottrina. Anche il Borel, che nella scienza francese è forse il migliore in materia, è inferiore per questa parte agli autori germanici. E infine gli autori inglesi si sono appagati in generale di uno studio esegetico del diritto positivo o di un esame più critico e politico che non fondamentalmente giuridico. Sono poi questi autori in numero scarsissimo. Invece gli scrittori tedeschi non solo si sono occupati, della loro confederazione; ma hanno studiato molto meglio che gli autori nazionali le confederazioni estere sotto l'aspetto della disposizione della sovranità. Basti l'esempio dell'America per la quale sono celebri, come lavori illustrativi dell'idea federale, quelli del Rüttiman, e sopratutto dell'Holst, nella sua opera fondamentale « costituzione e democrazia » come anche nei suoi vari articoli e discorsi su tale argomento. In Svizzera il contrasto è ancor più stridente : e la scienza, — tedesca per paternità diremo così e in gran parte per natura – del Blumer, del Dubs, del d'Orelli, dell'Hilty, per citare i principali e moderni, non trova certo alcun paragone possibile nella scienza francese; mentre poi la grande opera ancora incompiuta del Salis sul diritto del « Bundesrath » e della « Bundesversammlung » illustra dal lato positivo la confederazione fornendo dati importanti alla disputa dottrinale. Tendono allora, d'altro lato, queste nostre osservazioni, a dimostrare che le federazioni e gli Stati federativi sono conformazioni costituzionali antigiuridiche ? Neppur questo si può affermare. E basta aprire gli occhi per vedere come alcuni popoli abbiano anzi trovato in esse la forma più opportuna per adagiarsi nel presente momento storico. Chi considera, per esempio, la Svizzera, vi trova una evoluzione storica finissima che condusse necessariamente alla federazione preparandola a poco a poco mediante elementi quasi impercettibili che l'Hilty, con maestria di scienziato e con ardore, talora troppo focoso, di patriota, ha magistralmente sviscerato sopratutto per il presente secolo, in occasione del centenario della prima lega perpetua la quale data dal 1° agosto 1291. Questo dimostra dunque, come certi arcadi delle nazionalità indarno declamino contro la neutralità svizzera, una neutralità creata da

natura e rispettabile, almeno per adesso; giacchè è vano
ed inutile ipotecare il futuro, tanto come il principio stesso
di nazionalità. È proprio il caso di dire che la natura in
questa occasione si è mostrata più potente dell'uomo e
dei suoi ideali, e si ride della nostra politica e della nostra scienza.—Precisamente : anche della nostra scienza; e
qui sta, a nostro modesto avviso, la ragione principale di
tutte le difficoltà cui la scienza non ha saputo sottrarsi,
di tutte le anomalie fin qui notate. Appunto qui volevamo
giungere per questa via tortuosa di digressioni : condurre
cioè il Lettore a meditare la limitazione inerente agli sforzi
scientifici in tale materia, e spiegare certe apparenti antitesi che taluno potrebbe credere di trovare nelle nostre
medesime osservazioni.

Si vegga del resto come esempi analoghi alla disputa
sulla sovranità federale si possano rinvenire anche in
Italia. Chi esamina attentamente la cosa capirà che, in
molti suoi aspetti, in molti suoi criterii direttivi, nel modo
medesimo con cui è posta, nel metodo ond'è condotta, la
questione dell'accentramento e decentramento si può perfettamente paragonare con quella suddetta. Negli Stati
unitarii il problema del federalismo vive sotto l'aspetto
più meschino del regionalismo. Non vogliamo qui fermarci
su tal punto anche perchè ha un'altra analogia la questione italiana con quella che diremo germanica : che come
quella ormai è divenuta uggiosa e in gran parte sterile;
ed ha poi una differenza, che mentre la questione germanica è stata trattata da maestri e con metodi veramente
scientifici, la questione italiana... non è stata trattata così,
diremo per usare una frase benigna. E a questo proposito
anzi esprimiamo il voto che i criterii onde in Germania
è trattato il problema della sovranità federale, siano in
Italia applicati, temperandoli, al problema dell'accentramento, da chi si sentisse la forza sufficiente a tanto pon-
deroso tema.

Accennato così alla difficoltà della questione e alla via
scientifica per la quale è incamminata, possiamo assegnare
al Seydel il posto ch'egli occupa nella storia della teoria.

È diciamo subito, che, secondo noi, egli si trova nei primi posti. Se l'aver stampato il suo articolo nel '72 lo rende inferiore ad alcuni scritti posteriori dal lato della profondità dell'analisi, questa stessa condizione gli ha permesso di poter evitare l'esagerazione inerente al sistema che noi abbiamo avuto più sopra l'opportunità di criticare. Lo scritto quindi del Seydel ha, diremo così, un'orientazione più reale e positiva di molti scritti posteriori, pur tuttavia evitando anche la eccessiva rigidità di alcune opere precedenti ad esso. E il merito non è solo delle condizioni in cui allora si trovava la scienza, ma è anche e sopratutto dell'autore: il suo ingegno versatile, la sua vasta cultura storica e letteraria, il suo stile stesso pieno di freschezza e di eleganza, la facilità con la quale ricorre, pur senza ingombro di erudizione, ad autori inglesi e francesi e alle leggi di varii popoli, alcuni pensieri finissimi e quasi d'una delicatezza signorile, doti che ci hanno sovente richiamato alla memoria la figura dell'Holtzendorff più che quella della maggior parte degli scrittori tedeschi di questa materia, gli hanno certo giovato a delineare, se non una vera e propria teorica delle federazioni, l'idea precisa di molti aspetti giuridici e di molti caratteri di esse, la quale, ripetiamo, dopo vent'anni è ancor più giovane di alcune contemporanee. Questo studio ci sembra migliore dei due articoli che l'autore ha aggiunto sempre sull'argomento.

Ed ora, secondo il nostro proposito, interrompiamo queste considerazioni e rinunciamo con dispiacere ad entrare nell'esame particolare dei varii scritti raccolti nel volume accontentandoci invece di accennarli brevemente.

Dopo il lavoro citato rammentiamo un articolo sul regime costituzionale e parlamentare. In un altro articolo sulla democrazia, l'autore prende occasione dal notissimo libro del Sumner Maine; il quale, lo notiamo per incidenza, fu davvero fortunato anche in Italia dove, come si sa, ebbe a commentori il Villari, il Palma, il Brini, il Vanni, ecc. In uno scritto breve ma molto succoso il Seydel riassume la storia costituzionale francese durante l'ultimo secolo: forse lo fa in modo troppo rapido e troppo descrittivo, con poche osservazioni critiche, ma in compenso con un'esattezza e precisione non tanto facili in una matassa così arruffata com'è l'evoluzione costituzionale francese. Notevole e degno d'essere meditato in Italia, dove pure esiste un classico lavoretto in materia del Luzzatti, è l'articolo sulla verificazione dei poteri parlamentari: accenniamo qui che il Seydel parlando della consuetudine italiana, nota che dopo tanti sforzi per togliere alla Camera l'ingerimento nel convalidare le elezioni, deferendole ad una giunta speciale, poi, secondo il Regolamento « le conclusioni motivate sono comunicate alla Camera; » ed esclama argutamente: *desinit in piscem!* Ora noi osserviamo, senza entrare nella questione ma solo contro questa esclamazione, che c'è una notevole differenza tra l'esame diretto della Camera, e l'esame della Camera dopo che una Giunta speciale, competente, nominata dal Presidente per avere maggior presunzione di imparzialità, ha studiato l'argomento, e poi porta alla Camera le conclusioni più eque e le raccomanda con la sua autorità. Infine l'articolo sull'Università sassone, sebbene sia uno scritto speciale, nondimeno può sotto un certo riguardo giovare anche a noi per alcuni criterii circa la costituzione e l'amministrazione degli Atenei italiani.

Così finiamo la recensione sperando che chi ha compreso il nostro intento non ci incolperà di aver trattato con troppa facilità materie ed autori gravissimi, e prenderà poi con discrezione ciò che ci fosse di troppo reciso nei nostri giudizii. Se ciò abbiamo fatto fu solo per dare un idea generale dello stato della scienza contemporanea in certe materie, e per presentare un brano di letteratura politica di cui il Brusa e il Seydel ci fornirono occasione, manifestando in modo modesto ma chiaro ed aperto il nostro pensiero, e lasciando pienamente poi al Lettore la libertà di un «*rationabile obsequium*» alle nostre parole.

Luigi Rossi.

III.

In questo stesso *Archivio* (1), or non è guari, noi abbiamo rilevato l'importanza considerevole che è venuta
acquistando la letteratura spagnuola di diritto pubblico.
Siamo lieti che presto ci si sia presentata l'occasione di
ricordare quel nostro giudizio e di corroborarlo a proposito di un'opera dello stesso prof. Posada (2), recentemente
pubblicata, e di cui ci sembra opportuno intrattenere con
qualche larghezza i nostri lettori.

Si tratta di un'opera sistematica che l'autore intitola
« Trattato di Diritto Pubblico ». Sarà divisa in due volumi:
il primo, ora pubblicato, tratta della « Teoria dello Stato; »
il secondo, che verrà alla luce in seguito, tratterà del
« Diritto Costituzionale ».

Con quale criterio generale e sistematico, l'A. concepisce i limiti del suo trattato e delle due parti fondamentali in cui esso lo divide? La risposta a tale domanda
può, in parte, desumersi dal contenuto *di fatto* del volume
che abbiamo sott'occhio, e, pure in parte, da alcune poche
pagine di prefazione. L'egregio autore ci permetterà di osservare che, forse, un maggiore sviluppo del suo criterio
sistematico sarebbe stato desiderabile.

Certo, quest'attuale « Teoria dello Stato » se si ha riguardo alla materia che contiene, ed alla dichiarazione
che l'autore premette, rientrerebbe sistematicamente in
quella scienza che, seguendo una denominazione prevalente in Germania, io ho proposto di chiamare « Diritto
pubblico generale » e che, atteso lo stadio attuale dei nostri studii in Italia, io ho premesso come *teorie fondamentali* nei miei « Principii di diritto costituzionale ».

Da questo lato, adunque, noi dovremmo felicitarci che

---

(1) Volume II, pag. 471.
(2) *Tractado de derecho politico por* ADOLFO POSADA, prof.
en la Universitad de Oviedo. T. I, *Teoria del Estado*. Madrid,
Suárez, 1893, pag. 425.

l'autorevole esempio del nostro A. venga a confortare quella tesi che, oramai da circa un decennio, noi abbiamo propugnato in Italia; e cioè che sia necessario distinguere, così ai fini sistematici che didattici, *da un lato* il sistema filosofico dello Stato, come idea astratta che non ha riguardo necessariamente a una determinata forma di Stato, e delle teorie *generali* che in quel sistema si comprendono, e *dall'altro lato* lo studio del diritto pubblico di uno *Stato determinato* (diritto pubblico *positivo*) e delle istituzioni politiche di esso.

Il primo volume del trattato del Posada è dunque, secondo il nostro punto di vista, degno del più largo encomio, appunto perchè costituisce una reazione *di fatto* contro il metodo prevalente in Francia e — pur troppo — in Italia, di fondere l'elemento filosofico con quello positivo, con danno così dell'uno che dell'altro, ma con esito peggiore rispetto a quest'ultimo.

Ci resta però un dubbio: al quale superiormente accennavamo, manifestando il desiderio di maggiori delucidazioni su questo punto. Difatti, se sul criterio sistematico di questo volume non può sorgere dubbio, resterebbe tuttavia a vedere quale sarà quello del secondo volume. L'A. ci avverte che lo chiamerà «diritto costituzionale» e che, per lui, quest'espressione equivale a «diritto pubblico contemporaneo». Or quest'ultima espressione ci sembra appunto oscura, dal punto di vista di quella fondamentale quistione sistematica. Da poi che se cotesto «diritto pubblico contemporaneo» sarà lo studio delle istituzioni giuridiche proprie dello Stato «moderno» (nozione relativamente concreta di fronte a quella di Stato «generale» ma tuttavia generale di fronte a quella di Stato «positivo»), allora non ci troveremmo noi su per giù nei termini identici di quella scuola che dianzi ricordammo per combatterla? E il diritto pubblico *positivo* (*spagnuolo* nel caso del Posada) sarà, nel concetto del nostro Autore, compreso in cotesto *diritto pubblico contemporaneo*, o costituirà una scienza, o, almeno, una trattazione autonoma? Nè ci si dica che siffatti dubbii sono prematuri e che la soluzione di essi dipenderà dalla pubblicazione della seconda parte del *trattato*, poichè noi per l'appunto a- vremmo desiderato che il piano *generale* di tutta l'opera fosse stato esposto al principio dell'opera stessa con mag- giore sviluppo di quel che l'A. non abbia fatto. Non di- remo che ciò costituisca un difetto dell'opera, ma ci duole di non aver sentito esplicitamente l'autorevole parola del nostro A. su quella grave e fondamentale quistione siste- matica cui abbiamo accennato.

È ora il caso di esporre, in somme linee, il contenuto di questa teoria dello Stato ed avremo così occasione di rilevare il metodo rigorosamente scientifico cui l'A. si at- tiene. Nel libro primo, l'A. pone il concetto dello Stato, dove è notevole per eleganza e per precisione la corre- lazione che si stabilisce fra l'idea di diritto e quella di Stato e quella di personalità giuridica. Questi tre primi capitoli di cui consta il libro sono la migliore dimostra- zione pratica di come si possa trattare anche il *diritto pubblico generale* con un metodo strettamente giuridico, senza alcuna ingerenza di criterii politici o sociologici. Il libro secondo tratta dello « stato politico » approfondendo in ispecie le teorie dello Stato di diritto, dei rapporti fra Stato e Società e dei caratteri positivi dello Stato politico.

Il libro terzo tratta dell' « origine dello Stato ». In questa sezione, il sociologo erudito cede il posto al giu- rista e considera le precipue teorie moderne con una cri- tica fine che presuppone una perfetta padronanza e una completa assimilazione di quelle teoriche. Anche questa parte è una delle più importanti del lavoro, dapoichè essa ci pare che contenga una fusione assai riuscita degli studii sociologici con quelli di diritto pubblico, mentre, in gene- rale, i più eminenti sociologi riescono non di rado dei giuristi assai infelici (Spencer informi) e, reciprocamente, non può negarsi che i puri studii di diritto pubblico do- vrebbero e potrebbero giovarsi — salva la quistione del modo — dei risultamenti della moderna sociologia, pur sceverando — *hoc opus, hic labor* — tutto quanto vi si riscontra di soverchiamente arrischiato e di audacemente unilaterale e, sopra tutto, senza sacrificare l'*autonomia* della scienza nostra e dei metodi che le son proprî (1).

Interessa tener presenti le conseguenze cui il Posada arriva: 1) Esiste un ordine razionale della vita per il quale le *società umane tendono ad organizzarsi per virtù di leggi giuridiche*, secondo un' *adattamento geografico;* 2) lo Stato realizza tale adattamento, attraverso il tempo, *in un modo naturale e necessario*, rispondendo a un fine permanente, sentito con intensità disuguale in ragione della diversità delle circostanze.

Abbiamo detto che queste conseguenze hanno per noi un grande interesse. Difatti, se togli alcuni elementi accessorii, la parte *sostanziale* di quelle coincide mirabilmente coi principii della scuola *puramente giuridica*. E poichè ai resultamenti di questa scuola mi sono attenuto, mi permetterò di citare taluni passi dei miei *Principii di Diritto Costituzionale* perchè ognuno possa vedere la perfetta rispondenza di essi con le affermazioni del Posada.

(1) Questa nostra considerazione sui rapporti fra la sociologia e il diritto pubblico conferma l' opportunità della distinzione fra il diritto pubblico *positivo* e quello *generale*, poichè è appunto in questo campo che quei rapporti esplicano l'efficacia loro e dove di gran lunga minore è il danno della confusione di metodi diversi. E poichè riscontrammo una certa deficienza, nella moderna letteratura quanto a ridurre a giusta armonia l'elemento giuridico con quello sociologico, ci sarà permesso di ricordare un autore che, come il nostro Posada in Ispagna, rappresenta assai felicemente in Italia, questa scuola sociologica di diritto pubblico, ed è Angelo Majorana sopra tutto nel suo lavoro Lo Stato giuridico. Lavori notevoli a questo tipo appartenenti sono quelli di Miceli e di Jona sulla Rappresentanza politica. Va da sè che noi manteniamo le nostre riserve circa la bontà di questo metodo sia per ragioni specialmente relative allo stato attuale del diritto pubblico in Italia, sia per ragioni generali dipendenti cioè dal *modo* e dalla *misura* con cui quel metodo va usato.

13

Dopo di aver messo in rilievo la necessità del rapporto organico col *territorio* (pag. 14), affermo la nozione di stato sorgere in quanto *la società si concepisca organizzata politicamente per la tutela del diritto* (pag. 15), riconoscendo in ciò un fatto *naturale e necessario* (pag. 19). Or questo confronto, abbastanza significativo per sè stesso, ci pare che, .fra le altre cose , dimostri come l'indagine sociologica, se è preziosa come mezzo di confortare e corroborare i resultamenti della pura valutazione giuridica, vanamente presumerebbe di sostituirsi a quest'ultima, assorbendone la rigogliosa autonomia. Ma procediamo oltre, chè la via lunga ne sospigne.

Il libro terzo considera più da vicino siffatti elementi *naturali* dello Stato, muovendo dalla *base fisica* (territorio) anche in rapporto all'azione dello Stato su di essa (politica territoriale) per venire alla nozione di « popolo », soffermandosi sull'esame elegante e poco studiato, del problema della composizione e distribuzione territoriale della popolazione nello Stato (importante per i nessi colla quistione delle circoscrizioni amministrative) e studiandone i rapporti etnici e di struttura sociale (classi, ceti ecc.).

Nel quarto libro si affronta il gravissimo tema del « fine dello Stato, » a proposito del quale trovo un'osservazione arguta, cioè che questa quistione è venuta acquistando nella scienza e nella discussione politica contemporanea l'importanza che, alcuni decennii fa, aveva la quistione della sovranità politica : osservazione, ripeto, arguta poichè si direbbe che celi il vaticinio che quell'importanza at tuale possa per avventura decadere. E prima si ricerca se lo Stato sia *fine* o *mezzo*. L'A. non si cela quanto in tale questione possa esservi di accademico, poichè, egli nota , ogni cosa può considerarsi come mezzo o come fine, secondo i varii punti di vista. Considerazione che pare a noi che abbia un peso anche maggiore di quello che vi dà l'A., il quale, per altro, esamina la quistione per concludere che lo Stato ci si presenta tanto come mezzo che come fine. In seguito si esamina se lo stato abbia *fini molteplici* o più tosto un *fine unico e*

universale; l'A. inclina per quest'ultima opinione che a
noi sembra forse accettabile da un punto di vista filosofico, ma non da un punto di vista positivo, attese le differenze *obiettive* che si riscontrano far il *fine giuridico* e
il *fine sociale* dello Stato, come abbiamo cercato di dimostrare altrove (1). Rapido è l'esame, per così dire, di
merito : notevole l'osservazione che questa del fine dello
Stato debba precipuamente considerarsi come una « questione *di giustizia* o, meglio di diritto ».

Il libro ottavo tratta dell' « attività dello Stato ». Diciamo subito che l'espressione attività è presa in un senso
puramente *costituzionale*, e cioè relativo all'esplicarsi
concreto dei poteri e delle funzioni dello Stato. Così il
concetto che forma base dell'esame è quello di *sovranità*,
cui fa seguito quello della *divisione dei poteri*, mentre
poi il libro ottavo concerne la « forma dello Stato »
(teoria della rappresentanza e delle forme di governo) :
e i capitoli a tali materie relative sono notevoli per l'e-
sposizione diligente delle precipue teoriche e per le osservazioni importanti dell'A. sulle quali non ci soffermiamo
sia per la particolarità loro, sia per non oltrepassare i
limiti che ci siamo prefissi. Solo diremo che avremmo
desiderata una critica più intima del concetto di rappresentanza, gravissimo argomento di diritto pubblico moderno che ci è parso un po' trascurato dal punto di vista
giuridico.

Questa rapida scorsa speriamo che avrà dato ai nostri
lettori un'idea sufficiente della materia importantissima
trattata nel libro e del metodo, rigorosamente scientifico,
onde è trattata. Se vogliamo ora risalire ad un giudizio
sintetico, noi diremo che quest'opera è degna di occupare
un posto assai elevato nella recente letteratura di diritto
pubblico. Oltre i pregi intrinseci di cui essa è ricca, l'e-
same diligente delle singole quistioni, e le copiose ed ot-

---

(1) Confr. i nostri *Principii di Diritto amministrativo, passim*, ma in ispecie ai n. 460 e segg., 469 e segg.

time fonti di cultura cui l'autore attinge, fanno sì che essa potrà sempre essere consultata con gran frutto dagli studiosi.

Autore eminentemente eclettico, il Posada rifugge da qualsivoglia teoria esagerata ed estrema, ed usufruisce con grande abilità tutti i metodi scientifici proprii a scuole diverse senza perciò nuocere all'armonia logica delle varie parti del suo lavoro. È insomma, ripetiamolo in fine, un'opera importantissima cui auguriamo una larga diffusione in Italia e di cui anzi sarebbe opportuna una traduzione nella lingua nostra.

V. E. ORLANDO.

IL RIGETTO DEL BILANCIO

NOTA

Il voto del 18 maggio 1893, con cui la nostra Camera dei Deputati rigettava, nella votazione complessiva a scrutinio segreto, il bilancio di grazia e giustizia, ha fatto di ventare realtà un'ipotesi che — come tale — è stata lungamente discussa dagli scrittori di diritto costituzionale, ogni qual volta si sono chiesti: — può il parlamento respingere il bilancio ?

A vero dire, come bene osservava il direttore di questo periodico nel precedente numero, quello che è accaduto in Italia non costituisce il caso *tipico* di rigetto del bilancio, quale è stato — sempre in ipotesi — previsto dalla scuola.

Non solo si è respinto il singolo bilancio di un solo ramo di pubblica amministrazione e non tutto intero il bilancio dello Stato; ma le ragioni stesse del voto della Camera si sono informate ad una politica troppo particolare (se non forse personale), per potersi dire che siamo nel caso di un conflitto fra il parlamento ed il Governo: conflitto in cui il rigetto del bilancio debba presentarsi come il più efficace *mezzo di resistenza* e l'ultimo spediente da usarsi, prima di uscire dalla legalità. Evidentemente nessun confronto è a farsi col conflitto prussiano del 1862-65, quando gravissimi interessi erano in giuoco e contrastavansi criterii di governo diametralmente opposti.

Tuttavia, poichè il fatto — in Italia mai visto e dovunque poco prevedibile — della non approvazione di un bilancio si è verificato, conviene discorrerne, anche senza tener conto delle cause che lo hanno determinato. Astrazion fatta da ogni giudizio politico, rimane sempre, al fatto in sè, una considerevole importanza scientifica.

Non ho mai creduto seriamente importante la questione se il parlamento — in tesi generale di diritto — possa o no respingere il bilancio. Malgrado l'opinione della scuola dominante in Germania, ritengo che un tale diritto sia indiscutibile. È chiaro, dapprima, che dal momento in cui si ha il diritto di approvare, debba aversi anche quello di respingere. Sarebbe un diritto ben singolare quello che implicherebbe la potestà di dir *sì* e non mai *no*. È un caso identico — comechè in iscala più larga — a quello della potestà che hanno le due Camere di esaminare i titoli di validità per l'ammissione dei rispettivi componenti. Questa potestà è amplissima e consente, a chi ne è investito, di servirsene con latitudine di imperio.

Ma, a parte questa considerazione, che avrebbe un semplice valore logico, credo che anche entrando nel merito della questione sull'*indole giuridica* del bilancio, debba trarsi conforto al principio delle più larghe potestà del parlamento.

Come è noto, gli scrittori germanici distinguono — quasi tutti — le leggi *materiali* dalle *formali* attribuendo alle prime un contenuto prettamente *giuridico* ed alle seconde uno meramente *amministrativo*. Il direttore di questo periodico si è ispirato ad un concetto presso a poco analogo, nella sua ben nota distinzione fra leggi *proprie* ed *improprie*. La legge del bilancio essendo la più importante fra codeste leggi formali o improprie, ne conseguirebbe che in lei il carattere amministrativo prevalga sul giuridico ed il parlamento non possa pregiudicare, togliendo occasioni da essa, l'*ordine giuridico preesistente*.

Il quesito interessante della questione sarebbe precisamente questo. Tutte le leggi di entrata e di spese non possono essere praticamente attuate; non si possono, cioè, esigere i tributi e far procedere i pubblici servizii senza la periodica approvazione del bilancio, anno per anno. Ora, siccome tutto ciò che forma obbietto di entrata o di spesa, è regolato dalle leggi anteriori a quella del bilancio — e questa non fa altro che, secondo le mutevoli esigenze contabili e finanziarie, distribuire diversamente, o

piuttosto *proporzionare* le entrate e le spese; sorge il
quesito : — quelle leggi anteriori sono *subordinate* al bilancio ? Respingendo il bilancio, non si verrebbe alla conseguenza di negare efficacia, di annullare (nei loro effetti
pratici) una serie di leggi già sanzionate e promulgate ?
E sarebbe ciò ammissibile, quando il bilancio non avesse
che un'importanza meramente amministrativa ?

La questione si riporta dapprima alla distinzione generale fra le leggi proprie e improprie, che io non credo
abbia importanza pratica, dal momento che in tutte le
leggi è necessario l'eguale concorso formale dei tre organi legislativi e la legge, quando è fornita regolarmente,
ha sempre per contenuto un precetto universalmente obbligatorio. Quanto all' indole speciale del bilancio, credo
di dover ripetere una formula da me usata altra volta;
che cioè il bilancio « comincia con l'essere un atto del
potere governativo, nella forma del sindacato e finisce
con l'essere un atto del potere legislativo, in quanto autorizza il Governo ad applicare, anno per anno, le leggi
finanziarie ».

Il primo scopo del bilancio è realmente quello amministrativo, cioè la proporzione per le entrate e le spese,
secondo le esigenze politiche. Una tale proporzione ha
tanta importanza in sè, che non può essere stabilita dal
solo Governo, ma occorre il consenso del parlamento. Il
quale avendo, oltre del potere legislativo, anche il sindacato su quello governativo, un tale sindacato esplica in
ispecial modo a proposito del bilancio, nel quale tratta
l'amministrazione dello Stato si riversa e sul quale espli-
cansi tutti i criterii di governo.

Senonchè è cosi interessante un tale sindacato ed ha
tale importanza nel regime parlamentare che, per renderlo veramente efficace, gli si dà la forma di una vera
e propria *concessione* al governo di esigere le entrate e
di smaltire le spese. In altri termini (malgrado che la
formola dispiaccia a Gneist e sovratutto a Laband) è proprio vero che tutte le leggi finanziarie sono *subordinate*
alla periodica approvazione annuale del bilancio. Il quale,

appunto perciò, finisce di essere un semplice atto amministrativo e diventa un vero atto del potere legislativo.

Da queste considerazioni traesi l'illazione che il parlamento abbia il diritto di rifiutare il bilancio; non già allo scopo di arrestare la vita dello Stato — chè sarebbe supposizione anarchica e logicamente assurda — ma per esplicare *in casi estremi* la propria sfiducia al governo, nel modo più energico e quando altre vie di salvezza non sembrino potersi adoperare. Il che vuol dire che, una volta respinto, in tale ipotesi, il bilancio, non si arresta la vita dello Stato; ma continua *per via di fatto*, salvo a legalizzare con *bill di indennità* tutto ciò che nel frattempo siasi fatto, dopo che siasi risoluta la crisi politica che a quel grave fatto ha dato origine.

Come vedesi — e mi piace ripeterlo — questo, che è il *caso tipico* del rigetto del bilancio, non ha niente a che fare col voto della Camera italiana (certamente deplorevolissimo) che respingeva il solo bilancio di grazia e giustizia.

A tale voto, costituzionalmente, non può darsi altra importanza che quella di una sfiducia, se non personale al guardasigilli, al gabinetto. Il metodo è scorretto; ma il fatto resta sempre nei suoi limiti proprii.

Una questione più speciale si è sollevata in Italia sul proposito. Essendosi respinto il bilancio e prescrivendo l'art. 56 dello Statuto che i disegni di legge respinti non possono essere ripresentati nella stessa sessione, *quid agendum?*

Nessuno vorrà sostenere che per il 1893-94 si dovrà fare a meno dai servizii dipendenti dal Ministero di Grazia e Giustizia! La soluzione unicamente corretta sarebbe stata quella di chiudere entro il giugno 1893 la sessione, riaprirla, ed entro lo stesso termine fare approvare un nuovo bilancio. È noto infatti che l'anno finanziario nuovo, per la legge di contabilità, comincia il 1° luglio.

Il Ministero invece pare abbia seguito un'altra via, che io ebbi occasione di indicare in giornali politici tempo addietro, non dandole però che il semplice valore di una *subordinata.* Sembra ˙che si voglia chiedere l'esercizio provvisorio, sulla base, non già del nuovo bilancio 1893-94, che già è stato respinto, ma del precedente 1892-93.

Un simile provvedimento sarebbe giustificato (sempre come subordinata, ossia come spediente) dalla considerazione che non si infrange l'art. 56 dello Statuto, perchè altra cosa è un esercizio provvisorio, altro uno definitivo. Vi ha differenza *quantitativa* per il tempo e *qualitativa* per la stessa fiducia politica che dal governo si chiede in modo precario, per le sole esigenze dei pubblici servizii. Aggiungasi che l'esercizio provvisorio dell'esercizio passato significa *continuazione* dello stesso esercizio; si impone perciò, anche come necessità pratica, in virtù della *legge di inerzia*. Altrimenti dovrebbe arrestarsi là vita dello Stato: soluzione che. ripeto, sarebbe anarchicamente assurda.

Catania 23 giugno 1893.

Angelo Majorana.

L'UFFICIO DI PRESIDENTE NEI COLLEGI AMMINISTRATIVI

(a proposito di un recente caso di giurisprudenza parlamentare)

Un'elegante caso si è recentemente presentato a proposito della convalidazione di una elezione a deputato. Brevemente, il fatto che ha dato luogo alla questione è il seguente. Il signor Emilio Bianchi era presidente della Deputazione Provinciale della Provincia di Pisa. Si dimette da questa carica il 31 maggio 1892; prima che scorressero sei mesi da questa data, cioè il 6 novembre dello stesso anno, viene eletto deputato in un collegio compreso in quella stessa circoscrizione provinciale. Deve dirsi tale elezione nulla, ai termini del noto art. 235 (1) della legge Comunale e Provinciale? In altri termini, la incompatibilità espressamente sancita per il « deputato provinciale » comprende pure il « presidente della deputazione provinciale »?

Certo, se una tale quistione fosse sottoposta a persona non versata nelle discipline giuridiche, la risposta non sarebbe dubbia, nel senso affermativo; anzi si manifesterebbe sorpresa assai probabilmente, non concependosi neppure la possibilità del dubbio. E pure il dubbio c'è; e la quistione può assorgere agli onori di un elegante dibattito giuridico e connettersi con elevate quistioni di dritto pubblico positivo. Anzi diremo di più; il dibattito c'è stato ed ha conseguito una vera importanza scientifica per me-

---

(1) Eccone il testo: « Le funzioni di deputato al Parlamento, di deputato al Parlamento, di deputato provinciale e di Sindaco sono incompatibili. Sono pure incompatibili le funzioni di presidente del Consiglio provinciale e di presidente della deputazione provinciale. Chiunque eserciti una delle dette funzioni non è eliggibile ad altro degli Uffici stessi se non ha cessato dalle sue funzioni almeno da sei mesi... »

rito innanzi tutto del prof. Codacci Pisanelli che sostenne
la tesi favorevole all'eleggibilità in una memoria (1) mirabile per acutezza, perspicuità ed eleganza. Degno contrasto vi fa la relazione della Giunta parlamentare per
le elezioni (2), estensore l'on. Cambray-Digny, che sostiene
la tesi della ineleggibilità, adottata dalla Camera, con un
accuratezza, una misura ed efficacia che non di frequente
si riscontrano in documenti di tal natura.

Noi avvertiamo subito due cose. L'una è che ricono-
sciamo anche noi la gravità della quistione e, come i due
scrittori citati ed anche più di essi, i suoi rapporti con
delicate e difficili quistioni del diritto pubblico ed amministrativo. L'altra, che noi aderiamo alla opinione della
ineleggibilità ma per un procedimento alquanto diverso
da quello seguito dalla relazione parlamentare cui, pur
consentendo nella sostanza, non possiamo approvare in
quella parte che distingue, senza che se ne comprenda
bene il perchè, tra *ufficio* e *funzioni*. Concetto che ha un
contenuto giusto, ma che assume una forma assai discutibile e che può anche apparire poco conseguente, avve-
gnachè sia chiaro che «ufficio» e «funzioni» sono due
espressioni che stanno in correlazione perfetta.

Il Codacci Pisanelli, nella sua memoria, ha seguito
quel criterio strategico, che dà la misura dell'abilità di
un generale, di dividere le forze del nemico, per affron-
tarle separatamente e batterle. Così egli esamina la legge
nella sua storia, tanto per dedurne che da principio, nella
legge originaria del 1882, la incompatibilità non potea riguardare specialmente il Presidente della deputaz'one, dapoichè questi essendo sino al 1888 il Prefetto, era per
altre ragioni incompatibile. In seguito, osserva che il
testo della legge, specie avendo riguardo al documento
approvato direttamente dal potere legislativo, in nessun

(1) *Deputato al Parlamento e Presidente della deputazione
provinciale*, memoria in difesa ecc. (Roma 1893).

(2) Pubblicata nel *Foro italiano*, anno 1893, P. III, pag. 88
e seg.

luogo permette di ritenere che le parole « deputati provinciali » comprendano anche al Presidente. Fa capo in seguito allo spirito della legge per mettere in rilievo le differenze che passano fra quei due uffici, e finalmente, come ragione interpretativa, se ne riferisce al noto aforisma, codificato dall'art. 4 disp. prel. Cod. Civ., per cui le disposizioni che restringono i diritti non si estendono oltre i casi tassativamente indicati dalla legge.

A tanta analisi, — finissimamente condotta, — ci si permetterà contrapporre un procedimento più sintetico. Non vi è che un solo criterio d'interpretazione: stabilire la *portata* della legge; variano i mezzi, ma la loro varietà trova unità in quel fine. Or posto fuori di dubbio che la legge dichiari la incompatibilità dei deputati provinciali, tacendo del presidente della deputazione, per noi la questione si concentra tutta nel sapere: il presidente della deputazione provinciale è o non è un deputato provinciale? In questa ricerca si racchiudono gli elementi tutti della quistione, essendo chiarissimo che risoluta quella domanda affermativamente lo art. 235 va applicato; *secus, secus*.

In tale esame noi dichiariamo subito che restiamo alquanto indifferenti alla ricerca del senso più o men largo onde quelle espressioni furono usate dal legislatore. È noto che la legge dichiara, ma non crea i rapporti giuridici: essi sono quelli che sono. Certo, una dichiarazione espressa che il legislatore avesse dato, sarebbe stata imperativa ai fini della *soluzione pratica* della quistione, salvo restando l'apprezzamento *scientifico;* ma ad ogni modo quella dichiarazione manca, — ed è lo stesso Codacci Pisanelli che lo dimostra, — dunque la quistione resta impregiudicata.

E per procedere all'esame obiettivo di essa, noi poniamo subito quel principio che secondo noi la risolve, cioè: *il presidente di un collegio amministrativo riveste di regola la qualità di coloro che del collegio stesso fan parte.*

Il Codacci Pisanelli non mancò di por mente a tale nostra affermazione come eventuale obiezione alla sua tesi; ma non pare che vi abbia dato molta importanza, limitandosi, per sola risposta , ad opporre un argomento *ad hominem* il quale gli sembra decisivo : «il sindaco, (egli dice), presidente della Giunta è forse assessore? Il Prefetto, presidente del Consiglio di prefettura, è forse un consigliere? I primi presidenti ed i presidenti di sezione del Consiglio di Stato , della Corte dei Conti o di quelle di Cassazione e d'appello sono forse consiglieri? Il presidente del Tribunale è egli un giudice?»

Tutte codeste domande non sono la soluzione del dubbio; sono il dubbio stesso che per ora ci preoccupa. E la loro portata di argomenti *ad hominem* diventa nulla se il contradditore cui sono rivolti rispondesse : sì, il sindaco è assessore, il prefetto è consigliere di prefettura e così via via. Certo non si nega che tale risposta potrebbe sembrare una grossolana corbelleria a coloro i quali «sia per comodo, sia per fede in un preteso intuito giuridico, da cui, negli argomenti di diritto pubblico, quasi ogni profano si crede autorizzato a dar responsi, si fermano su soluzioni istantanee e spesso istintive;» ma codesti appunto sono stati con giusta asprezza qualificati dal nostro caro e valente amico con le stesse belle parole che noi abbiamo fra virgolette riportato , sicchè possiamo esser sicuri che egli non darà alcun peso ad una soluzione dipendente da impressioni istantanee e più tosto istintive che scientificamente plausibili.

Accingendoci adunque a quella rigorosa indagine che contraddistingue i metodi scientifici, noi dobbiamo cercare di dimostrare vera quella affermazione da noi posta e per cui il presidente di un collegio amministrativo e, possiamo aggiungere , giudiziario non può di regola non ritenersi rivestito della medesima qualità di cui son rivestiti i componenti del Collegio che egli presiede.

E valga il vero. Ciò che determina la *qualità* di un ufficio pubblico sono le *funzioni* all'ufficio stesso affidate. Il *nome* che all'ufficio stesso si dà e che , di riverbero, viene al pubblico uffiziale che ne è rivestito, non ha qui che un'importanza assolutamente subordinata. L'art. 116 Cod. Proc. Civ. (per portare un esempio fra mille) dice che «il *giudice* può essere ricusato», ecc. Or se «giudice» — per riguardo all'ufficio — sarà qualche membro, all'ordine amministrativo pertinente, ma che ha competenza speciale per alcuna controversia (per es. un consigliere della corte dei conti nell'attribuire il diritto alla pensione), quella disposizione sarà certamente applicabile: è la qualità che determina l'ufficio e non il nome accidentale e variabile che l'ufficio può avere.

Or se il presidente di un corpo collettivo partecipa agli stessi diritti e doveri dei componenti del collegio, se egli esercita le stesse funzioni, ne scende che egli riveste una qualità identica alla loro. Questo ci sembra assolutamente fuori di dubbio.

Che cosa può intanto avvenire, ed avviene di regola ? Il presidente, *oltre* di avere le funzioni identiche dei membri, ha funzioni sue proprie e speciali. Queste variano da un minimo, qual'è quello di dirigere le discussioni e di avere la rappresentanza esterna e formale del collegio fino ad un massimo, quando cioè il presidente ha funzioni proprie, autonome, completamente indipendenti e per avventura anche assai più importanti del suo ufficio di presidenza. Fra questo minimo e questo massimo, fra un professore che fa da preside della facoltà di giurisprudenza ed il Ministro che presiede il Consiglio superiore della Pubblica Istruzione, procede una scala con gradazioni lievissime, nella quale non sapremmo neppure deciderci se la presidenza della deputazione provinciale si avvicini più ad uno che all'altro di quei due estremi. Ma ciò è perfettamente indifferente: ciò che a noi importa per la tesi attuale è di affermare che la qualità di componente del collegio si riscontra sempre in colui che lo presiede: nè le attribuzioni che inoltre gli competono e per cui egli può avere un *titolo* speciale, impediscono che nel più si comprenda sempre il meno. Se ci si permette, anche per bizzarria, di tradurre questo concetto con una formula matematica, noi chiameremo p l'ufficio del presidente, c l'ufficio di componente del collegio, n quell'insieme di funzioni che spettano al presidente per ragion propria, dipendente o no dalla presidenza stessa. Avremmo allora la formula seguente : $p = c + n$. Or per quanto variabile sia quest'ultima cifra, è certo che l'elemento c non potrà mai mancare.

Se tutto ciò a me sembra assolutamente fuori di dubbio, io non intendo tuttavia negare che possa darsi il caso che alcun documento legislativo o regolamentare nel designare il membro del collegio abbia in mente di riferirsi alla *persona* che è rivestita dell'ufficio ed al *nome* dell'ufficio stesso, anzi che alla *qualità* ed alle *funzioni* da esso esercitate. Il caso, ripeto, può darsi ed anche di frequente : tuttavia ciò non esclude che *regola generale* sia quella da noi posta superiormente e che l'eccezione sudetta debba ricavarsi, nel caso speciale, dalla specialità degli scopi che la legge si prefigge.

Del resto, il criterio interpretativo per distinguere i due casi mi sembra che sia affatto semplice avendo la sua origine nella ragione stessa della distinzione. Se la disposizione della legge o regolamento in esame concerne un interesse o una norma che presuppongono la *persona* dell'investito dell'ufficio, allora la designazione di membro del collegio dovrà naturalmente non estendersi al presidente. Ma se la disposizione concerne l'*ufficio*, la *qualità* dell'investito, egualmente non potrà dubitarsi che la designazione del componente debba estendersi al presidente appunto perchè in questi indubbiamente quell'*ufficio* e quella *qualità* si riscontrano. Così se una legge dicesse: lo stipendio dei giudici di Tribunale è elevato di lire 500, è intuitivo che tale disposizione non riguarderebbe il presidente del Tribunale. Ma se trovassimo una disposizione così redatta: «i giudici di Tribunale sono inamovibili,» non sarebbe meno intuitivo che tale garenzia dovrebbe pure estendersi al presidente, perchè l'inamovibilità riguarda l'«ufficio» di giudice e nel presidente questo «ufficio» si riscontra.

Posto tutto ciò e venendo ora al caso nostro, se la legge, all'art. 235, esclude i *deputati provinciali*, se il presidente della deputazione riveste la *qualità di deputato provinciale* appunto perchè in lui si assommano tutte quelle funzioni che nel deputato provinciale si riscontrano, ne discende che l'incompatibilità sancita viene *direttamente* a colpire anche il presidente facendolo rientrare nella categoria dei « deputati provinciali ». Nè qui si potrà mai far credere l'art. citato abbia accennato alle *persone* cui spetta il *titolo* di deputato provinciale, avvegna che sia questo un caso tipico di indicazione di *qualità*, avvegna che sia noto che in materia di incompatibilità non viene in quistione se non appunto l'*ufficio* che si ha e che non si ritiene che possa con altro cumularsi.

Che del resto l'esame del così detto *spirito* della legge conferma, checchè dica il nostro egregio contradittore, la soluzione anzidetta. Il dire che l'importanza dell'ufficio di presidente della deputazione è tale che non potea parere opportuno di escluderne tutti i partecipi ed aspiranti alla Camera elettiva, ci pare, in tema di incompatibilità, come parlare di corda in casa dell'impiccato. Disgraziatamente, effetto delle incompatibilità è appunto questo sempre: di costringere gli uomini consolari di rinunziare ad alcun ufficio pubblico elettivo mentre pur troppo sono assai più questi uffici che gli uomini degni di occuparli, e più di una volta si è visto che o un Comune ha dovuto perder un buon Sindaco o la Camera un buon deputato, appunto per disposizione di quel medesimo art. 235.

La verità è che ragioni predominanti di coteste incompatibilità amministrative furono, primieramente, la preoccupazione che l'un ufficio assorbisca talmente l'attività individuale da non dar tempo di accudire degnamente all'altro e, in secondo luogo, il timore che l'ufficio amministrativo servisse come indebito mezzo d'influenza sul corpo elettorale.

Or queste ragioni, se occorrono pel deputato provinciale, occorrono altresì pel presidente della deputazione, e qualche lieve differenza, rilevata dal Codacci-Pisanelli, in favore di quest'ultimo (come l'essere sottoposto a rielezione annuale), è ad esuberanza compensata dalla maggiore importanza dell'ufficio che richiede cure maggiori e può dar luogo a più temibili influenze.

E, finalmente, ancora una parola debbo dire sul criterio d'interpretazione applicato dal prof. Codacci-Pisanelli. Dal punto di vista nostro, la quistione non avrebbe importanza, poichè il punto sostanziale del nostro dissenso sta in ciò che, per noi, il caso in quistione rientra direttamente nella portata della disposizione legislativa, sicchè mancherebbe l'ipotesi di un'interpretazione estensiva. Ma, ad ogni modo, neppure noi ammetteremmo la maniera onde il Codacci-Pisanelli applica l'articolo 4 delle citate disposizioni preliminari al Cod. Civ. (1). Difatti, il nostro amico crede di essere il caso a procedere per via d'interpretazione *ristrettiva* trattandosi di legge che restringa il libero esercizio dei diritti elettorali attivi e passivi. Ma a cotesto criterio se ne può contrapporre un altro, cui l'articolo 4 citato dà, per lo meno, lo stesso valore e che la dottrina ritiene più corretto e più comprensivo. E questo criterio è che è suscettiva di interpretazione estensiva una legge che stabilisce un principio *generale*, mentre deve darsi un'interpretazione ristrettiva alle *eccezioni* apposte a un principio generale. Per ciò si dice che le incapacità non si estendano oltre i casi espressi, appunto perchè, *in generale* la capacità è *regola*, l'incapacità *eccezione*. Ma può bene avvenire, in un caso speciale, che l'incapacità sia la *regola :* così quando la legge stabilisce una *categoria d'incapacità* ne consegue che questa, pur essendo un'eccezione al principio generalissimo della capacità, può alla sua volta diventare un *principio generale* in rapporto alla materia speciale cui l'incapacità si riferisce. E l'esempio lo abbiamo sottomano e in materia affine alla nostra. L'incompatibilità, per sè stessa, è una deroga alla regola generale della capacità : eppure nessuno dubita che, per quanto riguarda i pubblici impiegati, l'ordine stabilito dalle nostre leggi abbia stabilito *come regola*

(1) È bene averne presente il testo: « Le leggi penali e quelle che restringono il libero esercizio dei diritti o formano eccezione alle regole generali o ad altre leggi, non si estendono oltre i casi e tempi in esse espressi ».

14

l'incompatibilità e *come eccezione* la compatibilità. In un caso dubbio, adunque, il criterio esatto d'interpretazione sarebbe nel senso *estensivo* e favorevole all'incompatibilità anzi che il contrario.

Or venendo alle incompatibilità, come si dicono, politico-amministrative, l'esame della parte incontroversa dell'art. 235 rende più che plausibile la conclusione seguente: che gli uffici dell'amministrazione comunale e provinciale *attinenti allo stadio dell'esecuzione* o di amministrazione *attiva* (in senso stretto) sono incompatibili con l'ufficio di deputato. In altri termini, il rendere eleggibile il presidente della deputazione, mentre eleggibili non sono il Sindaco e il deputato provinciale costituirebbe, rapporto a queste categorie, un'evidente *eccezione:* ed allora il criterio d'interpretazione usato dal nostro egregio contradditore si rivolge contro la tesi da lui con sì grande valore sostenuta.

V. E. Orlando.

RIVISTA DELLA GIURISPRUDENZA PARLAMENTARE

L'AMMISSIONE DEL DEPUTATO ALLA CAMERA
prima della convalidazione dei suoi titoli

NOTE CRITICHE

. Il giorno 27 maggio trascorso, la Camera dei Deputati dopo brevi dichiarazioni di alcuni oratori, tutte sostanzialmente favorevoli, unanime ammetteva l'on. Cavallotti a giurare e quindi ad esercitare il suo ufficio, prima che la Giunta delle elezioni ne avesse proposta la convalidazione e che la Camera stessa l'avesse approvata.

Ora noi, anche senza credere che tale risoluzione sia assolutamente erronea, avremmo almeno voluto che si fosse meglio ponderata e non si fosse approvata così sommariamente e all'unanimità, quasi che si trattasse d'un argomento indiscutibile.

A tale mancanza qui ci proponiamo di sopperire alla meglio, esponendo alcune ragioni che si possono opporre alla decisione della Camera.

Premettiamo l'esatto riassunto dei precedenti parlamentari nella questione, così potremo meglio comprendere la giurisprudenza della Camera in materia.

Secondo il Regolamento della Camera durante il Regno sardo, solo i deputati la cui elezione non era *sospesa* potevano prender parte alla nomina della Presidenza e alla verificazione dei poteri. Il Regolamento del 1863 all'art. 3 restringeva ancor più il dritto dei deputati non convalidati, togliendo la distinzione tra elezione sospesa ed elezione non sospesa, e interdicendo (fu questa almeno l'interpretazione costante che si diede a quell'articolo) a tutti i deputati, i cui poteri non fossero stati puranco convalidati, ogni funzione dopo costituito il seggio definitivo della Camera.

Ma l'on. D'Ondes Reggio nel 30 marzo 1867 osservava la troppa rigidità di questo sistema, notandone vari inconvenienti e proponendo la seguente risoluzione che fu dalla Camera adottata : « La Camera dichiara che tutti i deputati eletti *nelle elezioni generali* hanno facoltà di esercitare le loro funzioni anche dopo la costituzione definitiva del seggio non ostante che le loro elezioni non siano verificate. » L'on. D'Ondes Reggio poi affermava come cosa d'evidenza intuitiva : « Indubitato è che l'Assemblea una volta costituita, i deputati delle elezioni susseguenti non partecipano ad essa finchè essa quelle elezioni loro non validi ». E così l'on. Valerio ribadiva nella stessa tornata : « Verrebbe per conseguenza che si dovessero ammettere a votare anche i deputati che sono nominati nelle elezioni suppletive, prima che le loro elezioni fossero convalidate, il che certo nè si può ammettere, nè nessuno domanda ». Qui dunque comincia la distinzione tra elezioni generali ed elezioni parziali : solo per queste ultime è necessaria la convalidazione da parte della Camera prima che il deputato possa esercitare le sue funzioni. Così durò la consuetudine fino al 4 dicembre 1881, quantunque l'art. 3 del Regol. del 1868 affermasse, senza distinguere le elezioni generali dalle parziali, che « i deputati per il solo fatto della elezione, entrano immediatamente nel pieno esercizio delle funzioni, dopo prestato il giuramento.» Nel 4 dicembre 1881, discutendosi un nuovo Regolamento, la Camera approvava a grande maggioranza un emendamento dell'onorevole Indelli che aggiungeva all'art. 3 del Regol. 1868 il seguente inciso : « sia eletti nelle elezioni generali che nelle suppletive; » equiparando così anche per le conseguenze della convalidazione tanto gli uni quanto gli altri. Tuttavia non solo questa deliberazione non fu tradotta in Regolamento, ma anzi il Regolamento posteriore del 1888 fu approvato con la ripetizione testuale dell'art. 3, senza

accennare affatto alla modificazione proposta dall'on. Indelli. E la consuetudine costante, fino al caso dell'on. Cavallotti tranne tre o quattro eccezioni, dovute più alla
distrazione del Presidente che ad un'atto riconosciuto, fu
che un deputato scelto nelle elezioni suppletive non potesse partecipare ai lavori della Camera prima che la sua
elezione fosse da questa convalidata.

Dal fedele riassunto di questi precedenti parlamentari
facilmente si capirà quanto questi siano stati inesattamente
interpretati nella questione Cavallotti. Il Lettore quindi giu-
dichi l'affermazione contenuta in una lettera del Cavallotti alla *Tribuna:* « Nessuna legge, nessun articolo, nessuna disposizione diretta o indiretta di Regolamento, so-
pravvennero mai a distinguere fra gli eletti che entrano
nelle elezioni generali e gli eletti che entrano poi ». Così
non ci sembra minimamente esatto affermare, come l'o-
norevole Rudinì il 27 maggio p. p., che non ci sono in-
terpretazioni varie in argomento, ma solo «alcuni deputati» si sono astenuti per delicatezza dall'intervenire alla
Camera prima della convalidazione. Ugualmente non ci
pare che l'on. Lazzaro e moltissimi altri potessero sostenere, nella medesima tornata, la pregiudiziale, con l'argomento che la Camera aveva già deciso la questione quando
aveva approvato l'ordine del giorno Indelli; come se, tra
gli altri argomenti, una consuetudine parlamentare così
lunga e costante non abbia in sè tale importanza da con-
ciliarne, per ciò solo, la considerazione. Il D'Ondes Reggio
anzi, che pure era dei meno rigidi in materia di convalidazione, stimava il procedimento della Camera su tal
punto ben più d'una consuetudine, egli che l'ammetteva
come cosa implicita nel sistema costituzionale, mentre fondandosi sul principio romano « legibus non exemplis judi-
candum, » dava poca importanza alla consuetudine parlamentare. Ecco quindi spiegata, anche con ciò, la ragione
che ci ha indotto a ritenere conveniente d'esporre gli
argomenti in favore della giurisprudenza fin qui praticamente seguita contro l'opinione della Camera attuale che,

secondo si espressero i suoi oratori, ha creduto inutile perfino di parlare, di discutere, di votare su tale questione!

Esaminiamo anzitutto il procedimento col quale un cittadino è nominato deputato. Coloro i quali credono che il deputato, anche prima della verificazione dei suoi poteri da parte della Camera, possa intervenire nella Camera stessa, devono per necessità ammettere che l'assoluta presunzione di elezione legittima si abbia appena il deputato è proclamato tale dal presidente dell'adunanza dei presidenti dei seggi secondo l'art. 74 L. elett. Così infatti la maggior parte afferma. Ora si tratta di studiare il valore giuridico di tate proclamazione. È questa un'affermazione in merito alla validità dell'elezione o è una constatazione di fatto pura e semplice e materiale ? A nostro avviso non v'ha dubbio ch'essa appare la semplice enunciazione d'un fatto, quando si consideri la competenza dell'Assemblea dei presidenti: la quale non fa che materialmente computare i voti ottenuti dai vari candidati proclamando chi ne ha avuto il maggior numero o indicendo il ballottaggio; anzi l'art. 73 della L. elett. arriva perfino a vietare « all'adunanza dei presidenti di deliberare e anche di discutere per reclami, sulle proteste e sugli incidenti avvenuti nelle sezioni ». La Camera dei deputati ribadì e interpretò sempre rigidamente un tale principio; p. e. affermando il 27 gennaio 1887 che « il seggio dei presidenti non ha altro mandato se non quello di riassumere i voti dati in ciascuna sezione senza poterne modificare l'operato; alla sola Camera dei Deputati è riservato il diritto di pronunciare un giudizio definitivo sui reclami e sulle proteste che si presentano agli uffici di ciascuna sezione e all'ufficio dei presidenti; » e ammettendo che, anche se esistono fondate proteste allegate ai verbali di alcune sezioni che dimostrano irregolarità o violazioni di legge, deve sempre farsi luogo alla proclamazione secondo le risultanze di fatto della votazione sotto pena di procedimento giudiziario contro l'Assemblea dei presidenti. E prima ancora della presente L. elett. si comprese tanto questo principio che p. e. già nel 1849 l'ufficio elettorale di Finalborgo indiceva il ballottaggio tra Cavour e Carlo Alberto! L'assoluta incompetenza quindi dell'ufficio elettorale a decidere in merito alla regolarità delle operazioni e alla eleggibilità dei deputati, dimostra che l'elezione non si può certo dire perfetta dopo la proclamazione nell'adunanza dei presidenti dei seggi. Questo sistema di procedimento elettorale è poi completato logicamente dallo Statuto medesimo all'art. 60 dove dispone che l'indagine vietata all'Assemblea dei presidenti sia invece deferita alla Camera.

E in armonia con questi principi sono due altri articoli dello Statuto. L'art. 39 infatti afferma che la Camera è composta dai collegi elettorali « conformemente alla legge; » ora, prima della verificazione delle elezioni, chi può dire che la Camera sia composta « conformemente alla legge ? »

E ancor più l'art. 40 dispone alcune tassative condizioni per l'eleggibilità dei Deputati, mancando le quali « nessun deputato può essere *ammesso* alla Camera » (« *admis dans* la Chambre » dicevano le Carte francesi del '14 e del '30). Chi è poi che giudica sopra queste condizioni senza le quali il deputato non può essere ammesso ? la *Camera sola*, dice lo Statuto al citato art. 60, giudica della validità dei titoli d'*ammissione*; perfino dunque l'identica frase lega insieme i due articoli, i quali dimostrano che prima del giudizio della Camera l'*ammissione* è impossibile.

Riassumendo : come è possibile logicamente sostenere che il deputato può esercitare il suo ufficio prima della convalidazione, se *sola* la Camera può *ammetterlo* e può decidere che l'elezione, secondo vuole lo Statuto, fu fatta *conformemente alla legge*, concorrendo anche le condizioni per l'*eleggibilità* ?

Il semplice fatto che non solo le elezioni dubbie e contestate si debbono convalidare, ma tutte le elezioni in genere, dimostra il fondamento giuridico della convalidazione

da parte della Camera : vale a dire ch'esso non è la decisione d'una controversia, ma il necessario riconoscimento,
la necessaria sanzione della elezione stessa, la quale viene
per tal modo giudicata come regolare e conforme alla
legge. « Il deputato è deputato per ciò solo ch'è eletto
dai suoi elettori, » diceva l'on. Minghetti nella seduta 4
dicembre 1881; e noi non contrastiamo a questo principio,
ma non dimentichiamo che prima del deputato e degli
elettori vi è lo Statuto il quale richiede particolari condizioni nel cittadino perchè possa divenire deputato, e vi
è l'osservanza delle regole formali, per il retto procedimento dell'elezioni, stabilite nelle Leggi speciali. Così pure
l'osservazione nel 1867 dell'on. Minervini il quale dichiarava che « la Camera non concede poteri, verifica il mandato che viene dal voto popolare, » le affermazioni nel 1881
dell'on. Romeo, il quale diceva ch'è « l'elezione che dà il
titolo al deputato per entrare qui nella nostra Camera »
e che « la validità dell'elezione viene dalla manifestazione
degli elettori e dipende interamente dai loro voti, » e la
dichiarazione dell'on. Minghetti che « non è la Camera
che dà all'elezione il suo valore, sono gli elettori, » ed
altre consimili possono benissimo essere accettate, ma ci
pare che non concludano affatto nel senso voluto da chi
le espresse. Nessuno neppure si sogna di sostenere che
sia la Camera che concede i poteri, ma solo si dice ch'è
la Camera unico tribunale competente a decidere se questi poteri realmente e legittimamente siano stati concessi
dagli elettori; che quest'atto della Camera è anzi indirizzato ad indagare la vera volontà del corpo elettorale e
a vedere se fu rilevata esattamente; ch'è un atto voluto
ad substantiam; ch'è una condizione necessaria per la validità formale dell'elezione; e che infine, come un diritto,
se esiste ma non è riconosciuto nelle forme volute dalla
legge, non è legalmente valido, così il titolo dato dall'elezione senza il riconoscimento da parte della Camera non
si può far valere. Sarebbe dunque ridicolo sostenere l'o-
pinione contraria a ciò che espressero gli oratori citati;
ma del pari è, a nostro modesto avviso, ingenuo il valersi

di tale argomento a favore della tesi generale da essi sostenuta.

La teoria dei nostri avversari fu esposta, sotto una
veste essenzialmente giuridica e con una formula acuta,
dall'on. Lampertico alla Camera dei deputati nella tornata
26 novembre 1868.

« È veramente l'elettore, affermò l'on. Lampertico, che
elegge il deputàto non già sotto condizione sospensiva, cioè
finchè la sua elezione sia riconosciuta, ma sotto condizione risolutiva, purchè cioè non sia annullata ; e la Camera non ha altra giurisdizione in questo proposito che
di osservare se si verificano le condizioni volute dalla
Legge.» Ma, bene considerando, ci sembra che questa sia
più la espressione giuridica della teoria che non la sua
prova. Perocchè è difficile dimostrare, nè il Lampertico
lo dimostra, che la condizioue in questo caso è risolutiva
e quindi il deputato entra nelle sue funzioni subito dopo
l'elezione; più facile sarebbe invece dimostrare l'affermazione reciproca, e cioè che se il deputato entra nelle sue
funzioni subito dopo l'elezione, la condizione posta dallo
Statuto, che i poteri del deputato siano verificati, è una
condizione risolutiva : ma come ognun vede questa seconda
ipotesi diverrebbe in ordine al quesito che ci siamo proposti una petizione di principio.

Ora toccherebbe a noi provare ch'è invece condizione
sospensiva. Ma, per fortuna, possiamo sfuggire a questo
arduo tema non sembrandoci affatto che qui si tratti di
condizione. Le ultime parole dell'on. Lampertico ci mettono
sulla via. « La Camera, » egli dice, « non ha altra giurisdizione in questo proposito che di osservare se si verificano
le condizioni volute dalla Legge; » dunque, aggiungiamo noi,
la convalidazione è « in praeteritum relata » e quindi non
può paragonarsi ad una condizione. La constatazione posteriore della validità di un atto giuridicamente efficace, o
della nullità di un atto viziato « ab initio » nella, sua
costituzione, forma motivo di approvazione o di annullamento dell'atto stesso, ben distinto dal verificarsi d'una'

condizione. Questi sono anche i criteri del diritto civile e del nostro Codice, cui ci atteniamo non credendo necessario d'approfondire questo punto. Così, se conforme all'articolo 1157 Cod. civ., è condizionale l'atto la cui sussistenza o risoluzione dipende da un avvenimento futuro ed incerto, nessuno può veramente affermare che il giudizio della Camera sia un avvenimento da cui *dipenda* la validità dell'elezione, appunto come il giudizio dell'autorità competente sulla pretesa validità di un negozio giuridico non è un avvenimento da cui *dipenda* la validità di questo : come si avrebbe in questo caso in diritto privato solo il riconoscimento dell'esistenza di tutte le condizioni necessarie all'efficacia giuridica del negozio, così in diritto elettorale si ha solo il riconoscimento dell'esistenza di tutte le condizioni necessarie all'efficacia giuridica dell'elezione. Quando adunque la Camera afferma che un deputato è stato eletto illegalmente, non è una condizione risolutiva che tolga al deputato il suo potere, ma è una decisione che dichiara viziata intrinsecamente ed annulla l'elezione medesima.

Anche volendo poi ammettere che questo fatto, almeno formalmente, rivesta l'apparenza d'una condizione, certo questa si avvicina più alla figura della condizione sospensiva che non alla figura della condizione risolutiva. La natura della decisione affatto *provvisoria* dei seggi elettorali (« le bureau prenonce *provisoirement,* » diceva la Legge francese del 19 aprile 1831 all'art. 45 § 3 analogamente a ciò che abbiamo notato per la nostra) e *definitiva* invece della Camera (« la chambre des deputés prenonce *definitivement* » diceva la stessa Legge all'articolo 45 § 1) dimostrano che in ogni caso è una condizione sospensiva mai risolutiva. Ma del resto, torniamo a ribadire che qui, secondo noi, non si può parlare di condizione.

Un altro argomento ci persuade ad ammettere la necessità della convalidazione da parte della Camera: l'analogia tra il diritto della Camera e quello del Senato. È un solo articolo dello Statuto quello che contempla tanto la competenza della Camera, quanto la competenza del Senato, che appaia Camera e Senato sotto la medesima disposizione di legge, dimostrando anche materialmente che i poteri dei due corpi sono identici. « Ognuna delle due Camere, » afferma l'art. 60 che è opportuno qui richiamare, « è sola competente per giudicare della validità dei titoli d'ammissione dei propri membri. » Ora qual' è il procedimento che si è costantemente seguito nel Senato ? Prima la convalidazione, poi l'immissione nell'ufficio : un senatore prima della convalidazione non ha mai assunto il suo ufficio. Tutt'al più, per una cattiva consuetudine, talora presta giuramento nella seduta reale ; la qual cosa dimostra solamente che si giunge ad ammettere perfino al giuramento, ma mai alle funzioni, il senatore non convalidato. Cosi, col non accettare il principio or ora sancito dalla Camera, il Senato ha potuto, prorogando per qualche tempo la convalidazione del Tanlongo, chiudergli le porte del Senato finchè gli si aprirono quelle del carcere.

Si obietterà che ben diverso valore intrinseco ha la convalidazione del Senato da quella della Camera : la prima si rivolge agli eletti dal Re, la seconda agli eletti dal popolo. Ma qui rispondiamo recisamente che, a nostro parere, il valore costituzionale è identico in tutti i casi : si può discutere se la costituzione abbia concesso a buon dritto la nomina dei senatori al Re, ma, data la disposizione statutaria, ambedue le fonti da cui derivano la Camera e il Senato, hanno uguale autorità, uguale dignità. Questo riguardo al valore costituzionale; riguardo poi al valore pratico della distinzione tra Camera e Senato si vegga se siano in maggior numero le nomine dei senatori, o piuttosto quelle dei deputati, annullate dai rispettivi Consessi; e se quindi siano in minor numero i deputati che siedono alla Camera senza averne diritto o piuttosto i Senatori che sederebbero al Senato indebitamente, se il Senato li ammettesse prima della convalidazione.

Affermati questi principii ora ci troviamo davanti al

punto più grave e più complicato della questione, nel quale noi stessi, per aver voluto dimostrare recisamente la teoria della convalidazione, correremo forse pericolo che taluno creda di coglierci in intima contraddizione. Ammesso, si dirà, che il deputato, solo dopo la convalidazione da parte della Camera possa intervenire in essa, questo criterio deve valere tanto per le elezioni generali che per le parziali; non c'è nessuna ragione per distinguere tra le due; e allora la consuetudine, che noi sosteniamo, di ammettere nelle sue funzioni il deputato prima della convalidazione quando si tratta di elezioni generali, solo dopo la convalidazione quando si tratta di elezioni parziali, è illogica, antigiuridica, contradditoria.

Noi invece riteniamo che la distinzione tra le due sorta di elezione sia fondata sull'opportunità pratica, sulla convenienza, e non manchi neppure di base giuridica. Vediamolo.

Affrontiamo subito la questione nel suo principio fondamentale. L'art. 60, già prima citato, stabilisce testualmente che « ognuna delle Camere è sola competente per giudicare della validità dei titoli dei propri membri.» Avvenute le elezioni generali, ma prima peraltro che la Camera si riunisca, certo questa non si può dire un corpo deliberante; solo dopo ch'è costituita diviene un corpo morale, un organismo; prima lo sarà in potenza ma non in atto. La Camera dunque per convalidare le elezioni deve costituirsi; altrimenti come Camera non può agire e nemmeno dirsi esistente. Questo principio ci sembra intuitivo, e tanto più evidente sul nostro diritto costituzionale in cui la Camera non si raccoglie per iniziativa propria, ma deve essere convocata dal Re. Ora dal fatto solo che la Camera s'è costituita, viene la conseguenza che la Camera s'è già implicitamente convalidata, — con una convalidazione in massa, presunta, riservandosi poi a confermare persona per persona esaminando individualmente i titoli dei suoi membri,—ma ad ogni modo un riconoscimento di sè medesima nella Camera è già avvenuto. Quindi un dilemma per la Camera, portato dalla pratica necessità,

dalla natura stessa delle cose : o costituirsi e riconoscere
così implicitamente il titolo dei deputati a stabilire e a
votare almeno la costituzione della Camera, e dar alle
elezioni generali una presunzione di legittimità ; oppure,
per amore di una logica prefissa ridurre la Camera all'i-
nesistenza. Se non vi fossero altri motivi, la necessità assoluta è quella che qui fa, come spesso, giusta una cosa
e crea anzi il dritto. Se si ammette l'assoluto principio
che anche nelle elezioni generali un deputato non convalidato non può esercitare le sue funzioni, da chi saranno
convalidati i deputati ? Dai loro colleghi che in tale teoria
non si possono presumere legittimamente eletti, da deputati, cioè, che ancor s'ignora se siano veramente tali ?

Non si deroga affatto con questo sistema all'art. 60
dello Statuto giacchè, ripetiamo, dal fatto della costituzione della Camera discende la immediata conseguenza
dell'implicita convalidazione ch'essa fa di sè medesima.

Nelle elezioni parziali invece la posizione giuridica è
ben differente : in queste il deputato si trova davanti ad
un corpo costituito, a un potere giudicante investito solennemente dallo Statuto del diritto di conoscere della validità dei titoli dei suoi membri ; mentre nelle elezioni
generali il deputato si trovava davanti a un potere ancora embrionale.

Un argomento acuto che forse taluno potrebbe obiettare a favore dell' immediata ammissione nelle elezioni parziali sarebbe il seguente. Dato l'odierno sistema
di *autoconvalidazione* da parte della Camera, secondo il
quale tutti i deputati hanno diritto d'esser giudici e parti
in giudizio, questo diritto statutario non si può togliere a
chi è eletto nelle elezioni parziali. Ma qui si può rispo 1-
dere che non sono i deputati che convalidano le elezioni,
sibbene la Camera; tant'è vero che i suoi membri più delicati si astengono anche nelle elezioni generali dal prender
parte alla loro convalidazione. Dicendo che, dato il sistema dell'autoconvalidazione, non si deve tener fuori dalla
Camera uno degli elementi che la compongono, si concepisce la Çamera come un tutto numerico, anzichè come

un tutto organico. La Camera in questo caso si può paragonare al Senato costituito in Alta Corte, per il quale certo non si vorrà ammettere che, attribuendogli lo Statuto il diritto di giudicare i proprî membri, il senatore accusato possą giudicare sè stesso!

Anche dal motivo sul quale si fonda l'attribuzione della Camera per la verificazione delle elezioni si deduce la ragione della differenza del criterio nelle elezioni generali e nelle parziali. Si volle che nessun corpo estraneo alla Camera potesse decidere sulla validità della formazione di essa. Costituita quindi la Camera, essa sola ha questo grave diritto e questa grave responsabilità che non può lasciare a nessuno; se ammette invece i deputati eletti nelle elezioni parziali non convalidate, non è essa che giudica, —per il tempo che trascorre dal momento in cui il deputato entra in funzione al tempo in cui essa lo convalida,— della validità dei titoli d'ammissione del deputato, ma il Presidente del seggio che l'ha proclamato, e che, in mancanza dell'autorità della Camera, necessariamente fa rimanere l'autorità propria e illegalmente la estende fino a tal punto.

Se questi argomenti giuridici non bastassero, ne invochiamo altri di pratica opportunità a favore della distinzione tra elezioni generali ed elezioni parziali in tema di convalidazione. Ammesso che, per un vizio del sistema dell'autoconvalidazione, non si possano assolutamente convalidare le elezioni generali prima della costituzione della Camera, è questo un buon motivo per seguire un tale procedimento scorretto anche nelle elezioni parziali? Secondo noi sarà sempre meglio limitarsi a fare una cosa scorretta in un sol caso, anzi che, per troppo amore di simmetria razionale, se si può dir così, volerla fare in due.

Ma, si soggiunge, se veramente si vuole, anche nelle elezioni generali si può ottenere una più sollecita convalidazione. E questo è vero, tuttavia la convalidazione non potrà mai essere così sollecita che distrugga il principio

giuridico sul quale abbiamo fondato le nostre deduzioni:
sarà per necessità delle cose perfino un minuto secondo
posteriore, ma però sempre posteriore alla costituzione
della Camera e quindi all'esercizio reale delle funzioni
del deputato. Dunque il principio con questo rimedio non
si salva. È, almeno, praticamente conveniente? Non ci
sembra: e l'esperienza l'ha dimostrato. La consuetudine
stabilita col Regolamento del 1863 vale a dire che, costituita l'Assemblea, il deputato non avesse più alcun diritto
di prendervi parte prima della convalidazione, faceva perdere troppo tempo alla Camera, e, accumulando le con-
validazioni, attizzava le dissensioni e gli odî personali tra
i deputati. Ora poi che il numero dei deputati è cresciuto,
che il suffragio fu allargato e ha complicato quindi maggiormente il processo dell'elezione, che le corruzioni sono
moltiplicate, se la Camera volesse prima d'ogni altra cosa
verificare tutte le elezioni, non finirebbe tanto presto, e la
convalidazione non sarebbe certo imparziale e disinteres-
sata. È vero però che la convalidazione dovrebbe affrettarsi il più possibile.

L'on. Cavallotti stesso dimostra la poca convenienza di
tale sistema ed ammette praticamente, pure senza volerlo,
l'opportunità di distinguere tra elezioni generali e parziali. « È appunto per non costringere », egli scrive nella
citata lettera alla *Tribuna*, « il deputato ad attendere la
convalidazione, il che avrebbe reso impossibile specie nei
primi giorni d'una legislatura la costituzione della Camera, che, » ecc.

Non ci sembra migliore la consuetudine di ammettere
i deputati le cui elezioni non offrono dubbi. Anzitutto ciò
è contrario al principio che, come abbiamo più sopra
esposto, è fondamento della convalidazione, e che è riconosciuto dallo Statuto il quale non distingue all'art. 60
tra elezione contestata o no. Eppoi ognuno che volesse
tenere indietro un deputato legittimamente eletto, non durerebbe fatica a far sospendere la convalidazione; e così
tale disposizione spingerebbe i cittadini ad un atto odioso

ed ingiusto com'è quello di contestare un'elezione realmente legittima.

Altre obiezioni furono mosse alla distinzione tra elezioni generali e parziali. L'on. Depretis, il 4 dicembre 1881,
affermò ch'è maggiore inconveniente ammettere prima
della convalidazione i molti deputati nelle elezioni generali che non ammettere i pochi deputati che provengono
dalle elezioni parziali. Ma qui, anche senza ripetere che
uno strappo alla legge determinato dalla necessità, che
« non habet legem, » come dice il giureconsulto, non legittima le deroghe susseguenti non necessarie, conviene
osservare il rovescio della medaglia, come si usa dire; e
cioè che d'altro lato non è poi gran male se uno o pochi
rappresentanti rimangono per breve tempo esclusi dal
Parlamento. Ci sembra che convenga aver maggior riguardo alla Camera che non al deputato o al suo collegio, al corpo che ha diritto di non ammettere nel suo
seno una persona da lui non conosciuta come legittimamente eletta, che non all'individuo il quale vede ritardata
la sua ammissione. Non si parli a questo proposito troppo
recisamente del diritto che hanno gli elettori di essere
rappresentati alla Camera. Gli elettori sono rappresentati
anche dagli altri deputati, anziché solamente dal loro
eletto. Essi inoltre sono privati temporaneamente di un
rappresentante diretto, per cagione della legge la quale
anche in questo caso, come in altri concernenti il sorteg-
gio degli incompatibili, l'opzione, il ballottaggio ecc. pone
delle forme e dei termini che ritardano l'ammissione del
deputato alla Camera. E infine è un cattivo vezzo, comune
in chi si crede perciò più democratico degli altri, quello
di vedere un rigido diritto del popolo in ogni minima cosa,
anche dove, come qui, è questione di regolarità e di procedura. Ben più importante diritto è quello delle elezioni
generali, dove l'intero popolo si trova senza rappresentanti, e dove si tratta spesso di questioni essenziali nella
vita dei popoli: dopo invece che il paese ha dato la sua
risposta nelle elezioni generali, non è così necessario che

questo o quel collegio abbia immediatamente il suo rappresentante.

Si afferma che questo sistema dà luogo a varii inconvenienti pratici, e massimo tra essi il seguente. « Una Giunta », affermava nella discussione del 27 maggio p. p. l'on. Lazzaro, « che in una elezione suppletiva volesse tener indietro il deputato per una ragione qualunque, lo potrebbe fare, e quel deputato liberamente eletto non potrebbe esercitare le sue funzioni ». Non vogliamo negare che l'abuso possa avvenire come del resto l'abuso è inerente ad ogni istituzione civile: ma non ci sembra che diverrebbe tanto normale da ammettere un sistema di continuo sospetto. Per le elezioni parziali c'è la Camera già costituita la quale può spingere la Giunta a convalidare un'elezione. Nella Giunta stessa le minoranze, interessate che un'elezione sia convalidata, sono largamente rappresentate. Si può anche porre qualche disposizione regolamentare a tale proposito. Ma la Giunta, si dice, è parziale: — e voi lasciate a quella Giunta il grave potere di proporre l'annullamento delle elezioni, di questo diritto fate anzi quasi un monopolio morale della Giunta, e non volete darle la facoltà infinitamente inferiore di sospendere per breve tempo un deputato dal suo ufficio ?

Un'altra obiezione, che però giustamente non fu mai fatta, non sembrandoci affatto accettabile, potrebbe consistere nell'invocare l'analogia del caso da noi studiato con quello dell'arresto dei deputati, i quali pel fatto solo che sono eletti godono anche prima della convalidazione delle guarentigie stabilite dall'art. 45 dello Statuto. Infatti è troppo diversa la materia dell'immunità giudiziaria; ed il principio stesso, ond'è retta, è troppo differente da quello che regge l'esercizio delle funzioni di deputato. La stessa indipendenza e legittimità dell'Assemblea, che persuadono a restringere la prerogativa del deputato circa l'ammissione alle funzioni perchè chi non è rettamente tale non possa parteciparvi, persuade ad amplificare la prerogativa circa l'arresto e la traduzione in giudizio del deputato,

15

perchè un potere estraneo all'Assemblea non possa senza il consenso di essa toglierne i membri, o ch'essi siano in funzione o che siano per venirvi. Se si ammettesse, prima della convalidazione, l'arresto e la traduzione in giudizio del deputato, l'elezione anzichè dare l'immunità designerebbe meglio le vittime all'odio di un governo dispotico. Ancora un'altra osservazione conviene fare: lo Statuto dice che il deputato non può essere arrestato « durante la sessione »; qui passa in prima linea d'importanza il limite della sessione e in seconda linea la legittimità dell'esercizio delle funzioni di deputato, appunto per il diverso motivo che ha consigliato tale principio. E inoltre, subito dopo le elezioni generali, avverrebbe l'inconveniente massimo d'una intera Camera priva dell'immunità giudiziaria.

Si invoca infine l'art. 1 dell'attuale Regolamento della Camera, che ripete l'art. 3 del Regol. 1868, vale a dire: « I deputati pel solo fatto dell'elezione entrano immediatamente nel pieno esercizio delle loro funzioni dopo prestato il giuramento. » È veramente codesto un articolo disgraziatissimo almeno nella forma; come tutti gli articoli, del resto, che pretendono di enunciare una teoria anzichè di porre una norma di diritto. Dunque, primieramente, una pregiudiziale: il Regolamento non ha certo maggior forza d'una prolungata consuetudine parlamentare, tanto più se questa è più conforme allo spirito della costituzione. Tale è il nostro caso; e quindi l'art. 1 dovrebbe cedere. Tuttavia non disperiamo di poter ridurre l'interpretazione dell'articolo in modo conforme alla tesi finora seguita. Abbiamo detto che l'art. 1 corrisponde testualmente all'art. 3 del vecchio Regolamento del 1868, cioè d'un solo anno dopo che la Camera unanime avea riconosciuto con esplicite affermazioni la necessità della convalidazione nelle elezioni parziali. E allora perchè la Camera si pose così in contraddizione, mediante questo articolo, con quello che pensava un anno prima? Non c'è altra spiegazione che ritenere l'art. 1 applicabile solo alle elezioni generali che sono la regola, salvo l'eccezione delle elezioni parziali. Con un'altra interpretazione, invero un po' sottile, l'art. 1 si può salvare. Esso ammette i deputati « dopo prestato il giuramento »; ma siccome il giuramento nelle elezioni parziali si deve prestare, secondo noi, dopo la convalidazione, così la convalidazione è un presupposto del giuramento, e quindi è implicita nell'art. 1, anziché essere da questo esclusa. E allora che cosa rimane dell'art. 1 ? Esso resta quale fu da noi giudicato : una enunciazione dottrinale senza alcuna efficacia pratica; tutt'al più diviene un'affermazione che dopo la convalidazione e il giuramento il deputato non può essere ritenuto dal suo ufficio sotto nessun pretesto.

A proposito anzi del giuramento notiamo una particolarità della Legge 30 dicembre 1882 in vantaggio della nostra tesi. L'art. 2 della Legge afferma : « I deputati al Parlamento che *nel termine di due mesi dalla convalidazione della loro elezione* non avranno prestato il giuramento sovraindicato decadono parimenti dal mandato, salvo » ecc. Il punto legittimo di partenza dunque per la presunzione dell'esercizio delle funzioni di deputato, non è la data della proclamazione ma la data della convalidazione. Perocchè se si ritenesse, come vogliono gli avversari, che un deputato potesse partecipare alle funzioni della Camera appena eletto, non ci sarebbe ragione alcuna per ammettere ch'egli potesse tanto prolungare il limite della prestazione del giuramento, cioè a due mesi dopo la convalidazione. È superfluo notare che questo vale solo per le elezioni parziali, in cui il retto esercizio dei poteri di deputato presuppone, come sosteniamo, la verificazione dei titoli; non per le elezioni generali, in cui l'esercizio dei poteri non implica, per le ragioni già espresse, la verificazione dei titoli, e in cui perciò il deputato può giurare, come in realtà per regola giura, prima della convalidazione.

Un argomento portato in via subordinata, come si dice in istile forense, dall'on. Cavallotti nella sua lettera letta

alla Camera il giorno 27 maggio p. p., argomento però
che concerne il suo caso e non la questione generale e
che quindi solo accenniamo, è il seguente : « Visto ad abbondanza, scrive l'on. Cavallotti, il voto della Camera an-
nullante l'elezione di Corteolona per vizio di corruzione,
onde l'elezione 7 maggio invece che elezione suppletoria
non è che restituzione in integro del diritto elettorale
spettante al collegio il 6 novembre nelle elezioni generali » ecc. Qui ci sembra di poter sbrigare presto la confutazione. Quella dell'on. Cavallotti fu invece certo elezione
suppletoria formalmente, perocchè la convocazione del suo
collegio era stata già compresa nel Decreto reale che aveva
indetto le elezioni generali, e intervenne poi un secondo Decreto per questa seconda elezione. « Se un deputato », dice
l'art. 44 dello Statuto, « cessa *per qualunque motivo*, dalle
sue funzioni, il collegio che l'aveva eletto sarà tosto convocato per fare *una nuova* elezione ». Si mettano in relazione le frasi da noi sottosegnate e il giudizio non
sarà dubbio. Anche sostanzialmente fu elezione parziale : il Lettore consideri solo per poco il vero concetto
di elezione parziale di fronte a quello di elezione generale
e poi decida. E, se vuole un criterio giuridico preciso,
pensi alla differenza che intercede tra atto annullabile,
come fu la prima elezione, e atto invece inesistente come
logicamente discende dalle premesse dell'on. Cavallotti. Dato
tale criterio giuridico la questione ci sembra risolta. Notevole è poi la contraddizione dell'on. Cavallotti che ammette la prima votazione « tamquam non esset, » mentre
con la teoria generale da lui accettata sostiene la vitalità
delle funzioni d'un deputato eletto con atto che, a suo parere, si deve ritener inesistente !

Concludiamo. Davanti ad un voto unanime della Camera noi fermiamo esitanti il nostro pensiero, contenti
solo se avremo, con le nostre semplici Note, richiamato
meglio la questione ai suoi principii giuridici, e posto in
evidenza alcuni punti negletti, dai quali si tragga il con-
vincimento che la questione non deve affatto ritenersi

esaurita. Del resto i Presidenti della Camera stessa, e perfino ultimamente l'on. Zanardelli, non si mostrarono certo proclivi, anzi taluni furono affatto contrari, all'interpretazione comunemente accettata. Perchè adunque tale unanimità nella Camera ? Temiamo fortemente che la decisione presa,—in nome della « libertà » quasichè sia uno czar che convalida le elezioni; in nome della « moralità pubblica » quasichè sia morale ch'entri nella Camera (è superfluo dichiarare che non alludiamo ad alcun fatto speciale) chi solo per corruzioni notissime e per fatti di cui dovrà occuparsi il potere giudiziario ha potuto riuscire; in nome del « diritto popolare » quasichè sia rispetto al diritto popolare ammettere una persona proclamata per caso avendo apparentemente superato di pochi voti l'avversario, ma che il popolo in realtà non aveva mai eletto; in nome delle « guarentigie costituzionali » quasichè l'ammettere un deputato illegittimo non sia invece irregolarità e rilassatezza costituzionale; in nome « dello Statuto che concede al popolo il battesimo dei deputati », quasichè lo stesso Statuto non concedesse alla Camera la « cresima » dei medesimi, frasi che pure risuonarono in bocca del Minghetti, del Depretis, del Crispi, del Rudinì, ecc. e in tutti i più autorevoli giornali d'Italia, — sia stata in parte consigliata dalla paura, troppo frequente ora nei popoli latini, di non parere abbastanza liberali, e dal poco studio d'esserlo in realtà, anzichè da veri argomenti, che pure non mancano in favore della tesi.

Finora la consuetudine costante fu che i deputati non convalidati dopo le elezioni parziali si astenevano dall'intervenire nella Camera. Sarebbe stato veramente desiderabile che tale consuetudine fosse continuata: in questi argomenti delicati, preferiamo mille volte la consuetudine alla legge. Ma dacchè l'on. Çavallotti, non solo vi ha derogato —e questo non sarebbe gran male considerando la piena legittimità della sua elezione e gli indugi soverchi della Giunta —ma ha provocato inoltre un voto della Camera, sarebbe stato opportuno che qualche voce si fosse alzata per discutere la questione: nelle democrazie v' è

maggior bisogno di regolarità e di rispetto alla legalità
che non in qualsiasi altro governo.

Solo perciò abbiamo scritto, in fretta e come ci era
concesso dalla brevità del tempo, queste Note senza aver
avuto agio di ricorrere nè al paragone delle consuetudini
straniere (1), nè ai vari autori; e più quindi con l'intenzione di non lasciar passare troppo leggermente un punto
interessante della giurisprudenza parlamentare , anzichè
per risolvere interamente il quesito.

Luigi Rossi.

⚜

(1) Possiamo però affermare che nemmeno la Francia ha mai
ammesso un'interpretazione così larga come ora l'Italia. Nel
1789 i deputati non ancora convalidati non erano affatto ammessi; dal 1814 al 1848 essi poteano votare solo per la verificazione dei poteri, e anche in tal caso quando non si fosse trattato della loro elezione; sotto il secondo Impero, per regola,
dopo la costituzione del seggio definitivo i membri la cui elezione non era stata convalidata non poteano votare; solo dal
1869 al 1871 esercitavano provvisoriamente i loro diritti ma con
molte eccezioni consuetudinarie. Dal 1871 in poi , e anche secondo l'attuale Regolamento della Camera (art. 6), prendono
parte a tutte le votazioni, salvo però il caso che si decida la
loro convalidazione, e senza poter presentare alcun progetto di
legge, i deputati la cui convalidazione non sia stata *ajournée*,
cioè sospesa dalla Camera che trova necessaria di deferirla ad
una Commissione d'inchiesta. Nelle elezioni parziali poi o vi furono le medesime condizioni o per lo più, fu interdetto ai deputati di intervenire alla Camera; anzi non ha guari nel 1880,
la Camera respingeva la proposta di M. Beauquier, che tendeva
a stabilire il diritto d'intervenire. Tuttavia in pratica fu tolle-
rata qualche deroga all'assoluta esclusione.

RIVISTA DELLA GIURISPRUDENZA

Contro le sentenze della Corte di Appello in materia
elettorale è ammissibile il rimedio della rivocazione ?

Una recentissima sentenza della Corte di Appello di
Palermo (21 luglio 1893, ricorso Cataldi) si è uniformata a
quella opinione che risolve negativamente la superiore
quistione e che, sotto l'influenza della giurisprudenza della
Cassazione romana, può dirsi diventata prevalente.

La quistione può dirsi che abbia una « storia » nel senso
che si è diverse volte presentata — e ciò dimostra che ha
non lieve importanza pratica — ed ha ricevuto soluzioni
diverse — e ciò dimostra che presenta gravi ragioni di
dubbio.

Sotto l'impero della legge passata, — per questo verso
analoga all'attuale, — la Cassazione di Roma con sentenza
del 2 novembre 1876 (*Foro it.* 1876, parte prima, 1281)
avea ritenuto che il rimedio unico contro le sentenze della
Corte di Appello in materia elettorale, fosse il ricorso in
cassazione; ma con posteriore sentenza (3 aprile 1883,
Foro it. stesso anno, p. I, 1226) pareva che accogliesse
l'opinione opposta, esaminando una quistione che suppone
ammissibile la rivocazione, cioè entro qual termine questa
dovesse proporsi.

La Corte d'Appello di Catania ha più volte ritenuto
invece, esplicitamente, l'ammissibilità della rivocazione
(sentenza 21 agosto 1882, *Rep. Foro it.* voce *Elezioni pol.*
n. 128, 24 ottobre e 23 novembre 1889, *Rep.* cit. voce
El. amm. n. 136 e 137).

Ma la Cassazione, ammettendo l'opinione apposta an-
nullava appunto la seconda di queste sentenze (sentenza
del 27 febbr. 1890 *Foro it.*, 1890, I. 533) e confermava
tale giurisprudenza colla sentenza del 15 marzo 1892

(*Foro it.* 1892, I 422), sentenza anch'essa di annullamento (non si rileva di qual Corte), il che dimostra che la Corte di appello era stata di diversa opinione. Analogamente, nel senso dell'inammissibilità, hanno deciso la Corte di Brescia con sentenza del 14 gennajo 1891, (*Foro it.* 1891, I, 566) e la Corte di Palermo nella recentissima sen tenza superiormente citata.

Quanto agli scrittori, almeno per quanto mi è noto, due soltanto han manifestato il loro avviso sulla quistione ed ambedue nel senso dell'ammissibilità, cioè il Saredo (1) e l'Astengo (2).

Nell'esaminare la quistione, noi terremo presenti le due sentenze che con maggiore larghezza hanno sostenuto l'opinione dell'inammissibilità, cioè quella della Cassazione del 15 marzo 1892 e quella della Corte di Brescia.

L'argomento fondamentale della prima sentenza è che il silenzio delle due leggi elettorali (politica e amministrativa) circa l'ammissibilità della rivocazione, implica che siffatto rimedio sia stato escluso. L'argomento, per sè stesso, è debolissimo. Il silenzio di una legge *speciale* non implica mai deroga ma riferimento alla legge comune. Il procedimento elettorale dinanzi i magistrati — è stato le mille volte riconosciuto — non è che una forma *speciale* di procedimento giudiziario, sottoposto ai principii e agli istituti del diritto giudiziario generale, se ed in quanto questi non siano esclusi o da espressa dichiarazione di legge o da obiettiva incompatibilità.

Dunque, il silenzio della legge non è sufficiente argomento per concludere per l'esclusione di quell'istituto di diritto comune procedurale. Però, soggiunge la Cassazione, integrando quel suo argomento, se la legge speciale intese il bisogno di ammettere espressamente il rimedio della Cassazione contro le sentenze elettorali, il silenzio sul rimedio della rivocazione acquista una gravità tale da giustificare la conseguenza dell'inammissibilità.

(1) *La nuova legge sull'amministrazione comunale e prov.*, II, pag. 837.
(2) *Guida amministrativa*, all'art. 54, pag. 501.

L'argomento sudetto avrebbe certamente un'importanza grandissima se la dichiarazione della legge speciale circa il rimedio del ricorso in Cassazione *non avesse avuto altro scopo che quello di dichiararne l'ammissibilità.* Allora sì che l'omissione di tale dichiarazione per la rivocazione potea dar luogo all'applicazione dell'aforisma *ubi voluit lex dixit, ubi noluit tacuit.* Ma la verità è che la legge nel ricordare il rimedio del ricorso in Cassazione, statuisce altresì delle deroghe al diritto giudiziario comune, cioè dichiara non necessario il ministero di un avvocato e riduce a mettà tutti i termini del procedimento. Ed allora, se si può bene ritenere che il ricordo speciale di quel rimedio non abbia avuto per iscopo il dichiararlo ammessibile ma l'introduzione di quelle deroghe, ci pare che più non sussista la parte sostanziale dell'argomento che si deduce contro l'ammissibilità della rivocazione.

La sentenza citata trae pure argomento da ciò che la legge speciale amministrativa esonera, all'art. 56, dal deposito voluto dall'art. 521 Cod. Proc. Civ. e cioè dal deposito prescritto per potere ricorrere in cassazione, mentre non accenna affatto al deposito voluto dall'art. 499 Cod. Proc. Civ. pel caso della rivocazione. Ma ci pare non difficile il replicare che siffatta considerazione dà luogo ad altra quistione, se cioè, ammessa la rivocazione in materia elettorale, debba o pur no richiedersi il deposito voluto dall'art. 499. Il silenzio della legge amministrativa implicherebbe l'affermativa: il che non si nega che riesce strano, atteso il sistema generale della gratuità voluto nei giudizii elettorali; ma tale anormalità può facilmente spiegarsi come una negligenza del legislatore, che ne commise tante, specie nella legge comunale e provinciale.

Di diversi criterii si serve la Corte di appello di Brescia. Il suo ragionamento — a prima vista assai seducente — può riassumersi così. L'art. 494 n. 4 Cod. Proc. Civ. nell'ammettere il rimedio della rivocazione suppone che sia proposta contro sentenze «pronunciate in grado di appello.» Ora, in materia elettorale, il giudizio della Corte di Appello non è di seconda istanza, ma costituisce il primo ed unico grado di giurisdizione giudiziaria. Quindi mancano i termini richiesti dal diritto giudiziario comune per l'ammissibilità della rivocazione. Bisognerebbe un'espressa disposizione della legge speciale, ma poichè questa manca, bisogna concludere per l'inammissibilità.

. Dove si vede come il punto di vista della Corte di Brescia sta in antitesi con quello della Cassazione : per questa, il rimedio della rivocazione, ammissibile per diritto comune, viene esclusa dal diritto speciale ; mentre per quella la ragione dell'inammissibilità risiederebbe appunto nel diritto comune.

Si vede pure chiaramentè che l'*ubi consistam* della teoria adottata dalla Corte di Brescia sta nella interpretazione da dare all'art. 494 citato. Certo, sarebbe quistione assai grave anche quella di sapere se proprio la Corte di Appello sia giudice di *prima istanza*, e molti dubiteranno dell'affermazione fatta dalla sentenza : ma tale quistione è troppo complessa e ci porterebbe troppo lungi. Or, tornando all'art. 494 , quale senso bisogna dare all'espressione « sentenze *in grado di appello ?* » La quistione non è nuova, in procedura : ed è stata vivamente dibattuta a proposito dell'ammissibilità del ricorso in cassazione contro sentenze inappellabili di Tribunali. Difatti l'art. 517 determinando contro quali sentenze possa ricorrersi in cassazione usa la stessa espressione « sentenze in grado di appello ». Ora le sentenze inappellabili dei Tribunali, non sono state emesse *in grado di appello :* sicchè stando alla lettera di quell'espressione il ricorso non sarebbe ammissibile. Non mancano autorevoli sostenitori di tale opinione : ma crediamo preferibile l'opposta che si fonda sopra un'interpretazione più esatta dell' articolo. Difatti quando il legislatore dice « sentenze emesse in grado di appello, » non intende dire se non che questo : « sentenze contro cui non è più sperimentabile il rimedio dell'appello ». In altri termini, i rimedii *straordinarii* (rivocazione e cassazione), non sono sperimentabili se non dopo esaurito il rimedio *ordinario* (appello). Or le sentenze emesse *in prima ed ultima istanza* si trovano appunto in tale condizione e rientrano nella disposizione degli articoli 494 e 517. Or le sentenze delle Corti di appello in materia elettorale se pure sono di *prima* istanza, certo sono di *ultima* istanza e ad esse si applica quella maniera di interpretazione che abbiamo detto.

Concludiamo. La quistione è grave e comprendiamo che sia diversamente opinabile. Ma ci pare preferibile l'opinione che ritiene primieramente che il silenzio della legge speciale non impedisca nel caso nostro, il riferimento al diritto comune e secondariamente che, stando a questo, la rivocazione sia ammissibile.

O.

BOLLETTINO BIBLIOGRAFICO

(sistematico)

—⟨⟩—

(Dei due numeri fra parentesi, il primo, romano, indica il volume dell'Archivio in cui si trova citata la stessa voce; il secondo, arabico, il numero progressivo della citazione).

Agricoltura (v. vol. II, 65) — 1. BOBBIO G. L'agricoltura e la legge. Saggio sulla legislazione rurale italiana. Alessandria, G. Chiari pag. VIII-119.

Associazioni (II, 3) — 2. RYLLO F. L'ass. nella storia e nel diritto. Saggio giuridico sociale. Parte I e II. Catanzaro, V. Asturi e figli pag. 108.

3. BRICE H. Droit francais : Le droit d'association et l'Etat (Thése). Paris, Rousseau 1892 pag. 172.

Azione popolare — 4. ORTLOFF F. Staats u. Gesellschaftsvertretung im Strafverfahren. Zur Umgestaltung des Strafvertahrens im konstitutionellen Staate. Tübingen , Laupp pagine 114.

Circoscrizioni territoriali (II, 8) — 5. MARTINELLI M. Dei comuni e delle provincie. Bologna, tip. Compositori pag. 111.

6. BERNIMOLIN E. Les institutions provinciales et communales de la Belgique T. II. Bruxelles , V.ᵉ Larcier pag. 496, in-8°.

Contabilità pubblica (II, 60) — 7. DE BRUN A. Contabilità comunale. Milano, Hoepli pag. 243.

Costituzione inglese (storia della) — 8. SMITH G. B. History of the English Parliament 2 vol. -- London , Ward, Lock, Bowden and co.

Decentramento amm. (II, 62) — 9. MONTEZEMOLO C. Studio di decentramento. Mondovì, Musso e Avagnina pag. 44.

Democrazia (II, 63) — 10. DEMOFILO A. La dem. e la questione sociale. Opuscolo III. Firenze, E. Ariani, 1892, pag. 119.

Diritto Amministrativo (II, 66) — 11. GROTEFEND G. A. Lehrbuch des preussischen Verwaltungsrechts. Th. Das innere Verwaltungsrecht. Berlin, Habel pag. XVI-880.

12. Hauriou M. De la formation du droit administratif français depuis l'an VIII. Paris, Berger - Levrault et C.° pag. 34.

13. Hauriou M. Précis de droit administratif. 2 édit. Paris, Larose et Forcel (1893) pag. xii-763.

14. Bornhak C. Preussisches Verwaltungsrecht. Ergänzungsband. Freiburg, I. C. B. Mohr pag. 70.

15. Morosoli R. Del riordinamento amministrativo nel regno d'Italia.

16. Neppi Modona L. Introduzione allo studio del diritto amministrativo e della scienza dell'amministrazione. Roma, tip. Capitolina, 1892, pag. 32.

Diritto Ecclesiastico (pubblico) (I, 13) — 17. Seydel M. Bayerisches Kirchen-Staatsrecht. Freiburg, J. C. B. Mohr p. 356.

Diritto pubblico austriaco (II, 96) — 18. Kiessler H. Die Staatsverfassung Oesterreichs. Czern., Schally pag. 64.

Diritto pubblico svizzero (II, 30) — 19. Morelli A. I poteri politici e la sovranità popolare in Svizzera. I. Padova, Salmin pag. 264.

20. Salis L. R. Schweizerisches Bundesrecht. 3 Bd. Bern, Wyss pag. 498.

Diritto pubblico tedesco (II, 81) — 21. Bornhak C. Preussisches Staatsrecht. Ergänzungsband. Freiburg, I. C. B. Mohr pag. 70.

Donna (diritti politici della) (II, 82) — 22. De Amicis F. Contro l'elettorato politico della donna. Studio giuridico-politico-sociale. Sale, P. Patria (1891) pag. 64.

23. Appleton Ch. De la situation sociale et politique des femmes dans le droit moderne. Discours. Paris, Thorin et fils pag. 18.

24. Scapinelli E. La donna e il voto amministrativo. Piacenza, Bernardi, 1892, pag. 139.

Elezioni politiche (I, 72) — 25. Fava N. Uno studio sugli elettori e sugli eletti. Milano, B. Bellini pag. 60.

V. n. 22 e 24.

Emigrazione (I, 45) — 26. Del Vecchio S. Sulla emigr. permanente it. nei paesi stranieri avvenuta nel decennio 1876-1887. Saggio di statistica. Bologna, G. Civolli pag. 218.

27. Volpe Landi G. B. L'emigrazione; sue cause, suoi bisogni, provvedimenti. Relazione. Piacenza, Marchesotti e Porta pag. 19.

28 Philippovich G. v. Auswanderung u. Auswanderungpolitik in Deutschland. Leipzig, Duncker & Humblot pagine xxxiii-479.

Esercito — 29. Camous E. L'esercito e il problema economicosociale in Italia. Firenze, tip. cooperativa 1892, pag. 31.

Ferrovie — 30. Gasca C. L. Il codice ferroviario. IV. Milano, Hoepli pag. 938.

Forme di governo (II, 86) — 31. Roscher W. Politik. Geschichtliche Naturlehre der Monarchie, Aristokratie u. Demokratie. Stuttgart, Cotta pag. 722.

Giurisdizione e giustizia amministrativa (II, 88)—32. Clementini P. Della competenza e dei procedimenti speciali in ordine alle leggi amministrative. Parte II. Torino, Unione tip. editrice pag. 852.

33. Doussaud A. Commentaire de la loi du 22 juillet 1889 sur la procédure à suivre devant les conseils de préfecture. Paris, Marchal et Billard (1801) pag. 554.

Grazia (diritto di) (II, 92) — 34. Levi. Amnistia, Indulto, nel Digesto italiano, Disp. 187, 188. Torino, Unione tip. ed.

Infortunii sul lavoro — 35. Rosin H. Das Recht der Arbeiterversicherung. I. Die reichsrechtl Grundlagen der Arbeiterversicherung. 3 Abth. Berlin, Guttentag pag. 483-837.

36. Dejace C. Gli infortuni sul lavoro e il rischio professionale. Relazioni. Roma, G. Bertero 1892, pag. 62.

Impiegati pubblici — 37. Cagnetta L. Stipendio, voce nel Digesto italiano, disp. 192.

Istruzione popolare — 38. Scherer H. Die allgemeine Volksschule in Rücksicht auf die sociale Frage — Bielefeld, Helmich pag. 15.

Legislazione sociale (I, 79) — 39. Görres K. Handbuch der gesammten Arbeitergesetzgebung des Deutschen Reichs. 3 Lfg. Freiburg, Herder pag. 321-480.

40. Kahl A Die deutsche Arbeitergesetzgebung der J. 1883-92 als Mittel zur Lösung der Arbeiterfrage. Freiburg, Herder pag. xi-128.

Libertà — 41. Dantscher v. Kollesberg Th. Die politischen Rechte des Unterthanen. 3 Lfg. Wien, Manz pag. 188.

Parlamenti (diritto ed ordinamento) (II, 46) — 41. Pierre E. Principes de droit politique électoral et parlementaire en en France et à l'etr. 1 Livr. Paris, pag. 16.

Persone giuridiche (I, 54) — 43. Giorgi G. La dottrina delle persone giuridiche. Vol. III. Firenze, Cammelli pag. 526).

Politica italiana — 44. CAVOUR C. Gli scritti nuovamente raccolti e pubblicati da D. Zanichelli. 2 vol. Bologna, N. Zanichelli pag. LXXV-409, 570.

Proprietà (diritto costituzionale di) (II, 103) — 45. La proprietà privata e l'interesse pubblico. Studio giuridico-sociale. Roma, tip. dell'Unione cooper., 1892, pag. 111.

Questione sociale (nei suoi rapporti politici) — 46. LEHMKUHL A. Die sociale Frage u. die staatliche Gewalt. Freiburg, Herder pag. 76.
V. n. 10 e 37.

Re (potere regio) — 47. ROGGERO S. Il Monarca nel concetto scientifico moderno. Studi. Torino, V. Bona pag. 151.

Responsabilità dello Stato — 48. VACCHELLI G. La responsabilità civile della pubblica amministrazione e il diritto comune. Milano, Hoepli pag. 230.

Senato — 49. PALMA. Senato, voce nel *Digesto italiano*, disp. 191.
  50. PYFFEROEN O. Du Sénat en France et dans les Pays-Bas. Bruxelles, Société belge de libr. 1892 pag. XVII-138 in-8°.
  51. D'HOFFSCHMIDT A. Organisation du Sénat, représentation des intérêts. Bruxelles, V. Larcier pag. 162, in-16.

Sociologia — 52. ROMANO M. Importanza del darwinismo nella sociologia. Note critiche con appendice: Dello Stato come una grande educazione. Catania, Barbagallo Scuderi pag. 69.
V. n. 53, 54.

Stati Uniti (II, 53) — RACIOPPI F. Le sei più recenti Costituzioni negli Stati Uniti d'America — Bologna, tip Fava e G. pag. 70.

Stato (II, 110) — 54. GUMPLOWICZ L. Die sociologische Staatsidee. Graz, Leuschner & Lubensky pag. 134.
  55. DE MARINIS. E. L'origine naturale dello Stato secondo la sociologia, e il fondamento razionale di esso, secondo la filosofia del diritto. Lezione. Napoli. F. Cosmi 189?, pag. 16.
Vedi n. 51.

Statuto italiano — 56. ZINI L. Revisione dello statuto? Altre note di un malinconico ecc. Modena. E. Sarasino pag. 131.
  57. UGO G. B. Statuto. Torino pag. 327-432 dal *Digesto italiano*.
  58. VISMARA A. Questioni costituzionali, ossia lo statuto commentato in alcuni problemi importanti. Alessandria, G. Metelli pag. 91.

Telegrafi — 59. BAR L. v. Das Gesetz über das Telegraphen-
wesen des Deutschen Reichs. Berlin, Intern. Verlagsanstalt
pag. 35.
Università (II, 111) — 60. CLARETIE L. L'université moderne.
Préface de M. O. Gréard. Paris, libr. Delagrave pag. 65. 297.
61. DE DOVITIIS U. Per la riforma universitaria. Proposte.
Napoli, tip. cooperativa, pag. 15.

RECENSIONI

DUPRIEZ. *Les Ministres dans les principaux pays d' Europe et
d' Amérique.* Paris, 1892, 1893. Volumi due.

L'Accademia di Scienze morali e politiche di Parigi aveva, per
il premio Odilon Barrot, posto a concorso, pel 1890, il tema :
« L'ufficio dei ministri nei principali paesi dell' Europa e del-
l'America ». Vincitore rimase il Dupriez coll' opera citata, al
quale venne aggiudicato il premio.

Il lavoro è diviso in due volumi. Il primo è preceduto dalla
relazione del Franqueville fatta a nome della sezione di legislazione dell' Accademia ; vi si espone la situazione dei ministri
nelle monarchie costituzionali dell' Inghilterra, del Belgio, del-
l' Italia e della Prussia e termina con un largo esame dell'ufficio
del Cancelliere nell' Impero Germanico; nel secondo si tratta dei
ministri nelle Repubbliche degli Stati Uniti dell' America del
Nord, della Svizzera e della Francia, ordine bene scelto perchè
l' Inghilterra è il modello dei governi di gabinetto, accanto ai
quali conveniva porre qualcuno dei regimi puramente costituzionali, e, fra le repubbliche, sono foggiati a tipi diversi gli
Stati Uniti e la Svizzera, da cui si distingue la Repubblica francese retta a governo parlamentare.

Per ognuno degli Stati si considerano, in quattro distinti
capitoli, i ministri secondo la costituzione, nelle relazioni col
monarca o presidente, e in quelli colle camere e coll' amministrazione. Per la Svizzera non vi è un capitolo relativo ai rapporti fra i ministri e il Presidente della Federazione, perchè
si sa che a questo non spetta, neppure formalmente, la funzione
governativa che invece compete al Consiglio Federale, riunione
dei ministri. Per la Francia, opportunamente si fa precedere

un capitolo sui ministri nella storia costituzionale dopo il 1789. Riguardo al Cancelliere dell'Impero Germanico, si hanno quattro capitoli che trattano rispettivamente del Cancelliere secondo la Costituzione dell'Impero, del Cancelliere e dell'Imperatore, del Cancelliere e del Consiglio Federale, del Cancelliere e del Reichstag.

Il tema è di grande importanza; e prima non era stato svolto che per alcuni paesi. Si deve dunque esser grati all'Accademia per la scelta di esso e per aver dato occasione ad un'opera molto pregevole. Infatti il Dupriez, se non espone teorie nuove, il che del resto non era del tema, svolge ampiamente le diverse parti sopra accennate Non si cura solo della posizione fatta ai ministri dalla costituzione, dalle leggi, dai decreti e dai regolamenti dei diversi paesi, ma si occupa altresì in larga misura delle consuetudini. Che queste dovessero chiamare la sua attenzione sembrerà ovvio anche a coloro che sono poco versati nel diritto pubblico, imperocché il regime di gabinetto presso i varii popoli è nei molteplici suoi rapporti, salvo per qualche accenno legislativo in qualche contrada, affatto regolato appunto dagli usi. Ma l'opera è interessante perché svolge con copia di notizie gli aspetti diversi che la consuetudine ha assunto nei varii paesi, secondo le loro condizioni speciali e tradizioni storiche e la situazione, i moventi, l'organizzazione e la disciplina dei partiti. Del resto il diritto costituzionale consta in grandissima parte di usi non solo nei regimi di gabinetto, ma altresì in quelli puramente costituzionali, nella Repubblica presidenziale degli Stati Uniti ed in quella, fondata su altra base, della Svizzera. In questo lato pertanto il lavoro è degno di molta attenzione. Esso poi in tutte le sue parti dimostra che l'autore ha profonda conoscenza del diritto pubblico e che il tema è stato da lui studiato e svolto per modo da offrirne agli studiosi una trattazione alla quale si dovrà ricorrere per lungo volger di anni come a fonte esauriente e sicura. La trattazione è tutta giuridica; l'esposizione sempre precisa, lucida e sobria.

G. B. Ugo.

Prof. V. E. Orlando—*Direttore responsabile.*

Palermo, Tip. « Lo Statuto », Via Monteleone, 25.

SAGGIO DI UNA NUOVA TEORICA

SUL

FONDAMENTO GIURIDICO DELLA RESPONSABILITÀ CIVILE

A PROPOSITO

DELLA RESPONSABILITÀ DIRETTA DELLO STATO

———

§ 1.

Concetto del lavoro

Per quanto il titolo del presente lavoro sia dovuto riuscire lungo, pure esso abbisogna ancora di chiarimenti, importando molto all'autore che gli scopi di esso vengano precisamente determinati. Di « novità » si è tanto abusato, che l'annunzio di una teorica « nuova » può destare ragionevoli diffidenze le quali appunto io spero, se non vincere affatto, almeno diradare, dichiarando il senso limitato e modesto onde quegli scopi vanno intesi.

Esiste indubbiamente una teorica ricevuta e dominante circa il fondamento della responsabilità civile: ed è teorica di diritto positivo, in quanto vien concretata in appositi precetti legislativi. Certo, su gli elementi specifici del concetto di responsabilità non mancano gravi dispute, le quali, occorre dichiararlo, non hanno diretta o necessaria attinenza coi fini del presente lavoro, pei quali basta tener presente il concetto generale e gli elementi essenziali della responsabilità civile, per il moderno diritto scientifico e positivo, e sui quali, ripetiamolo, non si può dire che vi sia dubbio o controversia.

16

Ed è pur noto come la parte sostanziale di quell'istituto giuridico ci provenga dal diritto romano. È la vecchia *lex Aquilia* che, con le profonde trasformazioni ed ampliamenti dovuti sopra tutto ai giureconsulti romani, ancora impera, come obligo di risarcire un « damnum iniuria datum » colla stretta connessione che passa tra il concetto di *iniuria* e quello di *culpa* (1), e con quell'altra connessione che passa fra tra la *culpa* e un relativo momento della volontà dell'agente, causa del danno. Da ciò varie conseguenze sulle quali torneremo appresso.

Sostanzialmente, questa teorica è stata riprodotta nei codici moderni: e, quanto a quello civile italiano, negli articoli notissimi 1151, 1152 (2). Or noi asseriamo, — ed è questa la portata essenziale del presente lavoro, — che il sentimento giuridico dell'età moderna, determinato naturalmente dalle moderne necessità sociali, trova oramai *insufficiente*, una tale storica base della responsabilità civile (3).

Spieghiamoci. Noi in primo luogo diciamo che il fondare la responsabilità sulla colpa è un concetto non già *falso* o *erroneo* ma bensì *insufficiente*. Con ciò noi intendiamo lasciare integro il concetto classico di

(1) Confr. L. 1 pr. D. de iniur. (47, 10): . . . iniuriae appellatione damnum culpa datum significatur. . .

(2) Art. 1151: Qualunque fatto dell'uomo che arreca danno ad altri, obliga quello per colpa del quale è avvenuto, a risarcire il danno. Art. 1152: Ognuno è responsabile del danno che ha cagionato non solamente per un fatto proprio, ma anche *per propria negligenza e imprudenza.*

(3) Stimo appena utile avvertire che qui, come sempre nel presente lavoro, l'espressione responsabilità vien presa in senso stretto, cioè come responsabilità che non si verifica a proposito dell'adempimento d'un contratto: parliamo quindi di quella responsabilità che si suol chiamare *aquiliana* o *extracontrattuale.*

responsabilità : crediamo bensì che debba estendersi, nel senso di comprendere casi i quali, stando ai termini rigorosi di quello, a responsabilità non darebbero luogo. Si tratterebbe adunque di una evoluzione del concetto, in senso strettamente proprio, nel senso cioè non di distruggere o attenuare il contenuto di un'istituto giuridico ma di allargare la portata di esso.

Un'altro punto assai importante che occorre chiarire è il seguente. In qual senso parliamo noi di siffatta *nuova* teorica del fondamento della responsabilità civile? Una risposta comprensiva e sintetica a tale domanda, noi l'abbiamo data antecedentemente quando abbiamo detto che è il *sentimento* giuridico della comunità, che quelle deficienze ha avvertito. Noi intendiamo quindi fare ogni sforzo per rendere il nostro esame affatto indipendente che ogni preoccupazione subiettiva, volendo, se ci si permette l'espressione, non già *creare* ma *raccogliere* la nostra teorica, desumendo, come meglio ci verrà fatto, gli indizi di tale, secondo noi mutato, sentimento giuridico.

Da un punto di vista generale, nessuno vorrà contrastarci l'esattezza di questa affermazione : l'età nostra essere contraddistinfa da una tendenza assidua ad allargare il principio della responsabilità. Ed è a notarsi che questa tendenza si riscontra, per quanto ciò a prima vista possa sembrare strano, in quelle due forze, formidabili ed opposte, che si contendono acerbamente il dominio della società moderna, cioè l'idea individualistica e l'idea socialistica; la prima non può meglio affermare l'autonomia individuale se non facendo corrispondere ad una maggior dose di libertà una maggior dose di responsabilità; l'altra, attesi i vincoli molteplici che si vogliono creare fra la collettività e l'indi-

viduo , impone a quella ed a questo obblighi speciali
e gravi che resterebbero ben misera cosa senza la rigorosa sanzione di molteplici responsabilità.

Ma la superiore osservazione è troppo generica e
può solo servire di preparazione a quelle altre considerazioni che dovremo svolgere e alle quali occorrerà
far precedere una minuta disamina degli elementi diversi da cui verremo desumendo la teoria nostra : il
che verremo facendo mano mano.

Ancora un'altra considerazione bisogna che tuttavia
preceda, la quale servirà altresì a spiegare il proposito
immediato che ha dato luogo al presente scritto e per
cui noi verremo considerando questo nuovo e più largo
fondamento della responsabilità civile in rapporto alla
vessata questione della responsabilità dello Stato. La
teoria classica, passata dal diritto rvmano nel diritto
moderno era sorta ai fini di un diritto strettamente
privato. Ora una caratteristica saliente , già da altri
rtscontrata nell'organizzazione giuridica delle società
moderne, consiste nei nessi molteplici e continui fra il
diritto pubblico ed il diritto privato, fra il diritto individuale ed il diritto sociale. Egli è appunto in questo
nuovo dominio che il novello diritto ha schiuso allo
studio scientifico che più gravi sono le dispute e le
difficoltà circa l'applicabilità dei principi della responsabilità quali sorgono dal diritto comune : basti ricordare quelle tre quistioni così famose nella letteratura
giuridica contemporanea , della responsabllità diretta
ed indiretta delle pubbliche amministrazioni, della responsabilità dei pubblici ufficiali , della responsabilità
dei padroni per gli infortuni del lavoro. E si troverà
ben naturale *a priori* che una teoria la quale ha la
sua radice in una legge di più che 2000 anni fa, dovesse trovarsi necessariamente a disagio di fronte a
così formidabili problemi determinati da condizioni so-

ciali così profondamente mutate. Ed è appunto in rapporto ed a proposito di una delle forme speciali che il problema presenta, cioè della responsabilità diretta dello Stato che il presente lavoro è stato concepíto ed è stato scritto.

§ 2.

Come si pone il problema della responsabilità diretta dello Stato

Che lo Stato (1) nello svolgimento dell'attività sua possa dar luogo all'elemento materiale della responsabilità cioè al danno del terzo, è così evidente che non occorre spiegarlo. E non occorre neppure spiegare come la tendenza, irresistibile nelle società moderne, di allargare enormemente le ingerenze dello Stato, produca necessariamente il moltiplicarsi dell'attività di esso e quindi delle occasioni in cui l'evento dannoso possa verificarsi.

Per determinare gli elementi sistematici della quistione, occorre piuttosto esaminare in primo luogo a

(1) Sarebbe certamente più esatto a questo proposito, in luogo di « Stato » dire « pubblica amministrazione ». Questa espressione non solo evita equivoci e difficoltà, come spiegammo nella nostra *Teoria giuridica delle guarentigie della libertà* (Torino 1888) pag. 72-74, ma ha pure il vantaggio di indicare più direttamente altre Amministrazioni pubbliche che in generale non si comprendono sotto la denominazione di Amministrazione dello Stato. Fornite però queste spiegazioni, ci sarà tuttavia permesso usare cumulativamente quelle espressioni, essendo sottinteso che noi a quella meno esatta ma più breve e più volgarmente ricevuta di « responsabilità dello Stato », non attribuiamo altro senso che di « responsabilità delle pubbliche amministrazioni ».

qual genere di attività possa riferirsi il problema che dobbiamo discutere ed in secondo luogo quali siano teoricamente i termini che potrebbero dar luogo a responsabilità *diretta* di una pubblica amministrazione.

L'esame delle forme diverse che può assumere quell'attività dello Stato che a responsabilità può dar luogo, ha condotto in Italia ad una distinzione fra *atti di impero* ed *atti di gestione*, a seconda che l'atto implichi un'esplicazione di poteri sovrani o il conseguimento di mere utilità patrimoniali. Questa distinzione ci è sembrata e ci sembra non completamente esatta: ed il difetto maggiore di essa ci è sembrato consistere nella indeterminazione in cui così si lascia una fonte ricchissima dell'attività dello Stato moderno, di quella cioè dovuta alla cosidetta *ingerenza sociale* dello Stato e nella quale mentre non può a rigore dirsi che lo Stato si presenti come sovrano, dall'altro lato non potrebbe dirsi giustamente che lo Stato si equipari ad un privato qualsiasi, in quanto non si prefigge un'utilità propria ed immediata, ma apparisce come tutore di interessi generali. Così noi, giusta considerazioni fatte in altro luogo e su cui qui non occorre tornare, preferiamo distinguere l'attività dello Stato in attività giuridica, diretta cioè a mantenere il diritto fra i consociati, in attività sociale ed in attività patrimoniale. Nella prima lo Stato ci si presenta come sovrano, nella seconda come tutore del miglioramento sociale del popolo, nella terza come un'ente morale qualsiasi.

Posto ciò, occorre evitare un equivoco in cui cadono non di rado scrittori non volgari. Nel problema della responsabilità delle pubbliche amministrazioni, l'ipotesi è che subietto di tale responsabilità sia lo stato come ente puramente patrimoniale. Come « sovrano » e anche come « tutore degli interessi generali, » lo Stato non potrebbe diventare subietto di diritti o di obblighi patrimoniali senza gravi contraddizioni teoriche, su cui si fondano molti per venire alla conseguenza di negare ogni responsabilità. L'equivoco ci pare che stia da una parte e dall'altra. L'idea di Stato « responsabile » o, comunque, « obligato » presuppone necessariamente ed *esclusivamente* l'idea dell' entità patrimoniale dello stato : ma, dall'altra parte, noi possiamo bene supporre (e ciò avviene frequentissimamente negli stati moderni) (1) che fonte della « responsabilità » o dell' « obligazione » sia un atto compiuto dell'amministrazione nella sua qualità « pubblica » cioè tanto nel senso dell'attività giuridica che di quella sociale. Or la difficoltà speciale della questione della responsabilità diretta dello Stato consiste in ciò che l'atto lesivo del diritto individuale sia dall'amministrazione compiuto in tali qualità. Che se anche la causa del fatto supponga nell'amministrazione una gestione patrimoniale è chiaro che resteremmo interamente nei limiti del diritto comune privato, come responsabilità di un ente morale qualsiasi.

In secondo luogo, perchè la quistione sia esattamente posta, bisogna distinguere il problema della responsabilità *diretta* da quella *indiretta*. Lo Stato, analogamente in ciò a tutte le persone morali, non può mai agire direttamente ma sempre e necessariamente per mezzo di organi o rappresentanti. Qui adunque il problema della responsabilità diretta o indiretta si pone diversamente che a proposito di una persona fisica; ma tuttavia si pone. Può difatti avvenire che l'organo della pubblica amministrazione, il funzionario, commetta il danno del privato trasgredendo colposamente o dolosamente i limiti delle proprie funzioni. Qui è chiaro che non si ha responsabilità diretta della pub-

(1) Confr. il paragrafo seguente.

blica Amministrazione che non può in verun modo restare vincolata direttamente dal fatto illecito di un suo rappresentante che ha ecceduto i limiti della propria funzione : può bensì sorgere l'ipotesi della responsabilità indiretta, se cioè la pubblica amministrazione debba rispondere come ogni committente pel danno cagionato dai proprii commessi, giusta l'art. 1153 del Codice Civile. Di questo problema non intendiamo direttamente occuparci.

Inoltre, noi dobbiamo anche escludere il caso che l'atto, lesivo del diritto individuale, sia per sè stesso *illegittimo*, lasciando anche stare la quistione se vi sia luogo a responsabilità del funzionario. Quel caso dà luogo ad una figura speciale di un istituto di diritto amministrativo che non va confuso con il problema della responsabilità diretta dell'amministrazione: si tratta più tosto di sapere se e come il diritto o l'interesse del privato possa difendersi contro l'atto amministrativo *illegale* (problema del così detto « contenzioso amministrativo ») (1).

(1) Avvertivamo già ciò nei nostri *Principii di Diritto amministrativo* (Firenze 1891) n. 626, pag. 363: « Prescindendo invece dall'ipotesi che concorra nel fatto dannoso al terzo una trasgressione imputabile al funzionario, l'atto di cui si disputa può essere formalmente contrario al diritto: neppure in questo caso avremmo la figura della responsabilità vera e propria, dappoichè in questo caso hanno vigore le regole tutte stabilite nella sezione precedente di questo libro e che concernono il rimedio concesso al privato contro un atto della pubblica amministrazione, il quale, ledendo i suoi interessi, sia contrario al diritto Il problema che qui si pone, chi sottilmente consideri, non è quello di un fatto colposo da una parte e di un danno patrimoniale dall'altra ; ma si suppone bensì da un lato un *diritto del privato*, che fu leso, e, dall'altro lato, un provvedimento amministrativo che l'autorità giudiziaria, pur giudicando su di esso, deve in sè stesso mantenere e rispettare. Quand'anche, sempre nell'ipotesi del così detto contenzioso amministra-

Così, per eliminazione, siamo pervenuti alla determinazione sistematica della questione che ci occupa. Si supponga infatti che l'atto del funzionario resti rigorosamente compreso nei limiti dell'ufficio affidatogli e del dover suo, sicchè non possa discutersi della di lui responsabiiità diretta, si supponga che l'atto amministrativo non sia viziato da alcuna violazione di legge e che tuttavia si verifichi l'evento dannoso nei rapporti col privato. Or date queste condizioni, ognun vede come possano darsi gli elementi materiali della responsabilità diretta cioè il danno patrimoniale del privato e l'atto amministrativo compiuto nei limiti consentiti dalle leggi: salva sempre la quistione del concorso subiettivo dell'imputabilità cioè la colpa, da cui dipende, per diritto moderno, la risoluzione, affermativa o no, della responsabilità. Teniamo presente un esempio concreto che chiarisca e determini meglio quei concetti. Se un generale, in guerra vera o anche simulata, invade i campi dei privati e ne danneggia le messi, avremo qui un danno materiale, ma non si può dire che sia dovuto a un atto illegale dell'amministrazione essendo diritto e dovere di essa difendere il territorio dello Stato e addestrare le truppe, e neppure si può dire che vi sia colpa nel generale che si è rigorosamente contenuto nei limiti del suo ufficio. Escluso quindi così la figura giuridica della difesa del diritto privato contro un atto illegittimo dell'amministrazione, ed esclusa pure quella della respon-sabilità diretta del funzionario che possa dar luogo a

tivo, il riconoscimento del diritto del privato può indurre per avventura un'indennità a favore di esso, questa non è da considerarsi come conseguenza dell'esperimento di un' *actio legis Aquiliae*, ma piuttosto come un effetto di una restituzione in integro del diritto del privato. »

quella della responsabilità indiretta dello Stato, non resta che, come si è detto, l'ipotesi di una diretta responsabilità di esso.

§ 3.

Diritto pubblico e diritto comune.

Posta così la quistione, noi non crediamo di dovere indugiare molto nell'esame di quelle obiezioni che, per escludere la responsabilità della pubblica amministrazione negano che questa possa essere sottoposta alle norme generali del diritto comune privato e alla giurisdizione che ne è conseguenza. Sono obiezioni di indole generale, da noi già esaminate e combattute altrove (1); e tali, del resto, che lo stato di fatto dell'ordinamento giuridico attuale assolutamente smentisce, come avremo qui pure occasione di osservare più avanti. Importa più tosto ai fini del presente lavoro, ritenuto il fatto indiscutibile di oblighi patrimoniali assunti dallo Stato anche nell'esplicazione delle sue attività sovrane, esaminare quale influenza possa la speciale indole di tali rapporti spiegare sul diritto comune privato che molti chiamano semplicemente diritto comune: lato della quistione che è stato con molta opportunità messo in rilievo, in un lavoro recente, dal Vacchelli (2).

Certo, dovendo determinare se la pubblica amministrazione sia o possa essere responsabile per diritto comune, non è di lieve interesse per la quistione nostra

(1) Confr. *Teoria giuridica delle guarentigie della libertà*, cit., pag. 71 e segg.

(2) *La responsabilità civile della pubblica amministrazione ed il diritto comune* (Milano, 1892), specie a pag. 57 e segg.

determinare l'espressione «diritto comune» e non sappiamo abbastanza lodare il Vacchelli di averne cercato di precisare il senso, quantunque sulle conclusioni di tale esame noi differiamo alquanto dalle idee espresse da questo autore. Ci sembra vero ed esatto l'affermare che l'essere un principio di «diritto comune» implica la rispondenza di quello alla natura propria di un determinato istituto sicchè ne discenda per necessità di logica giuridica. Non men vera ed esatta ci sembra la conseguenza che se ne trae cioè che il diritto pubblico non può nè deve considerarsi come un'eccezione al diritto privato o patrimoniale, che verrebbe così a costituire tutto il diritto comune. La verità è che il diritto pubblico appare anch'esso come un sistema di principii giuridici, logicamente connessi con un principio unico generatore, e, come tali, costituenti anch'essi un «diritto comune». L'antitesi di «diritto comune» e di «diritto speciale» (norme giuridiche che, per particolari ragioni di convenienza, fanno eccezione ai principii generali) non è men vera, adunque, nel diritto pubblico di quello che non sia nel diritto privato.

Ma se si è facilmente d'accordo nell'ammettere la esistenza di un diritto comune pubblico, e di un diritto comune privato, resta però ancora da esaminare la parte più delicata e difficile del problema, che riguarda gli eventuali rapporti che fra il diritto comune pubblico e il diritto comune privato possano sorgere. Che questi rapporti vi siano nessuno lo può ragionevolmente negare. Per una ammirevole evoluzione dovuta al diritto romano, e che fu egregiamente studiata, fra noi, dal Longo (1), lo Stato, nella cui sovranità si riassume tutto il diritto pubblico, intese presto la necessità di

(1) *Carattere giuridico dell'amministrazione finanziaria romana,* nell'*Archivio giuridico,* XLVII, fasc. 1-3.

adattare a sè molteplici istituti del diritto patrimoniale e vi riuscì col creare una persona giuridica apposita, il fisco, che rappresenta per l'appunto il patrimonio dello Stato nei suoi rapporti di diritto privato. E
quando questa capacità patrimoniale è messa al servizio
di attività anch'esse puramente patrimoniali, non si
potrà neppure parlare di rapporti di diritto pubblico
col privato : tutti riconoscono che si resta esclusivamente nella sfera di un diritto comune privato, competente alle così dette persone giuridiche o artificiali.
Ma il problema si complica appunto per quel fenomeno, così ordinario, in cui l'esercizio di attività patrimoniali, implicanti l'uso di istituti di diritto privato
viene messo al servigio di fini attinenti al diritto pubblico, in quanto cioè sono esplicazioni concrete del
principio di sovranità. Così quando lo Stato compra
derrate per nutrimento delle sue truppe, quando acquista proprietà di beni che servono alla difesa nazionale, quando fa contratti di locazione d'opera per prov-
vedersi dei funzionarii che lo servono e rappresentano,
e così via.

Appunto in tali casi è vero in fatto che il diritto
pubblico viene in rapporti col diritto privato, rapporti
ben delicati e di difficile valutazione in cui la possibilità degli equivoci abbonda e anche scrittori non
volgari vi incorrono. Si deve anzitutto tener presente
che lo Stato, in quei casi, non diremo che sacrifichi o
limiti la sua sovranità, ma certo ne prescinde. Potrebbe,
giusta l'esempio addotto, provvedere al mantenimento
delle sue truppe, coll'esercizio *diretto* dei suoi poteri
sovrani, mediante requisizioni in natura : ma non lo
fa — perchè crede più giusto e più conveniente non
farlo — preferendo servirsi dei suoi mezzi economici
costituiti dalle imposte generali e contrarre come un
privato. E allora è evidente che egli con ciò si sotto-

pone al diritto privato comune, relativamente a quel
negozio giuridico (1), senza che il principio di sovranità
venga direttamente in quistione. Così l'ordinamento del
diritto moderno è venuto abituandosi a siffatta distinzione delle conseguenze patrimoniali di atti di indole
pubblica compiuti degli organi dello Stato e soggetti al
diritto privato, dalla qualità sovrana da cui originaria-
mente quegli atti dipendono.

In quest'ultima forma da noi data al principio si
comprendono anche eventuali obligazioni non sorte dal
contratto. E, stando all'attuale punto di vista generale
ed astratto, la ragione ne è evidente. Poichè l'evoluzione giuridica ha creato questa compatibilità fra le
conseguenze patrimoniali dell'atto anche compiuto per
ragioni all'ordine pubblico attinenti e il diritto comune
privato, vien meno ogni ragione per escludere *a priori*
da tale compatibilità le fonti di obbligazioni extracon-
trattuali. E se ne son fatte eleganti applicazioni al
caso dei quasi-contratti, pei quali si tende ad ammettere generalmente che lo Stato possa rimanere obbligato.

Ma, dato tutto ciò, diremo noi che in tale genere
di rapporti giuridici il diritto privato abbia il suo impero assoluto, sicchè quelli siano sottoposti, senz'altro,

(1) Il fenomeno e le cause di esso, vengono egregiamente
rilevate dal GIORGI (*La dottrina delle persone giuridiche*, II,
365) : « Se questa volontaria sottomissione del potere pubblico
alle regole del *gius* civile non è priva di inconvenienti, ha per
compenso i suoi vantaggi, emancipando i cittadini dal giogo
delle prestazioni obbligatorie, e abilitando lo Stato a partecipare
ai vantaggi del pubblico commercio col giovarsi delle opere
prestate volontariamente. È forse anche un'inclinazione dell'età
nostra e una conseguenza indiretta degli avanzamenti moderni
nel campo industriale ed economico, di cui lo Stato si avvan-
taggerebbe malamente, se non si giovasse delle negoziazioni civili
e del libero concorso dell'operosità privata con l'allettamento
della giusta retribuzione ».

al diritto patrimoniale comune? Se è vero che una tale tendenza si riscontra presso alcuni scrittori, special- mente privatisti, noi non esitiamo tuttavia a condan- narla senz'altro. In quanto il diritto pubblico (diritto, anch'esso, comune) appare incompatibile con alcuna disposizione del diritto comune privato, ragion vuole che questa incompatibilità si elimini, che le varie esi- genze giuridiche si riducano ad armonia; e ciò prati- camente avviene introducendo nell'istituto di diritto privato quelle modificazioni che la *necessità* non meno *logica* che *giuridica* impone.

Se non che, il diritto che in tal modo si costituisce è diritto comune o speciale? Qui noi, almeno nel prin- cipio teorico, ci allontaniamo dall'opinione del Vac- chelli per il quale sembra bastare che vi sia coerenza fra l'istituto giuridico -- anche se per sè medesimo at- tinente al diritto privato — e la natura dello Stato per riconoscervi il carattere di diritto comune. Per quanto possa sembrare una quistione affatto accademica, pure a noi pare che così si vada all'eccesso opposto a quello dianzi rilevato e che si sacrifichi il diritto comune privato alle esigenze del diritto pubblico. Certa cosa è che l'istituto che viene ipoteticamente in quistione è di *diritto privato*, e se le peculiarità del diritto pub- blico, ai cui fini l'istituto serve, determinano alcuna deviazione dalle conseguenze che per i « lineamenti della logica giuridica » da quello discendono, mi par più corretto dire che ci troviamo di fronte a un di- ritto speciale, che è privato per sua natura ed origine, ma che in alcuna sua parte costituisce un'eccezione o deroga ai principii generali del diritto comune privato. Il dire che ciò avviene per «coerenza ai principii nor- mali delle istituzioni» del diritto pubblico, non ha qui alcuna altra rilevanza se non nel senso di *giustificare l'eccezione*, ma l'eccezione resta, ed essa fa sì che noi ci troviamo di fronte ad una *specialità del diritto pri-*

vato. Nè si dica che questo diritto speciale privato è diritto comune pubblico, perchè l'essenza dell'istituto — che noi supponiamo di diritto privato · impedisce assolutamente che possa connettersi col sistema del diritto pubblico per la « contraddizione che nol consente ». (1)

Abbiamo immorato su questi concetti forse più di quel che a prima vista nol richiedesse l'economia del presente lavoro, e l'indole prevalentemente teorica di essi, perchè a noi premeva di venire a conseguenze concrete e importanti pel tema nostro, che sono le seguenti. Da poi che l'amministrazione dello Stato, o spontaneamente o in virtù di norme prevalse negli Stati moderni, ha adottato per gli effetti patrimoniali della sua attività anche attinente a fini pubblici, gl'istituti, in generale, del diritto comune privato, essa si è sottoposta con ciò a questo diritto medesimo, nè, in generale, può dirsi che un principio vero per diritto comune privato cessi di esser tale nei rapporti con l'amministrazione pubblica, *quando non s'incontri un'obiettiva incompatibilità con qualche altra norma del diritto pubblico.* Disgraziatamente, una tendenza opposta — sotto l'influenza degli impacci finanziarii dello Stato nostro —

---

(1) Come già avvertimmo, noi ci limitiamo a determinare quei principii teorici, che a noi sembrano veri nella presente questione. L' indugiare su applicazioni concrete ci porterebbe troppo oltre, molto più che spesso bisogna far luogo a distinzioni che la complessità dei varii argomenti rende necessarie. Così, p. es., l'imposta è certo diritto pubblico comune considerata come il complesso dei principii giuridici da cui sorge l'obbligo del cittadino, come *suddito*, verso lo Stato, come *sovrano;* ma in quanto poi dall'imposta sorge un rapporto creditorio e debitorio, rientriamo nel diritto comune privato delle obligazioni, con *specialità* dovute a quel carattere originario di diritto pubblico, e alle peculiari esigenze, di ordine politico, in cui le finanze dello Stato versano.

si è iniziata nella legislazione ed è progredita nella giurisprudenza e nella dottrina, per la quale tendenza «le necessità del diritto pubblico» sono diventate delle parole magiche con cui si giustificano, senza ulteriore spiegazione che il pronunciarle, le più strane ed enormi eccezioni al diritto comune privato. Lascio anche stare le leggi, i cui scopi fiscali non conoscono più alcun freno di principii di diritto o di giustizia; ma sono state dottrina e giurisprudenza che, compiacentemente, han creato il diritto alla bancarotta in favore delle amministrazioni pubbliche che si godono i denari anticipati dal credito e non pagano sotto l'egida della teoria che vieta l'esecuzione forzata sui proventi delle imposte; ed è giurisprudenza quella che ritiene, sempre per le peculiarità del diritto pubblico, che *un morto possa ancora firmare!* (1)

Tutto ciò si connette, più o men direttamente, con quel presupposto teorico per cui, in sostanza, lo Stato prende dal diritto comune privato tutto quel che gli giova, ma si affretta a trasformarsi in « Sovrano » appena si tratta di incorrere in qualche onere. E ciò mi ricorda l'aneddoto, che mi si perdonerà se stuona con la severità di uno studio scientifico, di quel capitano che, per ingannare gli ozii dei distaccamenti, giocava alle carte col suo tenente e col suo sottotenente, ma quando sorgeva qualche disputa a proposito del gioco stesso, di punto in bianco troncava la discussione e si facea dare ragione e denari, dicendo in tono severo: « Signori, ricordatevi che io sono il vostro superiore! »

(1) Per l'art. 1327 Cod. Civ. la data delle scritture private è certa riguardo ai terzi dal giorno in cui è morto colui che l'ha sottoscritta. In rapporto all'amministrazione pubblica (a proposito degli atti debitorii da portare al passivo nella determinazione della tassa di successione), questo principio fu ritenuto inapplicabile.

§ 4.

La responsabilità diretta dello Stato non ammissibile per la teoria del diritto vigente.

La conclusione cui siamo pervenuti è dunque la seguente. Non ripugna all' indole del diritto pubblico lo ammettere che il patrimonio dello Stato possa sottostare a qualsivoglia genere di obbligazioni derivanti dal diritto comune privato, quando l'attività specifica spiegata dall' amministrazione pubblica in qualunque senso e sotto qualsivoglia forma porta per conseguenza quel dato vincolo patrimoniale. Il che, come pure abbiamo detto, non esclude che l'indole speciale dei rapporti, dovuta appunto a delle specialità di diritto pubblico, possa necessariamente indurre la non applicabilità di un istituto di diritto privato e ciò non solo quando la legge stessa lo dichiari (come avviene nei non pochi privilegi fiscali) ma anche quando l'esame obiettivo dei rapporti induce quella inapplicabilità.

In quest'ultimo caso, anzi, non diremo trattarsi di un diritto speciale o eccezionale, ma resteremo nel campo del diritto *comune*, nel senso che l'essere subietto dell'ipotetico rapporto lo Stato—in virtù dei principii del diritto pubblico *comune* — fa sì che un istituto del diritto privato *comune* non riceva applicazione per difetto di alcuno degli elementi essenziali dell' istituto stesso.

Posto tutto ciò, diciamo noi: l'istituto della responsabilità civile quale è pel diritto comune privato, trova applicazione nel caso da noi sistematicamente determinato, cioè quando l'evento dannoso è derivato da un

17

atto della pubblica amministrazione, non imputabile a colpa del funzionario e non costituente per sè una violazione del diritto ?

Bisogna pur dire che tale quistione è di quelle le quali dovrebbero dirsi risolute implicitamente, pel modo stesso onde son poste. E pare a noi non potersi dubitare che, dato l'istituto della responsabilità civile quale risponde alla classica teoria romana e quale è ammesso dalle leggi private moderne, è impossibile ammettere la responsabilità diretta dello Stato; e ciò non perchè il diritto pubblico costituisca un'eccezione o una deroga al diritto privato, ma perchè quest'ultimo *non trova applicazione* al caso in esame.

Basterebbe una sola considerazione e semplicissima. Per diritto comune, elemento essenziale della responsabilità diretta è la imputabilità specifica del fatto all'agente, o, in altri termini, un rapporto necessario fra il fatto dannoso e la volontà di chi lo ha commesso. Or le persone giuridiche, come tali, non possono avere una volontà *propria* che sia loro direttamente imputabile. Non lo Stato soltanto (che nei rapporti del diritto comune privato non può altrimenti prendersi in considerazione che come una persona giuridica) *ma qualunque persona giuridica* anche affatto privata per origine, scopi e natura, non può mai essere *direttamente responsabile*. Il dubitare di ciò farebbe ridere in materia criminale, e non può considerarsi che come aberrazione l'imputare ad una persona giuridica un omicidio o un furto. Eppure, da questo lato, non passa alcuna differenza sostanziale fra il delitto e il quasi-delitto; come alcuna differenza, quanto alla consapevolezza e alla imputabilità, non passa fra il *dolus* e la *culpa* (in senso stretto), tanto che l'uno e l'altra si possono comprendere e si comprendono nell'espressione *culpa* (in senso lato) (1). Si tratta, come ognun vede, di principii elementari. Eppure, essi sono stati così misconosciuti che è necessario insistere ancora sull'argomento e considerarlo da punti di vista più subordinati e specifici alla quistione nostra.

Per diritto comune, perchè l'agente sia responsabile, occorre che questi avesse potuto in primo luogo prevedere la conseguenza dannosa che dal fatto suo poteva nascere, ed in secondo luogo, previsto il danno, avesse potuto e dovuto astenersi. In questa formola si racchiudono le cause precipue che escludono la responsabilità, cioè a dire quando la conseguenza dannosa del proprio atto non poteva prevedersi (caso fortuito) o, pur potendosi prevedere, non potevasi o dovevasi evitare: quando non potevasi evitare avremmo la forza maggiore; quando invece non avevasi alcun obbligo di impedire il danno, il che val quanto dire che l'esecuzione dell' atto, da cui provenne l'effetto dannoso, derivava da una facoltà consentita dal diritto nell' agente, allora non trova luogo responsabilità alcuna, giusta il notissimo aforismo *qui suo iure utitur nemini iniuriam facere videtur.*

Or nei casi nei quali si pone il problema della responsabilità diretta dello Stato, in questo generalmente concorrono ambedue le cause escludenti la responsabilità aquiliana di diritto comune. Concorre l'elemento

_____

(1) I giureconsulti romani affermarono nettamente il principio dell'irresponsabilità diretta delle persone giuridiche: L. 15, § 1, D. de dolo, 4, 3 « Sed, an in municipes de dolo detur actio, dubitatur. *Et puto ex* suo *quidem* DOLO *non posse dari: quid enim municipes dolo facere possunt ?* » — Confr. sull'argomento, per diritto moderno, CHIRONI, *La colpa nel dir. civ. moderno,* Torino 1886, vol. I, §§ 135, 186, e gli autori ivi citati.

della forza maggiore (1) cioè quando il provvedimento preso dall'amministrazione pubblica in danno di un privato, venga imposto dalla necessità di salvaguardare la salvezza o gli interessi generali dello Stato medesimo o della universalità dei cittadini; caso tipico: i danni prodotti dalla guerra. Concorre l'elemento dell'uso di un proprio diritto in quanto noi supponiamo in ipotesi che l'atto amministrativo, causa del danno, non offenda alcuna legge e rientri quindi nei limiti dell'attività lecita e legittima alla pubblica amministrazione consentita pel conseguimento dei suoi fini di diritto pubblico.

Questi principii vengono affermati con concordanza di idee, nelle discipline nostre purtroppo non frequente, da scrittori affatto diversi per metodo e sistemi, appartenenti così al campo degli studi di diritto privato come a quelli di diritto pubblico e alcuno fra essi non può certamente accusarsi di tendenze troppo favorevoli alle immunità fiscali (2). Ripeto: particolarmente notevole è che presso questi scrittori la dimostrazione è in sostanza identica à quella superiormente fatta: rispondenza dovuta al rigore matematico con cui la dimostrazione stessa procede.

---

(1) Ciò vien negato dal VACCHELLI (op. cit. pag. 81), ma, mi pare, senza sufficiente ragione.

(2) Senza pretendere di fare qui una bibliografia completa, si veggano in questo senso: GABBA, *Responsabilità civile dello Stato per danno dato ingiustamente ai privati dai pubblici funzionari*, Fano, 1881, pag. 28; VACCHELLI, op. cit., pag. 80 e seg., pag. 198. Le stesse idee io avevo espresso brevemente nei miei *Principi* cit., n. 632, pag. 366. Sostanzialmente è dello stesso parere il MEUCCI, *Istituzioni di diritto amministrativo*, vol. I, pag. 124.

§ 5.

Come l' esclusione della responsabilità diretta dello Stato ripugni al sentimento giuridico moderno. 1) Opinioni discordanti degli scrittori.

Non parrebbe giusta quanto avvertimmo nel paragrafo precedente, che si fosse potuto seriamente dubitare delle conclusioni cui in esso si arriva e per cui data la teoria classica della responsabilità civile, devesi necessariamente escludere che lo Stato possa incorrervi.

E pure questa soluzione si impone ma non soddisfa. Sotto le forme più diverse, con manifestazioni di indole assolutamente varia, il pensiero giuridico moderno si ribella a questa conseguenza, che pure discende dai principi rigorosi dell'istituto cui deve darsi applicazione. E noi vogliamo soffermarci con relativa larghezza su questo punto che costituisce uno dei capisaldi dell'argomentazione nostra, tendente — giova ricordarlo — a mettere in rilievo la insufficienza della teoria classica della responsabilità civile di fronte ai mutati sentimenti ed alle mutate condizioni sociali del tempo nostro.

Una prima e più diretta manifestazione di tale ripugnanza verso la irresponsabilità diretta dello Stato si trova in coloro che pur sono costretti ad ammetterla in omaggio al rigore dei principi. Il Gabba che già fra questi citammo scriveva tuttavia energicamente: « in una civile convivenza degna di questo nome « nessun aggravio, nessun danno può essere imposto « a nessun cittadino per ragione del pubblico interesse,

« il quale, ove non sia contemporaneamente imposto
« a tutti quanti nella stessa misura, ma sia di sua na-
« tura idoneo a risarcimento, non venga a pubbliche
« spese risarcite. » (*Monografia inserita nella Giurisprudenza italiana*, 1879, 1, 74). Ed il Vacchelli, che
anche esso recisamente nega la responsabilità diretta dello Stato, scrive le seguenti belle parole: « Gli
« è quindi certo che nella coscenza giuridica sussiste
« un sentimento di una ragione ad un indennizzo spet-
« tante al privato verso la pubblica amministrazione,
« indennizzo che fin' ora fu quasi sempre corrisposto
« volontariamente per l'equo procedere dell'amministra-
« zione; ma che in molte legislazioni moderne e spe-
« cialmente nella nostra durerebbe fatica a trovare un
« punto di appoggio nel diritto positivo, poichè ripe-
« terebbe la sua ragione solo da un interesse, per
« quanto tale interesse sia importante e vitale ». E ci
sembra inutile procedere ad ulteriori citazioni avve-
gnacchè non sia chi non vegga come quelle già fatte
rispecchino sentimenti comuni e di una giustizia innegabile.

Ma una forma anche più notevole di ribellione
contro le rigorose conseguenze del principio la riscontriamo in coloro i quali tentano sfuggirvi, affermando
invece, con sottili distinzioni, la possibilità di una responsabilità diretta dello Stato anche atteso il vigente
diritto comune. Per quanto le opinioni di questi scrittori ci sembrino per sè stesse infondate, esse hanno
per noi un'importanza anche maggiore dei voti sopra
citati, dapoichè il cercare di forzare la portata di una
legge è la migliore e più attuosa dimostrazione della
ripugnanza di essa col sentimento giuridico dello scrittore che inconsapevolmente fa di quella sua ripugnanza
il criterio di interpretazione del diritto vigente.

Fra questi scrittori occupa un posto notevole il

Laurent. Per lui (1) lo Stato è responsabile semprecchè leda un diritto, appunto perchè « ogni diritto leso dà luogo ad una rivalsa ». Ma, tenuti presenti gli elementi sistematici della quistione ed esclusa quindi la colpa del funzionario o la illegalità dell'atto, l'argomento del Laurent non risolve nulla. Non basta il dire che vi sia un diritto leso : ciò avviene sempre ogni qual volta vi è un danno, null'altro significando danno patrimoniale senonchè lesione di un dritto patrimoniale. Ma appunto perchè non ogni danno dà luogo a risarcimento, ma bisognano quegli altri elementi d'imputabilità di sopra detti, così non avevamo torto di osservare che l'argomento del Laurent contiene un vero sofisma di petizione a principio, dapoichè mentre crede di risolvere la quistione, non fa che porla. Che vi sia stato un « diritto privato leso » non è che l'*ipotesi* della quistione nostra. La difficoltà vera consiste nell'accertare come tale danno sia avvenuto e se esistano gli elementi della imputabilità.

Se il « diritto » del privato fu leso da un atto « illegale » della pubblica amministrazione, allora, come avvertimmo, non siamo più nei termini della quistione presente ; ma se invece — giusta l'ipotesi sistematica — l'atto era « legale », allora la lesione « legale » di un « diritto » o non significa nulla, o significa che questo « diritto » trovava un « limite » in quella facoltà dell'amministrazione che diede luogo al fatto dannoso. Torneremo del resto su questo argomento appunto perchè di frequente si riscontra tutte le volte che la giurisprudenza ha tentato sfuggire a quelle conseguenze della classica teoria che avrebbero portato ad un'irresponsabilità, conforme ai principii vigenti ma ripugnante a quei nuovi sentimenti che ne avvertono l'insufficienza.

(1) *Principi di diritto civile*, vol. XX, n. 419.

Ùn altro scrittore (1) ha tentato molto argutamente di giustificare la responsabilità diretta, facendo capo al principio sancito dallo statuto all'art. 20 per cui tutte le proprietà sono inviolabili; e solo quando l'interesse pubblico esige che esse siano cedute in tutto od in parte, deve prestarsi un giusto indennizzo; concetto il quale vedremo pure accolto in una sentenza della Cassazione romana. Non può, difatti, negarsi che l'istituto dell'espropriazione per pubblica utilità mediante giusto indennizzo sia determinato da un principio che discende teoricamente da quelle medesime ragioni le quali imporrebbero, in generale, l'indennità di qualsivoglia danno arrecato dallo Stato ai privati nel normale sviluppo dell'attività sua. Per siffatta considerazione quell'argomento è giustissimo *in iure condendo* e costituisce un argomento poderoso a favore della nostra tesi per cui la irresponsabilità dello Stato urta con i principii di giustizia e mal si concilia con altri principii che pure il diritto moderno ha accolti e sanciti. Ma, *in iure condito*, quell'argomento riesce manifestamente difettoso, appunto perchè l'avere regolato con legge apposita una forma specifica di indennità non può logicamente permettere di formulare lo stesso principio sotto regola generale.

L'espropriazione per pubblica utilità se è vero che teoricamente può connettersi con la figura giuridica del risarcimento di un danno, non è per altro men vero che, per diritto positivo, ha assunto una figura propria ed autonoma come una *vendita forzata* in cui l'*indennità* corrisponde al *prezzo*. Ma su quale testo di diritto positivo si fonderà la responsabilità diretta in generale? Sulla legge del 1865 relativa all'espro-

(1) PROVENZANO, *Teoria della responsabilità civile dello Stato* (Palermo, 1889), pag. 24 e seg.

priazione? Nessuno potrebbe seriamente asserirlo, mancandone tutti gli elementi. Sull'articolo 1151 ? Ma allora vuol dire che si resta nei limiti del diritto comune, e questo, come abbiamo veduto, esclude la responsabilità diretta.

L'esame, adunque, di queste teoriche conferma i due punti sostanziali della tesi nostra: cioè da un lato che l'istituto della responsabilità quale sorge dalla classica teoria della colpa aquiliana non consente di dichiarare la generale responsabilità diretta dello Stato; dell'altro lato, che tale conseguenza ripugna al sentimento giuridico dell'universalità degli scrittori moderni sia che questi restino fedeli al rigore dei principii, sia che, sotto l'impulso della coscienza di proclamare un'ingiustizia, tentino sfuggire a tale conseguenza.

§ 6.

2) Incertezze della giurisprudenza.

Fra i « sintomi » che dinotano il mutato sentimento giuridico e la necessità di trasformare un dato istituto, io credo che il più importante sia costituito dalle incertezze della giurisprudenza e, persino, dai suoi errori. Passò il tempo in cui il magistrato potevasi fare organo diretto e legalmente riconosciuto dell'evoluzione giuridica; il diritto moderno ne ha fatto, invece, esclusivamente l'interprete della *legge*, dall'osservanza della quale nulla può esonerarlo. Ciò per la forma: in sostanza, dapoichè persistono le molteplici intime ragioni per cui la mutata coscienza giuridica influisce potentemente sul magistrato, ne consegue che non potendo più il magistrato apertamente farsene organo, vi arriva per vie indirette, cioè *eludendo la legge*, sia forzando alquanto la posizione di fatto nel cui apprezzamento è sovrano, sia costringendo il principio di diritto positivo ad adattarsi, bene o male, alle nuove idee e al mutato sentimento.

Ed in materia di responsabilità diretta dello Stato, mentre da un lato le gravi incertezze della giurisprudenza indicano chiaramente la lotta di principii e tendenze diverse, dall'altro lato le vittorie riportate dal principio della responsabilità — malgrado la legge positiva — sono un segno prezioso della non rispondenza del diritto vigente col sentimento giuridico moderno.

Se consideriamo le incertezze, esse sono grandissime. Basterebbe considerare la famosa quistione — una delle più tipiche in fatto di responsabilità diretta dello Stato — relativa al rifacimento dei danni sofferti dal privato per causa della guerra. Affermavano l'obligo dello Stato le Cassazioni di Palermo (1) e di Napoli (2), quest'ultima applicando i principii dell'espropriazione per pubblica utilità; la prima dichiarando che « non può il beneficio o comodo collettivo ottenersi con lo spoglio o il danno del singolo » : belle parole che hanno il solo torto di enunciare una massima di intuitiva giustizia, ma senza accennare quale ne sia il sostrato nel diritto positivo. D'altra parte, negava il risarcimento, con giurisprudenza solenne e costante, la Cassazione di Roma (3), sostenendo — con maggiore conformità al diritto positivo e minore all'equità — che in quei casi non si possono applicare i criterii della legge sull'espropriazione per pubblica utilità.

La cassazione di Torino propone una distinzione

_____

(1) Sentenza 7 febbr. 1868, nella *Legge*, 1868, I, 537.
(2) *Gazz. dei Trib.*, XXVI, 707.
(3) Sentenza 3 luglio 1883, *Foro italiano*, 1884, 258; confr. sentenza a sez. un. 6 maggio 1889; *Annali*, 1889, 140.

tipica, vera transazione fra il rigore del diritto esistente e la ripugnanza di esso al sentimento moderno di giustizia. Per essa il danno sofferto dal privato in guerra guerreggiata « ha il carattere di forza maggiore e non fonda nello Stato obligo di risarcimento. Però gli stessi fatti posti in essere *volontariamente* dello Stato nel territorio proprio a scopo di bellica difesa fondano nei privati danneggiati diritto a risarcimento verso lo Stato » (1). Il concetto medesimo si trova nel Laurent, che ne fa la seguente applicazione pratica sulle orme della giurisprudenza del Consiglio di Stato: « Alcuni immobili furono distrutti nella zona difensiva di Parigi prima del disastro di Sédan : questo non era un fatto di guerra, poichè i lavori non erano imposti dalla necessità immediata della lotta; quindi il danno dovea risarcirsi. Dal giorno della battaglia di Sédan, invece, tali demolizioni costituivano fatto di guerra, poichè da quel giorno l'investimento della capitale era certo ed imminente e per conseguenza doveano reputarsi eseguite per immediata necessità di difesa » (loc. cit., n. 460).

Bizzarra distinzione, per la quale se l'amministrazione della guerra vuole legitimamente fortificare la capitale, bisogna che aspetti un disastro irreparabile! Prima d'allora, il fatto sarebbe dunque *illecito*, poichè se *lecito* fosse, su che si fonderebbe la responsabilità per colpa aquiliana? Prima d'allora, se, dichiarata la guerra, si vogliono fare *lecitamente* opere di difesa, bisogna che si faccia dichiarare l'opera di pubblica utilità per immettersi nel possesso dell'immobile da espropriare, qualche anno dopo la pace !

E intanto se le incertezze — e, diciamolo pure, — le incoerenze non mancano, giova tuttavia riconoscere

(1) Sent. 29 dicembre 1881, *Foro it.*, 1882, I, 603.

che la tendenza più prevalente nella nostra giurisprudenza è nel senso di ammettere, in generale, la responsabilità diretta.

I criterii sono diversi; il che è naturale mancando
una base ferma e sicura nella legge. Abbiamo visto
riprodotto l'argomento di analogia — secondo noi fallace — che si trae dalla legge dell'espropriazione. Più
caratteristiche, per fini nostri, sono quelle motivazioni
che si riferiscono addirittura a un sentimento astratto
di giustizia riparativa. Notevolissime a questo riguardo
le considerazioni seguenti di una sentenza della Cassazione romana, a sezioni unite, del 15 dicembre 1875
(*Raccolta di giurispr.*, 1878, I, 158). Dopo d'aver detto
(in flagrante contraddizione con quanto alcuni anni dopo
dovea dire la stessa cassazione pure a sezioni unite
nella sentenza superiormente citata) che la responsabilità diretta dello Stato può desumersi dal principio
che « nessuno può essere costretto a cedere ed a soffrire privazione o diminuizione dei proprii beni neppure per viste di pubblica utilità, senza un equo e proporzionato indennizzo » continua la corte osservando:
« lo Stato non può nell'esercizio della propria gestione
ledere gli altrui diritti senza essere obbligato a risarcire il danno..... Un concetto diverso ripugnerebbe *non
solo alla ragione e alla naturale giustizia*, ma non
potrebbe predominare che in un regime dispotico in
cui lo Stato è tutto e l'individuo è nulla ».

Belle parole anche queste, ma che troverebbero
meglio il loro posto in uno scritto scientifico come
augurio di un novello diritto, anziché in una sentenza
scritta sotto l'impero di codici che fanno obligo espresso
al magistrato di decidere secondo la legge esistente
e pei quali la « ragione » e la « naturale giustizia » non
sono fonti di diritto positivo.

Il diritto positivo in fatto di responsabilità diretta

codiffcò i principii della legge aquiliana, pei quali non vi è responsabilità senza «colpa». Lo Stato che agisce legalmente pel conseguimento dei suoi fini, non può essere in «colpa» dunque non può essere responsabile, stando a quei principii. La «ragione» e la «naturale giustizia» ci avvertono bensì che questi principii non sono più sufficienti e che, sotto l'impulso dei mutati sentimenti e dei bisogni sociali mutati, un nuovo concetto, e più largo, di responsabilità è venuto elaborandosi.

(*Continua*)

V. E. ORLANDO.

IL VOTO OBBLIGATORIO

PARTE PRIMA

STORIA

Quei pochi, i quali hanno voluto fare qualche ricerca sulla storia del voto obbligatorio, piuttosto allo scopo di avere un argomento in loro favore che di studiare le origini ed i successivi mutamenti dell'istituto, hanno creduto di poter affermare che l'obbligatorietà del voto esisteva in Atene fino dai tempi più gloriosi di questa democrazia. Si cita in proposito una legge di Solone, il quale avrebbe comminato pene contro coloro i quali non intervenissero nelle assemblee, e nelle cose pubbliche non si dichiarassero per l'una o per l'altra parte, quasichè nelle afflizioni della Città fosse lecito starsene nella propria casa e lasciarla in preda ai cattivi. Se questo fosse vero noi non potremmo in alcun modo mettere in dubbio l'esistenza in Atene di una partecipazione obbligatoria alle assemblee: ma, esaminando bene le parole con le quali Plutarco ricorda la legge in parola, di cui si trova pure menzione nell'Ἀθηναίων πολιτεία, non ci pare sufficientemente giustificata l'affermazione suddetta. Plutarco infatti dice: « Τῶν δ'ἄλλων αὐτοῦ νόμων ἴδιος μὲν μάλιστα καὶ παράδοξος ὁ κελεύων ἄτιμον εἶναι τὸν ἐν στάσει μηδετέρας μερίδος γενόμενον » (1) il che significa non che i cittadini fossero obbligati ad intervenire alle assemblee, ma che una volta entrati nelle assemblee, le

(1) *Plutarchi vitae.* Parigi, 1857. Vol. I. Pag. 106. Solon XX. *Reliquarum Solonis legum haec peculiare aliquid habet et communi opinioni contrarium, quae infamia eum notat, qui in seditione neutri se parti adiunxerit.*

quali avevano altresì funzioni giudiziarie, dovevano dichiararsi per l'una o per l'altra parte.

Vero è che in Atene vi furono leggi dirette a favorire l'intervento dei cittadini alle assemblee, ma il vero principio del voto obbligatorio non fu mai conosciuto : invero sebbene in principio non si conoscesse indennità alcuna per i pubblici servizii, sotto Pericle si vide che questo principio allontanava dai pubblici uffizii i cittadini più poveri, onde si estese all'intervento nelle pubbliche assemblee il compenso in denaro già stabilito per altre cariche, per il disimpegno dei doveri del cittadino verso lo stato (1). Di più questa innovazione, che sembra aver favorito così grandemente lo svolgimento delle libere istituzioni ateniesi, deve avere agito indirettamente come una specie di obbligatorietà di intervento, perchè quegli che mancavano perdevano l'*ecclesiasticon* che si distribuiva ai presenti.

Il Lieber poi, fondandosi specialmente sulla *Economia degli Ateniesi* del Boech e sulle *Costituzioni politiche dei Greci* del Tittmann, dice che nelle assemblee « i lexiarchi « mandavano i loro toxotae davanti ad essi a segnare con « cordicelle rosse gli abiti bianchi dei ritardatari, cosicchè « i lexiarchi, in numero di sei con trenta assistenti, pote- « vano privarli dei biglietti per mezzo dei quali essi anda- « vano a farsi pagare (2) ».

Perciò, mentre non ci pare abbastanza giustificata l'opinione di coloro, i quali vedono nell'accenno alla legge di Solone l'obbligo di intervenire alle assemblee, dobbiamo dire che in Atene vi furono delle leggi intese a favorire quanto più fosse possibile questa partecipazione diretta dei cittadini all'Amministrazione della pubblica cosa. Se

(1) ERXHINE MAY. *La democrazia in Europa : Grecia.* V. Biblioteca di Scienze politiche diretta dal Prof. Attilio Brunialti. Vol. I, parte 1ª.

(2) F. LIEBER. *La libertà Civile e l'autogoverno.* Appendice prima. *Alcune notizie sulle elezioni, sulla statistica elettorale e sul voto universale per si e per no.* Vedi Biblioteca sovracitata, Vol. V.

anche in Atene si riscontra una cifra molto elevata di astensioni, non si deve attribuire questo fatto all'apatia dei cittadini, perchè molti erano assenti come soldati, molti vivevano fuori della città, ed, essendo Atene una democrazia diretta senza temperamenti, essi dovevano quasi quotidianamente partecipare alle *Ecclesie*, per sedere come magistrati, amministrare, fare le leggi, ricevere solennemente le ambascierie, e risolvere tutte le quistioni relative al benessere dello stato. Monumenti insigni dell'alta educazione politica degli Ateniesi sono sparsi nelle pagine immortali degli storici, degli oratori e dei filosofi di quel tempo; a noi basterà ricordare le parole dell'orazione funebre di Pericle in onore dei morti a Maratona : « Noi « siamo il solo popolo, il quale consideri l'uomo che non « prenda parte alcuna ai pubblici affari, non come estraneo « al corpo sociale, ma come inutile (1) ».

>꙰<

I primi esempi di partecipazione obbligatoria all'Amministrazione dei pubblici affari si riscontrano invece nelle leggi dei Franchi e dei Germani. Presso questi popoli l'intervento alle assemblee era correlativo al dovere di portare le armi, ed appunto per ciò è naturalissimo il pensare che l'obbligatorietà inerente al servizio delle armi si sia estesa all'intervento nelle assemblee popolari. Di questa relazione esistente fra le assemblee e l'esercito si hanno parecchi indizii, come il fatto che solamente i liberi potevano servire nell'esercito, che essi intervenivano armati alle adunanze, e delle armi si servivano per approvare le proposte; onde siccome l'idea del popolo congregato, (*mallo, thing, concio...*) coincideva con quella dell'esercito, l'autorità regia o comitale, che convocava il popolo armato, non poteva essere disobbedita. (Confr. Lex Langob. Ed. Roth. 21, 30).

(1) Thucydidis *Historiae*, Lib. II, 40.

Il Waitz, riportando alcune leggi di quel tempo, ci attesta che era dovere assoluto l'intervenire alle assemblee (1).

Infatti egli ricorda la Lex Baj. II. 14 in cui è detto: « *Ut placita fiant per calendas aut post 15 dies, si necesse* « *est ad causas inquirendas, ut sit pax in provincia. Et* « *omnes liberi conveniant constitutis diebus, ubi iudex or-* « *dinaverit, et nemo sit ausus contempnere venire ad pla-* « *citum* (2) ».

Similmente nel *Capitulare regum Francorum* a. 808 et BOVETIUS c. 12 è parola di quelli « *qui iterum ad illum* « *placitum venire debeant,* » ed in seguito (c. 14) « *de epi-* « *scopis, abbatibus etc... qui ad placitum nostrum non ve-* « *nerunt* ».

Non meno interessante è il seguente passo: « *Littera-* « *rum ipsarum exemplar dirigendum curavi, ut si forte* « *mentio de me inciderit, iuste me remansisse possitis osten-* « *dere* » (3), da cui si vede come fossero ammesse le valide scuse di assenza e quindi quasi certamente anche una sanzione contro coloro che fossero stati assenti *iniuste.*

Onde sebbene, non si sappia precisare qual pena colpisse coloro i quali *iniuste* rimanevano a casa, tuttavia appare come fosse obbligatorio l'intervento alle assemblee e come esistesse una sanzione contro coloro i quali non giustificavano la loro assenza.

✳

Da questo risulta come veri e propri esempi di partecipazione obbligatoria all' amministrazione della pubblica cosa già si trovino nelle leggi franco-germaniche, dalle quali sembra sia passata alle tumultuose assemblee dei nostri liberi Comuni del Medio-Evo. Riuscirebbe certa-

(1) WAITZ. *Deutsche Verfassungsgeschichte III.* Berlino, 1880, pagg. 579-580 inclus.

(2) Confronta WAITZ. op. cit., I, pagg. 343 e 345.

(3) V. LUPUS, Ep. 18, 78.

mente feconda di utili notizie una ricerca fatta su numerosi statuti appartenenti a diverse regioni d'Italia per vedere se la partecipazione obbligatoria ai pubblici affari
era diffusa in tutte quante le parti d'Italia; ma noi abbiamo
dovuto limitare le nostre ricerche ad alcuni Statuti inediti
della Lunigiana, esistenti nell'Archivio Comunale di Sarzana, ed a quelli delle Città di Siena, Pisa, Pistoia, Firenze
e Voghera, e dei paesi di Biandrate, Melazzo, Peveragno
e Vertova, i quali tutti ammettevano il principio dell'obbligatorio intervento alle assemblee.

Ci siamo pure rivolti a Modena affinchè potesse riuscire più larga la base delle nostre ricerche, e qui abbiamo potuto sapere che il Cav. Giuseppe Alessandro Spi-
nelli, Conservatore de' manoscritti dell'Estense, il quale
per conto di uno scrittore della Germania avea fatto, sugli
statuti dei comuni modenesi, delle ricerche intorno alle
assemblee popolari, non avea trovato esempio di simile
obbligatorietà.

Parecchi dei precitati statuti, e specialmente quelli della
Lunigiana, ci offrono veri e propri esempi di obbligatorio
intervento alle assemblee, variamente regolato a seconda
delle diverse consuetudini dei paesi. Troviamo infatti in
ispecial modo seguiti due sistemi nella sanzione di questo
obbligo: alcuni statuti stabiliscono l'intervento obbligatorio dei consiglieri al Consiglio, e l'accettazione obbligatoria delle pubbliche cariche; altri invece si limitano a
sanzionare l'intervento obbligatorio ai parlamenti ed al
Consiglio, senza comminare alcuna pena contro coloro i
quali non vogliono accettare pubblici uffizi. Però le disposizioni statutarie di cui noi intendiamo occuparci sono
quelle riguardanti l'obbligo d'intervenire ai parlamenti ed
ai consigli, essendo queste in relazione più diretta col
nostro argomento.

Dell'accettazione obbligatoria delle cariche pubbliche
diremo solo che, dall'esame di alcuni statuti e delle loro
revisioni (1), appare come quando tenue era la multa,

(1) Cfr. *Statuta Communitatis et hominum Falcinelli*, Lib. I,
Rub. 3ª e Decreto X Aprile 1538. *Revisione degli Statuti di Falcinello dell'anno 1652* nell'Archivio Comunale di Sarzana.

molti la pagavano per essere esonerati, che quando fu
elevata sembrò troppo grave, onde la si dovette di nuovo
abbassare, cosicchè questa ammenda si manifestò ora inefficace, ora pericolosa, in ogni caso poi ingiusta perchè
stabiliva un privilegio a favore dei ricchi sui poveri.

Ma, ritornando a quello che più direttamente ci riguarda, diremo che la costituzione del parlamento od assemblea generale variava secondo i diversi comuni, perchè
in alcuni si componeva di tutti gli uomini maggiori di
età, secondo altri di uno per famiglia, e la maggiore età
o era stabilita dallo statuto o si computava generalmente
secondo il diritto canonico. Non mancavano comuni, nei
quali era stabilito altresì un limite massimo di età oltre
il quale non fosse lecito partecipare alle assemblee; così
gli statuti di Falcinello disponevano che coloro i quali
intervenivano al parlamento doveano avere dai diciotto ai
settanta anni. Le assemblee erano convocate *per sonum
campanae* oppure *per vocem preconis* a seconda della
topografia dei luoghi; erano presiedute dal Podestà o dal
capo degli Anziani, il quale dovea regolare l'andamento
della discussione, dava e toglieva la parola, puniva coloro che avessero interrotto gli oratori.

Degne di nota sono la grande autorità concessa al presidente delle assemblee e la severità con cui erano puniti
i trasgressori dell'ordine: disposizioni necessarie in tempi
nei quali, per le discordie intestine, i cittadini intervenivano armati alle assemblee, pronti a metter mano ai ferri
ed a gettare il grido della sommossa. Tutti coperti di ferro,
reduci forse dal campo o dalla cavalcata, venivano a difendere gli interessi della patria od a caldeggiare l'esilio
dei concittadini e forse anche dei parenti pericolosi alla
libertà del comune: eletti ad un ufficio, scelti ad amba-
sciatori od a capitani dell'esercito, prestavano giuramento
sui libri sacri dinnanzi al popolo commosso, ed abbando-
nate le care gioie della famiglia, partivano accompagnati
dalla benedizione dei sacerdoti, dai palpiti dei loro cari,
dai voti e dagli auspici dei concittadini.

Ma nonostante questo grande interesse dei cittadini per

il bene della patria, nonostante questa luminosa meteora di libertà in mezzo ad una notte così profonda, si intese il bisogno di multare i cittadini che avessero mancato all'appello della patria, dovendo essi non solamente difenderla colle armi in campo aperto e sugli spaldi crollanti delle mura e della rocca, ma anche provvedere al suo benessere nella direzione della pubblica cosa.

Noi non sapremmo precisare il tempo in cui si deve esser inteso questo bisogno; ma, a pensarci sopra, ci pare che non dovette sentirsi nei primi tempi dei nostri comuni, ma solamente allora quando i cittadini, per le ricchezze accumulate per il crescente sviluppo del commercio, erano distratti dall'occuparsi dei pubblici affari. Così nel comune di Sarzana, sebbene già vi fossero due statuti di epoche differenti, si aspettò il 16 Gennaio 1473 a sanzionare una pena contro *li renoncianti gli offici del Comune* (1).

A qualunque modo fosse costituito il parlamento l'intervento alle adunanze era obbligatorio perchè i mancanti incorrevano in una pena pecuniaria variabile a seconda dei diversi paesi. Degli statuti di Lunigiana solamente quello di Castelnuovo Magra non se ne occupa, e lo Statuto di Ameglia sembra che parlando della pena di quelli che non vanno al parlamento, voglia riferirsi unicamente ai *consiglieri che saranno di parlamento*, perchè fra le altre cose dice: *quando saranno citati dal messo pubblico e che sarà sonato il terzo bòtto della campana, come è solito*, mentre il parlamento si convocava col semplice suono della campana; onde, a quanto pare, i consiglieri i quali erano di Parlamento erano citati, e solo per loro era obbligatorio l'intervento.

L'ammenda era fissa *pro qualibet vice et quolibet contrafaciente*, e cioè senza variazioni per i recidivi nè per le diverse gradazioni sociali cui appartenevano i mancanti. Variava l'ammenda da quattro denari, come era negli sta-

(1) V. nell'archivio comunale di Sarzana. *Deliberationes*. Vol. 1472-1475 inclus., a carte 42.

tuti di Falcinello, ad otto soldi di Genova, come in quelli
di Sarzana; però nello Statuto di Follo troviamo non l'ammenda fissa, ma un'ammenda che può variare fra i dieci
ed i venti soldi di Genova. Le ragioni di questa elasticità
ed i criteri ai quali dovevano inspirarsi le autorità nel-
l'applicarla non si trovano in alcuna parte dello statuto;
ma è probabile che si sia scelta questa latitudine, perchè
meglio corrispondente alle diverse condizioni in cui poteva trovarsi il contravventore, a seconda delle scuse non
specificate dallo statuto, ed a seconda delle recidive condizioni le quali consigliavano a lasciare questa elasticità,
quantunque in certi casi potesse dar luogo a deplorevoli
e pericolosi abusi.

Molta varietà vi è nei nostri statuti per ciò che si riferisce alle scuse, poichè alcuni le ammettono senza spe-
cificarle, altri le enumerano, ed altri infine non ne fanno
parola. Fra quelli che ammettono le scuse senza alcuna
specificazione citeremo lo statuto di Arcola, il quale stabilisce al cap. XLI: « Item statuimus et ordinamus quod
« omnes homines de Arcula, seu ibi habitantes vel districtu
« teneantur et debeant venire ad Parlamentum toties quo-
« ties fuerit parlamentum, seu requisitum per Nuntium
« Curiae pubblicum Arculae, sub pena soldi unius Januae
« nisi iurta et necessaria causa remanserint vel licentiam
« a Domino Potestate habuerint ».

Così pure altri Statuti parlano di giusti impedimenti
senza nemmeno dire a chi spettava il giudizio sulle condizioni in cui si trovavano gli assenti: noi però nel silenzio degli statuti crediamo si possa ammettere che quel
giudizio spettasse al Podestà, appunto perchè in molti
paesi esso poteva concedere il permesso di astenersi.

Fra le scuse specificate nei diversi statuti ve ne sono
di abbastanza singolari: in primo luogo era considerata
come valida scusa di assenza la lontananza, perchè infatti
tanto lo statuto di Sarzana quanto quello di Sarzanello,
escludono dalla condanna coloro i quali « essent absentes
« ultra unum miliare a terra, » e lo statuto di Follo dice
che devono essere scusati quelli che non fossero stati in

Follo o nel distretto del comune. Ma le scuse più caratteristiche sono quelle di cui è parola nello statuto di Sarzana del 1331 in cui è detto! « *Ab istis duabus penis ad-* « *ventus consilii et parlamenti excusentur omnes qui tem-* « *pore consilii et parlamenti celebrati essent ad comeden-* « *dum in prandio vel in cœna, vel sibi caput ablui fecerint* ».

In quanto alla causa della lavatura del capo che dispensava i consiglieri dall'intervenire alle sedute del Consiglio, e di cui già trovasi cenno nello Statuto di Sarzana del 1269 (1), senza voler indagare nè il quando tal costumanza s'abbia avuto principio, nè il come venisse praticata, si potrà ritenere però, ch'esser dovesse a que' tempi d'uso pressochè generale. Chè anzi dall'importanza che si dava a cotesto lavamento del capo si è indotti a credere, ch'era tenuto in allora come cosa necessaria non tanto alla pulizia, quanto altresì, e forse più, alla sanità della persona. Ma comunque sia, la non si sbaglierà certamente gran fatto ammettendo che se cotesta operazione riusciva benefica nelle sue conseguenze, nell'atto però della sua esecuzione dovea tornare molesta non poco. E non è forse improbabile che appunto da questi due diversi effetti da essa prodotti, sia originato il modo proverbiale del *lavare il capo all'asino*, per far benefizi a chi se ne mostra sconoscente (2).

Lo statuto di Sarzana aggiunge pure come scusa va-

(1) V. STATUTO DI SARZANA DEL 1269 nel *Codice Pallavicino* nell'Archivio Capitolare di Sarzana, ora in corso di stampa negli *Atti della Deputazione di Storia patria per le provincie Modenesi e Parmensi.*

(2) A prova dell'importanza di quest'atto citeremo il GREGOROVIUS — *Lucrezia Borgia secondo documenti e carteggi del tempo* — Lib. 2° § 1° — « A Faenza Lucrezia disse che si fermerebbe ad Imola tutto il venerdì per lavarsi il capo: mentre non avrebbe potuto ciò far di nuovo che più tardi, finito il carnevale. Questa lavanda del capo, che abbiamo già più volte avuto occasione di menzionare come uno degli atti proprii all'acconciatura di quel tempo, dev'essere stata connessa con speciali procedimenti nel modo di curare i capelli ».

lida il caso di malattia o qualunque altra *causa necès-saria*, venendo così ad aprire un varco a quelle scuse, che, pur non essendo numerate, potevano essere più giuste della lavanda del capo, il giudizio delle quali era lasciato al pieno arbitrio del Capitano. E sebbene sia più logica di queste legittime cause di scusa, accettate nello statuto di Sarzana, è certamente abbastanza singolare quella dello statuto di Follo, per la quale non doveva essere multato colui il quale prestava giuramento « *se non audivisse vo-* « *cem preconis aut sonum campanae* ».

Infine vi sono alcuni statuti i quali, pure ammettendo l'obbligo di intervenire alle assemblee, non fanno parola di scusa alcuna : fra questi citeremo lo statuto di Castelnuovo Magra e quello già ricordato di Falcinello, nel quale non è alcun ricordo di valida scusa, sebbene, allorchè tratta dell'obbligo di accettare i pubblici uffizi o di seguire le ambascierie, ammetta sempre le ragionevoli cause di scusa.

Tutti questi statuti Lunigianesi non solo stabiliscono l'obbligo di intervenire alle assemblee per tutti gli uo-mini del comune, ma, quasi come corollario, sanzionano altresì l'obbligo per i consiglieri di partecipare alle sedute del consiglio : ai trasgressori è comminata una pena pecu-niaria più forte di quella con cui sono colpiti coloro che mancano al parlamento : le scuse valide sono quelle stesse che lo statuto reputa degne di considerazione in caso di assenza dalle assemblee generali. Anche a Firenze era obbligatorio l'intervento ai consigli, ed infatti negli statuti è detto : « *Quicumque ex consiliariis consilii populi, vel* « *communis et seu ex sex mercantiae, vel capitudinibus* « *artium civitatis Florentiae non venerit de coetero ad* « *consilium, de quo ex predictis fuerit, et in sala palatii* « *dominorum priorum, in qua moris est consilia congre-* « *gari, se non representaverit die quo consilium, de quo* « *erit, congregabitur, postquam fuerit pulsatum tertia* « *vice ad consilium, et antequam pulsentur demum, seu* « *retocchentur centum tres tocchi pro consilio more so-* « *lito, intelligendo campanae grossae palatii predicti, in-* « *currat dicto communi in poena soldorum viginti f. p.*

«*pro quolibet, et qualibet vice, quos solvere quilibet talis
« teneatur camerario camerae dicti communis infra decem
« dies a die apuntaturae de eo propterea factae sub pena
« quarti pluris...... Hoc tamen addito et proviso, quod qui-
« libet non veniens, possit, et debeat excusari propter infir-
« mitatem et propter absentiam a civitate, et propter aliud
« tustum impedimentum, dum tamen quaelibet talis excu-
« satio, ex eius causa quod vera sit involtur per aliquem
« ex aliis consiliariis, seu, vel capitudinis talis consilii, et
« seu duos alios cives florentinos (1)».

In quanto poi alla procedura da seguire era molto
semplice; l'assente presentando le scuse prestava giuramento; ciò bastava quando gli Statuti enumeravano le
scuse, ed egli si trovava in una delle condizioni considerate eplicitamente dagli statuti; ma se questi parlavano
di giusti impedimenti, senza alcuna specificazione, era necessario il giudizio del Podestà. Per maggior chiarezza
ricorderemo che, secondo lo Statuto di Sarzana, il cancelliere del comune dovea scrivere i nomi dei mancanti «et
« dare ad gravandum magnifico Domino Capitaneo Civi-
« talis Sarzanae, pena cancellario in praedictis negligente
« el pro qualibet vice praedicta quae neglexerit solidos de-
« cem Ianuae».

Intorno alla destinazione delle ammende diremo solo
che esse erano versate nelle casse comunali a beneficio
esclusivo del comune stesso.

Riuscirebbe assai interessante una ricerca praticata
sulle deliberazioni comunali e sui conti dei *Massari* del
comune per vedere come funzionasse questo sistema di
obbligatorietà, per sapere cioè quanti intervenivano alle
assemblee e quante erano le ammende che andavano ad
arricchire le case comunali. Sarà certamente utile, se in
avvenire qualche diligente ricercatore vorrà praticare
queste indagini e noi, a prova della persistenza di questo

(1) Vedi *Statuta populi communis Florentiae pubblica auctoritate collecta, castigata et praeposita anno Salutis 1415* — Fri-
burgi 1778. Tom. II, Tractatus I libri V, rubrica 187.

istituto che siamo andati rintracciando attraverso le manifestazioni della vita pubblica medioevale, aggiungeremo
solo che anche nel 1753 troviamo fra le deliberazioni della
città di Sarzana una condanna dei mancanti al Consiglio (1).
La quale, se da un lato ci dimostra quanta vita abbia
avuto l'obbligo di intervenire alle adunanze, dall'altro ci
fa vedere quali mutazioni abbia avuto in questo periodo, poichè da quella deliberazione appare che furono i presenti a
domandare la condanna degli assenti, il che vuol dire che
la condanna non si faceva più spontaneamente, ma era
necessaria una domanda.

Esposte queste poche notizie raccolte su alcuni statuti
comunali del Medio Evo, passiamo a tracciare un po' di
storia del voto obbligatorio in Svizzera, dove, sostenuto
dalle tradizioni, esso vige tuttora in parecchi cantoni in
mezzo a tanta libertà, e dove si sente ogni giorno più la
necessità di estendere questo obbligo tanto utile al regolare andamento delle moderne istituzioni rappresentative.
Per trattare questa parte riguardante la Svizzera, utiliz-
zeremo gli scritti del signor Deploige, il quale nel mese
di marzo ultimo ha pubblicato sulla *Revue Générale* del
Belgio un pregevolissimo lavoro che si intitola : *Le vote
obligatoire en Suisse.*

Il Deploige prende le mosse dal Medio Evo in cui si
ritrovano le prime origini del voto obbligatorio, in quanto
già fin d'allora nei cantoni che hanno formato il nucleo
della confederazione Elvetica, e specialmente nelle repubbliche d'Uri, Schwyz, Unterwalden, Glaris, Zug ed Ap-
penzel, i cittadini attivi erano obbligati ad assistere, cinti
dello spadone, alla grande assemblea nazionale conosciuta
sotto il nome di *Landsgemeinde.* «Tutte queste piccole

(1) Vedi nell'Archivio Comunale di Sarzana, *Deliberationes.*
Vol. 1752-1764 inclus., a carte 33.

« repubbliche, scrive il Deploige, si accordavano nell'esigere
« dai loro concittadini che assistessero alla *Landsgemeinde*.
« Ciascuna per altro si adoperava a suo modo per fare
« osservare questo dovere patriottico ».

« Nel cantone di Uri colui che non veniva all'assemblea,
« o si presentava senza spada, era escluso dalla cena of-
« ferta dal Landmman ai suoi elettori ».

« Nel 1764 e 1765 la Landsgemeinde di Schwyz ricorda
« che la consuetudine degli antenati esigeva dagli elettori
« che portassero la spada. Quegli che non vi si conformas-
« sero non avrebbero avuto diritto di votare ».

« A Nidwalden un' ammenda di 5 lire puniva i cittadini
« negligenti».

« A Glaris il cittadino, che si asteneva senza valida
« scusa, doveva pagare un' ammenda di due lire; se era
« giudice o membro del Landrath, era sospeso dalle sue
« funzioni per un anno ».

« Nel cantone di Appenzell (Rh. ext.) colui che lasciava
« la Landsgemeinde prima dell' elezione dei funzionarii e
« della prestazione del giuramento, era condannato ad una
« ammenda di 5 lire».

Il Deploige, per ricercare la ragione di questo obbligo,
riporta l' opinione del Blumer, lo storico delle democrazie
primitive della Svizzera, secondo il quale la ragion d' essere di questo istituto deve ricercarsi nel fatto che il popolo adunato nelle Landsgemeinde giurava fedeltà alle
consuetudini del paese ed alle autorità costituite. Il carattere misoneico degli abitatori delle montagne in generale
e degli Svizzeri in particolare non ci deve fare meravigliare
se quello stesso carattere di obbligatorietà, che si riscon-
trava nella partecipazione alla vita pubblica di allora, si
è mantenuto ed ha persistito in quei cantoni, nonostante
le profonde modificazioni verificatesi da quel tempo nelle
loro costituzioni. Infatti le costituzioni di quei paesi pro-
clamano ancora l'obbligo di intervenire alle Landsgemeinde, ma nessuna ha sanzioni dirette a reprimere l'astensionismo (1).

(1) « Costituzione d' Uri , art. 18; d' Obwalden , art. 16; di

Tuttavia il Deploige in una nota dice che nel mentre mandava i fogli allo stampatore, un deputato del Cantone di Appenzell gli scrisse che il regolamento della Landsgemeinde punisce con un'ammenda di dieci lire gli elettori che si astengono.

Similmente egli ricorda il cantone di Zug nel quale essendosi, per l'aumento della popolazione, dovuto ripristinare l'ordinamento rappresentativo temperato col *referendum*, l'art. 15 della costituzione stabilisce l'obbligo dei cittadini di intervenire alle assemblee comunali; se non che questo articolo ha l'aria di essere piuttosto una raccomandazione morale che un obbligo giuridico, poichè nessuna sanzione colpisce gli astensionisti. In un'altra nota egli aggiunge che recentemente nel cantone di Zug si è tentato di dare una sanzione all'art. 15, e che in seno alla commissione parlamentare che prepara in questo momento un progetto nuovo di costituzione, alcuni oratori hanno proposto di punire l'astensione con una leggera ammenda, ma la loro mozione è stata respinta.

Ma assai più interessante riesce lo studio delle disposizioni costituzionali e legislative relative alla presenza obbligatoria alle assemblee di altri cantoni, la cui organizzazione politica differisce meno radicalmente dalle moderne organizzazioni rappresentative. Per ciò appunto il Deploige ha dedicato una parte speciale del suo lavoro a questa ricerca, ed incominciando dal Cantone di San Gallo, in cui vi erano le assemblee distrettuali per l'elezione dei deputati, dei giudici, del prefetto, e le comunali per l'elezione del Consiglio Comunale e dei giudici di pace, egli nota che il voto obbligatorio vi fu introdotto sotto l'impero della costituzione del 1831 con una legge del 23 aprile 1835, il cui titolo fa vedere come gli elettori non fossero molto assidui a queste adunanze (1). Questa legge

Nidwalden art. 18; di Glaris art. 31; d'Appenzell (Rh. ext.) art. 17. »

(1) *Gesetz gegen den nachlässigen Besuch der Bezirksgemeinden der Bürger — und Genossenversammlungen.*

stabiliva un'ammenda di cinque fiorini per gli elettori
che si fossero astenuti dal partecipare alle assemblee del
distretto, e due fiorini per quelli che si astenessero dalle
assemblee comunali, non puniva gli elettori aventi più di
60 anni, ed in generale coloro che potessero giustificare
un impedimento serio.

Ma questa organizzazione fu profondamente modificata
in seguito alla revisione della costituzione fatta nel 1861,
con cui, per le proteste dei liberali, si abolirono le assemblee distrettuali, facendo di ciascun comune un collegio.
La costituzione stessa proclamò all'art. 20, come principio,
che gli elettori aventi meno di 60 anni erano tenuti a
prender parte a queste adunanze comunali, ed agli articoli 110 e 113 stabilì pure l'obbligo di partecipare alle
adunanze in cui gli elettori esercitavano il loro diritto di
veto sulle leggi votate dal Gran Consiglio. Su queste nuove
basi il voto obbligatorio fu riorganizzato dalla legge del
9. maggio 1867, che è ancora in vigore, secondo la quale
gli elettori che, senza valida scusa, si astengono d'intervenire ad un'assemblea comunale o che giungono dopo
l'elezione degli scrutatori, o che partono prima che sia
sciolta l'adunanza, devono pagare un'ammenda di due lire.

In quanto alle scuse valide il Deploige dice che sono
enumerate dalla legge, e che sono: « *Maladie notoire de*
« *l'électeur; maladie grave d'un proche parent attestée par*
« *le médecin; exercice de certaines professions; naissance*
« *d'un enfant pour le père; baptème d'un enfant pour le*
« *parrain; inhumation d'un défunt pour les parents jusqu'*
« *au quatrième degré inclusivement; résidence prolongée*
« *de l'électeur en dehors de la commune. Au surplus, le*
« *conseil communal appréciera le bien-fondé des excuses*
« *non prévues par la loi* ».

Ciascun elettore riceve prima dell'adunanza una carta
d'identità, che gli dà diritto a votare, e la cui consegna
serve a constatare la sua presenza. Gli elettori che non
avessero votato posson presentare i motivi della loro astensione dentro gli otto giorni successivi all'elezione, ed il
consiglio comunale deve applicare l'ammenda a quelli che

non gli hanno presentato in questo termine, ed a quelli che non hanno portato scuse valide. Il prodotto delle ammende è versato nelle casse comunali.

Una nuova revisione della costituzione si è fatta nell'anno 1890, la quale, sebbene abbia introdotto non poche modificazioni specialmente riguardo alla segretezza e pubblicità del voto, ha lasciato intatto all'art. 43 il principio del voto obbligatorio, cosicchè questo funziona sempre nel Cantone di San Gallo, ed anzi è stato esteso ad un certo numero di nuove elezioni. Il Deploige deplora la mancanza di una statistica elettorale comparativa delle astensioni e delle condanne pronunciate, la quale servirebbe a precisare l'applicazione fatta del voto obbligatorio ed è altresì dolente di non aver potuto esaminare i conti comunali, dai quali dovrebbe apparire l'ammontare delle ammende incassate annualmente dai comuni. Tuttavia egli ha potuto raccogliere alcune informazioni assai interessanti che noi riproduciamo tradotte perchè degne di considerazione: «In un quarto dei comuni non si applica la legge. A «rigore il Consiglio di stato potrebbe obbligare i consigli «comunali ad applicarla, ma nessuno se ne lamenta, onde «il Consiglio di Stato non interviene e lascia fare.

«D'altra parte i consigli comunali che osservano più «strettamente la legge non si mostrano in generale molto «severi. La legge del 1867, non parlando della procedura «da seguirsi in confronto degli elettori astenuti, ciascun «comune fa come crede. In pratica si procede ordinaria- «mente nel modo seguente. Il Consiglio comunale prende «conoscenza delle scuse presentate dagli elettori che non «hanno votato; ordinariamente l'elettore è creduto sopra «la parola, ed il Consiglio comunale non ordina alcuna «specie d'inchiesta. L'elettore condannato non ha da pa- «gare altre spese che l'ammenda. Non è ammesso l'appello «contro le decisioni del Consiglio comunale, salvo il caso «in cui il Consiglio non abbia osservato la legge, per esempio «non ammettendo come valida una scusa legale, e allora il «ricorso d'appello dovrà essere eventualmente portato al «Consiglio di Stato. Se un elettore rifiuta di pagare l'am- «menda è perseguito coi mezzi ordinari.

«In mancanza di statistiche complete riesce difficile il
«precisare i risultati ottenuti. Non esistono cifre precise
«che per le votazioni federali : in media 73 %, degli elettori
«di San Gallo hanno votato una scheda valida nei referen-
«dum federali che ha avuto luogo dal 1879 al 1891; la
«partecipazione più forte è stata di 83 %, la più debole di
«67 %. Il numero dei votanti non è più elevato di quello
«dei cantoni di Schaffhouse (84 %), d'Argovia (83 %) d'Ap-
«penzell (78 %) e di Uri (76 %). Il numero delle schede
«bianche è poco elevato, ed in conclusione gli elettori di
«San Gallo non possono lamentarsi perchè l'applicazione
«di questa legge non è vessatoria e siccome non è favore-
«vole o nociva ad alcun partito, nessuno pensa ad abolirla.»
Il signor Deploige, dopo aver riportate le statistiche suddette, osserva che gli uomini politici di San Gallo riconoscono unanimemente che la prospettiva di dover pagare
due lire determina a votare degli elettori che senza quella
non si incomoderebbero : dice però che non si deve esagerare l'influenza esercitata dalla minaccia di quest'ammenda, perchè altri fattori concorrono ad aumentare il
numero dei votanti. Questa osservazione ci sembra giustissima quando si pone mente alla mitezza dell'ammenda,
al fatto che in molti comuni non è applicata e negli altri
assai debolmente, ed alla latitudine concessa alle scuse.

Ma rimarremo abbastanza maravigliati nel seguire il
signor Deploige nell'investigazione storica del voto obbligatorio nel Cantone di Soletta. Il voto obbligatorio funzio-
nava già da venti anni nel cantone di San Gallo, allorchè
fu introdotto a Soletta : perchè infatti per la costituzione
del 1° giugno 1856 (art. 17): «Gli elettori sono obbligati
«a prender parte alle elezioni e votazioni federali e can-
«tonali ».
Ad organizzare il principio stabilito dalla costituzione
venne la Legge del 29 dicembre 1860, la quale puniva
l'astensione non giustificata con un'ammenda di 70 cen-

tesimi, ammettendo come scusa l'età di 65 anni, la lontananza dal cantone, la malattia o gli impedimenti gravi.
Ma i punti caratteristici della legge in parola, e che ne
costituiscono specialmente il lato debole, devono ricercarsi
nella procedura escogitata. Infatti le scuse devono essere
presentate all'Ufficio elettorale, il quale decide ed invia
l'elenco dei condannati al Consiglio comunale; e per di
più le condanne devono essere ratificate dai Tribunali del
Distretto. Queste disposizioni hanno generato numerosi
inconvenienti, perchè, data la costituzione dell'Ufficio elettorale che si fa per votazione degli elettori stessi, era da
aspettarsi ogni sorta di parzialità : ed in secondo luogo la
ratificazione delle condanne per parte dei tribunali cagionò
delle spese abbastanza rilevanti, a confronto delle quali
l'ammenda era nulla. Queste sono le vere ragioni, per
cui l'obbligo elettorale non poteva corrispondere alle
speranze del legislatore, ed ha dovuto, dopo trent'anni di
prova, essere abolito.

- Il signor Deploige dice di non aver dati precisi anteriori
al 1860, ma tuttavia ha avuta l'assicurazione da uomini
politici del cantone, che il voto obbligatorio non ha fatto
crescere il numero dei votanti. Riproduce però alcune
cifre interessanti estratte dai processi verbali pubblicati
nel *Feuille officielle*: « Dal 1872 al 1884 » egli dice « il corpo
« elettorale di Soletta ha rinnovato cinque volte il mandato
« ai suoi deputati al consiglio nazionale ed al Consiglio
« degli Stati. Su 16,995 elettori inscritti si presentarono in
« media 11,738 votanti, ossia il 69 %. Nei referendum can-
« tonali dal 1875 al 1887 su 16,633 inscritti si ebbero in
« media 9,778 votanti, cioè il 58 %.

« Nel 1887 la costituzione ha soppresso il voto obbliga-
« torio. A non consultare che le cifre dei referendum can-
« tonali dal 1887 al 1892 si sarebbe tentati a credere che
« questa soppressione ha aumentato il numero delle asten-
« sioni, poichè su 17,890 inscritti non si sono avuti in media
« più di 6,854 votanti, ossia 38 %. Ma si sarebbe in errore,
« perchè il voto obbligatorio era caduto in desuetudine lungo
« tempo prima della sua disparizione dal testo della costi-

« tuzione. Il maggior numero di astensioni deve attribuirsi
« ad altre cause, al poco interesse che presentavano questi
« ultimi referendum per la massa del popolo, e sopratutto
« alla spossatezza che s' impadronisce di un corpo elettorale
« affaticato. Nel 1892 — mi diceva recentemente un elettore
« di Soletta — noi abbiamo avuto delle votazioni ogni tre
« settimane.

« Vi è chi crede che la soppressione del voto obbliga-
« torio non abbia esercitata alcuna influenza e che si siano
« avuti più votanti alle elezioni dei consiglieri nazionali e
« dei deputati al Consiglio degli Stati. Nelle elezioni dal
« 1887 al 1890 su 18,196 inscritti si presentarono in media
« 14,262 votanti, cioè 78 °/₀ ».

Noi non siamo certamente in grado di conoscere le
cause, le quali possano aver influito su questo notevole
aumento di votanti; ma prescindendo pure dal fatto che
sarebbe assurdo il pensare che il voto obbligatorio possa
diminuire il numero dei votanti, la ragione stessa con la
quale il signor Deploige ha fatto rilevare l' errore in cui
cadrebbero coloro i quali volessero dalle cifre dei votanti
avute nei referendum cantonali 1887-92 dedurre la conseguenza che la soppressione del voto obbligatorio ha determinato un aumento di astensioni, servirebbe per noi a far
vedere che la soppressione non ha influito nemmeno sulla
diminuzione di astenuti. Il voto obbligatorio — ha detto il
sig. Deploige, era caduto in desuetudine molto tempo prima
della sua cancellazione dalla costituzione, e quindi questa
riforma non può spiegare l' aumento di astensioni nei
referendum cantonali ; e noi soggiungiamo che a maggior
ragione non può spiegare l' aumento di votanti nelle altre
elezioni sovra citate.

In generale si crede che nel cantone di Zurigo si abbia
il voto obbligatorio ; mentrechè si tratta di un dovere
civico e non di un obbligo elettorale propriamente detto,
perchè la legislazione elettorale cantonale non ha mai

sanzionato l'obbligo di votare. Tre tentativi vi furono nel 1869, nel 1872 e nel 1889 in favore della riforma, nessuno dei quali ha avuto risultati efficaci. Invece il dovere civico, di cui sopra parlammo, consiste in ciò che nel 1866 la legge comunale autorizzò i comuni a colpire con un'ammenda non superiore ad una lira coloro i quali non partecipassero alle assemblee. Questa disposizione è stata riprodotta nella legge elettorale del 1869 ed è stato fino al 1890 il solo testo di legge che somigli ad una sanzione del voto obbligatorio.

Come osserva anche il signor Deploige, un certo numero di comuni, Zurigo specialmente, non hanno mai approfittato della concessione della legge; nel 1880 ve ne erano 79 in cui il voto era assolutamente libero e nel 1890 ve ne erano ancora 30; gli altri facevano uso dell'autorizzazione della legge in modo diverso, di maniera che l'ammenda variava da 15 centesimi ad una lira (1) e colpiva non tanto gli astenuti quanto coloro che non riportavano la carta di legittimazione.

Intanto siccome il numero dei votanti era maggiore nei comuni in cui il voto era obbligatorio, si otteneva che i comuni, che lo avevano, mandavano più elettori alle urne e godevano perciò di una preponderanza di fatto sopra i comuni a voto libero. Per questo inconveniente, degno di esser considerato, e che fu rilevato anche dal Dubs nell'opera « Il diritto pubblico nella Confederazione Svizzera » (2), il legislatore ha dovuto pensare a prendere una misura uniforme per tutti i comuni. Perciò il consiglio cantonale ha votato una legge approvata dal popolo il 29 giugno 1890, secondo la quale i consigli comunali faranno ritirare a domicilio le carte di legittimazione, che

(1) « Nel 1880 l'ammenda era di 15 centesimi in tre comuni; « in sei di 20 centesimi; in diciassette di 30 centesimi; in tre di « 40 centesimi, in sessantotto di 50 centesimi, in 10 di 60 cen- « tesimi, in quattordici di una lira ».

(2) V. *Biblioteca di Scienze politiche*, diretta dal Prof. ATTILIO BRUNIALTI, vol. VI, parte 2ª.

non saranno state consegnate al più tardi dentro tre giorni
compreso quello delle elezioni, dietro retribuzione di 50
centesimi. Come si vede non si tratta veramente di voto
obbligatorio ma di una sanzione giuridica escogitata per
facilitare in modo indiretto la partecipazione degli elettori
alle assemblee. È ancora troppo recente la riforma per
poterne convenientemente apprezzare l'efficacia pratica,
tuttavia, come osserva il Deploige, nei referendum del 1891
e 1892 il numero dei votanti è aumentato assai sensibil-
mente, poichè vi furono in media 81 % schede presentate.

———

In altri cantoni il voto è obbligatorio sia per le elezioni, sia per le votazioni. Così nel cantone di Argovia, in
cui l'ammenda può variare ciascuna volta nei limiti da
uno a quattro lire. Gli elettori che hanno meno di 65
anni, se sono impediti, devono inviare o presentare la loro
carta di legittimazione, prima delle elezioni, al presidente
del loro ufficio, esponendogli per iscritto i motivi della
loro astensione. Se la maggioranza degli elettori si è aste-
nuta si procede ad un secondo scrutinio, ed allora l'ammenda è raddoppiata. L'ufficio elettorale si compone del
giudice di pace o del sindaco, dei loro supplenti, del segretario comunale e di due scrutatori scelti da essi, salva
l'approvazione della loro scelta per parte dell'assemblea
degli elettori; i membri dell'Uffizio elettorale convinti di
negligenza nell'esame delle scuse sono punibili con una
ammenda fino a 10 franchi (Legge elettorale 22 marzo
1871 e regolamento del Consiglio di Stato 13 luglio 1871).

———

Nel cantone di Turgovia la legge elettorale 3 aprile
1870 stabilisce l'obbligo elettorale coll'ammenda d'una
lira e colle seguenti scuse: età di 60 anni, malattia del-
l'elettore o dei suoi parenti, assenza, occupazioni profes-

sionali urgenti, scuse sulle quali decide il consiglio comunale in prima istanza ed il Consiglio distrettuale in appello.

———

Nel cantone di Schaffouse fu la legge 16 Novembre 1876 che introdusse l'ammenda di due lire contro coloro che si astenevano da un referendum, a meno che non avessero una scusa valida secondochè prevede la legge, e della quale devono dar notizia al presidente del comune nel termine di quattro giorni: un'ammenda di sei lire è pure stabilita contro chi produce una scusa falsa. Inoltre la legge comunale del 9 luglio 1892 (art. 30, 31, 32) rende obbligatoria la partecipazione a certe assemblee comunali sotto pena di una lira di ammenda.

———

A tutte queste notizie il sig. Deploige aggiunge delle considerazioni assai interessanti che meritano di essere riassunte in questa parte. Egli adunque ritiene che, sebbene il voto obbligatorio non si sia ancora imposto all'attenzione del legislatore della Confederazione Svizzera, non tarderà ad esser discusso in seno all'assemblea federale per le stesse ragioni le quali hanno indotto il legislatore di Zurigo a costringere tutti i comuni del cantone a percepire un'ammenda dagli elettori negligenti. Infatti nella libertà lasciata dalla legge elettorale federale ai cantoni di regolare a loro modo le formalità delle elezioni e votazioni, alcuni hanno sanzionato il voto obbligatorio anche per le elezioni federali, mentre nella maggior parte fu lasciato libero, e siccome le statistiche hanno constatato esser maggiore la cifra dei votanti ne' comuni a voto obbligatorio che non in quelli a voto libero, gli uomini politici sono stati colpiti da questa diseguaglianza che costituisce un privilegio di fatto a favore dei primi cantoni (1);

(1) La media dei voti validi nei cantoni a voto obbligatorio

appunto per questa ragione i capi del partito radicale di Berna vorrebbero introdurlo, ed il comitato della frazione radicale dell'assemblea bernese, elaborando un programma nel mese di dicembre ultimo scorso, si è pronunciato per il voto obbligatorio; tuttavia per varie ragioni il Deploige non crede che per ora il voto obbligatorio abbia ad entrare nella costituzione cantonale di Berna, di cui il Gran Consiglio discute ora la revisione. Ciononostante egli è convinto, che il voto obbligatorio si impianterà nelle altre legislazioni cantonali e forse nella legislazione federale, perchè così vuole il corso naturale delle cose; infatti la diretta partecipazione dei cittadini alla vita pubblica non può a meno di stancarli, onde, affinchè l'astensionismo non comprometta tutta quanta la vita pubblica della Svizzera, occorrerà sanzionare il voto obbligatorio per scuotere e destare il corpo elettorale da questo torpore.

§ 26

Prima di entrare a discorrere delle manifestazioni che ha avuto in Francia il voto obbligatorio, occorre ricordare un esempio di cui trovammo notizia nell'appendice più volte citata al lavoro del Lieber sulla *Libertà civile e l'autogoverno*. Infatti il Lieber ricorda quivi l'esempio degli abitanti della nuova Inghilterra, che punivano coloro i quali si astenevano dal votare in persona o per mandato scritto (1). Di questo esempio transatlantico di voto obbligatorio noi non possiamo fornire maggiori notizie; onde

è di 84 % a Schaffhouse, 83 % in Argovia, 73 % a San Gallo, 71 % a Zurigo e 69 % in Turgovia. Invece nei cantoni a voto libero la media è di 48 % a Berna, 61 % a Friburgo, 57 % nel Vallese e meno ancora negli altri cantoni latini: 44 % a Ginevra, 43 % a Vaud, 31 % a Neuchâtel.

(1) Vedi *Laws of New Plymouth, published by authority* — Boston 1836, p. p. 41 e 128.

ci basterà averlo ricordato per far vedere che il principio da noi sostenuto non si è manifestato in un cerchio troppo ristretto.

5

Venendo adunque alla Francia, è singolare e degno di speciale considerazione il fatto che appunto nella terra in cui furono proclamati i diritti dell'uomo, onde tante teorie ebbero vita, si sia inteso prepotente il bisogno di una sanzione giuridica del dovere elettorale. Di questo intenso bisogno sono prova luminosa i progetti più volte presentati e le numerose petizioni inviate alle camere francesi, affinchè sanzionassero l'obbligo elettorale; ma prima di dire dei progetti che noi conosciamo, ricorderemo che nella legislazione attualmente vigente in Francia esiste il voto obbligatorio per i delegati dei consigli municipali ai collegi senatoriali. Infatti così l'art. 18 della legge organica 2 agosto 1875 ha prevista e punita l'assenza illegittima dei deputati : « *Ogni delegato che, senza una scusa* « *legittima, non avrà preso parte a tutte le votazioni, o* « *che, essendo impedito, non avrà avvertito in tempo utile* « *il supplente, sarà condannato dal Tribunale Civile sulla* « *richiesta del Pubblico Ministero ad un' ammenda di cin-* « *quanta lire.*

« *La pena stessa può essere applicata al supplente che,* « *avvertito per lettera, dispaccio telegrafico od altro avviso* « *personale in tempo utile, non avrà preso parte alle ope-* « *razioni elettorali* (1) ».

Alcuni dicono che questo non possa esser considerato come un esempio vero e proprio di voto obbligatorio, perchè i delegati ricevono un mandato ed il diritto del Comune non può restare menomato per la loro negligenza;

(1) *Trattato pratico di diritto parlamentare di* G. POUDRA *e* E. PIERRE. Cap. VIII, § 4. V. *Biblioteca di Scienze politiche,* diretta dal Prof. ATTILIO BRUÑIALTI, vol. IV, parte 2ª.

ma noi osserviamo che di mandato non si può parlare essendo il voto segreto e libero. Ma anche quando si accettasse l'opinione precedente, vi sarebbero pur sempre le petizioni ed i progetti, con cui si è spesso richiesta l'obbligatorietà del voto, a testimoniare il bisogno che si sente in Francia di una tale riforma.

Anche il deputato Adolfo Pieyre, nei motivi da cui fa precedere il progetto di legge da lui presentato alla Camera nel 24 marzo 1885, ricorda che dall'origine stessa dell'applicazione del suffragio universale si è riconosciuta l'utilità dell'obbligatorietà e che già da gran tempo il Deputato Marcello Barthe avea affermato il voto obbligatorio essere il corollario indispensabile del suffragio universale.

Noi possediamo parecchi progetti di cui daremo notizia senza entrare nel merito di essi, come abbiamo fatto talvolta nell'esame delle legislazioni Svizzere, perchè di queste non avevamo conoscenza diretta e quindi dovevamo seguire l'accuratissimo lavoro del signor Deploige; mentre, avendo i progetti francesi, ci riserbiamo di discuterli, allorquando verremo studiando la possibilità di attuare praticamente l'obbligo elettorale.

Il primo progetto è quello presentato da Wallon, membro dell'assemblea nazionale, all'assemblea stessa, nella seduta 24 aprile 1872 e diretto a sanzionare il voto obbligatorio nelle elezioni comunali, dipartimentali e politiche.

Questo progetto di legge assai semplice si compone di cinque articoli, nei quali è stabilito l'obbligo elettorale, con un'ammenda eguale al decimo delle contribuzioni personali e mobiliari, senza che questa possa essere inferiore alle lire cinque, anche per coloro che non sono inscritti a ruolo, nè superiore a lire cinquecento. Colui il quale, senza motivo legittimo, avrà mancato per tre volte di seguito alle elezioni, sarà cancellato per tre anni dalle liste politiche e privato dei diritti politici. Sono ammessi in generale, senza alcuna specificazione, i legittimi motivi di scusa, che devono esser presentati entro un mese al giudice di pace. Le condanne sono portate a ruolo e percepite colle stesse formalità delle contribuzioni personali e mobiliari, l'elenco dei condannati deve rimanere affisso un, mese alla porta della casa comunale.

Per seguire un ordine cronologico dobbiamo ricordare in primo luogo una petizione citata dal Deputato Pieyre, e di cui l'*Officiel* del 4 aprile 1873, pag. 2364 annunzia il deposito, ed in secondo luogo il progetto di legge Bardoux sopra lo scrutinio di lista, riprodotto a pag. 10941 dell'*Officiel* (11 Novembre 1880) di cui un articolo è così concepito: « *Article 5 — Le vote pour chaque électeur est obligatoire* ».

Nella seduta 2 maggio 1882 il deputato Laroche-Joubert presentò alla Camera un progetto di legge allo scopo di rendere il voto obbligatorio, ma l'elettorato facoltativo. Detto progetto si compone di sei articoli, secondo i quali l'elettore portato sopra una lista può domandare la sua cancellazione; se no sarà obbligato a prender parte a tutte le votazioni alle quali servirà quella lista. L'ammenda è equivalente al decimo della quota mobiliare pagata da ciascun elettore nell'anno precedente, senza che questa ammenda possa essere inferiore a due lire. Nel caso di assenza, di malattia, o di altro impedimento serio l'Ufficio elettorale statuirà sulle domande di scusa, e da questa decisione vi sarà appello davanti al giudice di pace che deciderà in ultima giurisdizione. Le ammende saranno esatte e versate al Tesoro per essere adoperate come pensioni ai vecchi indigenti che avranno più di 80 anni. L'elettore che avrà domandata la sua cancellazione non potrà essere nuovamente inscritto se non dietro sua domanda; finchè l'elettore non avrà pagata l'ammenda, non potrà prender parte ad alcuna elezione.

A pochi anni di distanza, cioè nel 1885, (seduta del 24 marzo), il deputato Adolfo Pieyre presentò alla Camera un nuovo progetto per rendere obbligatorio il voto. Il progetto preceduto da un'assai interessante esposizione dei motivi, consta di dieci articoli, il cui contenuto è il seguente: il voto è obbligatorio, ma gli elettori avvisati ufficialmente della loro inscrizione sopra una lista elettorale, possono reclamare la loro cancellazione. Ogni elettore che non avrà preso parte al voto, per il quale sarà stato regolarmente convocato, sarà chiamato a comparire davanti al giudice di pace del suo distretto per giustificare la sua astensione, a meno che essa non sia motivata in una lettera indirizzata al Presidente dell'Ufficio elettorale. Se la giustificazione non è ammessa, l'astenuto sarà condannato ad un'ammenda variabile dal triplo al decuplo della sua quota personale, la quale sarà percepita per esecuzione forzata a cura dell'esattore, come in materia di contribuzioni dirette, ed a profitto del Comune in cui è domiciliato l'elettore. Se il condannato non può liberarsi col pagamento, l'ammenda potrà esser convertita in prestazioni effettive di un valore equivalente. L'astenuto condannato potrà essere esonerato dal pagamento dell'ammenda, se dichiara di rinunziare alla sua qualità di elettore; pagherà in ogni caso le spese di procedura. Nessun voto per commissione o delegazione sarà accettato, eccetto quelli riguardanti gli ammalati e gli assenti, che potranno essere ammessi a votare per corrispondenza e sotto certe condizioni da determinarsi; ma senza essere obbligati.

Ma il più completo di questi progetti è quello presentato alla Camera nella seduta 7 febbrajo 1889 dal deputato Alfredo Letellier. Un'ampia ed interessantissima esposizione dei motivi precede il progetto il quale è diviso in quattro titoli e diciassette articoli. Il titolo primo tratta delle inscrizioni nelle liste elettorali e della consegna delle carte di identità, il secondo del voto obbligatorio, il terzo dei casi di scusa ed il quarto delle obbligazioni imposte ai mandatari del popolo e delle loro sanzioni. Principale caratteristica di questo progetto è quella di aver sostituito il concetto dell'elettorato obbligatorio a quello dell'elettorato facoltativo, come era nei precedenti progetti. Il primo titolo adunque, che si occupa di questa materia, stabilisce che l'anno elettorale dura dal primo gennajo al trentuno dicembre, e che il periodo di revisione delle liste precede di tre mesi l'apertura dell'anno elettorale, nel qual termine ogni elettore è tenuto a verificare la sua inscrizione, a ritirare o far ritirare da un mandatario la sua carta d'identità, ad optare per l'una o per l'altra se fosse contemporaneamente inscritto in più liste.

Chi avrà mancato a questi obblighi sarà punito: 1° in caso di doppia inscrizione con un'ammenda di 15 lire; 2° in caso di non verificazione, se l'inscrizione non esiste, da una ammenda di 15 lire, e se esiste di 5 lire; 3° nel caso in cui non sia stata ritirata la carta di identità con un'ammenda di 5 lire. Nonostante queste penalità, l'elettore conserva, se inscritto, il diritto di voto e può prender parte alle elezioni; se non è inscritto non avrà diritto di chiedere la sua inscrizione che sulle liste dell'anno successivo.

Le contravvenzioni sono accertate dal Sindaco, il quale ne trasmette lo stato nominativo al giudice di pace, che decide dopo aver intesi i contravventori. Le decisioni del giudice di pace non sono impugnabili che per via di ricorso in cassazione.

Il titolo secondo si occupa del voto obbligatorio: come conseguenza di una prima astensione il nome dell'elettore è affisso in un quadro speciale alla porta del municipio durante tutto l'anno elettorale; in seguito ad una seconda astensione, indipendentemente dall'affissione, deve pagare un'ammenda di 5 lire; alla terza un'ammenda di 15 lire e per di più incorre nella cancellazione temporanea dalle liste elettorali per un periodo non minore di un anno, non compreso quello corrente, nè maggiore di due. L'elettore che dopo la sua nuova inscrizione incorre in tre nuove condanne, visto il suo stato di recidiva, è definitivamente cancellato dalle liste elettorali. Affinchè questo complicato sistema possa funzionare, nelle liste vi sarà una colonna nella quale saranno notate tutte le infrazioni constatate giudicialmente contro gli astenuti, in modo che un elettore per ottenere l'inscrizione sopra una nuova lista dovrà presentare un estratto delle liste elettorali in cui figurava l'anno precedente, dal quale risulti il suo stato di servizio elettorale. Nei casi sopraindicati di astensione deciderà il giudice di pace, inteso l'elettore contravvenuto, e la sua decisione non sarà impugnabile che

per ricorso in cassazione; solo nel caso di perdita temporanea o definitiva del diritto elettorale si potrà appellare
alla Camera di Consiglio dei Tribunali di prima istanza,
senza pregiudizio del diritto ulteriore di ricorso in cassazione.

Nel titolo terzo sono numerate le scuse ritenute valide;
tali sarebbero la presenza dell'elettore sotto le armi, la
prova della perdita legale del diritto elettorale, una malattia comprovata con certificato medico legalizzato dal
Sindaco, la lontananza di oltre venti chilometri per bisogni
della professione o per altra causa.

Il titolo quarto per noi poco interessante parla delle
obbligazioni imposte ai mandatarî del popolo e delle loro
sanzioni. A questo riguardo il Deputato Letellier vorrebbe puniti con un'ammenda pecuniaria coloro che si
astengono dal partecipare alle votazioni pubbliche. Dopo
tre mancanze di questo genere, oltre la pena pecuniaria,
la Camera potrebbe decidere sulla sospensione temporanea
del mandato da 15 giorni a tre mesi; e dopo tre nuove
assenze sarà necessaria la decadenza del mandato. Noi
non intendiamo occuparci di questa parte estranea al nostro tema; solo facciamo osservare così di volo che se la
cancellazione temporanea e definitiva degli elettori dalle
liste elettorali è contraria allo scopo del voto obbligatorio,
come vedremo in seguito, la sospensione temporanea del
mandato è addirittura assurda, in quanto, non solamente
non risponde allo scopo della legge, ma priva gli elettori
dei loro rappresentanti.

Siccome poi la storia di questi progetti sarebbe riuscita incompleta, quando non avessimo conosciuto le vicende e la sorte loro toccata, e le ragioni per le quali
non diventarono legge, abbiamo ricorso alla squisita gen-
tilezza del Signor Eugenio Pierre, Segretario generale della
Presidenza della Camera dei Deputati in Francia, al quale
dobbiamo rendere pubbliche grazie per le seguenti informazioni relative ai progetti sovramenzionati.

Chambre des Députés

Secrétariat Général de la Présidence

Paris, le 29 Avril 1893

Monsieur,

En réponse à votre lettre du 13 avril j' ai l'honneur de vous faire connaître qu'aucune des propositions de loi relative au vote obligatoire n' a fait l'objet d' un débat. Les propositions de loi de M. M. Wallon et Letellier ont été renvoyées, l' une à la Commission de lois constitutionnelles, l'autre à la Commission électorale, mais ces commissions n' ont pas fait leur rapport. La proposition de loi de M. Laroche — Joubert a été retirée par son auteur avant que la Chambre ait nommé une commission. Quant à la proposition de M. Pieyre, aucune commission n' a été appelée à l'examiner par suite de l' expiration de pouvoirs de la 3ª Législature.

Agréez, Monsieur, l' assurance de ma considération très distinguée.

Le Secrétaire Général de la Présidence
E. Pierre.

Monsieur Leopoldo Ferrarini.
Sarzana

L'idea del voto obbligatorio in Francia non è stata solamente sostenuta da uomini politici, ma anche nel campo della scienza ha trovato alcuni campioni . fra i quali citeremo Thomas Ferneuil (*Les principes de 1789 et la science sociale*) e Paul Laffitte (*Le suffrage universel et le régime parlamentaire*) il quale crede che l'obbligo elettorale ritornerà un giorno o l'altro alle discussioni parlamentari e non mancherà di trionfare.

☙

Venendo ora all'Italia, troviamo negli *Atti Parlamentari* una breve discussione sull'obbligo elettorale. Infatti alla Camera dei Deputati nella seduta del 16 Giugno 1881, discutendosi la riforma alla *Legge elettorale politica*, l'on. Salaris, nel combattere l'inscrizione *ex officio*, avvertiva che se l'ettorato era un diritto, doveva lasciarsi al cittadino la libertà di usarne o no, e che non poteva, d'altra parte, considerarsi come un dovere, non essendovi nessuna sanzione penale per coloro che non lo adempiono: « è (soggiungeva l'oratore), senza dubbio un dovere, ma « un dovere che resta nella sfera di un diritto ».

Queste affermazioni dell'on. Salaris provocarono alcune dichiarazioni del relatore, on. Coppino, il quale rispondeva anzitutto che la Commissioee pensava con l'on. Salaris che l'elettorato è un dovere; e aggiugeva che, quantunque non fosse stata chiesta una sanzione penale per coloro che non l'adempiono, lo affidava al sentimento del bene pubblico e dell'interesse della patria, che non possono non avere coloro che hanno i requisiti per essere elettori.

Dopo di che prese la parola l'on. Zanardelli, Ministro di Grazia e Giustizia, e rispose all'on. Salaris nei seguenti termini: « Io aderisco completamente alla opinione del- « l'on. Coppiuo, alla quale, nel senso che l'elettorato sia « un *munus publicum*, partecipano i più autorevoli pub- « blicisti. E da ciò non deriva, secondo me, la necessità « di quella sanzione penale che per tale ipotesi parmi ri- « chiesta dall'on, Salaris. La mancanza di essa non toglie « all'esercizio del diritto di voto il carattere di *munus* « *publicum* che gli spetta secondo la più retta interpre- « tazione delle libere istituzioni. Imperocchè in tal caso « dovremmo introdurre il principio, accennato dall'onore-

« vole Salaris, del voto obbligatorio ; poichè l' onorevole
« Salaris dice : — dato che l'elettorato sia un ufficio pub-
« blico dovreste venire alla conseguenza di stabilire ap-
« punto che sia obbligatorio il voto, essendovi legislazioni,
« le quali infliggono la privazioue dei diritti politici, per
« coloro che non esercitano il proprio dovere.

« A tale proposito io debbo, per altro, far osservare
« all'on. Salaris che vi furono proposte anche recenti in
« tal senso: Vi fu, p. es., alla Camera francese la notis-
« sima proposta Bardoux che in questi ultimi giorni fu
« oggetto di discussione e votazione clamorosissima in Fran-
« cia, per lo scrutinio di lista che tale proposta conte-
« neva. Questa proposta comprendeva anche una disposi-
« zione che rendeva il voto obbligatorio. Ma questa dispo-
« zione il medesimo proponente l'ha ritirata. E l' ha riti-
« rata perchè ? Perchè si riconobbe che in simile materia
« le sanzioni penali sono rimedio peggiore del male stesso
« che si tende ad eliminare. Imperocchè, siccome nessuno
« dei fautori del voto obbligatorio si spinge fino al com-
« minare il carcere, e, per lo più, neppure la multa, onde
« la sanzione penale riducesi, come accennò anche l'on.
« Salaris, ad infliggere la privazione dei diritti politici ;
« così ne deriva che mentre si lamenta l'apatia degli elet-
« tori e si vuole evitare questa astensione dall' esercizio
« del proprio dovere, col togliere il diritto si rende per-
« manente quel male che si vorrebbe impedire (1) ».

Solamente al *Terzo congresso giuridico di Firenze 1891*,
essendo relatore di una parte della quarta tesi il Prof. Codacci-Pisanelli, e, riferendo egli sull'azione popolare, propose di estenderla a combattere il reato di astensione; però la
discussione non potè aver luogo , perchè essendosi non
pochi dei congressisti spaventati dinnanzi a questo scoppio di fulmine a ciel sereno, tanto pregarono il relatore
affinchè ritirasse la proposta, che questi, per non veder
naufragare così malamente principî tanto alti, consentì a
presentare un ordine del giorno che fu votato dal Con-

(1) Camera dei deputati; tornata 16 Giugno 1881.

gresso secondo il quale il voto obbligatorio sarà inscritto all'ordine del giorno del congresso venturo. Anche in Italia, nonostante molti vecchi pregiudizi si va sempre più diffondendo l'idea che il voto non sia solamente un diritto ma anche un dovere; tuttavia nessun uomo politico si è occupato della questione e solo il Deputato Tommaso Tittoni in un discorso pronunciato ai suoi elettori nel Teatro Traiano di Civitavecchia il 30 ottobre 1892 (1) annunciava che era suo intendimento propugnare il concetto che l'intervento alle urne fosse obbligatorio pel cittadino.

I dati più recenti per la storia del voto obbligatorio si trovano nel Belgio, dove il progetto ministeriale per la revisione della Costituzione fatta nel 1893, portava appunto un articolo diretto a sanzionare l'obbligatorietà del voto.

Di più in seno alla Costituente che esaminava il suddetto progetto di revisione, un deputato sorse pure a propugnare la convenienza di una sanzione giuridica tendente ad eliminare, per quanto fosse possibile, l'astenzione, e difatti nella seduta del 31 Maggio 1893, nonostante l'opposizione di alcuni deputati influenti come Woeste di destra e Graux di sinistra la Camera dei Rappresentanti approvava con 104 voti sopra 134 l'obbligatorietà del voto, secondo la proposta del ministro Beernaert la quale sarà in seguito disciplinata nella legge elettorale, che probabilmente sarà pubblicata nel prossimo mese di novembre (2).

(1) TOMMASO TITTONI — *Discorso pronunciato nel Teatro Troiano di Civitavecchia il 30 Ottobre 1892*, Roma, Tipografia della Camera dei Deputati 1892.

(2) Vedi *La Tribuna* 2 Giugno 1893 e gli articoli nel *Pré-*

Ma è ora di concludere.

Le prime origini del voto obbligatorio noi le abbiamo cercate nelle legislazioni Franco-Germaniche perchè non ci è sembrata degna di considerazione l'opinione di coloro i quali nelle leggi di Solone vedono una sanzione diretta contro coloro che non intervenivano alle assemblee. Questo stesso istituto molto probabilmente derivato dalle legislazioni Germaniche, l'abbiamo rinvenuto negli statuti dei nostri Comuni del Medio Evo, e certamente non in una fase embrionale, ma convenientemente sviluppato e basato sopra il principio che la partecipazione alla vita pubblica era un dovere.

Nello stesso periodo medioevale anche la Svizzera ci porge esempi di obbligatorio intervento, alle *Landsgemeinde* nelle quali i forti montanari di quei paesi colla spada al fianco giuravano ed il *Landmman* evocava l'idea della patria che tutti aveano il dovere di difendere e servire.

Passando dai lontani ricordi del Medio Evo alla vita moderna abbiamo veduto questo stesso Istituto applicato con buoni risultati in alcuni cantoni della Svizzera, desiderato in Francia e nel Belgio, poco o punto studiato qui in Italia, sebbene la piaga dell'astensionismo sia qui più che mai incancrenita.

Quali le previsioni a cui ci conducono queste ricerche storiche?

Nel mentre in Svizzera l'equilibrio necessario fra le varie membra della Confederazione, e la necessità di scuotere il corpo elettorale affranto dalle troppo frequenti votazioni, saranno le cause che condurranno alla sanzione del voto obbligatorio per parte delle costituzioni cantonali e forse anche della federale; in Francia, nel Belgio,

curseur dell'11 Giugno 1893, nel *Journal de Bruxelles* 12 Giugno 1893, e nei *Les Annales Politiques et Litteraires de Paris* 25 Giugno 1893 (Francesco Sarcey), articoli riprodotti nel periodico *La Représentation Proportionelle*, Revue Mensuelle 12 Annee, N. 7, Juillet 1893.

in Italia, giungeremo quasi certamente in un giorno più o meno lontano, alla stessa meta, ma non per la necessità di eliminare disequilibri, sibbene per scuotere il corpo elettorale dal torpore in cui vive, affinchè non si debba poi rinunziare ai governi rappresentativi i quali sono minati nella loro esistenza dal sempre crescente astensionismo.

PARTE SECONDA

STATISTICA

Una delle pietre angolari su cui noi intendiamo basare la necessità di sancire l'obbligatorietà del voto è appunto lo studio delle statistiche elettorali, affinchè si veda chiaramente che, se alcune cause della grande e sempre crescente astensione provengono dalla legge e dalla sua applicazione e quindi si possono in tutto od in parte eliminare senza la sanzione dell'obbligo elettorale, altre ve ne sono che non si possono altrimenti correggere.

Però siccome già fino dall'anno scorso un nostro lavoro sulle *Cause dell'astensione elettorale* vide la luce sulle colonne di questo periodico a noi non resta che completare quel nostro studio con poche osservazioni riguardanti le elezioni politiche del 1890 e 1892.

Premetteremo però una osservazione tratta dal primo appendice fra i numerosi che il Lieber la aggiunto alla sua opera « *La libertà civile e l'autogoverno* » Il primo appendice riguarda appunto « *alcune notizie sulle elezioni, sulla statistica elettorale e sul voto obbligatorio per si e per no* ». e quivi l'autore fa osservare che il numero dei voti dati, comparato a quello degli aventi diritto al voto, non indica necessariamente l'interesse che una società prende ad un provvedimento o ad una persona; perchè là dove la gente è sicurissima del risultato molti si astengono perchè il loro voto non vincerebbe l'avversario, o perchè il loro candidato è già sicuro della vittoria. Questa osservazione dell'illustre scrittore è giustissima, potendosi dare ad ogni elezione di questi casi; ma appunto perchè questa causa influisce su tutte le elezioni, ed è

20

quasi costante, il confronto fra i dati statistici servirà pur sempre a stabilire la diversa intensità con cui si è manifestata nelle elezioni l'attività politica dei cittadini.

✄

Dopo queste premesse che ci sembrarono indispensabili affinchè non si potesser fraintendere il significato dei numeri, che verremo esponendo, e prima di addentrarci nell'esame delle statistiche elettorali, non sarà male intrattenerci un poco sulla storia delle astensioni, la quale riuscirebbe certamente assai interessante se non mancassero i dati necessari. Il Lieber nella già citata appendice, fondandosi sopra l'autorità di antichi scrittori, ha voluto cercare il numero di coloro che ordinariamente intervenivano alle assemblee ateniesi, ed a questo proposito scrive: « Dai migliori autori sul governo ateniese, per esempio « dall' *Economia degli Ateniesi* del Boech e dalle *Costitu-* « *zioni politiche dei Greci* del Tittmann, laddove trattano « dello ostracismo, si ricava che comunemente il numero « dei votanti ad Atene era di 5000 su 20 e 25000 inscritti. « Il numero di 6000 era considerato come il massimo. Tale « numero però si richiedeva soltanto nei casi straordinarî, «ad esempio per l'ostracismo, per le proposte contrarie alle « leggi stabilite, per le questioni relative ad individui. Così « i seimila voti ad Atene corrispondevano in pratica ai due « terzi dei voti che si richiedono da noi per alcuni casi « speciali a bella posta sottratti all'arbitrio della semplice « maggioranza più uno dei votanti. Qui però noi abbiamo « solo un quarto degli inscritti che di solito votano vera- « mente, quantunque la votazione avvenga in una medesima « città e la maggioranza dei votanti abitano in quella.

« Alcuni scrittori mossero il dubbio se per l'ostracismo « e per gli altri casi speciali fossero necessarî seimila vo- « tanti in tutto, o se occorressero sei mila voti favorevoli « al provvedimento proposto. Io non esito ad accettare la « prima soluzione. Plutarco dice nettamente che una delle

« persone proposte per l'ostracismo era sempre condannató,
« purchè si fossero dati seimila voti. Lo stesso passo sem-
« bra dim'.strare che, noverandosi in tutto sei mila voti,
« colui il quale avea ottenuto la maggioranza dei medesimi
« era bandito.

« Che vi fossero generalmente più astensionisti presso
« gli Ateniesi che non presso i popoli moderni, probabil-
« mente si spiega col fatto che molti cittadini erano assenti
« come soldati, che molti viveano fuori della città e che
« Atene era una democrazia diretta senza temperamento ».

Più facili ricerche si potrebbero fare con grande utilità sulle deliberazioni dei nostri fiorenti comuni medioevali : ma questo esorbiterebbe dal modesto lavoro che noi
ci siamo proposto, onde riporteremo soltanto una notizia
favoritaci gentilmente dal Dott. Ludovico Zdekauer, Professore nell'Ateneo Senese, il quale, dietro accurate ricerche, ha potuto stabilire che intorno al 1250 nelle assemblee popolari della città di Siena, dette della Campana, composte di 260 cittadini, il numero medio degli in-
tervenuti era di 165.

Nello studio nostro pubblicato in questo periodico nel-
l'anno 1892 avevamo divise le cause dell'astensione elettorale in tre categorie, la prima riguardante l'influenza
delle leggi elettorali, la seconda gli elementi naturali ed
economici, e la terza i partiti parlamentari e politici.
Incominciando dalla prima categoria avevamo dimostrato
come l'allargamento del suffragio e l'ampliamento delle
circoscrizioni elettorali, avevano avuto per effetto di aumentare la cifra delle astensioni, e come il numero dei
deputati o candidati ed il modo con cui era presso di noi
regolata la rappresentanza delle minoranze non influiva-
no gran fatto sul numero dei votanti.

È degna di essere studiata l'influenza dell'ampiezza

delle circoscrizioni dopochè la legge 5 Maggio 1891 ha abolito, dopo tre soli esperimenti, le circoscrizioni più ampie dello scrutinio di lista per ritornare all'antico collegio uninominale, e dopochè, appena terminata la prima prova con questo sistema richiamato a nuova vita, vi furono in parlamento uomini di alto valore scientifico i quali proposero che nelle città si ritornasse alla circoscrizione più ampia. Questo continuo alternarsi di sistemi dimostra che ancora non si è arrivati a stabilire quale possa essere l'influenza della varia ampiezza delle circoscrizioni. In Italia prima dell' allargamento del voto si votava per collegi uninominali; ma nel 1882, allargato il suffragio, parve impossibile mantenere il collegio uninominale; onde si escogitò lo scrutinio di lista, di cui è superflua qualunque critica dopochè si è manifestato inferiore alle aspettative, e fu abolito senza che nessuno sorgesse a difenderlo.

Noi intanto crediamo che l' ampiezza della circoscrizione elettorale influisca grandemente nell'intervento alle urne. Finora non si poteva constatare con esattezza questo fatto, attesoché all'ampiamento delle circoscrizioni nel 1882 si era unito l'allargamento del suffragio, il che portava uno spostamento talmente forte da rendere impossibile il confronto fra le precedenti e le nuove elezioni. Solo si poteva rilevare questa influenza indirettamente, tenendo conto dei risultati avuti nei diversi collegi, in cui secondo il vario numero dei deputati si poteva ritenere variasse l'ampiezza delle circoscrizioni. Ma neppure questo calcolo poteva riuscire abbastanza esatto per poter concludere che l'intervento alle urne stesse in ragione inversa dell'ampiezza delle circoscrizioni elettorali perchè altre cause potevano aver influito, come il fatto che i collegi a cinque deputati si trovavano tutti ne' grandi centri, mentre gli altri no. E oltre a ciò affinchè i dati delle singole categorie di collegi fossero state paragonabili fra di loro, sarebbe stato necessario che essi fossero ripartiti nelle diverse parti d' Italia in proporzione del numero dei deputati assegnati ad ognuna di queste parti;

il che non si verifica sempre, come appare dalla seguente tavola.

Italia	Numero dei deputati secondo la tabella annessa alla Legge 22 gennaio 1882	Ripartizione dei collegi secondo le disposizioni della legge 24 sett. 1882 n. 999				Ripartizione dei collegi secondo il num. dei deputati di ciascuna divisione dell'Italia			
		5 Dep.	4 Dep.	3 Dep.	2 Dep.	5 Dep.	4 Dep.	3 Dep.	2 Dep.
Settentrion.	222	15	13	31	1	15	16	26	2
Centrale	83	8	5	5	2	6	6	10	—
Meridionale	144	11	12	16	—	10	10	18	1
Insulare	59	1	6	9	—	4	4	7	—
Regno	508	35	36	61	3	35	36	61	3

Quindi per il solo fatto che per esempio dei collegi a 5 Deputati si aveva prevalenza nell'Italia settentrionale e centrale cioè ventitrè contro dodici nell'Italia meridionale ed insulare, pensando, come provano le statistiche, che l'astensione è assai più diffusa nelle parti settentrionali e centrali dell'Italia, poco nelle meridionali ed insulari, si poteva concludere che la cifra dei votanti nei collegi a cinque deputati non era paragonabile a quella dei collegi a quattro, perchè di questi 18 erano nell'Italia settentrionale e centrale e 18 nelle altre parti.

Dal fin qui detto si comprende come deduzioni esatte sull'influenza dell'ampiezza della circoscrizione solamente ora fossero possibili dopochè si sono avute diverse votazioni a circoscrizione più ampia ed una sola con circoscrizioni molto più frazionate. Ora, mentre nel 1890 si ebbero 53, 66 votanti per 100 elettori nelle elezioni di primo scrutinio, nel 1892 si ebbero 55, 86 votanti con un au-

mento di 2, 20 per cento. È vero che, se si guarda alle
altre elezioni avvenute sotto il regime dello scrutinio di
lista troviamo 60, 65 votanti nel 1882 e 58, 50 nel 1886,
ed è vero altresi che il massimo dei votanti si ebbe appunto nel 1882 subito dopo l'allargamento del suffragio
e l'ampliamento delle circoscrizioni, ma altre cause possono avere influito, fra cui non ultima la novità della
legge e la fiducia in un sistema più liberale da tanto tempo
desiderato. Noi adunque crediamo che l'astensione stia in
rapporto diretto coll'ampiezza della circoscrizione appunto
perchè quanto più vasto è il campo in cui si combatte la
battaglia, tanto più difficile riesce calcolare l'esito probabile della lotta, onde vi è minore spinta a partecipare
alle urne.

Anche il Lieber, parlando delle elezioni e delle statistiche elettorali, fra i principii che l'esperienza sembra
aver messo fuori di dubbio, enumera il seguente: « Quanto
« più largo è il numero degli inscritti votanti sopra la me-
« desima questione o persona e sotto lo stesso sistema elet-
« torale, altrettanto più grande è pure la proporzione degli
« astensionisti. Questa proporzione cresce del pari in ra-
« gione dell'area sulla quale si estende la stessa ed identica
« elezione o votazione ».

E giacchè fino dall'anno scorso avevamo accennato
come possa influire sul concorso alle urne la segretezza
del voto, non sarà male notare che la revisione della Costituzione del Canton di San Gallo, avvenuta nel 1890, ha
sanzionata la segretezza del voto in molte elezioni in cui
era pubblico. La riforma è ancora troppo recente perchè
se ne possano convenientemente valutare gli effetti; occorre tuttavia notare che alcuni ritengono che il voto segreto farà crescere il numero dei votanti, ed altri, di contrario avviso, osservano che se il voto pubblico esercitava
una pressione sugli elettori, questa era piuttosto nel senso
della partecipazione che in quello dell'astensione, onde
credono di poter concludere che l'introduzione del voto
segreto sarà senza influenza sul numero dei votanti (1).

(1) Simon Deploige, op. cit.

E riguardo all'influenza del numero dei candidati o deputati che già dimostrammo essere minima, sebbene a prima vista possa sembrare — come dice anche il Lieber — che «allorchè vi sono tre candidati sostenuti in buona «fede, rimanendo immutate le altre condizioni, il numero «totale dei voti dati è maggiore che quando vi sono due «soli candidati,» anche le ultime elezioni ci confermano nella nostra opinione.

Ed è pregio dell'opera l'accennare qui al recente studio del Prof. Palma intitolato « *Una pagina di statistica elettorale italiana*» in cui ricordando che i candidati onorati di più di 50 voti furono nel 1882 1305, 816 nel 1886, 871 nel 1890 e 902 nel 1892 fa osservare che questo numero non è esagerato, non raggiungendo neppure il doppio dei collegi, il che significa che in molti collegi mancarono gli oppositori.

«La qual cosa, se da una parte può attestare la gran «potenza di alcuni candidati ed una tal fiducia in essi dei «loro elettori da allontanare o scoraggiare ogni avversario, «dall'altra, considerando che non è possibile manchino in «alcun luogo gli opposti sentimenti politici, clericali, con-«servatori, liberali, progressisti, radicali e socialisti, può «attestare la fiacchezza dei sentimenti e dei partiti politici «corrispondenti (1)».

Finalmente della rappresentanza concessa alle minoranze nei collegi a cinque deputati nel nostro lavoro avevamo notato come essa, quale era organizzata presso di noi, non sembrava avere influenza nell'aumentare il concorso degli elettori alle urne. E come ragione della grande astensione di questi collegi anche in rapporto alla media dei votanti nel Regno avevamo portato la maggiore estensione dei collegi a cinque deputati e l'esser essi quasi sempre posti nei grandi centri; mentre l'organizzazione della rappresentanza della minoranza non riusciva ad annientare queste forze contrarie, perchè in molti casi i candidati

---

(1) LUIGI PALMA. *Una pagina di statistica elettorale italiana*, in *Nuova Antologia* 1893 fasc. I.

della minoranza uscivano eletti nella maggioranza di modo
che in tal caso essa avrebbe dovuto presentarsi alle urne
anche senza la rappresentanza delle minoranze e perchè
infine occorreva una salda organizzazione dei partiti affinchè potesse conseguire lo scopo. Ed ecco alcune cifre

Elezioni	Votanti per 100 elettori	
	nei collegi a cinque deputati	nel Regno
1882	58, 40	60, 65
1886	55, 70	58, 50
1890	49, 91	53, 66
1892	54, 30	55, 86

Da questa tavola si vede che, facendo la media delle
elezioni 1882, 1886 e 1890 si hanno 54, 50 votanti nei collegi a cinque deputati e 57, 60 nel regno, in modo che
seguendo questo rapporto, nelle ultime elezioni essendo
stati i votanti in numero di 55, 86, nei collegi che prima
avevano cinque deputati, a parità di condizioni avrebbero
dovuto votare 52, 85 $\%$ mentre invece votarono 54, 30 $\%$
e cioè quasi 1 e $\frac{1}{2}$ di più. Il che, ammessa pure l'influenza
dell' ampiezza delle circoscrizioni, sta a provare che la
rappresentanza delle minoranze, come era regolata in
Italia, non favoriva per nulla l'intervento degli elettori
alle urne. Con questo non abbiamo creduto di combattere
la rappresentanza proporzionale, ma solo il sistema con
cui un principio tanto giusto ed utile era applicato in
Italia.

E siccome ricercando le cause dell'astensione elettorale

avevamo già fatto notare come nelle regioni in cui è maggiore il numero degli iscritti per cento abitanti, ivi appunto è più acuta l'astensione, aggiungeremo alcune considerazioni per far vedere l'importanza di questo fenomeno.

Il fatto è abbastanza singolare perchè il trovarsi in una data regione gran numero di elettori per 100 abitanti può discendere da due diverse cause, o da grande sviluppo dell'attività intellettuale delle popolazioni, oppure da grande cura negli aventi diritto a richiedere la loro inscrizione. Incominciamo dall'esame di questa seconda causa e domandiamoci come possa avvenire che in un paese in cui tutti sono solleciti nel domandare la loro inscrizione nelle liste, solo pochi si curino di esercitare il loro diritto. Il fatto che solamente pochi lo esercitano dovrebbe di per sè solo dimostrare che in quella data regione non è giustamente apprezzato questo modo di partecipazione alla vita pubblica, e quindi che non vi può essere grande spinta nel richiedere l'inscrizione. Si aggiunga il fatto che, essendo per legge istituita l'iscrizione ex officio, quasi esclusivamente questa è praticata, e l'iscrizione per iniziativa individuale là solamente ha qualche diffusione dove, essendovi gran lotta per le elezioni, comitati appositi se ne occupano nell'interesse dei loro partiti. Da ciò consegue che la seconda causa da noi accennata non può aver valore, perchè una lotta accanita implica un'alta considerazione del diritto elettorale e quindi maggior interesse nel richiedere l'inscrizione. Il che serve altresì a spiegare il fatto che dal 1883 ad oggi si ebbe nell'Italia meridionale ed insulare aumento di votanti e di inscritti, mentre vi fu una diminuzione nella settentrionale e centrale.

Onde, tenendo pur conto dell'inscrizione ex officio, a cui si attende con varia diligenza nelle diverse regioni, rimane, come unica causa delle variazioni proporzionali di inscritti, il dislivello di attività intellettuale nelle diverse parti d'Italia.

Ma senza considerare l'inscrizione *ex officio* non si potrebbero spiegare certe anomalie assai evidenti: infatti tenendo solamente conto dello sviluppo dell'attività intellettuale, le provincie che contano minor numero di analfabeti dovrebbero avere un numero proporzionalmente molto elevato di elettori. Nel fatto ciò non si verifica sempre: La provincia di Sondrio, ad esempio, che ha solo 8 analfabeti ogni 100 coscritti e che è la provincia del regno in cui l'istruzione è più diffusa, trovasi per il numero degli elettori (53 ogni 100 maschi da 21 anni in su) quasi allo stesso livello di quella di Trapani, (che ne conta 51) benchè questa ultima per le condizioni dell'istruzione (67 analfabeti ogni 100 coscritti) lasci dietro di sè soltanto altre 10 provincie (1). Questa anomalia si spiega ricordando che nella provincia di Sondrio si hanno 30 votanti per 100 elettori, e quindi essendo là molto minore l'attività politica che non nella provincia di Trapani (61 %) pochi si curano dell'inscrizione nelle liste.

Queste poche considerazioni abbiamo creduto di potere aggiungere al nostro studio sulle astensioni elettorali, affinchè fosse dimostrato che le elezioni del 1890 e del 1892 hanno pienamente confermato le nostre affermazioni intorno alle possibili cause dell'astensionismo.

(*Continua*)

Dott. Leopoldo Ferrarini.

(1) Direzione generale della statistica. *Statistica delle Elezioni Generali politiche 6 e 13 Novembre 1892. Roma 1892.*

LA CONVOCAZIONE STRAORDINARIA DELLE CAMERE

NOTA

In questo mese si è agitata sui giornali una questione che ha avuto ed ha ancora importanza pratica e politica; ma non credo abbia vera importanza scientifica, perchè — malgrado i dubbi di taluno — la soluzione da adottarsi parmi ben chiara e definita.

In seguito ai fatti di Francia e di Napoli, che tanto han commosso la pubblica opinione, si è da molti reputato opportuno, anzi necessario, che si convocassero le Camere, e specialmente quella elettiva: e si è detto che, se tale convocazione non era spontaneamente richiesta dal Ministero o dal Presidente dell'Assemblea, dovessero richiederla i deputati medesimi, nel numero, secondo alcuni di 50, secondo altri di 100 o ancor più. Si è parlato anche di un « appello al re, » ossia di un richiamo da farsi con formali petizioni o con molteplici manifestazioni della pubblica opinione, alla personale prerogativa del Capo dello Stato.

Ora, senza naturalmente entrare nell'esame politico della questione e nella critica dei fatti accaduti e dei provvedimenti presi o trascurati — chè l'indole di questa rivista non lo consente, — possiamo, dal punto di vista scientifico, ridurre a sintesi la questione così: — Quando la Camera è chiusa (e il discorso vale per il Senato) *per aggiornamento indefinito*, a chi spetta la potestà di riconvocarla?

Ho appena bisogno di accennare che non parlo del caso di *chiusura* o *proroga* e quindi di *riapertura* di sessione o di legislatura; poichè allora, conforme all'art. 9 dello Statuto, la convocazione è fatta dal Re.

Parliamo del caso in cui entro una sessione, nè chiusa nè prorogatasi per decreto reale, ma quando le sedute sieno semplicemente *aggiornate* e non già a giorno fisso (come sovente accade, per esempio, nelle consuete vacanze di Natale o di Pasqua) ma a giorno da destinarsi.

In tali casi, malgrado non vi sia disposizione alcuna nel regolamento e molto meno nello Statuto, la Camera è riconvocata d'ordine del suo presidente, il quale si pone di accordo col presidente del consiglio, e spesso anzi è da questo richiesto. Non mancano anzi esempi in cui, pur essendosi la Camera, anche con deliberazione propria, rinviata a seduta determinata di giorno fisso, per affari sopravvénuti, il suo presidente d'accordo col governo la ha riconvocata per qualche giorno anteriore.

Ma il presidente può essere mosso ad ordinare la riconvocazione dei deputati stessi? — Possono costoro, o direttamente o per mezzo del loro presidente, fare quello che può fare il governo?

È precisamente questa la questione.che non mi sembra in alcun modo disputabile doversi risolvere affermativamente.

È vero che il nostro Statuto nulla dispone sul proposito, a differenza di altre costituzioni, per esempio la francese, che statuisce esplicitamente doversi riconvocare le Camere quando ciò sia chiesto dalla maggioranza dei loro componenti. Ma è pure risaputo che lo Statuto non comprende l'enumerazione di tutti i diritti e di tutti gli obblighi dei cittadini e degli organi dello Stato. Ed è pure risaputo che in materia costituzionale — in Italia non meno che altrove — accanto al diritto scritto vi ha il consuetudinàrio e l'ordinamento — ma sovratutto il funzionamento dei poteri dello Stato — deve svolgersi conforme ai principii di ragione ed alle esigenze storiche.

Dal riguardo consuetudinario, nella storia parlamentare italiana, abbiamo un solo esempio che si riferisca alla nostra questione. Quando, nella estate del 1870, agitavasi la gravissima questione di Roma, ad iniziativa del partito di sinistra si chiese da molti deputati la riconvocazione della Camera. Il ministero, che forse sulle prime non intendeva a ciò aderire, quando vide che il movimento era esteso e trovava larga eco nella pubblica coscienza, chiese anch'esso la riunione del parlamento. Infatti il presidente della Camera, appena questa fu riaperta, addì 16 agosto 1870, così disse: « Il giorno 9 agosto molti onorevoli colleghi mi fecero pervenire una istanza con la quale, in considerazione delle attuali contingenze, esprimevano il desiderio che la Camera fosse di nuovo riunita. Prima per altro che questa domanda mi fosse comunicata, il Governo di Sua Maestà avevami dichiarato di avere egli urgenza di fare talune comunicazioni alla Rappresentanza nazionale ».

Il precedente non è limpido, nel senso di mostrare che *soltanto* per la iniziativa dei deputati siasi riunita la Camera. Costituzionalmente però — a chi conosca come andarono le cose in quella celebre contingenza — ha questo grande valore: lo stesso Ministero deve affrettarsi a chiedere la riconvocazione del parlamento, quando dalla vera opinione pubblica ciò sia richiesto.

Ma per tornare al nostro quesito non c'è dubbio che

quando un buon numero di deputati chiegga la riunione della Camera, il loro desiderio si debba soddisfare.

Osserviamo dapprima che se, normalmente, la riconvocazione è disposta dal presidente, e questi quasi sempre agisce in questa faccenda per l'iniziativa del governo, sarebbe bene strano che non possa, anzi che non debba agire per iniziativa di quei deputati, dei quali egli è pure l'eletto ed il rappresentante, e dei cui diritti è tutore.

Aggiungasi che se la Camera, quando è riunita, ha il diritto (che spessissimo esercita) di rinviare le sedute a giorno fisso; se, perciò, essa stessa determina il giorno della propria riconvocazione; non si intende perchè un tale diritto i componenti di essa non debbano esercitare anche quando non sono quindi in assemblea. Priachè la sessione non sia chiusa (chè allora, per disposizione statutaria la competenza è della Corona) e purchè consti la *volontà concorde* dei deputati, o di un certo numero di essi (vedremo fra breve quanti) il rapporto giuridico permane identico e deve aversi identità di effetti.

Nè è a trascurarsi l'osservazione che, togliendo ai deputati l'iniziativa della propria riconvocazione, si lascerebbe al potere esecutivo il mezzo di fare a meno della rappresentanza nazionale per lunghissimo tempo; fino a quando cioè non sia costretto a richiamarla per l'obbligatorietà della sessione annuale, sancita dall'art. 9 dello Statuto.

Finalmente sarebbe ridicolo che le Assemblee parlamentari non debbano fruire di quei diritti che tutte le assemblee hanno. Per l'art. 103 della nostra legge com. e prov. i consigli comunali debbono riunirsi straordinariamente quando ciò sia chiesto da un terzo dei suoi componenti.

Il solo punto su cui si può discutere, nella questione di cui ci occupiamo, è quello di determinare quale debba essere il *minimum* di deputati necessarii per chiedere ed ottenere la riconvocazione della Camera.

Secondo me, dovrebbe bastare il quinto; ossia, per far cifra tonda, in Italia, cento. E sono mosso in tale opinione dal seguente ragionamento. La Camera stessa quando è aperta ha il diritto di stabilire il proprio ordine del giorno e di rinviarsi per quei giorni che crede. Per deliberare, essa ha di bisogno dapprima che sia presente la maggioranza assoluta dei suoi membri (art. 53 dello Statuto) ed inoltre che la maggioranza dei presenti sia concorde nelle deliberazioni stesse (art. 52). La maggioranza ci ragguaglia al minimo della metà più uno. Di conseguenza, perchè la Camera, quando è aperta, stabilisca il giorno della propria riconvocazione, occorra che assentiscano non meno della metà, ossia di un quarto. Ove però si tien conto che col sistema dei congedi (assai illegale) il *quorum* si è ridotto di molto ed in fatto il numero dei presenti deliberanti è spesso inferiore; se si considerano le difficoltà di fare sottoscrivere a molti deputati quando la Camera è chiusa, una domanda di riconvocazione, che dovrebbe girare su e giù per tutto lo Stato: ritengo che sia non già equitativo, ma rigorosamente giuridico, il *minimum* di un quinto.

Per concludere però è a notarsi che, secondo le buone norme costituzionali, non dovrebbe mai giungersi allo estremo di fare sottoscrivere una domanda a 100 deputati. Prima che ciò si compia — siccome è chiaro che in paese deve esserci non lieve agitazione — ha il dovere il presidente della Camera di riunire *spontaneamente* l'Assemblea. Un simile dovere — nel senso di provocare la riunione — spetta al Governo; ed è, per questo, materia indiscutibile di responsabilità politica il non adempiere a tale dovere.

Qnanto alla Corona ed al cosidetto *appello al re* è a notarsi: — Se con la frase equivoca « appello al re » si vuole accennare a qualche cosa di simile ai vecchi e famosi *governi paterni;* se si vuole invocare un intervento *personale* ed *autoritario* del sovrano: si dice cosa semplicemente anticostituzionale. Ma se invece si vuole accennare alla opportunità dell'intervento della Corona non per prendere provvedimenti in cui essa è incompetente, ma per interpretare il pubblico sentire ed eccitare i varii organi e poteri dello Stato ad un più retto funzionamento: allora dicesi cosa rigorosamente costituzionale. E questo sarebbe, per l'appunto, ufficio nobilissimo della Corona: provocare essa, direttamente e spontaneamente, la riconvocazione delle assemblee parlamentari, per dar modo alla rappresentanza legale del paese di esprimere la volontà di questo su gravi e delicate contingenze sopravvenute.

Catania settembre 1893.

Angelo Majorana.

RECENSIONI

Etablissement et revision des constitutions en Amerique et en Europe par CHARLES BORGEAUD, docteur en droit, docteur en philosophie, directeur d'études à l'Ecole libre des sciences politiques. Ouvrage couronné par la Faculté de droit de Paris. Thorin et fils, Paris 1893. Un volume in 8° de 423 pages.

« Costituzione è la legge fondamentale, in conformità della quale è organizzato il governo di uno stato e secondo la quale sono regolati i rapporti degli individui o delle persone morali con la collettività. Essa può essere o un documento codificato o il risultato più o meno definito d'una serie di atti » di diritto scritto o consuetudinario. Il sig. Borgeaud si occupa nella sua opera dell'istituzione e della revisione delle costituzioni nettamente formulate. Nell'epoca del diritto pubblico moderno, l'idea di una costituzione scritta, c'insegna il B., risale al progetto di patto popolare (agreement of the people) dei soldati del Cromwell presentato alla Camera dei Comuni per essere da questa approvato e in seguito sottoposto alla ratifica del popolo. Il progetto non venne portato a compimento: ma tuttavia diverse delle riforme che in esso erano previste furono attuate sotto il protettorato e, nel 1653, questo ordinamento fu stabilito sulla base di una costituzione scritta « lo statuto del governo » elaborato dal consiglio degli ufficiali. Il principio della costituzione scritta non ha più radici in Inghilterra, ma fu trapiantato con successo in America. Dall'America passò in Francia: la Rivoluzione lo diffuse per tutta l'Europa.

Il Borgeaud, entrando nei particolari del suo argomento, divide le costituzioni scritte in carte concesse dai sovrani (octroyées) e in patti costituzionali da un lato, in costituzioni popolari dall'altro lato. La prima divisione comprende il gruppo degli Stati Tedeschi ed il gruppo degli stati europei latini, eccettuata la Francia e Scandinavia. La seconda divisione comprende gli Stati Uniti dell'America del Nord, gli Stati dell'America latina, la Francia e la Svizzera. Scritto con gusto e dottrina, il lavoro del Borgeaud è un'opera di grande valore. Il soggetto essendo assai vasto, l'autore si trova più di una volta costretto di passare sotto silenzio quella o quell'altra controversia. Per non ingrossare oltre misura il suo volume, il B. lascia la sua opera qua e là un po' incompleta: è facile accorgersi che spesso l'autore sa assai più di quello che dice.

Il B. ritiene che taluni organi della stampa russa hanno a torto sostenuto che le antiche carte della Finlandia non sono state formalmente sanzionate da Alessandro I. La verità tuttavia è che l'impero della sovranità russa è uno e indivisibile (articolo 4 legge fond.) e che esso è autocratico non meno in Finlandia che dovunque altrove in Russia.

La Finlandia, una volta conquistata, è stata annessa púramente e semplicemente alla Russia (manifesti del 20 marzo 1808, 5 giugno 1808, 11 dicembre 1811; trattato di pace del 5 settembre 1809). Solo dopo l'annessione, Alessandro I ha accordato ai suoi novelli sudditi alcuni privilegi che i suoi successori possono solo sopprimere. In fatto ed in dritto la costituzione Finlandese può essere riveduta o anche abolita dallo Czar.

La costituzione italiana non contiene alcuna clausola relativa alla sua revisione. Il B. sembra vedere, stando a quanto ne dice il Brusa, che lo Statuto è considerato in Italia come una specie di costituzione popolare che non può essere distrutta per via di legislazione ordinaria. Si è tuttavia verificato che gli articoli 1, 35, 49 sono stati modificati dal Parlamento. Lo Statuto non è stato affatto istituito dai plebisciti: le popolazioni degli Stati che han concorso a formare il Regno d'Italia sono stati successivamente chiamati a votare soltanto per aderire al nuovo Stato sotto la dinastia di Casa Savoia, ma non già per approvare o disapprovare la legge fondamentale. Finalmente poi molti autori italiani non seguono l'opinione del Brusa (1).

Il B. ci dice: « In Francia il Congresso non esercita il potere costituente che per delegazione. Esso funziona in virtù di un mandato che gli viene dalle Camere. Se si ammette che le Camere hanno facoltà di parlare in nome del popolo in tale occasione, bisogna ammettere pure che esse possano conferire un mandato illimitato o un mandato limitato secondo che loro piaccia. Se ciò non si ammette, s'infrange il sistema della legge del 1863 ». Il ragionamento del B. fa astrazione dal testo della costituzione. Basta leggere bene l'art. 8 per convincersi che la considerazione del B. è erronea. Il secondo alinea non fa che conferire al Parlamento il diritto di convocare il congresso, mentre che il terzo alinea indica la competenza del congresso. Ecco la verità pura e semplice.

Ginevra, 9 aprile 1893.

X. S. COMBOTHECRA.

docteur en droit.

(1) Trattandosi di un'affermazione fatta da uno straniero, criticando l'opinione di un autore straniero, in materia di diritto pubblico italiano, ci sarà permesso soggiungere che l'affermazione del nostro egregio collaboratore Dottor Combothecra è perfettamente esatta. Anzi, l'opinione della riformabilità dello Statuto italiano in via di legislazione ordinaria, non è solamente opinione di " molti „ scrittori, ma addirittura l'opinione " dominante „ nella dottrina, nella giurisprudenza delle Corti giudiziarie e nelle manifestazioni dei nostri più eminenti uomini di Stato anche di parti politiche opposte.

Nota della Direz.

Prof. V. E. ORLANDO—*Direttore responsabile.*

Palermo, Tip. « Lo Statuto », Via Monteleone, 25.

SAGGIO DI UNA NUOVA TEORICA

SUL

FONDAMENTO GIURIDICO DELLA RESPONSABILITÀ CIVILE

A PROPOSITO

DELLA RESPONSABILITÀ DIRETTA DELLO STATO

(Cont. e fine, v. fasc. IV)

§ 7.

La responsabilità diretta dello Stato, ove fosse dichiarata, costituirebbe un istituto speciale o potrebbe connettersi con una data evoluzione del diritto comune?

Pervenuti a questo punto, occorre proporci un'obiezione di un'importanza gravissima — come ognuno può da sè considerare — per quel fine essenziale del presente scritto, quale fu da noi annunziato sin dal principio.

Ci si dirà: si ammettano come vere le proposizioni sinora enunciate. Vero che il diritto vigente, fondato sulla colpa aquiliana, non provvede al caso della responsabilità diretta dello Stato; vero che tale conclusione ripugna al senso giuridico moderno e che sia attuosa protesta la tendenza degli scrittori e dei magistrati ad ammettere quella responsabilità, malgrado il diritto vigente. Ma, ammesso tutto ciò, sarebbe un trapasso logicamente non consentito, perchè non necessario, il venire alla conclusione di un'insufficienza ge-

21

nerica dell'istituto della responsabilità civile per diritto comune privato, mentre se ne potrebbe invece inferire che il diritto pubblico moderno tende a creare una figura *sui generis* di una responsabilità dello Stato, che per diritto comune sarebbe a dirsi *impropria*, tendente al risarcimento dei danni cagionati ai singoli dall'attività della pubblica amministrazione: figura istituzionale che si avvicinerebbe di più al diritto pubblico che a quello privato.

L'obiezione, ripetiamolo, è grave; e giova riconoscere che essa sia implicita nei *desiderata* di quegli scrittori che, lamentando appunto, in quel caso il difetto di responsabilità pel diritto comune vigente, non pensano già di riferirsene alla insufficienza generica di questo, ma alla necessità di una legge *speciale*. Diciamo ancora che un recente e geniale lavoro (quello del Vacchelli di sopra citato) si ispira appunto al concetto che la responsabilità della pubblica amministrazione non possa nè debba desumersi dal diritto privato comune ma possa e debba avere radice in criterii che al diritto pubblico son proprii.

Ad avvalorare ancora di più tale obiezione, noi osserveremo non essere infrequente il caso che il diritto pubblico moderno abbia dato luogo a conseguenze analoghe a quella che sarebbe implicita nel concetto sopra riferito. Non di rado avviene che, per criterii di diritto pubblico, un principio di diritto privato si modifichi, anche sostanzialmente, creando figure giuridiche la cui specialità, in favore del cittadino, è interamente dovuta al diritto pubblico. Basterebbe ricordare che in tutti i servizii assunti, direttamente o indirettamente, dalla pubblica amministrazione (poste, telegrafi, ferrovie e simili) si deroghi, contro l'amministrazione, a quel principio fondamentale per diritto privato e per cui l'assuntore di un servizio è libero di contrarre o

no con questo o quell'individuo e di contrarre alle
condizioni che crede, anche variandole da una persona
all'altra.

In astratto, adunque, il contenuto di quell'obiezione
potrebbe esser vero ed esatto. Bisogna vedere se sia
pur tale in concreto.

La maniera più diretta di procedere a tale esam e
sarebbe di ricercare, primieramente, se quel sentimento
intorno l'insufficienza della teoria classica della responsabilità si riscontri pure in altri campi e ad altro proposito oltre quello della responsabilità diretta della
pubblica amministrazione; secondariamente se vi sia
analogia fra le ragioni che tali sentimenti determinano ; e dimostrare quindi che il sentimento di quel-
l'insufficienza non è *speciale* alla materia nostra ma
comune ad altre manifestazioni di indole affatto diversa
e che sussiste altresì *comunità* di ragioni. E riesce
evidente che se noi potremo fornire la dimostrazione
positiva del primo e del secondo assunto avremo allora ricondotto quei varii fenomeni ad una causa unica
e potremo allora con piena ragione assumere che è
proprio l'idea generale della responsabilità civile che
ha subito una trasformazione nel sentimento giuridico,
trasformazione che prelude una correlativa trasformazione nella legislazione positiva.

Alla dimostrazione di quegli assunti noi dediche-
remo i paragrafi seguenti. Tuttavia, sin d'ora, una prova
semiplena del nostro assunto ci sembra di poterla ottenere esaminando le ragioni per cui, in tema di responsabilità diretta delle pubbliche amministrazioni,
altri invoca una modificazione del diritto esistente, altri
forza la portata di questo diritto, per venire alla dichiarazione di tale responsabilità. Cosi, oltre che avere
sott'occhi sistematicamente tali ragioni, potremo valutare se esse siano *specifiche* al rapporto in esame o

possano *a priori* generalizzarsi ed estendersi anche ad altra natura di rapporti.

Or se procederemo a una rapida rassegna di tali argomenti,—lasciando stare le frasi vaghe, e per sè stesse anche troppo generali, per cui si dice la irresponsabilità dello Stato non rispondente alla « ragione e alla naturale giustizia » (vedi sentenza della Cassazione romana del 19 dicembre 1875),—essi si possono a due principalissimi.

L'uno è quello del Laurent ripetuto dalla Cassazione romana e da altre sentenze : vi accenna pure il Gabba, più esattamente, cioè dal punto di vista *de lege ferenda*. L'argomento è : vi fu lesione di un diritto ? vi sia l'indennizzo ; fu altrui arrecato un torto ? occorre apportarvi un rimedio ; parafrasi di un vecchio motto inglese : *Where there is a right, there is a remedy.* Or quest'argomento si presenta per sè stesso *generale :* mentre nella teoria della responsabilità aquiliana il *fatto* della lesione patrimoniale non dava il *diritto* al risarcimento se non in connessione con l'imputabilità all'agente, quell'argomento tende, in sostanza, a far prevalere l'elemento obiettivo della lesione e la necessità del risarcimento, sulla disamina *subiettiva* della colpa dell'agente nei momenti in cui può scomporsi : possibilità di prevedere il danno ; possibilità e dovere di evitarlo. Sicchè qui, chi ben guardi, non può dirsi che si tratti di argomento specifico alla questione nostra o che supponga necessariamente il rapporto fra la pubblica amministrazione nella sua legale e lecita attività e un privato da questa danneggiato. Nulla vieta di generalizzare quella tendenza e ravvisare, coerentemente ad essa, la possibilità del risarcimento di un danno patito, anche indipendentemente dal concorso degli elementi classici della colpa ; solo che all'ipotesi della *attività dello Stato* si sostituisca quella dell'*attività di un privato.*

Il secondo ordine di argomenti riscontrammo pure in diverse sentenze. Vi si può connettere l'analogia che abbiam visto si tenta di fare tra il risarcimento generale di ogni danno arrecato dalla pubblica amministrazione e il risarcimento prestato nel caso di espropriazione per causa di pubblica utilità. Questo concetto si può riassumere nella frase citata della Cassazione romana : « nessuno può essere costretto a cedere ed a soffrire privazione o diminuizione dei proprii beni nemmeno per viste di pubblica utilità, senza un equo e proporzionato indennizzo.... » E con maggiore precisione la Cassazione di Palermo nella citata sentenza del 7 febbraro 1868 : « il bene individuale cede all'interesse comune, ma trova il suo corrispettivo nel rifacimento, *perchè non può il beneficio o comodo collettivo ottenersi con lo spoglio o il danno del singolo* ».

Non può negarsi che a prima giunta cotesto ordine di argomenti si dimostri specifico alla quistione della responsabilità dello Stato, e, come appresso meglio diremo, noi non intendiamo escludere in maniera assoluta che una figura specifica di responsabilità possa per tale caso sorgere; ma tuttavia, chi sottilmente consideri, vi è un sostrato, in quell'ordine di argomenti, che si presta pur esso ad essere generalizzato.

Il dire, di fatti, che il conseguimento di un bene a favore dell'universale e della collettività non deve importare il sacrificio di un bene singolo, può risolversi in quest'altra considerazione. L'attività della pubblica amministrazione si prefigge e, giova presumerlo, consegue il fine dell'utilità universale, o, in termini correlativi, l'utilità dello Stato stesso cui l'amministrazione rappresenta. È dunque un'attività proficua per chi la spiega : or se, per conseguenza eventuale o fatale, prevedibile o non prevedibile, evitabile o non evitabile, essa danneggia un singolo, il quale, rapporto alla colletti-

vità, pur facendone parte, può considerarsi individualmente come un « terzo, » è evidentemente iniquo che
chi da una sua attività trae vantaggio, faccia poi gravare in tutto o in parte l'evento dannoso sul « terzo ».
Chi profitta dei lucri, deve sopportare anche i rischi.

Ognun vede come, ridotto quell'argomento nei termini di quest'ultima proposizione, esso si presenta abbastanza generale e di tal natura da appropriarsi anche
a un ordine di rapporti che non presupponga necessariamente una pubblica amministrazione da un lato
e un privato dall'altro, ma che si riferiscà a *chiunque*
esplichi un attività professionale o industriale di cui
ricava vantaggi ma che espone a rischi, i quali se
colpiscono il « terzo », giustizia vuole che questi ne sia
indennizzato.

Questo esame preliminare, senza esaurire certamente
il compito che ci siamo prefissi, serve a facilitarlo; e
se noi, come speriamo, arriveremo a dimostrare, in
campi diversi, l'esistenza di un sentimento sulla deficienza della teoria, oggidì dominante, analogo a quello
riscontrato in materia della responsabilità dello Stato;
se questo sentimento si appoggia su ragioni analoghe
a quelle da noi già osservate a questo proposito e ridotte in termini generali; se ancora altre analogie potremo trovare anche nei modi concreti con cui quel
sentimento si manifesta; crediamo che allora ci sarà lecito
concludere che fra tali fenomeni debba riconoscersi un
nesso organico che li riconduce tutti sotto una causa
unica cioè il mutato sentimento giuridico circa la natura e l'estensione della responsabilità, sentimento di
cui quanto osservammo circa il problema della responsabilità dello Stato non sarebbe che una forma specifica,
per quanto capace di assorgere a una propria e indipendente figura istituzionale.

§ 8.

Deroghe legali al principio della colpa come base della responsabilità.

Il primo e gravissimo colpo contro la necessità del concorso di una *culpa* perchè ne derivi responsabilità civile, fu dato, comunque inconsciamente, dalle stesse leggi moderne nell'articolo immediatamente seguente a quelli che dichiarano, come regola fondamentale, il principio romano. Noi parliamo di quella disposizione legislativa che regola una importantissima figura di responsabilità, cioè quella cosiddetta indiretta, dipendente dal fatto dei proprii commessi.

La teoria tradizionale, seguita dalla più parte degli scrittori, è ben lungi dall'ammettere anzi dal supporre la nostra affermazione, e crede poter ricondurre la responsabilità indiretta ai principii generali della colpa, ritenendo che se la responsabilità del fatto dannoso, perpetrato dal commesso, risale al committente, ciò avviene perchè questi fu in colpa; e precisamente perchè mancò della dovuta previggenza, sia nella scelta di chi prepose al negozio, sia nel vigilarlo : è la notissima teoria della *culpa in eligendo* o *in vigilando*.

Siffatta base giuridica della responsabilità indiretta è certamente vera per diritto romano. Questo, eminentemente logico, comprese che se la colpa dovea restare, sempre, la base di ogni responsabilità, sicchè intanto dovea ritenersi la responsabilità indiretta, in quanto al committente potevasi imputare negligenza nell'elezione o nella vigilanza, — da tutto ciò ne seguiva che quando dalle prove fornite tale colpa veniva esclusa, la responsabilità indiretta veniva altresì meno (1).

Se non che tale principio, conseguenza logica della presupposta necessità dell'esistenza di una colpa, non venne ammesso dal diritto moderno, il quale dichiara, per usare le espressioni della teoria dominante, che la mancanza di *culpa in eligendo* o *in vigilando* costituisce una presunzione *iuris et de jure*, contro cui non è ammessa prova in contrario (2).

Per quanto la generalità degli scrittori, sotto l'influenza della tradizione, chiudano gli occhi per non accorgersene, la verità è che tale prescrizione di legge scuote dalle fondamenta la teoria tradizionale che manteneva l'elemento della colpa anche come base della responsabilità indiretta. È vero che, nel fissare quella norma legislativa, non si ebbe forse coscienza di ciò, anzi si credette di non allontanarsi dalla teoria della *culpa in eligendo*; ma è pur noto che non poche radicali trasformazioni di istituti giuridici si sono in tal guisa avverate.

Lasciamo anche stare la quistione se le presunzioni *iuris et de iure* siano da equipararsi affatto alle *finzioni* (3), certo è che fra quei due concetti

(1) L. 27 § 9, § 11, D. ad l. Aqu., (9, 2).

(2) Il lettore vedrà da sè che noi ci riferiamo al caso tipico della responsabilità indiretta cioè nei rapporti dei padroni e committenti coi commessi, nel quale caso appunto non è ammessa la prova della mancanza di colpa. Quanto alla responsabilità indiretta di altre categorie di persone (a titolo di patria potestà, precettori ed artigiani), per cui la prova è ammessa — tuttavia invertendone l'onere — non neghiamo che la materia sia diversa e che l'elemento della colpa — per quanto attenuato dall'inversione della prova — possa dirsi mantenuto.

(3) Confr. GIORGI *Obl.*, I, n. 421 e FERRINI, *Note sulle presunzioni nel diritto civile it.* nell'*Antologia giuridica*, an. 1893,

passano innegabili analogie. Quando si dice che un elemento di fatto deve necessariamente riscontrarsi in un'azione, ciò importa che bisogna che esso sia dimostrato esistente nel caso specifico; in altri termini, perchè l'azione sia ammessa, bisogna che tutti gli elementi su cui essa si fonda risultino *in fatto provati*. Il presumere assolutamente l'esistenza di alcuno di essi, anche quando nelle specie potè non verificarsi, importa necessariamente che in pratica si ammette l'azione anche indipendentemente da quell'elemento (1), e allora non è più vero che quell'elemento sia imprescindibile per l'ammissibilità di quell'azione.

Questa conseguenza è più che mai vera nel caso nostro. Come ? Mi ritenete responsabile, pel fatto del mio commesso, *perchè* io non usai diligenza nello sceglierlo o nel vigilarlo; e intanto, non che imporre al mio avversario la prova di tale mia colpa, impedite persino a me di provare che colpa non ebbi, e mi condannate anche quando questa colpa, di fatto, non ebbi ?

Si aggiunga : in generale, le così dette presunzioni *iuris et de iure* sono imposte da un grande interesse di ordine pubblico: così è per verità della cosa giudicata e per la presunzione di paternità. Ma qual mai interesse di ordine pubblico potrebbe giustificare la punizione *come colpevole* di chi colpa non ha commessa ? I principii più elementari di giustizia,

---

pag. 20 e *Ancora sulle presunzioni in dir. civ.* in *Archivio giuridico,* vol. 1, pag. 566,567.

(1) Osserva brillantemente il FERRINI (*Archivio giur. l. c.*). « Si può dire che tra la « finzione» e la « presunzione assoluta » corre questa differenza, che in quest' ultimo caso *potrebbe essere anco vero ciò che per comando del legislatore si ammette; ma questa differenza non ha nessuna importanza dal momento che, sia o no vero il fatto, bisogna ammetterlo....* ».

lungi dal legittimare, condannerebbero una così enorme conseguenza (1).

Non sono mancati gli scrittori che hanno avvertito l'ingiustizia cui si andava incontro, volendo spiegare la responsabilità indiretta colla teoria tradizionale della colpa; e piovono acerbe le critiche contro la legge. Così il Giorgi (2): « In qualche cosa, se ci è lecito parlare liberamente, i codici moderni hanno davvero *posti senza ragione in oblio i principii di naturale giustizia*: ed è quando hanno stabilita la presunzione della colpa a danno dei padroni e dei committenti ed hanno convertita la presunzione semplice in presunzione *iuris et de iure* negando il diritto alla prova contraria. Siffatto rigore è veramente *eccessivo* E NON SE NE COMPRENDE IL PERCHÉ ». Le conseguenze di tale sistema legislativo sono qualificate da questo scrittore — che pure è d'ordinario così temperato — come *strane, paradossali, assurde, illogiche*. Ma all'illustre giurista ci sarà facile replicare che tutti cotesti gravissimi torti in tanto sono rimproverabili alla legge, in quanto si vuol tener fermo come fondamento della responsabilità indiretta la *culpa in eligendo* o *in vigilando*. Or questo fondamento non è indicato dalla

---

(1) « Ammettere un caso di responsabilità non preveduto dalla legge, sarebbe lo stesso che rendere responsabile una persona senza essere colpevole, senza che almeno vi fosse la prova della sua colpa... la qual cosa sarebbe insieme *violazione dei principii* di diritto e *di quelli della morale* » Queste parole scrive il LAURENT (l. c. n. 551) per dedurne che la presunzione deve essere interpretata ristrettivamente, e non si accorge che la presunzione stessa — che si attribuisce anche da lui alla legge — porterebbe alla conseguenza di « rendere responsabile una persona senza essere colpevole » violando così insieme « i principii di diritto e quelli della morale »! .

(2) Op. cit. n. 252.

legge, ma dalla dottrina : e, allora, invece di rimproverare così duramente la legge, non sarebbe più
ovvio ricercare prima se per avventura l'errore non
stia in quella pretesa base dottrinale ? Una volta che
nella legge trovate un « perchè » che « non si comprende » non è naturale ricorrere con la mente alla
ipotesi che a quel « perchè » incomprensibile se'ne
debba sostituire un altro ?

E il tentativo è stato fatto : anzi, il merito avere
per il primo, — restando sinora solo, — arditamente
negato che, per diritto vigente, la base della responsabilità indiretta pel fatto del commesso sia la *culpa
in eligendo* o *in vigilando*, spetta ad un recente valoroso scrittore italiano, al Chironi (1) : e, per la parte
negativa, le considerazioni di lui, dirette contro la
teoria tradizionale, sono la migliore conferma di
quelle superiormente fatte da noi. Vero che è che
la teoria proposta da questo autore, in luogo della
tradizionale, ci ricondurrebbe all' elemento della colpa *diretta* , in quanto egli ritiene che la responsabilità in quel caso sorga dal rapporto di *rappresentanza,* per cui al posto del commesso, danneggiante,
si mette, giusta i principii generali del mandato, la
persona del committente che sarebbe così da considerarsi
come *direttamente* responsabile, Ingegnosa teoria, che
però difficilmente può superare le molteplici gravissime
obiezioni cui va incontro, delle quali potrebbe dirsi,
una avulsa, non deficit altera. Si forza la legge supponendo che il rapporto di commissione, cui essa accenna, si confonda con la *rappresentanza,* sia pure
dando a quest'espressione era senso larghissimo, mentre il rapporto di commissione abbraccia indubbia-
mento i casi di locazione d'opera, e ripugna l'ammet-

(1) Op. cit. pag. 260 e segg.

tere in tal caso con rapporto di *rappresentanza*, dando a quest'espressione un senso *giuridico*. Molto meno si comprende con quanta giustizia si capovolgerebbe il principio fondamentale della rappresentanza stessa per cui il rappresentato non non si ritiene obligato che nei limiti del mandato, mentre il danno *iniuria datum* questo limiti oltrepassa e calpesta. E, mentre si vuole restare entro i limiti della teoria classica della colpa, se ne infrange il principio più essenziale che richiede che la determinazione colposa sia personalmente imputabile a chi si condanna come responsabile. E finalmente si cade in contraddizione ritenendo le persone giuridiche irresponsabili per colpa diretta (conformemente appunto a quel principio della teoria classica) e responsabili pel fatto dei rappresentanti, che si imputa loro come fatto proprio e come colpa diretta. In sostanza poi, ci pare che il Chironi non faccia che sostituire ad una *finzione*, un'*altra. Si finge* 1) che ogni rapporto di commissione implichi rappresentanza; 2) che la colpa del rappresentante risalga al rappresentato, quasi fosse da lui voluto il fatto dannoso. Ad ogni modo, dal punto di vista nostro, tanto nel primo come nel secondo caso, troviamo sempre vera e innegabile la conclusione *di fatto*, che l'istituto delle responsabilità indiretta va a finire alla condanna, come responsabile, di chi non ha colpa; e ciò basta per la nostra tesi. Quanto alla teoria del Chironi, si spiega che tutte le accennate difficoltà non trattennero l'egregio scrittore, preoccupato com'era di dare al precetto legislativo una base di ragione, la quale egli vedeva mancare nella teoria tradizionale della *culpa in eligendo*. Bisogna invece fare un passo più in là e tutto si semplifica. Basta vincere il preconcetto secolare che per esservi responsabilità civile, bisogna necessariamente che vi sia *colpa*. Il testo della legge, nel caso dell'art. 1153 ce lo permette, anzi ce

lo impone, a meno di renderlo mostruoso o incoerente. Per la responsabilità diretta (art. 1151, 1152) l'elemento della colpa viene espressamente richiesto ; ma per la responsabilità indiretta no. Perchè dunque pretendere di trovarcelo per forza ? Inconsciamente, il legislatore ha creata una figura di responsabilità che si è resa indipendente dall'elemento della colpa : ciò vuol dire, in altri termini, che quell'evoluzione giuridica da noi annunziata si è già verificata, comunque in parte soltanto, anche nel diritto positivo vigente. Questo è il fatto : quale sia poi il fondamento da assegnare a questa nuova forma di responsabilità , indipendentemente da una colpa, nel caso del risarcimento del danno perpetrato dal commesso, lo vedremo più avanti, quando potremo mostrare come quella forma di responsabilità dipenda da concetti più larghi e più generali sui quali tende, secondo poi, ad adagiarsi il nuovo concetto della responsabilità civile.

§ 9.

La teoria classica della responsabilità e gli infortuni sul lavoro.

La quistione relativa al più equo e sicuro modo di garentire agli operai il risarcimento dei danni da loro sofferti nel lavoro, è così nota ed esiste su di essa una così ricca ed importante letteratura, che il nostro compito ne sarà considerevolmente facilitato. E ciò in tanto più, in quanto noi non abbiamo la pretesa nè la ragione di trattare *ex professo* l'ardua quistione, ma ci importa solo di trarre dallo stato presente della quistione stessa quelle conseguenze che suffragano l'assunto del presente lavoro. Dobbiamo, in altri termini, limitarci a dimostrare come la quistione sudetta, per quanto generalmente ritenuta affatto indipendente ed autonoma, non sia che una manifestazione specifica, comunque importante, di quella generale evoluzione del sentimento giuridico in materia di responsabilità civile, la cui esistenza abbiamo più volte affermata.

Stando alla teoria legislativa dell'art. 1151, un'operaio il quale abbia sofferto un danno per infortunio sul lavoro, deve dimostrare, per ottenere il risarcimento contro il padrone o infraprenditore, che l'infortunio stesso fu dovuto a negligenza, imperizia, ed in generale a colpa dell'intraprenditore stesso, il quale, sempre ai termini del diritto comune resta esonerato dall'obbligo del risarcimento, non solo quando risulti provato che il danno fosse avvenuto per caso fortuito, o forza maggiore o imprudenza dell'operaio danneggiato, ma anche quando non resti positivamente accertato che l'infortunio avvenne per colpa dell'intraprenditore.

Or che questi risultati cui arriva il diritto comune vigente, siano, nella quistione attuale, assolutamente repugnanti al sentimento giuridico moderno, è cosa che sarebbe inutile dimostrare, appunto perchè risaputa e notissima. Fra i tanti scrittori, che dell'argomento si sono occupati, credo che non ve ne sia neppur uno il quale affermi quei risultati essere conformi a giustizia e tali da poter stare contenti ad essi; e le voci invocanti riforme, se pur discordanti nei mezzi, hanno di comune una convinzione generale che importa qui fermare per gli scopi del nostro studio: la teoria classica della responsabilità aquiliana essere del tutto insufficiente nel caso speciale che ci occupa.

Anzi, come a proposito della responsabilità diretta dello Stato non mancano sentenze che la ammettono malgrado l'ordinamento positivo vigente, così è interessante notare come la giurisprudenza, anche nel caso della responsabilità dei padroni, abbia cercato di forzare le conseguenze rigorose del diritto comune in favore dell'operaio danneggiato. Il più delle volte ciò avviene mediante l'incensurabile facoltà di apprezzamento del fatto e la grande elasticità del principio che ammette le responsabilità per colpa lievissima ; ma è anche più notevole trovare dichiarata una massima giuridica che tenderebbe a creare, nel silenzio della legge, un diritto speciale in favore dell' operaio danneggiato. Una tale considerazione troviamo in una recente sentenza della corte d'appello di Roma. Premesso che l'operaio era morto in seguito a rottura della corde che doveano assicurarne il sostegno, la Corte dice testualmente che gli assuntori devono ripondere per negligenza e imprudenza, « senza bisogno nella Lanini (attrice) di somministrare ulteriori prove a carico degli stessi, senz'uopo perciò della prova testimoniale... Poichè la colpa dei Piacentini — Pullini è PRESUNTA DI PIENO DIRITTO, risultando dal fatto in sè stesso, emergendo *ex re ipsa*. » (Corte appello Roma, 16 febbraio 1891, nella *Temi Romana*, 1891, pag. 170).

Creare una presunzione legale senza legge, esonerare l'attore, in tema di responsabilità civile, dall'onere di provare l'elemento più essenziale dell'azione, cioè la colpa del danneggiante, sono errori neppure discutibili di fronte al diritto vigente; ma più grave è l'errore, e tanto maggiore deve ritenersi l'influenza di quel sentimento giuridico, pur non codificato, cui il magistrato ubbidisce. Quello che la Corte d'Appello di Roma ha voluto fare senza testo espresso di legge, altri scrittori hanno invocato in linea *de lege ferenda*: accenno alla nota proposta di invertire l'onere della prova in favore dell' operaio danneggiato, sicchè questi, per conseguire il risarcimento, dovrebbe limitarsi a provare il danno patito; e se il padrone vuole sfuggire alla responsabilità, bisogna che egli provi che il fatto debba attribuirsi a caso fortuito o forza maggiore o ad imprudenza dell' operaio; opinione che pur non escludendo affatto, — dobbiamo riconoscerlo, — l'elemento della colpa del danneggiante, è certo che ne *subordina* di fatto l'importanza e può persino escluderla. Il padrone che non fu in colpa, ma che pur non potè fornire la dimostrazione del suo assunto, — e quanti fatti veri non possono provarsi? — sarà condannato come *responsabile*, pur non essendo colpevole. È innegabile quindi che nell'opinione della inversione della prova appare, sia pure timidamente, il sentimento di ammettere responsabilità senza colpa.

Ma il sistema della inversione della prova è stato ancor esso combattuto aspramente e con ragioni che mentre hanno una indiscutibile gravità, costituiscono la demolizione più radicale della teoria classica.

Nella teoria classica della responsabilità, uno dei dommi più intangibili è che ad essa non si fa luogo quando l' evento dannoso fu dovuto a caso fortuito o forza maggiore, appunto perchè allora manca la colpa da imputare all'agente. E pure, l'escludere il risarcimento dell'operaio anche in quei casi ripugna per ragioni che sono state esposte con tanta energia ed evidenza da essere impossibile aggiungervi come opporvi alcun che: « L'e-« sercizio di qualunque industria, si dice, porta seco un « più o meno alto grado di pericolo per l'operaio, per « quante cautele vi si pongano in atto.... Se in uno « scavo fatto con tutta regola succede una frana, se « un congegno ottimamente costrutto e collocato si

« rompe d'un tratto e precipita addosso ai lavoratori,
« se in una lampada di sicurezza ben fatta si produce
« qualche guasto che non si poteva avvertire e ca-
« giona l'accensione di gas in una miniera, se scop-
« pia una caldaia e cagiona lesioni benchè rispondesse
« a tutte le regole dell'arte e fosse munita degli ap-
« parati di sicurezza, se un animale stato sempre
« quieto imbizzarrisce di un tratto e produce ferimenti
« a quegli operai che se ne servono, la coscienza pub-
« blica a buon diritto ne dà colpa al padrone. *Il caso*
« *fortuito* o quello che così si chiama *è in realtà un*
« *prodotto inevitabile dell'industria stessa; e il pa-*
« drone... deve subirne le conseguenze, *come subisce*
« *le conseguenze o dello eccesso di produzione, che*
« *gli lascia invenduta parte della merce, o della de-*
« *ficiente domanda o dei fallimenti degli interme-*
« *diari* » (1).

La dimostrazione non potrebbe essere più convin-
cente, nè più grave la scossa data ai principii essenziali della responsabilità aquiliana. Eppure v'ha di
più ancora. L'esonerazione da ogni responsabilità
quando il danno è dovuto a imprudenza del danneggiato,
deve considerarsi come una delle conseguenze più essenziali e assolutamente indiscutibili, della teorica classica. In quel caso, difatti, l'elemento della colpa viene a
rovesciarsi: non il danneggiante — tale, per modo di dire —
ma il danneggiato fu causa del sinistro. Ebbene, nel
caso specifico degli infortunii sul lavoro, anche quest'ultima trincea è validamente assalita e, secondo me,
trionfalmente superata da queste belle e giustissime
considerazioni del Fusinato: « La lunga abitudine delle

---

(1) CARLO F. FERRARIS, *L'assicurazione obbligatoria e la re-*
sponsabilità dei padroni ed imprenditori per gli infortunii sul
lavoro. (2ª ed., Roma 1890, pag 8-9).

22

occupazioni pericolose, la ripetizione continua e meccanica per dieci o dodici ore ogni giorno del medesimo lavoro, finiscono per abituare l'operajo al pericolo e condannarlo fatalmente alla negligenza. L'operajo che ogni dì affronta il medesimo pericolo e mai ne fu colpito, diventa naturalmente e insensibilmente temerario e improvvidente, e finisce per trascurare, anche nell'interesse della sollecitudine del lavoro, molte di quelle precauzioni che la prudenza consiglierebbe... Se la confidenza temeraria nel pericolo è *una conseguenza inevitabile del lavoro*, e se vi sono imprudenze, *che sono in certa guisa inerenti al lavoro stesso, e con esso invincibilmente collegate, gl'infortuni che da esse derivano devono, per gli effetti, pareggiarsi a tutti quelli che nella industria medesima hanno la loro origine* » (1).

Certo in nessuno dei casi che abbiamo esaminati o esamineremo appresso, l'evoluzione dell'idea di responsabilità è stata così completa, pur restando strettamente specifica, come nel caso attuale. Qui non riscontriamo solo il lato negativo di quella evoluzione cioè la demolizione cosciente, scientificamente completa, della teoria tradizionale, ma altresì il lato positivo cioè la sostituzione di nuove idee e di nuovi criterii. Il lettore rilegga i passi che abbiamo citati, dovuti l'uno ad un eminente economista, l'altro ad un eminente giurista e consideri specialmente i luoghi da noi segnati in corsivo. Campeggia l'idea economica del *rischio* nel senso economico, cioè dell'evento dannoso che, mentre, preso isolatamente, caso per caso, si presenta imprevedibile come evento fortuito o di forza maggiore, appare tuttavia come connesso

(1) FUSINATO, *Gl'infortuni sul lavoro e il diritto civile* (Roma, 1887) pag. 63.

necessariamente all'esercizio di quell'industria, e, considerato nelle generalità dei casi e nelle grandi medie, come un effetto immancabile dell'industria stessa. Or come l'industria produce, in generale, un beneficio all'imprenditore, come, fra i varii eventi cui egli va incontro, ce ne è anche utili a lui e proficui; così giustizia vuole che le *perdite*, così sotto forma di spese ordinarie, come straordinarie, come casuali, gravino su colui che si avvantaggia dei lucri ordinarii, straordinarii e casuali. L'obbligo adunque di risarcire il danno prodotto dall'infortunio sul lavoro appare come una conseguenza dell'esercizio dell'industria stessa: concetti bellamente riassunti in quell'espressione che considera quel danno come un « *rischio professionale* » (1).

Quest'insieme di considerazioni va poi a finire nell'invocare, in pro dell'operaio, il sussidio dell'*assicurazione*, mirabile istituto del diritto moderno che ha appunto per iscopo di attenuare un danno, che singolarmente può essere gravissimo e oltrepassare di gran lunga la potenzialità economica di un singolo imprenditore, col ripartirne il risarcimento sopra un gran numero di casi, in cui l'evento dannoso medesimo può verificarsi, ma di fatto non si verifica (2).

Non mancano, certo, altre e gravi quistioni circa l'obbligo di corrispondere il premio ed altri esami, i quali essendo affatto specifici alla quistione degli in-

(1) Conf. pure in questo senso C. CONSTANT nel fascicolo VIII della *Scienza del Diritto privato* (1893). Un'altra espressione rude ma energica di questi concetti è in COGLIOLO, (*Codice dei trasporti ferr.* Firenze 1892): « quando un operaio si è ferito in occasione del lavoro, il padrone, a prescindere da ogni colpa, ne è responsabile. Tra le *perdite industriali* ci sono i GUASTI ALLE MACCHINE ; ci sieno pure i GUASTI AGLI OPERAI ».

(2) WAGNER, *Assicurazioni*, §. 1

fortunii sul lavoro, 'non sono compresi nel nostro compito. Per esso, basta la dimostrazione, che ci sembra
riuscire evidentissima, di questi due assunti :

1) Anche in questa grave materia, l'istituto classico della responsabilità si è mostrato insufficiente; e
a siffatta insufficienza si tende in generale a rimediare eliminando la necessità che concorra l'elemento
della colpa nel danneggiante.

2) Il criterio nuovo su cui si fonda il diritto al
risarcimento muovere dal concetto che il danno vada
considerato come un rischio annesso all' esercizio di
un'industria e che deve gravare su chi quest'industria
imprende, e tende ad avvantaggiarsene.

§ 10.

**Ulteriore prova della tendenza generale verso la
subordinazione, che va sino all' eliminazione,
dell'elemento della colpa. 1) Responsabilità per
colpa lievissima.**

I casi sinora esaminati di insufficienza della teoria
classica della responsabilità e i colpi diretti contro
quell' elemento precipuo di essa, che è la colpa, hanno,
secondo noi, una grave importanza, sia intrinsecamente,
sia per i nessi che noi troveremo fra loro. Ma anche
dando una rapida corsa in tutta quanta la giurisprudenza relativa alla responsabilità diretta, da punti di
vista strettamente di diritto comune privato, noi riscon-
treremo tendenze analoghe alle anzidette e che si prestano, persino, malgrado la naturale grande disparità
dei casi, ad un certo aggruppamento sistematico.

E, innanzi tutto, parrebbe che la tendenza generale

da noi affermata si trova, sia pure in maniera affatto
embrionale, in quella teoria romana i cui elementi
sostanziali sono passati nel diritto moderno. È noto di
fatti come la colpa abbia gradi che sono determinati
dalla maggiore o minore imprudenza, dalla maggiore
o minore prevedibilità del sinistro, dalla maggiore o
minore facilità di prevenirlo. I due estremi fra cui si
svolgono i gradi della colpa, sono il dolo e il caso.

Or come si dice che *lata culpa plane dolo compa-
rabitur*, così, del modo stesso, si dovrebbe dire che vi è
una colpa così lieve che va a confondersi col caso. In
altri termini, si comprende facilmente come nel confine
che separa la colpa dal caso esistano per così dire delle
« zone grige », in cui la distinzione non è facile. Certa
cosa è che una misura minima di colpa, il non aver
preveduto ciò che difficilissimamente anche un uomo
accorto potea prevedere, il non aver saputo impedire
un evento dannoso che, in atti abitualmente compiuti,
si verifica una volta sopra un miliardo, una tale misura
di colpa, diciamo, non dovrebbe sembrare imputabile
e dovrebbe dirsi che la colpa lievissima debba equipararsi al caso.

Invece, è appunto del diritto romano la nota massima: *in lege Aquilia et levissima culpa venit* (L. 44
D. h. t. 9, 2). Non vi è dunque limite quanto all'obbligo di prevedere il danno : purchè prevedibile, sia
pure difficilissimamente, la responsabilità c'è. Così
avviene che molti atti della vita comune, che da tutti
si compiono senza che venga in mente ad alcuno di
qualificarli per illeciti, danno poi luogo a responsabilità,
se ne segua un effetto dannoso, per causa di una colpa
lievissima. Il circolare in carrozza per le vie pubbliche
è un fatto certamente lecito ; nè è men lecito circolare
con una relativa velocità; senza di che, la carrozza a
che servirebbe? Ebbene, se un investimento avviene,

sia pure data quella moderata velocità che tuttavia rende impossibile il frenare istantaneamente il cavallo, novantanove volte su cento la responsabilità è ritenuta: il danneggiante è in colpa lievissima non fosse altro perchè, prevedendo la possibilità del danno, dovea procedere di passo! Tanto vale pretendere che fosse andato a piedi! (1).

Così, come dicevamo, mentre la colpa ha un indubbio riscontro di ordine etico che trova la sua espres-

---

(1) Questo nostro pare uno scherzo, eppure è un concetto affermato da sentenze: una della Corte d'appello di Casale del 20 febbraio 1893 ritenne responsabile un tale perchè, guidando il proprio cavallo che andava di trotto ordinario, con un movimento repentino questo urtò e ferì un viandante. La Corte osserva che in una piazza dove è molta gente — e tutte le vie delle grandi città si trovano in tali condizioni — bisognava procedere di passo o anche fermarsi addirittura (*Ann. di giur. prat.* anno II, pag. 99).

In un altro caso, deciso dalla Corte di appello di Milano, risultava e fu ritenuto in fatto che un tramwai avea investito un fanciullo *che usciva da una via laterale* (dunque il cocchiere non potea da lungi vederlo); che il cocchiere avea dato l'usato fischio, avea stretto il freno, e tirate le redini dei cavalli; la Corte ritenne la responsabilità perchè potevansi ancora usare « cautele maggiori ». La sentenza fu, è vero, annullata dalla Cassazione di Torino (1 dic. 1887, nell'*Ann. di giur. prat.*, cit., I, pag. 78), e, veramente, le circostanze del caso erano tali che la condanna ripugnava in maniera assoluta. Eppure la motivazione giuridica, onde la Cassazione annullò la sentenza, è, in base al diritto vigente, per lo meno discutibile. In sostanza, la Cassazione pare che riconosca un grado di colpa ancora più lieve della lievissima e sarebbe la colpa « impercettibile » che non darebbe luogo a responsabilità. Ma, l'« *impercettibilità* » *della colpa* significa che *non c'è colpa?* E allora, lo si dica chiaramente e si assolva *per difetto di colpa*. Significa che colpa c'è, sia pure *minimissima* (ci si passi il necessario solecismo)? E allora la teoria della Cassazione ci pare difforme dal diritto vigente, come risulterà dalle osservazioni che faremo nel testo.

sione nel designare il fatto come « illecito », si è finito con creare una nozione di colpa che è tale nel senso giuridico, ma non nel senso morale, ritenendo il diritto illeciti molti fatti che il senso morale permette e che tuttodì si commettono da tutti.

Tuttavia, importa assai notare che tale allargamento della nozione di colpa imputabile non è avvenuto senza proteste, le quali confermano luminosamente l'osservazione nostra che vede in quell'allargamento la tendenza verso una subordinazione, che va sino all'eliminazione, dell' elemento della colpa. I romanisti, sopra tutto, — e la coincidenza non deve sembrare affatto accidentale, quando si pensa che la stretta connessione fra la colpa e la responsabilità civile è teoria romana — si sforzano di attenuare quel rigore per cui la figura della responsabilità sorgerebbe per colpa lievissima. Si contesta anzi l'ammissibilità generale di quel principio per diritto romano. Si nota che i Basilici nel tradurre il passo della citata L. 44, in luogo di « lievissima » mettono, semplicemente, « lieve » e si cerca addirittura in linea dottrinale, di rendere implicita nel concetto di « colpa lievissima » l'ipotesi che si abbia in vista la previsione di cui è capace un uomo di una « media e ordinaria prudenza » (1).

A noi non incombe esaminare se ed in quanto tale interpretazione sia vera rispetto alle fonti del diritto ro-

---

(1) UNTERHOLZNER, *Lehre des r. Rechtes von den Schuldverhältnissen*, vol. II, 134; PERNICE, *Sachbeschädigungen*, pag. 64 e segg. Osserva quest' ultimo : « Es fragt sich nun aber, was denn *levissima culpa* sei. Denn es *ist von vorn herein klar*, dass der Satz Ulpians *nicht jede geringste Nachlässigheit*, welche einen Vermögens Nachtheil zur Folge hat, *unter das Gesetz ziehen wollte*. » Confr. pure una nota del COGLIOLO in *Annuario* cit. e i passi ivi trascritti del Pollock e del Grueber.

mano — diciamo solo che ci sembra più probabile (1);—
ci pare bensì certo che tali sforzi sono logici per chi
voglia sul serio mantenere la responsabilità sulla base
della colpa, giusta quanto abbiamo detto. Tuttavia non
è men certo che tanto se si sta alla lettera delle presenti disposizioni legislative, quanto alla tradizione an-
tecedente, ai lavori preparatorii, ai comentatori recenti
e alla giurisprudenza, bisogna concludere che per diritto moderno è più che mai vero il principio che la
colpa più lieve, senza temperamenti di sorta, basta a
fondare la responsabilità, in caso di danno arrecato
al terzo (2): il concetto di colpa aquiliana viene dunque reso indipendente dalla valutazione subiettiva del
grado di imputazione alla volontà dell'agente: sia la

(1) Fa· difatti impressione da un lato il non trovare altro
testo che enuncî o applichi quella teorica e dall'altro lato il modo
di traduzione dei Basilici. Grave argomento, poi, è quello desunto
dalla L. 29, § 2 h. t., che è pure di Ulpiano come la L. 44 cit.
In quel frammento, il giureconsulto si propone il caso di una
nave la quale. *fune rupto aut cum a nullo regeretur*, ne investisse
un'altra, danneggiandola. Ora, il lasciare una nave senza governo, o l'adoperare gomene deboli o difettose costituisce una
colpa, che si dovrebbe dichiarare più che lieve. Eppure, Ulpiano
nega l'azione contro il proprietario della nave (*cum domino
agendum non esse*). Il che è sembrato così grave e così contraddittorio con la L. 44, che il Fabro, (*Coniect. ad P.*, 5, 17,
§ 2, § 4) ha pensato che il « non » sia un errore del manoscritto
e che la frase debba intendersi affermativa. Se non che tale
ripiego non è attendibile, se si riflette che la particella negativa
non si trova solo nel manoscritto fiorentino, ma ben anche nel
corrispondente passo dei Basilici (53, 2, 5 [5, 114]).

(2) Credo inutile indugiare a citare autorità in questo senso:
rinvio al LAURENT (*l. c.* n. 462) che ricorda le parole del Domat
e le opinioni dell'oratore del governo e del tribunato. Fra gli
scrittori italiani, veggansi CHIRONI, op. cit. vol. I, n. 99; GIORGI,
l. c. § 149: l'uno e l'altro enunciano il principio, senza neppure
pure farne questione.

colpa minima, sia il danno stato prevedibile, senza tener conto della levatura intellettuale dell'agente, vi è responsabilità.

Le conseguenze, adunque, rispetto al nostro punto di vista, rimangono quelle dette di sopra. Solo dobbiamo ancora rilevare che anche coloro che prepararono il diritto dei codici moderni sentirono una certa difformità fra la regola della L. 44 che si voleva mantenere in tutta la sua maggiore ampiezza e il principio di giustizia che obliga il colpevole a risarcire il danno. Si domandava se non fosse un rigore eccessivo il rendere l'uomo responsabile della menoma negligenza e della menoma imprudenza, attribuibili piuttosto alla debolezza dell'umana natura. Ma, si replicava, dall'altra parte havvi *un diritto leso che va risarcito,* e « se si mette nella bilancia l'interesse dello sventurato che soffre con quello dell'uomo colpevole o imprudente che l'ha cagionato, si eleva sollecito un grido di giustizia e risponde che questo danno deve essere rivalso dall'autore di esso » (1).

In sostanza, di fronte al graduale venir meno dell'importanza dell'elemento della colpa si afferma prevalente la necessità che il diritto leso debba essere risarcito: e se i nostri lettori avranno la pazienza di scorrere di nuovo i motivi che abbiam visto addotti dai sostenitori della responsabilità diretta dello Stato, troveranno con quell'argomento delle analogie preziose che servono di avviamento al punto centrale della nostra dimostrazione, cioè i nessi intimi — per quanto non apparenti — che riconducono a unico concetto queste parziali e specifiche manifestazioni intorno il fondamento della responsabilità, qual'è nel diritto presente e quale è desiderabile che fosse nel diritto futuro.

(1) TREILHARD. *Esposizione dei motivi* n. 9; TARRIBLE, *Discorsi,* cit. da LAURENT, l. c.

§ 11.

2) Presunzione, creata dalla giurisprudenza, della colpa « in re ipsa ».

L'affermare la responsabilità anche in caso di colpa lievissima — per quanto costituisca, come abbiam visto, un importante sintomo della tendenza a subordinare, sino all'eliminazione, l'elemento della colpa — ha una base innegabile nella disposizione legislativa. Ma altri passi, e per fermo più notevoli, ha fatto nello stesso senso la giurisprudenza, indipendentemente dalla legge, anzi, malgrado la legge.

E, primieramente, la subordinazione dell'elemento della colpa è avvenuta per via di uno spostamento dell'obligo della prova, che, come abbiamo visto, ha una grande importanza nella quistione nostra e può praticamente condurre a ciò, che chi non è stato in colpa sia condannato come responsabile, sol perchè non ha potuto fornire la prova negativa che gli si domanda.

Ed è certo che invertire l'onere della prova, cioè ammettere una così detta presunzione legale di colpa, non è permesso senza un'esplicita dichiarazione di legge: e questa, nel caso nostro, manca. Il diritto vigente, nel sancire la responsabilità diretta, richiede l'elemento della colpa nel danneggiante: e, secondo i principii elementari della prova, è l'attore, cioè il danneggiato, che deve fornire la dimostrazione legale di questo come degli altri elementi della sua azione.

Eppure, come dicevamo, una giurisprudenza *costante* delle nostre corti è venuta ammettendo una singolare teoria della così detta *culpa in re ipsa*. La colpa, si

dice, è in alcuni casi implicita nel fatto stesso che
arrecò danno altrui: dimostrato *il fatto,* dimostrata *la
colpa.* L'attore quindi, si limiterà a provare il danno;
e, se mai, sarà il convenuto che dovrà provare che
alcuna colpa non gli si può rimproverare.

Per valutare tale teorica, bisogna innanzi tutto evitare un facile equivoco.

Il parlare di colpa *in re ipsa,* per quanto l'espressione per sè stessa non sia mai molto esatta, pure può
contenere un concetto giusto quando si voglia dire che
*la prova della colpa risulta per via di presunzioni
d'uomo ai termini dell'art. 1354 Cod. Civ.* « Le pre-
« sunzioni, così questo dispone, che non sono stabilite
« dalla legge sono lasciate alla prudenza del giudice,
« il quale non deve ammettere che presunzioni *gravi,*
« *precise* e *concordanti* e solamente nei casi in cui la
« legge ammette la prova testimoniale ». Or poichè la
colpa può certamente provarsi con testimonii, può
anche provarsi per via di presunzioni.

Ma, *prova* ha da essere. Che il magistrato rilevi,
dai fatti noti, ragioni *gravi, precise* e *concordanti* per
risalire, con una serie di argomentazioni, al fatto ignoto,
ma in tal guisa legittimamente presunto, della colpa,
non vi sarebbe nulla a ridire.

Ognuno vede però come in tal caso non sarebbe,
a rigore, giusto il dire che la colpa è nel fatto stesso,
ma bensì che la colpa venne dall'attore dimostrata
con un mezzo legale di prova quali sono le presunzioni, così dette, d'uomo.

Ben altro modo seguono la più parte delle sentenze
che affermano la massima della colpa *in re ipsa.* Vi
fu il danno, vi fu un diritto leso, e si presume la
colpa. Or tal ragionamento finisce col trasformare la
prova per presunzione d'uomo in una presunzione legale: il che appunto è contrario alla legge e può pra-

ticamente condurre ad eliminare dagli elementi dell'a-
zione, che debbono risultare specificamente provati,
l'elemento della colpa, che pure è il più sostanziale,
giusta l'istituto vigente.

Superiormente, ad altro proposito, citammo una
sentenza della Corte d'appello di Roma, dove la dichiarazione di tale presunzione legale sotto questa fallace denominazione di *culpa in re ipsa* è evidentissima. Ma si riscontra anche in molte altre sentenze
che affermano esse stesse il generale accoglimento di
quell'opinione. Si leggano, per esempio, le seguenti
considerazioni di una sentenza della Corte d'appello
di Torino (21 gennaio 1890 in *Giurispr. tor.*, 1890,
pag. 261): «Non è a dimenticarsi che se *di regola* la
«prova della colpa, come uno degli elementi essenziali
«dell'azione di risarcimento di danni, incombe all'at-
«tore, vi sono però dei casi, nei quali *per unanime
consenso della scuola e del foro*, la colpa è *insita nel
«fatto stesso* e deve perciò ritenersi costante, *finchè
«non sia dal convenuto esclusa*». La teoria della presunzione legale della colpa non potrebbe essere più
nettamente manifestata; ma la Corte non ricerca se
a ciò basti il *consenso*, per quanto *unanime*, della
scuola e del *foro*, o se invece occorra, innanzi tutto,
quello *del legislatore*.

Importa intanto tener pure presenti altre considerazioni che, sempre nel senso di quella teorica, si
leggono in una recente sentenza della Cassazione di
Torino (1) e dove si dà la ragione di quella inversione
di prova ammessa dalla giurisprudenza:

«È pur privo di ogni fondamento il secondo mezzo

---

(1) 16 luglio 1891, *Foro italiano*, an. 1891, I, 981. — Confrontare identica decisione e identici motivi, Corte d'appello, Torino
25 ott. 1892, *Foro it.*, 1893, 103.

nel quale la ricorrente lamenta la violazione dell'articolo 1151 cod. civ., a motivo che fu condannata alla rifusione dei danni *senza la dimostrazione della di lei colpa;* essendo *risaputo* che, *quando il fatto dannoso è per sè illegittimo,* e tale fu ritenuto quello in esame, la colpa *est in re ipsa,* per cui non è necessaria altra giustificazione della colpa medesima.» Or, senza volere entrare nelle specialità di fatto del caso deciso, tale motivazione è, in diritto, abbastanza strana. Che significa, *a proposito dell'art. 1151,* il dire che « il fatto dannoso è per sè stesso illegittimo» e che perciò non occorre dimostrarsi la colpa? Ma « fatto illeggitimo» che altro significa se non « fatto colposo?» E non è un vero circolo vizioso ritenere provata la colpa, perchè il fatto si ritiene colposo senza intanto che la colpa sia provata? (1)

---

(1) La dottrina partecipa a tali esitazioni della giurisprudenza. Il GIORGI, col solito suo senso giuridico, presenta la teoria in maniera che vi è implicita una giustificazione la quale si rannoda con quanto osservammo circa la prova par presunzioni d'uomo (*Obl.* cit. pag. 204): « Vi sono invero taluni fatti produttivi di danno, che non si sa se siano effetto di umana malizia, negligenza o imperizia, o se siano effetto di caso fortuito; ad es.: il naufragio della nave; ed in questi casi la colpa deve essere provata direttamente. Vi sono per contrario certi fatti dannosi, che portano l'impronta della colpa, perchè nove volte su dieci dipendono appunto dall'umana malizia o imperizia, p. es.: l'investimento di una persona o di un'altra carrozza per parte del cocchiere, i cui cavalli traversano a corsa precipitosa le strade di una città o le strade frequentate di campagna. È quindi manifesto che in tali casi basti provare il danno, perchè la colpa ne emerga come naturale presunzione, e debba l'autore del danno assumere la prova del fortuito se voglia liberarsi ».
Manifesto è lo sforzo dello scrittore di dare alla teoria della

La verità è che, in questa come in altre sentenze analoghe, il concetto cui implicitamente esse si ispirano è che basta il fatto che un diritto fu leso, perchè il danno debba essere risarcito: concetto che sempre abbiamo visto campeggiare tutte le volte che, *in iure condito* o *condendo*, applicando o eludendo la legge, si è subordinato o addirittura eliminato l'elemento della colpa. Ed è, ripetiamolo ancora, concetto, per sè stesso eccessivo, ma che preludia un'idea nuova di responsabilità, in parte attuata, in parte desiderata, ma è concetto che contraddice alle linee classiche della teoria della responsabilità aquiliana che si connette necessariamente e indissolubilmente con l'imputabilità del fatto alla volontà dell'agente.

colpa *in re ipsa* una base giuridica: Non ci sembra però che sia uno sforzo riuscito in maniera da superare le obiezioni già fatte. Gli esempii che l'autore adduce dimostrano il contrario appunto della sua tesi, poichè nel secondo di essi non è che sia implicita la colpa, ma si ritengono provati *elementi di fatto* che *provano la colpa*. Il traversare *di corsa precipitosa*, in carrozza, *vie frequentate*, è manifesta *imprudenza* e, se questi fatti sono provati, è *provata la colpa*. Viceversa egli pone il caso del naufragio in maniera, per dir così, affatto innocente, mentre se egli avesse detto: una nave parte con una tempesta formidabile, malgrado che il consiglio di parecchi esperti avvertisse il capitano del gravissimo pericolo cui si esponeva; allora, se la nave naufraga, con la sua stessa teoria si sarebbe dovuta *presumere* la colpa del capitano L'illustre autore conclude che la questione è *magis facti quam iuris*: qui appunto noi dissentiamo; per diritto vigente la quistione della colpa è quistione esclusivamente *di fatto* e deve risultare *provata —* comunque, ma sempre — *dall'attore*.

§ 12.

3) Casi di responsabilità ammessa pur essendo esclusa la colpa.

Per completare il nostro esame, ci resterebbe a dire di quei casi in cui, malgrado la regola generale posta dal diritto vigente, si è affermata la responsabilità, pur restando esclusa la colpa.

Una prima e larga serie di tali casi ci offre la grave materia dell'estensione del diritto di proprietà, nel caso che l'esercizio di esso leda l'altrui. E la quistione nostra qui si pone sotto il rispetto del senso da dare all'aforisma *qui suo iure utitur nemini iniuram facere videtur :* il quale aforisma vedemmo quali rapporti intimi abbia con l'elemento della colpa. Or se quella massima si prende alla lettera, dovrebbe dirsi che ogni volta che un proprietario usa, comunque, della cosa sua, — a meno che non violi le restrizioni eventualmente dipendenti da diritti reali esistenti sulla cosa stessa — non dovrebbe in generale dirsi responsabile dei danni apportati ad altro proprietario. In generale, egli non può dirsi in colpa; nel senso che non commette fatto per sè stesso illecito, quando egli tende al miglioramento della proprietà sua e nei limiti di essa. Ciò malgrado, in generale, si afferma esistere, in quei casi, responsabilità.

Bisogna dire—nè ciò contraddice alla nostra tesi—che, in diversi casi, la base diretta di quella responsabilità è nella legge vigente. Parecchi articoli del nostro codice, fra cui specialmente importante il 574, costituiscono una legale sanzione del principio che non vale il pretendere che l'atto compiuto sia un'esplicazione dei diritti di proprietario, per essere esonerato dalla responsabilità dei danni apportati nell'esercizio di un'attività, sia pure in sè stessa lecita.

Ma è notevole come, mentre il legislatore, lungi dal formulare quella massima generale, si è limitato ad applicarla in casi specifici, la giurisprudenza muovendo dalla *specialità* dei casi previsti dal legislatore, è venuta mano mano generalizzando, sino al punto da stabilire delle responsabilità la cui derivazione da un precetto legislativo (e non dovrebbe esservi responsabilità non prevista da una legge) diventa sempre più remota. Vediamo alcuni esempi di tale tendenza e consideriamone il significato.

Tizio determina di coltivare a riso il proprio fondo : ciò produce una filtrazione di acque che danneggia il fondo vicino. Su quali basi si potrà stabilire la responsabilità di Tizio ? Gli art. 545 e 574 C. C. riguardano casi così sostanzialmente diversi che è impossibile, per quanto largamente si interpretino, di comprendervi il nostro. Resterebbe l'art. 1151. Ma dove è la *colpa* nell'agente, il cui scopo lecitissimo è di migliorare la cultura del suo fondo ? Nondimeno, la Cassazione di Torino (sentenza del 16 luglio 1891, in *Mon. dei Trib.*, an. 1891, pag. 661) ritiene la responsabilità, pure ammettendo — preziosa confessione — che i principii che essa applica « non sono espressamente sanciti dal codice civile vigente » ed escludendo la violazione dell'articolo 1151, lamentata dal ricorrente, adducendo la teoria, il cui valore già esaminammo, del « fatto dannoso *per sè illegittimo* » e della colpa *in re ipsa*.

E la Cassazione di Napoli (17 genn. 1888, *Mon. Trib.* 551), dichiarava addirittura come massima generale che il danno prodotto al fondo del vicino dall'esercizio di un'industria esercitata nel proprio fondo, deve indennizzarsi «*benchè non derivante da colpa, imprudenza e negligenza*». La Cassazione ammette (e come no?) che in tal caso il risarcimento non può più fondarsi sulla responsabilità aquiliana quale è sancita nel nostro codice, ma soggiunge che la ragione del risarcimento sta in quel principio di legge che « a nessuno è permesso usare del proprio diritto con jattura altrui ». Ma in tal modo si esce dalla responsabilità aquiliana per rientrare in un'altra nozione di responsabilità, concepita in modo diverso. Per diritto vigente, il principio formulato dalla Cassazione napoletana non si trova scritto in nessun luogo: al contrario, anzi, il notissimo e più volte citato aforisma tende ad escludere la responsabilità di chi reca danno altrui coll'uso di un proprio diritto. La verità è che il principio formulato dalla Cassazione di Napoli contiene sempre l'idea di responsabilità: bensì, non è più quella dell'art. 1151 del Cod. Civ., per la quale l'uso del proprio diritto esclude la colpa e, con questa, esclude altresì l'obbligo del risarcimento.

Ma, come avvertimmo, la giurisprudenza procede oltre in questa via, con una libertà che apparirà tanto più notevole quando si rifletta al nostro ordinamento attuale che impone formalmente al magistrato un ossequio assoluto alle disposizioni legislative vigenti. Or se nelle sentenze dianzi ricordate, il distacco dalla legge è temperato e reso meno stridente da sforzi di interpretazione di qualche articolo posto nella Sez. I del cap. II (L. II, tit. III) del Codice, — non mancano casi in cui, senz'altro. si ammette responsabilità *senza colpa*. Perciò tali casi, per quanto, naturalmente, rari, hanno una gravità eccezionale, in rapporto a quelli citati nei paragrafi precedenti e in quelli stessi esaminati più avanti, nei quali per mezzo di ripieghi più o meno ingegnosi, più o meno abili si arrivava ad eludere la legge, trovando responsabilità dove questa, stando al rigore del diritto vigente, mancava. Nel caso invece, che ora addurremo i principii affermati del magistrato sono

23

resi apertamente indipendenti da qualunque disposizione legislativa e costituiscono una manifestazione di un nuovo sentimento della base della responsabilità, manifestazione così progredita, che poco ci manca per dirla cosciente.

Il caso, cui accenniamo, è frequente per sè stesso: ma a parte la sua importanza specifica, ne ha una generale, poichè prestasi a molte applicazioni per via di analogia. Un treno passa per una strada ferrata, traversando campi: dalla locomotiva sfuggono, come è inevitabile, delle scintille. Avviene, specie nelle infocate giornate estive, che alcuna di queste scintille, cadendo sull'erba secca dei campi vicini, cagioni incendii, spesso di una certa gravità. Dei danni così arrecati, si dovrà dire che la Società esercente la ferrovia sia responsabile?

Qui non si può ricorrere a nessuno degli articoli che regolano casi speciali di rapporti fra proprietà vicine. Non resterebbe che applicare l'articolo 1151, ma dove è il fatto illecito? Dove l'imprevidenza, la negligenza? Non certo nel fatto di passare. Presumiamo pure che non si accusi di imperizia il macchinista o di difetti la macchina. E, allora, stando alla teoria classica, il danno da noi supposto, costituirebbe un esempio tipico di caso fortuito, nessuna arte dialettica potendo accertare gli elementi di una colpa qualsiasi, sia pure impercettibile.

Eppure, le corti giudiziarie condannano le Società ferroviarie sempre, inesorabilmente. I loro testi sono espliciti. Già nella giurisprudenza belga e francese, dice il Dalloz che è stato giudicato che le compagnie sono responsabili degli incendii cagionati dalle scintille che sfuggono alle locomotive, «*anche quando non si può*, alle compagnie stesse, *rimproverare nè negligenza nè imprudenza*» (1).

---

(1) DALLOZ, *Rep.*, voce *Voirie par chemin de fer*, n. 573.

La giurisprudenza italiana adotta l'opinione medesima, e le tre sentenze che ho potuto trovare su tale quistione sono concordi ed esplicite: confr. Cassazione Napoli, 23 luglio 1881, (in *Gazz. del Procuratore*, XVI, 336); Corte di appello di Torino, 3 dicembre 1870 (nella *Legge*, XI, I, 240); Tribunale di Firenze, 31 maggio 1875 (in *Legge*, XV, I, 674).

Ma ciò che più particolarmente deve interessarci è la motivazione di tali sentenze. La Corte di Torino così considera :. « L'esercizio di una ferrovia per mezzo di una locomotiva, la quale nel suo corso vada spandendo attorno ed a notabili distanze grosse scintille e carboni ardenti, costituisce per sè stesso un pericolo talmente grave alle circostanti proprietà, che non può ammettersi per l'autorizzazione di tale esercizio, e *nonostante l'osservanza delle prescritte cautele*, ove queste vengano a riconoscersi insufficienti, il concessionario non può essere esonerato dal risarcire quei danni che sono *una diretta e prevedibile conseguenza del fatto suo* ».

Ancora più gravi sono le considerazioni della citata sentenza del Tribunale di Firenze. « Al postutto la Società, nell'ipotesi anche più favorevole, assodato che l'incendio derivò dal fuoco della sua locomotiva, è sempre tenuta al risarcimento del danno in vertenza, *siccome occasionato dalla sua industria, giacchè godendone i vantaggi deve per equa correlazione* sottostare ai danni da essa prodotti pel noto aforisma: *secundum commoda quisque sentit idem onus subire tenetur* ».

Qui—se mettiamo da parte la questione dell'osservanza del diritto vigente, di cui in tali considerazioni non si trova neppure un cennno—è evidente che noi abbiamo la negazione recisa della teoria classica: non vi sono mezzi termini, *la colpa si esclude e si ritiene la responsabilità!*

Ma avvi di più: vi sono, abbastanza netti, gli elementi positivi per la ricostruzione di un criterio nuovo di responsabilità; e se il lettore vorrà confrontare questi elementi con gli altri da noi raccolti nella nostra disamina nei varii campi della responsabilità e specialmente in quello relativo agli infortunii sul lavoro, troverà facilmente dei nessi la cui importanza da sè medesima si chiarisce.

§ 13.

Come l'insufficienza dell'attuale teorica della responsabilità sia la causa unica dei varî fenomeni osservati.

Lo studio fatto nei cinque paragrafi che precedono — studio non breve relativamente all' economia del presente lavoro, e tuttavia rapidissimo relativamente alla vastità della materia percorsa — ci mette in grado di finalmente risolvere quel problema fondamentale del presente lavoro, quale da noi fu posto nel § 7. Il sentimento, variamente espresso, ma pure universale, della necessità di affermare il principio della responsabilità diretta dello Stato, ha una ragion d'essere autonoma e specifica, o si connette con una generale trasformazione dell'idea di responsabilità ?

Un primo argomento — non decisivo, ma non dispregevole — può trarsi dalla mera considerazione quantitativa dei casi osservati. L'istituto classico della responsabilità, che vedemmo rivelarsi insufficiente nel tema speciale dell'attività dello Stato, lo vediamo pure rivelarsi insufficiente in altri campi, fra loro affatto distinti, per vie le più diverse e pure cospiranti a un fine medesimo: alterare, comunque, le linee classiche dell'istituto. Ora in *iure condendo*, come a proposito degli infortunii sul lavoro, ora *in iure condito*, come a proposito della responsabilità indiretta e in quella per colpa lievissima, ora sotto forma di sforzi della giurisprudenza tendenti a supplire alle deficienze del diritto esistente, come nella teoria della *culpa in re ipsa* e nei casi speciali esaminati nel paragrafo precedente, — è sempre un medesimo concetto ed un medesimo sentimento: la insufficienza della teoria classica, la necessità di trasformarla, nel senso di estenderne la portata.

Tale coincidenza è accidentale? Sarebbe audace negàrlo in maniera assoluta; ma sarebbe non meno audace il non dare un peso rilevante a tale mirabile concordanza di fenomeni. Quando un medesimo istituto di diritto comune appare non più conforme al sentimento giuridico, contemporaneamente e in campi diversi, è il caso di dire che esiste, se non una vera e compìeta prova, certo però una grave presunzione che è proprio l'istituto in sè stesso che accenna a trasformarsi, adattandosi ai nuovi bisogni e alle nuove idee cui l'antica forma più non soddisfa.

Ma questa presunzione diventa vera e completa prova se si risale ai *motivi* che determinano, nei varii casi, quel senso di deficienza. Se fra tali motivi esiste *analogia* o, meglio ancora, *identità*, le conclusioni non possono essere dubbie per chi voglia studiare obbiettivamente e sperimentalmente l'evoluzione del diritto.

E, per procedere a tale raffronto, noi ricordiamo come le ragioni che determinano, a traverso le manifestazioni più varie, il sentimento della necessità di affermare la responsabilità dello Stato, malgrado il diritto comune, furono da noi sistematicamente ridotte a due.

Nella prima, trovammo prevalente il concetto generalissimo che il diritto leso bisogna che sia risarcito, anche indipendentemente dal concorso dell'elemento della colpa. Ebbene, il lettore vedrà da sè che questo concetto campeggia sempre negli altri casi da noi osservati. L'identità delle idee è tale che qualche volta dà luogo, persino, a una grande analogia di parole. Nella legge vigente, per quanto riguarda la responsabilità indiretta, vedemmo senz'altro escluso, come non necessario, il concorso di una colpa nel committente. Per giustificare la responsabilità sulla base di una colpa lievissima (che, dal punto di vista volgare, si risolve in assenza di colpa), vediamo affermato doversi considerare « *non solo la colpa* di colui che produce il danno, ma il *diritto* di colui che lo risente» (Laurent). Nello teoria della colpa *in re ipsa*, la giustificazione si trae da ciò che si ha un fatto *illegittimo per sè stesso*; ed il fatto si ritiene tale, *in quanto ledette un diritto*. La Cassazione di Napoli dichiara che ci è responsabilità quando un proprietario usa del proprio diritto ledendo l'altrui, nulla importando l'elemento della colpa (sentenza 17 genn. 1888). È, sempre, l'idea della necessità di risarcire il diritto leso che tende a predominare, sino a rendersi indipendente dalla concorrente necessità che il fatto sia *imputabile*, come colposo, alla volontà dell'agente.

Il secondo ordine di argomenti in favore della responsabilità diretta dello Stato abbiamo visto potersi riassumere, sotto forma generale, nel concetto che chi esplica un'attività a sè proficua bisogna che ne supporti il rischio, nel quale giustizia vuole che si comprenda il danno arrecato al diritto del terzo, nulla importando se in ciò concorra nell'agente l'elemento della colpa. Ebbene, non è questa, quasi testualmente, la ragione per cui vedemmo affermata la necessità di di ammettere l'obbligo dell'intraprenditore a corrispondere l'indennità agli operai per infortunii sul lavoro, anche indipendentemente da colpa dell'intraprenditore, e quindi per caso fortuito o forza maggiore e persino per imprudenza dello stesso operaio danneggiato ? E non è precisamente questa la ragione per cui si ritiene responsabile chi introducendo nella sua proprietà una modificazione vantaggiosa — e per sè stessa indubbiamente lecita — produce altrui un danno? E non è sempre questa la ragione per cui vedemmo dichiarato responsabile l'esercente di un'industria (come quella ferroviaria) per i danni verificatisi come conseguenza necessaria dell'industria stessa, sia pure indipendentemente da ogni colpa, anzi per evidente caso fortuito e forza maggiore?

La simultaneità, adunque, dei nuovi sentimenti da noi riscontrati, a diversi proposizioni, in tema di responsabilità non può dirsi accidentale. Le considerazioni, fatte *a priori* nel § 7, trovano piena conferma nelle presenti, fatte *a posteriori*. Quelle manifestazioni singole derivano da unica fonte: questo possiamo affermare, senza ardimento soverchio, di aver provato. Verso quella fonte vediamo, ora, di risalire.

§ 14.

Determinazione del nuovo criterio di responsabilità.

Accingendoci, oramai, alla parte più difficile e più delicata del nostro compito, cioè di stabilire i caratteri di quell'istituto novello che nelle precedenti ricerche abbiamo visto, più o meno confusamente, più o meno specificamente, delinearsi, occorre richiamare

un avvertimento da noi fatto sin dall' inizio del presente lavoro. Secondo noi, il determinare una trasformazione di un istituto giuridico e il modo di essa deve considerarsi opera tanto più scientificamente plausibile quanto
meno dipendente da criterii subiettivi. Prodotto naturale
e necessario, il diritto trova la sua base immediata (chè
le altre più remote e molteplici non è qui il caso di
ricordare) nella coscienza della comunità, la quale *avverte*, più o men chiaramente, la non rispondenza dei
vecchi istituti a bisogni e necessità nuove, e tende,
in varie guise, a nuovamente foggiare gli istituti medesimi con un lento, ma continuo processo di adattamento. È dunque in seno di questa stessa coscienza
popolare, nelle manifestazioni molteplici di essa — sopra tutte importanti il diritto scientifico e la giurisprudenza, — che bisogna trovare il germe generatore
dei nuovi istituti. Si tratta, ripetiamolo ancora, non di
creare, ma di *raccogliere*.

Con questo criterio di guida e tenendo quindi presenti le osservazioni tutte fatte nei paragrafi precedenti, tenteremo di procedere alle costruzione positiva
della nostra teorica. Così, da un lato, quest' ultima e
più ardua parte del nostro lavoro ci sarà resa men
disagevole, e, dall'altro lato, possiamo sperare di non
essere rimasti soverchiamente lontani col nostro desi-
deratum cioè di conferire alla nostra teorica un'intima
ed organica unità, di cui tutte le parti concorressero
logicamente a un fine unico.

Un primo elemento negativo della teorica nostra
è facilmente trovato. La nuova forma di responsabilità, verso cui si tende, prescinde dall' idea di colpa.
Siffatta eliminazione abbiamo riscontrato, sempre: esplicitamente nell'ipotesi di una responsabilità dello Stato,
come in quella per gl'infortunii sul lavoro, come nella
responsabilità indiretta, come nei danni arrecati nel-

l'esercizio di un'industria; implicitamente o allo stato di tendenza, nella teoria della responsabilità per colpa lievissima e nella teoria dell'inversione della colpa.

Una «responsabilità» senza «colpa» o in cui, per lo meno, la colpa costituisca un elemento trascurabile potrà sembrare, ed anche essere, incompatibile con certe categorie rigide del formalismo giuridico. Ma sarebbe una piccola questione di parole. Certo, bisognerà liberarsi dal preconcetto di connettere l'idea di responsabilità con quella di fatto illecito; anzi, rovesciando la massima tradizionale, si dovrà ammettere— e lo abbiamo visto — che un fatto *lecito* possa in certi casi impegnare la responsabilità di chi lo ha compito. Che se poi si vuol lasciare intatto il vecchio formalismo schematico, non sarà difficile di adattarvi il nuovo e si potrà allora dire che si tratta di una nuova fonte di obbligazioni, la quale piglia un posto intermedio fra il quasi contratto e il quasi delitto, avendo di comune col primo appunto l'eventualità di derivare da un fatto lecito e col secondo la misura del risarcimento che si estende a tutto il danno sofferto.

Ma fermato, senza troppe difficoltà, l'elemento negativo, occorre ora determinare il lato positivo della nuova idea. Certo, non di rado abbiamo nelle nostre osservazioni precedenti riscontrata l'affermazione che «ogni diritto leso deve essere risarcito». Tuttavia tale affermazione, troppo recisa ed eccessiva, ci si presenta come una veduta affatto unilaterale, come manifestazione piuttosto confusa della necessità di reagire al vecchio istituto, o, anche, come una maniera diversa di esporre quello che dicemmo il lato negativo dell'idea nuova cioè l'indifferenza per l'elemento della colpa. Ma, per sè stessa, quell'affermazione non può, alla lettera, ammettersi come canone di diritto. Ora, come sempre, non potranno mancare i casi di danno (cioè di lesione di un diritto) non imputabile e, quindi, non risarcibile: e ciò nel senso della teoria del caso fortuito e della forza maggiore che resta, in sè stessa, vera come prima, pur limitandosene alquanto il senso e la portata. Ma se un fulmine cagiona un' incendio nel fondo di Tizio e da questo si propaga in quello di Caio; ma se alcuno carica le sue merci su di una nave solidamente costrutta e ben comandata, la quale naufraga, per violenta tempesta, perdendosi il carico; nessuno—ora come prima — penserà a ritenere Tizio o l' armatore responsabili verso Caio o gl'interessati alla merce, pel danno da questi sofferto. E di questi esempii se ne possono escogitare senza fine.

Bisogna dunque — e qui sta il difficile — ricercare l'elemento specifico di quella nuova forma di responsabilità, che pur prescinde dal necessario concorso della colpa. Quest' elemento -- che vedremo concorrere, più o meno esplicitamente, in tutte quelle manifestazioni specifiche della responsabilità da noi esaminate— crediamo di enunciarlo innanzi tutto, riassumendolo senz'altro, nella formola seguente:

Chiunque nell'esercizio di un' intrapresa o di un'attività qualsiasi arrechi all'altrui diritto un danno che appaia conseguenza diretta o indiretta di quell'attività, deve queste danno risarcire, nulla importportando se nell'evento dannoso l'agente non avesse peccato per negligenza o imprudenza, e quand' anche l'evento stesso, isolatamente considerato, possa apparire dipendente da caso fortuito o da forza maggiore.

Giusta il criterio metodico che ci è servito di guida, noi dovremmo limitarci a dimostrare che questo principio corrisponde alla coscienza giuridica moderna nelle manifestazioni concrete di essa, da noi osservate: tuttavia, pur riservando un tale riscontro, sarà possibile

dimostrare anche la giustizia del principio stesso, o, meglio, la ragion teorica su cui esso riposa e che ampiamente lo giustifica.

La radice del principio si trova in una verità di ordine economico: rispondenza dell'ordine giuridico con quello economico che spesso è la migliore prova della verità di quello, come giustamente osserva un moderno scrittore di grande ingegno, lamentando, in gran parte con ragione, che i giuristi di vecchie e nuove scuole, muovendo da principii aprioristici, procedano per sentieri aerei invece di divisare le riforme giuridiche come « corollario è integrazione » della «evoluzione necessaria dei rapporti economici » (1).

E difatti, è legge economica che il *rischio* costituisce un elemento di ogni intrapresa e di ogni fòrma di attività; anzi, questo elemento è così caratteristico che lo si assume nella definizione stessa del concetto

(1) Loria, *Socialismo giuridico*, nella *Scienza del diritto Privato* I, pag. 519. — Crediamo tuttavia opportuno osservare che se partecipiamo pienamente — e non da ora — all'idea fondamentale di quello scritto, dissentiamo profondamente da alcun'altra. Così, non ci sembra nè giusto, nè vero il dire che per tradizione secolare i giuristi debbano considerarsi come i conservatori degli usi più barbari e i nemici di ogni progresso; e più che mai ingiusto ci sembra il ripetere quest'accusa, accentuandola, per quanto riguarda i giureconsulti romani, veramente insuperabili nell'arte di ridurre ad armonia la tradizione col progresso giuridico, — seguendo, appunto, quel metodo che il Loria giustamente ora invoca. Ci sembra vero, invece, che il rimprovero acerbo del Loria riguardi non la giurisprudenza in sé stessa, ma le degenerazioni di essa : degenerazioni che si riscontrano in tutti i tempi ed anche in tutte le scuole ! — Va poi da sé che « i rapporti economici » debbano, secondo noi, intendersi non in senso ristretto ed esclusivo, ma come la forma più tipica e più saliente dei « rapporti sociali » vero presupposto del diritto, come osservavamo, comunque senza sviluppi, nei nostri *Principii di Diritto costituzionale* §§ 3, 4.

di « intrapresa ». « Ogni produzione *è accompagnata
da un rischio...* Colui che supporta questo rischio,
dicesi intraprenditore in *lato senso*, quindi per intrapresa in *lato senso* si intende la unione, per conto
e pericolo (rischio) proprio, di forze produttive *a scopo
di produzione.* In questo lato senso è intraprenditore
chiunque sopporta il rischio della *produzione* » (1). Ora,
in questa idea del rischio si comprendono appunto quegli
eventi che appaiono imprevedibili, e tali che nessuna cura
o diligenza può prevenirli. E del modo stesso che di
tali eventi ve ne possono essere, per dir così, di *attivi,*
producenti cioè lucri, non di rado colossali; così ve ne
sono pure di *passivi,* producenti cioè spesa, diminuizione patrimoniale. Ed è perfettamente ovvio, che come
l'intraprenditore si avvantaggia dell'evento favorevole,
così debba sopportare quello dannoso, il quale, per via
di un calcolo di probabilità che col criterio delle grandi
medie, può arrivare ad esattezza matematica, si può
dire costituisca un onere *ordinario* di qualsivoglia
industria, il cui valore economico assume la forma
di *premio* là dove interviene il benefico istituto dell'assicurazione. Così che — è questo un punto che occorre anche meglio rilevare -- se quell'evento dannoso, in sè solo considerato, costituisce un fatto perfettamente accidentale e di forza maggiore, considerato, in vece, come parte di una somma più o
meno ingente di casi analoghi, costituisce un *effetto
diretto e immancabile*—in date proporzioni—di quella
data industria. Lo scoppio di *quella data caldaia,* può
bene ritenersi caso fortuito: ma, viceversa, che nell'industrie che si servono di macchine a vapore seguano
scoppii, appare un effetto inevitabile di quell'uso. L'in-

(1) Kleinwaechter, *La produzione economico-sociale in generale,* § 22 (nel *Manuale* di Schoenberg, trad. it., vol. I)

cendio cagionato da *una data locomotiva* può, *isola-
lamente preso*, dirsi l'effetto del caso fortuito; ma, d'altra parte, è certo che l'industria ferroviaria cagiona
necessariamente di cotali incendi. E così via.

Or se tutto ciò è vero, non vi è da fare che un
passo semplicissimo per venire alla giustificazione
della nostra formola. Se, difatti, l'evento dannoso dipendente dal rischio industriale o professionale (in senso
lato) colpisce un terzo, come si può mettere in dubbio
che il risarcimento debba essere corrisposto appunto
da chi esercita quella forma di attività cui quel rischio è connesso? Per nessuna ragione, nè economica, nè giuridica, nè morale, si può pretendere che
un terzo, estraneo all'intrapresa, sia obbligato a soffrire l'evento dannoso che appare *effetto* dell'intrapresa
stessa, nulla importando se nel fatto sia o no concorsa
la colpa dell'agente: mentre, economicamente, giuridicamente e moralmente, l'alea dannosa inerente all'intrapresa uopo è che gravi su chi gode dei lucri del-
trapresa stessa, compresi quelli di natura aleatoria. E
ciò che si dice di un' « intrapresa » in stretto senso,
vale, per identità di ragione, per qualsivoglia forma
di attività, individuale o collettiva.

Spiegato così il semplicissimo principio teorico
della nostra nozione, ci sarà facile ora il dimostrare come cotesta per l'appunto sia la ragione
comune che determina tutte le nuove forme di responsabilità, apparentemente specifiche, *in iure condito*,
come *in iure condendo*; che dà la ragione intima, per
quanto più men confusamente intuita, delle incertezze
della giurisprudenza e della dottrina. In alcuni casi,
ognuno può vedere da sè come quella ragione sia dichiarata in maniera così precisa che noi non possiamo
altro aggiungervi, se non il nesso organico per cui ciò
che appariva caso singolo ed eccezionale, deve invece

secondo noi considerarsi come una manifestazione specifica di un'evoluzione generale. Così è pel caso della responsabilità dei padroni per gli infortunii sul lavoro, dove
trovammo detto il caso fortuito essere, in realtà, « un
prodotto dell'industria stessa » e, come tale, dover essere sopportato dall' intraprenditore, come ogni altro
rischio dalla sua intrapresa dipendente. Così a proposito dei danni, anche casuali, prodotti dell' esercente
di un'industria (strade ferrate); la responsabilità di
questo la vedemmo ritenuta per ciò che esso, « siccome gode i vantaggi, deve per equa correlazione sottostare alle perdite dalla sua industria prodotte »

Così si spiegano tutti i casi di responsabilità invo-
cata od ammessa, malgrado l'istituto vigente, comunque non sempre il motivo intrinsecamonte decisivo
sorga dalle sentenze e dagli scrittori. L'andare in carrozza non è, certo, un fatto illecito e può anche presumersi che in generale venga compiuto con diligenza
e perizia. Intanto, non è men vero che quel modo di
locomozione implica un vantaggio per chi se ne serve,
costituendo per questo un'industria, o un comodo o diletto. E, intanto, è pur vero che quell'industria, quel
comodo, quel diletto implichino un rischio, che non
sempre l'abilità e la previggenza possono impedire; e
del modo istesso che si son visti cavallerizzi valentissimi perire miseramente per l'improvviso imbizzarire
dell'animale, così si vedono cocchieri valentissimi non
riuscire ad evitare dannosi investimenti. Rischio il
primo caso, rischio il secondo: solo, quest'ultimo è
direttamente subito da un terzo. Ma giustizia vuole
che il danno gravi su chi il rischio ha voluto correre per
vantaggio o comodo suo, nulla importante se sia veramente *colpevole*, secondo il diritto vigente. La responsabilità di chi dirige i cavalli, che la teoria classica cerca di stabilire forzando in maniera barocca gli

elementi di fatto per trovare la colpa là dove spesso
manca, diventa, per il principio da noi esposto, ben
semplice e chiara e, soprattutto, davvero generale.

Così pure si spiegano le responsabilità che in parte
il codice vigente, in parte la giurisprudenza fan gravare su chi usa della sua proprietà in modo da danneggiare l'altrui. Se Tizio crede di destinare il suo
fondo ad una cultura che crede più proficua, e, intanto,
da questa sua determinazione ne proviene un danno
al vicino, è inutile vagare ricercando se in quel danno
vi sia o pur no colpa e se Tizio avrebbe o pur no
potuto quel danno impedire. Tale ricerca è irrilevante:
il fatto di Tizio può bene essere in sè stesso lecitissimo e il danno indipendente dalla di lui volontà; ma non
è perciò men vero che se il danno appare inerente
all'intrapresa, e come un effetto di quella causa, esso è
un *rischio* dell'intrapresa stessa e deve essere sopportato dall' intraprenditore, che tende a ricavarne vantaggi, effettivi o anche solamente sperati.

Così pure si dà una base razionale all'istituto della
responsabilità indiretta, pel quale vedemmo come il
diritto moderno faccia a meno della colpa, attuando
così in parte la nuova idea di responsabilità, pur non
avendone avuto coscienza.

E valga il vero. L'agire per mezzo altrui, il tenere
una persona al proprio servigio, costituisce indubbiamente un vantaggio pel rappresentato. Il rapporto di
commissione implica, chi dia a questa parola un senso
largo, un'*intrapresa* da parte del committente il quale,
dal preporre altri a un compito che egli stesso dovrebbe altrimenti fornire, trae o un lucro, spesso considerevole, (per es. col rendere così possibile l' attuazione di una vasta industria che abbisogna necessariamente di molteplici organi), o si procaccia in tal
modo agi e riposi. Questa considerazione resta pur

vera quando si abbia riguardo alle persone morali o fittizie che dir si voglia, le quali è certo che di organi necessariamente abbisognano, ma è pure certo che sono questi organi che permettono loro di agire e ottenere il conseguimento dei propri fini: dalla rappresentanza esse traggono un vantaggio considerevole (quello di potere agire); ed è quindi giusto che ne sopportino il *rischio*.

Se dunque è vero che, nel caso della commissione, come negli altri già esaminati, si tratta di una forma di attività vantaggiosa per chi se ne serve, allora ognun vede come la nostra formola trovi piena applicazione e giustifichi, in ogni caso, la responsabilità del committente pel danno arrecato da colpa del commesso. Ma si può dare ancora una giustificazione ancora più minuta che illumini il concetto, confermandolo. L'agire *direttamente* espone al *rischio* di recare un danno altrui, e di esserne quindi responsabile. In primo luogo, data la teoria della colpa lievissima, si può ben dire che anche l'uso di un' *ordinaria* diligenza non basta per essere al sicuro dall'incorrere in una responsabilità. Ma ad ogni modo, l'usare diligenza, per evitare un danno altrui, è certamente una occupazione ed una preoccupazione cui, eventualmente, non si può o non si vuole bastare. Chi dunque fa da altri eseguire il compito proprio, oltre il generale vantaggio che se ne ripromette, avrebbe pure l'altro di evitare il *rischio* di incorrere in una responsabilità. Ora non solo un tale vantaggio per sè stessa non apparirebbe lecito, ma riescirebbe, spesso, gravemente lesivo dei giusti interessi del danneggiato il quale, in luogo del committente solvibile, avrebbe soltanto l'azione contro un commesso eventualmente insolvibile, restando così, praticamente, senza l'indennità. Ad impedire tutto ciò, soccorre l'istituto della responsabilità indiretta: ed ora che ne abbiamo trovato il vero «perchè» si comprende bene che la «colpa» nel committente sia un elemento irrilevante e cadono quindi le gravi accuse che, muovendo da un preconcetto non vero, vedemmo muoversi contro il vigente ordinamento legislativo.

Così noi crediamo di avere sufficientemente dimostrata la coerenza della nostra formula con tutti gli elamenti da noi raccolti e che le assicurano non solo una base razionale, ma la derivazione necessaria da manifestazioni concrete della coscienza giuridica. Bensì, nell'abbandonare, oramai, quella nostra teoria all'apprezzamento della critica un'avvertenza dobbiamo fare, che ci sembra di grave importanza. Bisogna stare in guardia contro la tendenza di condannare come erronea una teorica per eventuali difetti formali o per possibilmente gravi difficoltà di attuazione pratica. A priori, l'una e l'altra obiezione noi riteniamo che probabilmente possa esserci mossa. Ma, pure a priori, valgano contro di essa le osservazioni seguenti.

La perfezione formale di un principio giuridico suppone, necessariamente, l'elaborazione di esso non meno nella scienza che nella pratica; e, nel caso nostro, tale elaborazione comincerebbe appena ora. Così io non pretendo che la formola enunciata si traduca, senz'altro, in un precetto legislativo. Convengo che essa abbisogna di ulteriore esame e questo mi aspetto dalla critica scientifica e dalle ulteriori applicazioni concrete, che ne potranno correggere o modificare o attenuare o svolgere alcuna parte. Ciò non solo ritengo possibile ma anzi desiderabile.

Lo stesso si dica per le difficoltà che eventualmente si potranno trovare per l'applicazione della formola a varii casi concreti. Già sarebbe un criterio assai fallace, per decidere della verità di un principio giuridico, il riferirsene alle maggiori o minori difficoltà di ap-

24

plicazione. Questa difficoltà si riscontra, più o meno ma sempre, a proposito di tutti i principii giuridici, ed è così che sorge quel diritto controverso, fenomeno non accidentale nè transitorio, ma necessario e costante, quanto il diritto stesso. Naturalmente poi, quelle difficoltà saranno maggiori per la novità del principio da applicare: sicchè, anche per questo lato, molto bisognerà aspettarsi dalla elaborazione scientifica e pratica del principio stesso.

§ 15.

La nuova formola della responsabilità per diritto comune e la responsabilità dello Stato.

Non sarà necessario spendere molte parole per dimostrare come, posto tutto l'anzidetto, la responsabilità diretta delle pubbliche amministrazioni, inammissibile per la teoria vigente, troverebbe agevolmente la sua base in quella nuova idea, al cui sviluppo abbiamo dedicato le precedenti ricerche e che abbiamo racchiuso in una formola. Diremo anzi che nel presente studio le varie dimostrazioni tendono a formare un tutto organico, in maniera che fra loro reciprocamente si lumeggiano e si confortano: e come, da un lato, la formola da noi stabilita serve a chiarire la intima e generale ragione giuridica della responsabilità dello Stato, così, dall'altra parte, la unanimità del sentimento pubblico moderno nell'affermare tale responsabilità e la rispondenza di essa con la nostra formola, sono una riprova preziosa della verità di questa.

E che la formola nostra si applichi mirabilmente all'ipotesi della responsabilità diretta dello Stato, ognuno

potrà facilmente vederlo da sè. Senza aggiungervi alcun elemento subiettivo, nel § 7 di questo scritto noi facemmo un lavoro di sintesi delle ragioni addotte da scrittori e giurisprudenza come base della responsabilità diretta dello Stato. Trovammo che necessariamente si veniva a prescindere dal concorso di una colpa : e sappiamo esser questo l'elemento negativo della nostra nuova nozione. Trovammo — in linea di ricostruzione positiva — che, in sostanza, la ragione decisiva dell'obligo dello Stato di risarcire il danno prodotto, al singolo dall' esercizio, sia pure legitimo, della sua attività, stava in ciò che, poichè lo Stato di questa utilità si avvantaggiava, non era giusto che gli eventi dannosi, che da essa seguissero, gravassero sopra un singolo individuo : la collettività (lo Stato) dovea invece sopportare il rischio di un attività di cui traeva generale giovamento. Questo è, per l'appunto, il concetto fondamentale cui s'informa la nostra teorica.

Non sarà inutile, tuttavia, aggiungere qualche chiarimento, da poi che in questo punto si contiene lo scopo essenziale del presente scritto. Il diritto pubblico moderno ha ben distinto queste due nozioni, che nel diritto storico si trovano, non di rado confuse con danno reciproco : lo Stato e l'individuo, il popolo e il cittadino. L'uno è costituito dalla somma delle capacità individuali che lo compongono, assorgendo così a un tutto organico, munito di proprio organismo, di propria volontà, di propria vita, di propria attività. Fra i due termini, il diritto moderno ricerca la necessaria armonia che si traduce in una reciprocità di diritti e doveri. L'individuo è, sì, la cellula del corpo sociale, ma, diversamente da quello che avviene nel mondo strettamente organico (ed è per questa diversità che sono così pericolose e così poco scientifiche certe analogie avventate, vere metafisicherie camuffate di positivismo!), questa cellula ha una propria ed autonoma esistenza vitale. Perciò è principio di altri tempi, e non più rispondente al diritto moderno, quello per cui il sacrificio pieno ed intero dell'individuo era dovuto agli interessi collettivi, sempre, senza restrizioni e, quindi, senza giuridiche guarentigie: il che esclude persino l'ipotesi di doversi risarcire un danno sofferto dal singolo per causa di un atto della pubblica amministrazione. Viceversa, sarebbe negazione di ogni diritto sociale e del principio stesso su cui poggia la convivenza — necessità naturale, — il pretendere che i bisogni della collettività debbano arrestarsi, cedendo, di fronte agl'interessi dell'individuo. Il diritto intende a stabilire in luogo del sacrificio reciproco, l'armonia fra le due nozioni e così viene determinando i rapporti loro e le norme che li regolano.

Se tutto ciò si può dire oramai acquisito alla scienza giuridica moderna, — pur restando formidabili i problemi dell'attuazione concreta di quell'idea generica, lato della quistione che qui non trova luogo, — è lecito enunciare i seguenti postulati, del resto abbastanza elementari, anzi, diremmo, volgari. L'interesse della comunità è la somma di interessi individuali, ma l'interesse individuale è certo concepibile, in fatto e in dritto, indipendentemente da quello collettivo, pure essendone un fattore. Così è chiaro che se un cittadino, come membro della comunità, si avvantaggia come uno dalla costruzione di una strada ferrata, ne sarebbe danneggiato poi come mille, se la costruzione di quell'opera dovesse farsi, senza risarcimento, sul fondo di lui.

Allora, il diritto pubblico moderno ha stabilito questo postulato, evidente attuazione di un principio elementare di giustizia distributiva: come l'attività dell'amministrazione pubblica, diretta al conseguimento dei fini dello Stato, si propone il giovamento dell'universalità dei cittadini; così i *mezzi* necessarii perchè questi fini si conseguano, debbono dall'universalità dei cittadini essere prestati e gravare equamente su tutti i cittadini.

Questo postulato, se lo si applica al caso del danno arrecato al cittadino come conseguenza di un atto amministrativo, sia pure nei limiti legali dell'autorità pubblica, ci conduce da un lato a riconoscere nuovamente la giustizia e la necessità del principio della responsabilità; dall'altro lato, conferma la rispondenza fra questo principio e la formola da noi stabilita. Ferma restando la distinzione, che può eventualmente essere conflitto, fra l'interesse collettivo e l'individuale, lo Stato, rappresentante la comunità dei cittadini, opera nell'interesse di questa. L'attività della pubblica amministrazione si può dunque considerare o, per lo meno, presumere come diretta al giovamento della collettività: e se, nell'esplicarsi, nuoce al cittadino singolo, che ben si può in quel caso considerare come « terzo », trovano luogo i termini precisi di fatto che riscontrammo nella nuova idea di responsabilità.

Così pure noi ci troviamo in grado di risolvere la questione generale da noi accennata al § 2 e posta al § 7, se, cioè, la responsabilità diretta dello Stato dovesse considerarsi come una figura istituzionale esclusivamente propria al diritto pubblico, anzi, più esattamente, come una forma eccezionale di un istituto essenzialmente di diritto privato (quale è, per sè, l'istituto della responsabilità civile), sostanzialmente modificato, per ragioni esclusive al diritto pubblico e con criterii da questo dipendenti; — o, invece, come un sintomo, per quanto importantissimo, di una *generale* evoluzione dell'istituto di diritto privato.

Abbiamo visto che questa ultima ipotesi è la vera:

non è già, dunque, il diritto pubblico che abbia creato, in antitesi al diritto comune privato, la figura della responsabilità diretta dello Stato, ma è l'istituto di diritto comune privato che è venuto trasformandosi in maniera da comprendere anche quella figura speciale di responsabilità : se mai, — e questo non abbiamo difficoltà ad ammettere — le ragioni proprie al diritto pubblico che quella responsabilità consigliano non sono che una delle forme e delle forze, certo di non lieve importanza, onde l'evoluzione generale è venuta affermandosi.

Ma, ritenuta la rispondenza generale del principio che anima la nuova idea di responsabilità, tanto per quella dello Stato che per quella di diritto comune, il nostro compito non è esaurito. Avvertimmo nel § 2, e ripetiamo qui, che se non è giuridico considerare il diritto pubblico come una sede di immunità e di privilegi nei rapporti cogli istituti di diritto privato, non sarebbe neppure giuridico pretendere, sempre e *a priori*, l'assoluta applicabilità di questi a quello, senza tener conto delle peculiarità obiettive che rendono necessarie o anche convenienti e giuste delle deroghe o eccezioni. Se, in massima, la responsabilità diretta dello Stato non è che un caso speciale di applicazione di una norma generale di diritto comune privato, con ciò non si esclude che ragioni speciali — sia in linea di diritto che di convenienza — possano consigliare temperamenti od eccezioni.

E dubitai, da prima, se una ragione gravissima e *generale* di deroga non si potesse trovare in quella distinzione fondamentale dell'attività dello Stato, in *giuridica* e in *sociale*. Mi parve che una ragione obiettiva tendente ad esonerare lo Stato della responsabilità in quella prima forma di attività si potesse riscontrare nel carattere di *necessità* che riveste, indubbiamente, l'intervento dello Stato, in quel caso. Non è, si potrebbe dire, attività *volontaria* quella che spiega lo Stato per mantenere il diritto, l'ordine, la sicurezza interna ed esterna; ma il conseguimento di tali fini è allo Stato imposto dalla ineluttabile necessità di tutelare l'esistenza propria, che è poi il presupposto immancabile del diritto stesso. Questo carattere di *necessità* (e, per così dire, di forza maggiore) si riscontra, adunque, non solo nella causa immediata del danno, ma in quella rimota ed originaria ; cioè in quell' attività di cui il danno è conseguenza.

Se non che tali considerazioni, che, nei principii da cui muovono, sono vere, confrontate però con quella coscienza giuridica in cui riscontrammo la ragione determinante della nuova teorica, non ci sembrarono sufficienti per dedurne l'assoluta irresponsabilità dello Stato, quando agisce per attuare il fine del mantenimento del diritto. E, in primo luogo, dal punto di vista del danneggiato, quella differenza rilevata nella ragione dell'attività dello Stato è perfettamente indifferente. Indifferente è pure dal punto di vista — che è il decisivo — della ragione determinante la nuova idea di responsabilità. Sia o no necessaria una data forma di attività dello Stato, è sempre vero e certo che essa tende al bene *comune* della collettività, e non è giusto, sempre, che il vantaggio comune si consegua col sacrificio esclusivo di un solo individuo.

Una riprova sperimentale della verità di tali osservazioni si ha in ciò, che nelle forme attuate della nuova responsabilità, la *volontarietà* o la *necessità* della ragione primitiva determinante una data attività si è ritenuta un elemento irrilevante. Così, per esempio, per quanto riguarda la responsabilità indiretta delle persone artificiali. Di esse, potrebbe con verità dirsi che quando si determinano ad affidare l'esecuzione dei loro compiti a dei commessi, cedono ad una vera e propria necessità, non potendo esse agire direttamente : eppure, malgrado ciò, esse sono responsabili del fatto dei proprii funzionarii. Lo stesso si dica — proprio in materia di attività dello Stato — per l' istituto dell'espropriazione per pubblica utilità in cui ravvisammo, d'accordo cogli scrittori, una sanzione specifica del principio generale della responsabilità. Ora, in questo caso, l'indennità al privato è sempre egualmente corrisposta senza avere riguardo alcuno all'indole del fine che lo Stato attua eseguendo quella data opera; si tratti della costruzione di una strada o di una fortificazione militare, di un teatro o di un ospedale.

Non crediamo, adunque, che si possa, come massima generale, escludere tutti i casi di attività giuridica dello Stato come cause eventuali della responsabilità di esso. Bensì questo criterio può servire come giustificazione di speciali eccezioni che l' indole speciale del diritto pubblico può, come abbiamo detto, consigliare.

E, difatti, se la responsabilità dello Stato, come massima generale, viene accolta dalla coscienza giuridica moderna e non ripugna, per sè, ad alcun principio di diritto pubblico, può *a priori* presumersi e *a posteriori* dimostrarsi che in alcun caso speciale essa debba ammettersi con restrizioni o, addirittura, escludersi. Un'enunciazione completa di tali casi non crediamo di farla qui : fra le diverse ragioni, per questa, precipua, che bisogna molto aspettarsi, giusta quanto dicemmo, dall'elaborazione ulteriore di queste idee nella coscienza stessa popolare e nella scienza. Ma alcun esempio può, sin d'ora, addursi. Non è ancora chiaro il concetto se all'imputato prosciolto dall'accusa si debba il risarcimento pei danni morali e materiali sofferti in seguito alla detenzione preventiva : il pro-.

blema è stato posto, ma non risoluto pacificamente;
e, o il principio stesso non viene accolto, o si fanno
distinzioni e si escogitano temperamenti. In altri casi,
— che versano sempre in tema di attività giuridica
dove vedemmo che debbono più numerose essere le
eccezioni al principio della responsabilità, — non si
sarebbe disposti ad ammetterlo con una larghezza che
incepperebbe troppo l'azione amministrativa ed espor-
rebbe lo Stato a troppe liti e ad una valutazione di danni
difficile e troppo vaga ed aleatoria. Così sarebbe nel
caso di una misura quarantenaria imposta per ragioni
di pubblica sanità: ripugna l'ammettere contro lo Stato,
una serie di azioni di commercianti e cittadini tendenti
ad attribuire a quella limitazione del traffico danni più
o men gravi e più o men probabili. Così, ancora, l'e-
stensione stessa e la generalità del danno potrebbe
costituire una grave ragione di esonerazione, totale
o parziale, dalla responsabilità. In una guerra disgra-
ziata, in cui il nemico avesse invaso e devastato molta
parte del territorio, l'obligo di un risarcimento generale
ed immediato potrebbe trovare un ostacolo di fatto nella
insufficienza delle finanze dello Stato.

Nessuno, certo, penserà che questi ed altri esempii
di eccezioni distruggano il principio: la loro portata
è di ammettere, per le peculiarità del diritto pubblico,
alcuna deroga ad una regola che pure, in generale,
si riconosce; il che si conforma a quei criterii che
svolgemmo nel § 3, e ai quali rinviamo.

Come potranno tali eccezioni farsi valere? In parte,
lo abbiamo detto, molto bisogna aspettarsi dalla elaborazione di quel concetto; in parte, però, io penso che
in generale quelle eccezioni potranno sorgere, implicitamente o esplicitamente, per via di legge. Avviene
ora, non di rado, che lo Stato nel determinare alcuna
forma di attività sua, provvede, nell'atto stesso legisla-

tivo, alla quistione della responsabilità, determinando
il modo e i limiti del risarcimento, arrivando qualche
volta sino all'esclusione assoluta (come p. e. in tema di
responsabilità nell'amministrazione telegrafica) (1). Ed
è facile prevedere che tanto più ordinariamente ciò dovrà
accadere quando sarà ammesso, come massima generale, il principio della responsabilità dello Stato: e,
caso per caso, quando il legislatore avrà da regolare
forme nuove o già esistenti di attività dello Stato, non
mancherà di stabilire — se sarà opportuno — regole speciali pel caso di danno arrecato al cittadino
nell'esercizio di quell'attività. Se mai, date le odierne
tendenze fiscali, non sarà tanto da temersi che si tra-
scurino le ragioni giuste e opportune di attenuazione
o esonerazione di responsabilità; sarà più temibile l'eccesso contrario!

V. E. Orlando.

(1) È vero che qui si tratterebbe di responsabilità contrattuale, ma, dal punto di vista nostro, ciò non ha importanza:
anzi, se mai, l'esonerazione dalla responsabilità contrattuale
presenta una gravità maggiore.

IL VOTO OBBLIGATORIO

PARTE TERZA

PRINCIPII GENERALI, VANTAGGI ED INCONVENIENTI DEL VOTO OBBLIGATORIO

(Cont. e fine, v. fasc. IV)

Dalla ricerca sulle cause dell'astensione elettorale po-litica da noi praticata sulle statistiche elettorali italiane, abbiamo non solamente potuto vedere il male in ogni suo doloroso aspetto, ma concludere altresì che il volere eli-minare questi deplorevoli effetti cercando di combatterne direttamente le cause riuscirebbe cosa lunghissima quando non potesse dirsi impossibile. Ci lusinghiamo adunque che il lettore, veduti i tristi sintomi del male e convintosi della impossibilità di curarlo colla eliminazione diretta delle cause, potrà esser persuaso della necessità di un ri-medio estremo atto a sopprimere, se non tutti, almeno gran parte degli inconvenienti prodotti dal presente si-stema elettorale. Tale rimedio dovrebbe, secondo noi, esser quello di sostituire alla libertà l'obbligatorietà del voto.

L'obbligatorietà del voto, sebbene abbia radici abbastanza antiche nella storia costituzionale delle libertà, fu molto combattuta e guardata con occhio diffidente tanto come principio teorico quanto per la sua pratica attuazione.

In quanto alla discussione teorica che si può fare in-torno all'obbligatorietà del voto, si può ridurre a questa semplici analisi: vedere se il voto debba considerarsi come un diritto oppure contemporaneamente come un diritto ed un dovere. Ma prima di addentrarci nella questione ci preme dichiarare che questa discussione teorica condurrà diffi-cilmente a resultati soddisfacenti in quanto che su questa materia tutte le opinioni sono possibili e sostenibili secondo i punti di vista da cui si parte. L'elezione si consideri come delegazione, come rappresentanza o come mezzo di scelta, niente esclude che si possa egualmente giungere al voto obbligatorio od al voto libero secondo i principii da cui si muove. Nell'esame delle diverse opinioni abbiamo veduto che il dissidio teorico fra i sostenitori dei due principii si riduceva all'uso dei verbi *potere* e *dovere*; il che dimostra che non si possono in questo argomento affermare principii assoluti per tutti i tempi e tutti i luoghi, ma conviene aver riguardo alle diverse condizioni dei paesi prima di emettere un giudizio.

Pertanto, per incominciare con un po' di storia, tutti sanno che la Rivoluzione Francese, aboliti i privilegi, per reazione contro le tradizioni del passato, costituì una serie di diritti senza curarsi gran fatto dei doveri dei cittadini. Ed a questo riguardo il Ferneuil osserva che « agli occhi « degli uomini del 1789 le società umane erano altrettante « creazioni della logica astratta, semplici agglomerazioni « d'individui sovrapposti, senza radici nel passato, senza « legami coll'avvenire, che conchiudono un contratto for- « male per la difesa dei loro diritti naturali e la garanzia « della loro indipendenza. Per questa concezione l'individuo « era il punto di partenza, il centro di tutto; quindi do- « veva subordinare la società ed il suo rappresentante « principale, lo stato, ai suoi fini particolari (1) ».

Invece secondo la sociologia moderna l'individuo e lo Stato non sono e non devono essere in contraddizione ed in lotta fra di loro; ma aiutarsi e completarsi a vicenda per giungere all'armonia dell'insieme.

Ma giova altresì ricordare che lo Spencer, il grande

(1) Th. Ferneuil — *Les principes de 1789 et la science sociale* — Paris, Librairie Hachette e C. — Cap. V.

e fecondo filosofo inglese, si è fatto recentemente l'organo
di una reazione individualistica nel suo libro « *L'individuo
e lo Stato* » in cui combatte la regolamentazione sempre
crescente di tutti i rapporti sociali dello Stato, il quale
dovrebbe invece garentire l'esercizio delle attività dei cittadini. Ma, come ben osserva il Ferneuil, questa non è
e non può essere la sola funzione dello Stato, avendo,
oltre questo scopo, la missione ben più elevata di essere
il rappresentante degli interessi collettivi e di promuovere
lo svolgimento delle facoltà intellettuali e morali della
nazione.

Appunto per questo il Ferneuil, che ha combattute
molto vigorosamente le affermazioni di Spencer, dichia-
randole in contraddizione colla dottrina dell'organismo
sociale, conclude così: « Lo Stato, quando la legislazione
« si immischia nell'attività dei cittadini e loro impone
« nuovi carichi, deve evitare il più che è possibile di di-
« stendersi sulle libertà individuali, e pesare sempre le
« conseguenze indirette e lontane di questi carichi; ma vi
« sono delle circostanze in cui l'accrescimento della pro-
« sperità generale in presente ed in avvenire giustifica la
« violazione di ciò che Spencer stima a torto una condi-
« zione essenziale di questa felicità pubblica, di sapere la
« la facoltà che ha ciascuno di godere di quei mezzi di
« prosperità che i suoi atti compiuti senza ostacolo gli
« hanno procurato (1) ».

※

Ritornando a ciò che concerne più direttamente il nostro tema, dicevamo che tutta la discussione teorica intorno all'obbligatorietà del voto si può ridurre a vedere
se il voto debba considerarsi come un diritto, oppure contemporaneamente come un diritto ed un dovere. E, per
dire il vero, quasi nessuno di coloro che hanno studiata

(1) TH. FERNEUIL — op. cit. cap. V.

la questione osa affermare che il voto costituisca semplicemente un diritto, perchè anche coloro i quali accettano il voto obbligatorio soltanto per gli elettori di secondo grado, vengono implicitamente ad ammettere che il voto non è solamente un diritto, ma anche un dovere.

Vero è che alcuni giustificano l'obbligo del voto per gli elettori di secondo grado, dicendo che essi ricevono quasi un mandato dagli elettori di primo grado, al quale non si possono sottrarre affinchè non siano lesi i diritti di questi, ma anche a prescindere dal fatto, a noi poco gradito, di voler sempre ricondurre qualunque manifestazione della vita pubblica sotto gli istituti del diritto privato, rimane pur sempre l'obbiezione che mandato non c'è essendo il loro voto segreto e libero.

Quali sono gli argomenti coi quali gli scrittori sostengono che il voto riunisca in sè i concetti di diritto e di dovere? Alcuni dicono che se il voto non fosse altro che un diritto assoluto dell'individuo, non lo si potrebbe obbligare ad esercitarlo, come non si può obbligare nessuno a coltivare il suo campo: ma invece, sebbene del campo il proprietario possa fare quello che più gli talenta, non si può esercitare alla stessa maniera il diritto di voto, perchè non si può delegare od alienarlo senza cadere sotto le sanzioni della legge. E così se possiamo disporre dei nostri beni secondo che ci consiglia il nostro interesse privato, non dovremmo alla stessa maniera votare a seconda di esso, ma avendo di mira l'interesse generale od almeno quello che noi crediamo tale. Si aggiunge pure che ciascun popolo determina i limiti del diritto elettorale e del suo esercizio non tanto secondo quello che conviene all'individuo, quanto, ed in special modo, secondo quello che conviene allo stato.

Se non che alcuni rispondono che questo dipende dal modo in cui le legislazioni hanno considerato il Diritto elettorale, non essendo niente affatto assurdo il pensare ad una legislazione che equiparasse il diritto elettorale ad un diritto assoluto come quello di proprietà. E questo è verissimo, ma secondo noi il fatto che il voto fu sempre in tal modo disciplinato dalle legislazioni, vuol dire che era nella coscienza delle popolazioni e dei legislatori l'idea che non potesse in alcuna maniera essere assoggettato alle norme di un diritto assoluto appunto perchè la sua natura era del tutto differente.

Ma ecco che appena enunciati questi principii teorici piovono da ogni parte le obbiezioni. Innanzitutto il professore Luigi Palma, il quale ha dedicato un capitolo del suo Corso di Diritto costituzionale al voto obbligatorio, sembra riferirsi alla parte teorica del problema allorchè laconicamente osserva che certe virtù non si possono imporre (1). A questa affermazione dell'illustre scrittore rispondiamo che colla sanzione dell'obbligo elettorale non si intende in alcuna maniera imporre una virtù, ma solamente l'esercizio di un dovere. E allora perchè mai non si potrà imporre l'esercizio del voto ? forse perchè è un diritto assoluto ? I diritti non sono certamente nati in un giorno di improvvisa rivelazione, ma si sono sviluppati ed affermati successivamente per il corso della civiltà unitamente ai corrispondenti doveri. E cosa mai vi sarà di più giusto, di più razionale, di più salutare per la vita del corpo sociale che il voler associare alla gestione della pubblica cosa tutti i cittadini, se giustificano con un certo grado di capacità intellettuale la loro parte di influenza sopra le decisioni che obbligano tutta la comunità ?

Il Professore Giuseppe Leporini pregato dal Professore Codacci-Pisanelli a manifestare la sua opinione sul voto obbligatorio, rispondeva con una lettera in data 7 ottobre 1891 (2), in cui è detto : « La partecipazione al voto,

(1) PALMA — *Corso di Diritto Costituzionale:* Vol. II, Sez. I, cap. V, pag. 257.

(2) Il Prof. Codacci-Pisanelli dell'Università di Pisa, dopo aver proposto al III Congresso Giuridico di Firenze del 1891 di estendere l'azione popolare a reprimere il reato di astensione, scriveva al Prof. G. Leporini dell'Università di Siena per sentire il suo avviso in proposito. Questi, il 7 Ottobre 1891, rispondeva all'invito dell'amico con una bellissima lettera, di cui siamo

« alle elezioni ha un significato ed un valore etico e po-
᛭ litico solo in quanto importa volontà del cittadino di
« cooperare con la sua scelta al migliore indirizzo dell'am-

lieti di poter dare il testo, avendone avuta cortese licenza dal
Prof. Leporini e dal Prof. Codacci-Pisanelli, ai quali rendiamo
pubbliche grazie per la loro squisita cortesia:

« *Caro Pisanelli*,

« Mi scusi se rispondo un po' tardi alla sua cartolina della
fine di settembre, che è giunta qui quando io era assente da
Macerata. In essa, con atto di cortesia, di cui la ringrazio, mi
invita ad esporle il mio pensiero sulla proposta fatta al Congresso Giuridico circa l'obbligo elettorale. Essendo io di parere
diverso dal suo, di fronte alla strenua difesa che ne ha fatto,
ed anche per corrispondere alla sua gentile deferenza, dovrei
discutere e dimostrare largamente il mio avviso. Ma oggi ciò
non posso; e quindi per non ritardare ancora, le dirò sommariamente ed alla buona le mie idee su questo proposito.

« Io parto da questi concetti. La partecipazione al voto, alle
elezioni, ha un significato ed un valore etico e politico sólo in
quanto importa volontà del cittadino di cooperare con la sua
scelta al migliore indirizzo dell'amministrazione e del governo
del suo paese. Ma tale determinazione, che dà valore effettivo
all'atto, non si riesce ad imporla con coercizioni e sanzioni:
quindi è a dire che trattasi di atto morale che sfugge alla possibilità di divenire obbligo *giuridico*.

« Il voto è manifestazione di libertà, e ad essere libero non
si costringe alcuno, né un uomo né un popolo; perché la con-
tradizione, non solo logica, nol consente. Si rise della costituzione turca e del parlamento che ne seguì. E perché? Specialmente perché là si era elettori ed eletti per forza.

« Tutto il concetto politico, la proficuità, la dignità del governo del paese pel paese, sta nello spontaneo concorso dei cittadini, che rivela interessamento al pubblico bene, energia di
volontà per esso, e sentimento di riconnessione dello Stato con
i sudditi: quindi si può cercarlo e svolgerlo, prepararne od as-
sodarne le basi con la educazione, con la elevazione dello spirito pubblico e delle energie individuali, non con altri mezzi
al tutto meccanici o materiali.

« ministrazione e del governo del suo paese. Ma tale de-
« terminazione, che da valore effettivo all'atto, non si riesce
« ad imporla con coercizioni e sanzioni, quindi è a dire

« Non si può argomentare in questa materia da alcuni obblighi civici, dalla costituzione della giuria, dall' obbligo della
testimonianza; tanto meno dall'obbligo di compiere atti dipendenti da uffici liberamente accettati ed assunti. Se l'elettorato
può dirsi *funzione*, lo è solo perché bene si accompagna con la
richiesta di requisiti; perché non è un diritto assoluto, incon-
dizionato degli individui, dei cittadini; non lo è più che in questo senso. Esso spetta e si organizza non perché proprio lo Stato
abbia bisogno di elettori; giacché vi può essere costituzione di
Stato, anche buona, senza ordinamenti elettivi e rappresentativi;
ma perché è parso che nel governo della cosa pubblica i cittadini ed i sudditi abbiano ragione di influire e di intervenire:
il voto è quindi rivendicazione ed esercizio di giusta facoltà, di
diritto. «Quindi evidente che non può confondersi con gli obblighi
civici suddetti, i quali hanno in quanto all'obbligatorietà loro
motivo non nel diritto o interesse del singolo; ma nella convenienza o necessità per scopo pubblico o politico di quella determinata funzione o prestazione per parte dei privati.

« Neppure, mio caro Pisanelli, per gli scopi speciali, cui lei
mira, io credo utile l'obbligatorietà del voto. Che influenza può
avere essa come remora alla corruzione ? Per un atto che è inevitabile, al più si esigerà e si vorrà pagare minor prezzo. Ecco
tutto. E ciò forse allargherebbe se non di efficacia, di estensione
la corruzione. Anch'io mi sono guardato attorno, e ne ho avuto
anche recente occasione nell'elezione penultima suppletiva in
provincia di ..... Che fonte, malamente ricca, di osservazioni
pel tema della corruzione elettorale non fu quella elezione ! Se
lei, caro amico, ci si fosse trovato, forse si sarebbe persuaso
che se l'obbligatorietà avesse tratto fuori più turba di elettori,
l'eletto non avrebbe pagato di più, né avrebbe avuto minor numero di voti e minor successo acquistato all'incanto. Parmi perfino, riflettendo, che l'obbligatorietà possa servire a sciogliere
del tutto qualche ultimo e rilassato scrupolo in qualcuno. Giacché mi obbligate, egli potrebbe dire, è giusto che io mi faccia
pagare il disagio.

« E per l'astensione che risultato può sperarsi, che non sia

« che trattasi di atto morale che sfugge alla possibilità di
« divenire obbligo *giuridico* ».

Davvero non si comprende come l'obbligo di parteci-

di mera apparenza e quindi non ricercabile? Gli astensionisti
per proposito di avversione allo Stato ed alle sue istituzioni,
non vorranno certo votare con l'intento di procurare il meglio
allo Stato ed alle istituzioni stesse, solo perchè sono spinti al
voto. Anzi se la loro passione politica è energica, li porterà a
convergere il voto coatto su chi crederanno peggiore e fatale alle
istituzioni, che abborrono. Ancora, e di frequente, la coattività
sarebbe ad essi opportuna occasione e mezzo non solo per la
muta protesta della scheda bianca, ma per una più rumorosa
ed ostentata dimostrazione fatta e andando incontro alle penalità
dell'astensione e con accolta di fondi per pagarne la lieve multa
a quelli che ne potessero risentire aggravio.

« Restano gli astensionisti per indolenza o per scoraggiamento e sfiducia. Quanti sono essi? Credo non molti o non
troppi. In ogni caso vale la pena per averne l'intervento alle
urne di togliere il carattere di spontaneità ad un atto, che è
principio e segno della vita libera del paese? È in ogni modo
per ottenere così poco effetto conviene legittimare con la coattività la credenza che tutto è fittizio, che le istituzioni non hanno
corrispondenza nell'animo e nel carattere del popolo; giacché
lo si conduce a forza a compiere un atto che è fondamento della
sua costituzione politica?

« Ma poi proprio non ci dovrà esser mai ragione e facoltà
di astenersi dal voto? E quando il mio voto, e più il mio intervento nelle elezioni, è evidentemente inutile pel bene? E se
io vedo turbe prezzolate, o ignare, o fanatiche, irresistibilmente
tratte ad innalzare i peggiori, dovrò io con la multa pagare la
venia di non imbrancarmi? Io sento qui il mio diritto, e non
veggo affatto, mio caro Pisanelli, il diritto dello Stato.

« Ecco le mie riflessioni; non tutte, nè tutte dette, per la fretta,
così come avrei voluto. Qualunque siano, lei che con la sua
gentile deferenza le ha provocate, le apprezzi per quello che
possono valere. »

Macerata 7 Ottobre 1891.

Suo aff.mo
G. Leporini

pare alle elezioni possa togliere loro ogni valore etico e politico, quasicchè questo dipendesse dalla libertà di intervenirvi anziché dalla libertà di votare come meglio si crede anche con una scheda bianca. Ragionando alla stessa maniera e partendo da questo punto di vista si potrebbe altresì attribuire ben poco valore etico e politico all'istituto della giuria ed alle elezioni dei cantoni svizzeri in cui vige il voto obbligatorio. E se il popolo si domandasse quale valore etico e politico abbiano le odierne elezioni a cui partecipano poco più del 50 %, degli elettori ed in cui si hanno esempi così tristi di corruzione, non potrebbe forse a ragione concludere che tutto queste organismo elettivo non è altro che una mistificazione?

Siamo lieti di poter annoverare fra i sostenitori di queste teorie il Professore V. E. Orlando, il quale, trattando la questione nell'*Archivio di Diritto pubblico* dell'anno 1891, scrive: « Che, giuridicamente, l'astensione « dall'elezione possa considerarsi o punirsi come reato, « non ci sembra dubbio. Giusta un principio elementare « della nostra materia, ogni diritto pubblico implica in « certo modo un dovere, come ogni dovere può conside- « rarsi come un diritto. Del resto ciò si riconosce anche « in materia elettorale e con gli ordinamenti attuali. Se, « difatti, non si ammettesse in chi ha il diritto al voto il « dovere di servirsene conformemente ai fini onde fu con- « ferito, non si potrebbe comprendere il fondamento giu- « ridico della pena imposta contro chi vende il proprio « voto o permette che altri voti per lui, ecc. Lo Stato « quando riconosce che un cittadino avente particolari « requisiti, può concorrere, colla scelta di deputati e con- « siglieri comunali, all'amministrazione della cosa pubblica, « è in facoltà di imporre al cittadino un tale concorso nè « più nè meno di quando gli impone di sussidiare, come « giurato all'amministrazione della giustizia. »

Se non che alcuni, pur ammettendo che il voto possa essere considerato come dovere, non credono che esso da morale possa trasformarsi in giuridico, tanto più in quanto in certi casi l'astensione è giustificata. Fra questi Raffaello

Ricci, pur convenendo che gli astensionisti, più che trascurare l'esercizio di un diritto, non adempiono un dovere, dubita che si possa trasformare questo dovere da morale in giuridico e punirne l'ommissione, perchè l'astenersi dal voto potrebbe essere un mezzo di manifestare la propria volontà, il proprio parere, non tanto contro la forma di governo, quanto contro il modo con cui essa funziona, manifestazione tacita che un governo libero, senza rinnegare i proprii principii, non potrebbe impedire (1).

Innanzi tutto ci sembra che l'astensione, come tacito mezzo di protesta sia contro le istituzioni che contro il loro modo di funzionare, si capirebbe meglio quando vi fosse obbligatorietà di voto, in modo che un'astensione in massa potesse avere un significato più preciso. Ma nel sistema attuale quale significato e quale valore definito ha per esempio l'astensione dei clericali in Italia ? Il Ricci è fra coloro i quali ritengono che la maggior parte degli astenuti sia devota al potere temporale del Papa, mentre invece il Prof. Palma coi numeri alla mano ha combattuto molto strenuamente questa opinione. In mezzo a queste due opposte credenze nessuno potrebbe con esattezza stabilire il valore di questa astensione clericale ; dal che si vede che l'astensione, dato il regime elettorale attualmente vigente, non offre un mezzo troppo chiaro di protesta. Meglio si apprezzerebbe il valore di questa astensione dopo la sanzione dell'obbligo elettorale, e meglio ancora se tutti i clericali, invece di astenersi, andassero a votare, scrivendo sulla scheda un motto di *evviva* o di *abbasso*, quali soglionsi leggere sulle cantonate delle strade, quasi altrettanti plebisciti affidati all'ignoto.

In quanto poi al Prof. Leporini, il quale difende i diritti di coloro che non intendono imbrancarsi coi venduti, si può rispondere che essi si imbrancherebbero se votassero per il candidato che compra i voti degli altri, ma

---

(1) RAFFAELLO RICCI — *Una legge sull' astensione politica* — *Lettera al Comm. Raffaele De Cesare* — V. in Rassegna Nazionale di Firenze 1891.

non mai deponendo una scheda bianca nell'urna, o votando per un altro candidato come protesta contro le corruzioni elettorali.

Ma l'obbiezione teorica che più spontaneamente si presenta alla mente di quelli che si dedicano allo studio della questione, e che fu messa innanzi da tutti coloro che se ne occuparono, è quella riguardante la libertà del voto, a proposito della quale il Racioppi (1) dice che il suffragio si consideri come diritto, come funzione o come dovere pubblico, ha nella intima natura sua qualche cosa che non ammette lo si possa sottoporre in veruna guisa ad esterna coazione. V'è dissidio profondo, egli dice, fra il concetto del popolo che costituisce a sè stesso una legge e l'idea di obbligazione giuridica del compimento di tale funzione. Questa contraddizione esiste anche rispetto ad ogni singolo cittadino, onde la sua volontà non sarebbe intimamente libera.

A questa obbiezione si rispose in vario modo, e dapprima il Dep. Pieyre nei motivi del suo progetto di legge (2), movendo dal principio del voto obbligatorio e dell'elettorato facoltativo, avea risposto che gli elettori devono essere liberi o no di accettare, ma se essi ne accettano l'onore devono logicamente sopportarne gli obblighi ed i carichi.

Paul Laffitte (3) invece osserva essere puerile il dire che obbligando un cittadino a votare si attenta alla sua libertà, perchè la libertà, non più nella vita pubblica che nella privata, non consiste nell'esimersi dal dovere. Che può domandare l'elettore di un paese libero? Che nessuna pressione sia esercitata su lui, che il suo voto resti se-

(1) FRANCESCO RACIOPPI — *Le astensioni e il voto obbligatorio* — Bologna, Tip. Fava e Garagnani 1891.

(2) *Proposition de loi tendant à rendre le vote obligatoire*, *présentée par M.* ADOLFE PIEYRE député—N. 3643. Chambre de Députés. Troisième législature, session de 1885, annexe au procès verbal de la séance du 24 Marz 1885.

(3) PAUL LAFFITTE — *Le suffrage universale et le Regime parlamentaire*—Parte 2ª Cap. 3ª—Paris, Librairie Hachette e C.

greto, che l'elezione sia sincera, che la legge sia rispettata; e se dei candidati, che desiderano il suo voto, nessuno lo soddisfa può sempre mettere nell'urna una scheda bianca.

L'obbiezione fu risollevata in seno alla *Commissione* che si occupava della parte terza della quarta tesi al Congresso Giuridico di Firenze, ed a questo riguardo è pregio dell'opera riassumere quella parte della *Relazione* (1) del Prof. Codacci-Pisanelli in cui è discussa l'obbiezione suddetta. Il relatore non si nasconde che è ben arduo compito quello di difendersi contro un'obbiezione di questo genere, onde conviene distinguere e vedere se si voleva accennare alla libertà individuale od a quella politica. Quali principii si vollero difendere contro chi pur credeva di parlare in nome della libertà?

Non sembra verosimile che l'obbiezione abbia voluto accennare ai soliti apriorismi individualistici e democratici: onde, soggiunge il relatore, in quanto alla libertà individuale è certo che quando essa si consideri come mero potere di fare ciò che piace, e quando le si attribuisca il contenuto negativo di assenza di limiti e di obblighi, non solo quello in discorso, ma ogni altro categorico comando dello Stato, efficacemente sancito, apparirà sempre contrario ad essa ed ai principii che la rappresentano. Ma il relatore non si spaventa di siffatta antinomia, ritenendo egli fallace questa opinione sulla libertà individuale, ed ogni massima da essa ricavata. Libertà è ordine, egli dice, e senza limiti non vi ha nè ordine nè libertà. Ora la necessità della cooperazione sociale fa sì che non basti definire obblighi meramente negativi; ma ne richiede dei positivi, i quali non derivano certo sempre e soltanto dalla volontà di chi deve adempierli. E siccome la forma di cooperazione più elevata e progredita, cioè la libertà politica, si manifesta principalmente nella attiva, svariata e

(1) *Terzo congresso giuridico nazionale di Firenze* (1891)— — *IV Tesi* — *Relazione dell'*Avv. Prof ALFREDO CODACCI-PISA-NELLI.

più o meno diretta partecipazione dei cittadini alla gestione della pubblica cosa, non sembra possa dirsi, a priori, antiliberale la proposta tendente a rendere obbligatoria questa partecipazione, essendo essa una applicazione corretta del principio veramente liberale, affermato dai più autorevoli pubblicisti moderni, secondo cui la partecipazione alla vita pubblica è ad un tempo diritto e dovere.

⚓

Parecchi scrittori che hanno sostenuto l'utilità o la necessità del voto obbligatorio, hanno portato come argomento in favore della nostra tesi l'analogia che esso presenta con altri obblighi civici, come quelli del servizio militare, della giuria, della testimonianza e della tutela. E veramente questo serve da un lato a stabilire l'esistenza dei doveri nel diritto pubblico attuale, mentre dimostra che l'obbligo già esistente in quei casi si può anche applicare a reprimere le astensioni, essendo la funzione elettorale non meno importante di quelle a cui è già applicato il principio dell'obbligatorietà. Si grida tanto per la violazione che ne verrebbe alla libertà degli elettori; ma quali e quanti interessi non si violano coll'obbligo del servizio militare! Pieyre (1) e Letellier (2) nei loro progetti di legge, Ferneuil (3), Laffitte (4) e Dubs (5) nelle loro opere, hanno concordemente riconosciuto il valore di questo argomento per analogia.

(1) Progetto cit.
(2) *Proposition de loi relative au vote obligatoire présentée par* M. LETELLIER *Député* — Chambre des Députés — Quatrième législature — Session de 1889 — Annexe au procès verbal de la séance du 7 février 1889.
(3) Op. cit.
(4) Op. cit.
(5) DUBS — *Il diritto pubblico della Confederazione Svizzera* — V. Biblioteca di Scienze Politiche diretta da A. Brunialti; vol. VI parte 2ª.

Invece il Prof. Leporini combatte vivamente questa argomentazione con alcune considerazioni che sono conseguenza necessaria del principio da cui egli parte, essere il voto un diritto e non un dovere. Egli infatti distingue fra il suffragio e gli obblighi civici sopra ricordati; il voto spetta e si organizza non proprio perchè lo Stato abbia bisogno di elettori, giacchè vi può essere costituzione di Stato, anche buona, senza ordinamenti elettivi e rappresentativi; ma perchè è parso che nel governo della cosa pubblica i cittadini abbiano ragione di influire e di intervenire; gli altri obblighi civici hanno, in quanto all'obbligatorietà loro, motivo nella convenienza o necessità per scopo pubblico o politico di quella determinata funzione o prestazione per parte dei privati.

Al che si può agevolmente rispondere esser vero che in altri momenti storici, da noi fortunatamente lontani, era possibile una costituzione di Stato buona anche senza organi elettivi e rappresentativi, essendo gli aggregati generalmente molto ristretti per territorio e popolazione, semplice la struttura dell'organismo sociale, ed assai poco complicate le sue funzioni. Ma nelle società moderne, mentre la sfera dell'iniziativa privata si è alquanto allargata, si è accresciuta la complessità delle funzioni sociali, onde è stata necessaria una grande divisione di lavoro fra i diversi organi dello Stato. Da ciò deriva che il potere di un solo, comunque intelligente, sarebbe manifestamente impotente a compiere funzioni così numerose ed eterogenee, e deriva pure la incontestabile superiorità del regime parlamentare sopra il governo personale nelle moderne società, e la necessità di associare il maggior numero di cittadini alla elezione della rappresentanza nazionale, affinchè questa riesca veramente un riflesso fedele, completo ed energico della coscienza nazionale. Appunto per queste considerazioni noi crediamo di potere affermare che, siccome le basi, su cui posa lo Stato moderno, esigono dai cittadini la loro partecipazione indiretta all'amministrazione della pubblica cosa, esiste analogia fra il voto obbligatorio e gli altri obblighi civici sovramenzionati.

>×<

Finora abbiamo trattato dell'obbligo elettorale dal punto
di vista della teoria, ora discuteremo alcune obbiezioni
per dire poi dei vantaggi e degli inconvenienti che si possono attendere dalla sanzione dell'obbligo elettorale.

Fra le obbiezioni merita di esser considerata in primo
luogo quella mossa specialmente dai sostenitori della rappresentanza proporzionale, i quali domandano come si
possano obbligare i cittadini a manifestare la loro opinione,
se l'imperfezione dei sistemi elettorali ci lascia conchiudere a priori che di gran parte dei voti non si potrà
tener conto. E veramente grande è la forza di questa obbiezione, per la quale Paul Laffitte, nel tempo stesso in
cui sosteneva l'obbligatorietà del voto, ha creduto conveniente accettare la proporzionalità della rappresentanza,
convinto che questi due istituti erano necessari affinchè
il suffragio rispondesse ai bisogni dei moderni ordinamenti
politici. E siccome anche noi conveniamo nell'opinione di
questo scrittore, osserviamo che l'obbiezione non ci sembra diretta a demolire i nostri principi sui doveri elettorali del cittadino, ma ad ammonirci che i due problemi
sono intimamente collegati fra di loro per modo che il
sanzionare il voto obbligatorio senza pensare ad una soluzione del problema della rappresentanza proporzionale,
potrebbe sembrare ingiusto a coloro i quali sono obbligati a votare senza alcuna utilità. Dal che si vede che i
due problemi si completano a vicenda, perchè ambedue
mirano allo stesso scopo, quello cioè di utilizzare il massimo numero possibile di forze, e non si saprebbe giustamente comprendere la utilità dello scopo, se il bisogno di
conseguirlo non si esplicasse in tutte le differenti forme.

Nella relazione presentata dal Prof. Codacci-Pisanelli
al Congresso Giuridico di Firenze sulla parte terza della
quarta tesi è discussa una obbiezione radicale presentata
da un commissario in seno alla Commissione che, trattando

dell'azione popolare, aveva per incidenza volto lo sguardo ad un nuovo orizzonte indicato dall'onorevole relatore, cioè al voto obbligatorio. L'avviso del commissario è e-spresso nei seguenti termini : « Se la legge (sull'obbligo « elettorale) riuscisse efficace potrebbe falsare il risultato « delle elezioni, le quali non sarebbero più l'espressione « delle forze vive del paese, perchè farebbero figurare « come forze reali e militanti in società quelle che tali « non sono. Le elezioni non vanno considerate con cri-« terio numerico; ma piuttosto con criterio dinamico che « è quello che conta nella realtà delle cose. Le elezioni « sono un risultato dinamico oggi appunto perchè chi non « è una forza non. ha obbligo di manifestarsi e non si ma-« nifesta. — Il reato d'astensionismo creerebbe delle forze « meramente figuranti e darebbe loro valore di realtà (1) ».

Il relatore risponde che egli nel fare la proposta era partito dal punto di vista del diritto e della politica, mentre pare che l'opponente voglia discutere, relativamente alle elezioni, della più astratta statica e dinamica sociale. Intanto, egli osserva, non si può dichiarare vero il risultato attuale delle elezioni e falso quello che darebbero, modificandosi le norme giuridiche onde sono regolate; si può soltanto ricercare se, come e quanto sarà diverso.

La distinzione fra le forze militanti in società e quelle che non sono tali, non può certo corrispondere nella realtà della vita a due schiere costanti di elettori, l'una attiva e l'altra astensionista, perchè la maggior parte degli elettori passa sovente dall'una all'altra categoria. Nessuno direbbe che un elettore il quale, dopo essersi lunghi anni astenuto, si decide a votare è una forza meramente figurante, mentre l'obbiettante lo crede quando l'elettore sia portato alle urne dal desiderio di non incorrere nella sanzione penale; quasichè la legge e la semplice minaccia di una lieve pena pecuniaria potessero convertire un uomo in automa.

(1) CODACCI-PISANELLI — Relazione cit., pag. 38 e 39.

In quanto alla distinzione fra criterio dinamico e numerico, il relatore osserva che non si può dire che le elezioni sieno oggi un risultato dinamico, perchè il criterio giuridico seguito è quello della perfetta equivalenza di tutti i suffragi. È vero che un elettore influente può tirarsene dietro molti altri; ma questo dinamismo di fatto esistente non è sempre dovuto all'autorità dell'esempio, od a legittima persuasione, sibbene alla corruzione; onde queste illegittime influenze, e le astensioni sono in conflitto coi criteri e colle norme fondamentali del diritto elettorale. Per ciò l'obbligo elettorale modificherebbe, si spera, il risultato di alcune elezioni, ma in meglio non in peggio sia rispetto alla sincerità, sia rispetto al discernimento nella scelta.

Alcuni obbiettano ancora che le schede bianche sarebbero molto numerose; ma a questa stessa obbiezione il professore Codacci-Pisanelli nella sua già citata Relazione, rispose che gli elettori pencolanti, vedendo che alle elezioni bisogna pure intervenire, non fosse altro che per dare scheda bianca, si rifarebbero in tempo ad accordarsi con altri per non andarvi inutilmente ed avere la migliore scelta possibile. Finirebbero così, egli osserva, per esser portati dall'inerzia all'attività di un'onesta propaganda e di una legittima influenza che oggi trascurano di fare e di esercitare; cosicchè forze sociali, rese inerti da ostacoli spesso immaginarii, e non mai tali da doverle paralizzare, eserciterebbero tutta la loro benefica efficacia.

Del resto dai resultati che ha dato nella Svizzera il voto obbligatorio non pare si possa dedurre alcuna conseguenza di questo genere, perchè per esempio nel cantone di San Gallo nei referendum federali dal 1884 al 1891 si sono avute in media 3, 3 % di schede bianche, cifra che è più piccola per le elezioni: così nell'elezione del Consiglio di Stato del 5 Aprile 1891 si ebbero 1 % di schede bianche. Invece nel Cantone di Zurigo abbiamo la specialità delle schede bianche, dovuta molto probabilmente al voto per procura, per cui un elettore può consegnare insieme alla sua carta ed alla sua scheda, le carte e le schede di due altri elettori. Di due soli referendum cantonali si hanno informazioni assai dettagliate : il 4 Maggio 1879 si sono avuti nei 121 comuni a voto obbligatorio 90 $\%$ votanti e 21 $\%$ schede bianche; nei 79 comuni a voto libero si sono avuti 70 $\%$ votanti e 17 $\%$ schede bianche. Nel referendum del 28 Aprile 1878 si sono avuti nei comuni a voto obbligatorio 86 $\%$ votanti e 24 $\%$ schede bianche, negli altri· 55 $\%$ votanti e 20 $\%$ schede bianche : onde da queste cifre ci è permesso di tirare la conclusione che il voto obbligatorio, anche indiretto come a Zurigo, fa crescere il numero dei votanti, ed anche, ma in proporzione molto minore, il numero delle schede bianche (1).

Nè con ciò abbiamo ancora esaurita la lunga serie delle obbiezioni mosse al voto obbligatorio; perchè infatti il Racioppi nel suo lavoro già citato fa notare che, istituito questo nuovo modo di colpire gli astensionisti, noi dovremmo spingerlo fino all'assurdo e colpire anche quelli che votano, ma con scheda bianca o per candidati immaginari, ed anche quelli che si astengono parzialmente dando il suffragio per l'elezione comunale e non per la provinciale o viceversa. Lungi da noi simili ipotesi, perchè se pensassimo di condurre a queste conseguenze strane il principio del voto obbligatorio, non solamente questa ma molte altre obbiezioni avrebbero ragione di innalzarsi contro di noi come scogli insormontabili, e sarebbe logico il dire che il voto obbligatorio è una violazione della libertà.

Se non che il Racioppi, che pure ha studiato tanto profondamente il problema del voto obbligatorio, volendo antivedere il futuro, vede le cose ancora più nere, onde egli è di parere che bentosto il voto obbligatorio trasforme-

---

(1) Dal 1869 al 1874 nei referendum cantonali si ebbero in media 11 $\%$ schede bianche; dal 1875 al 1880, 19 $\%$; dal 1881 al 1885, 10 $\%$; dal 1886 al 1890, 19 $\%$. Nelle elezioni il numero è minore.

rebbe agli occhi delle masse il dovere pubblico in servizio pubblico; e, come già nell'Atene di Pericle, per non dire anche nella Francia demagocica del 1792, all'obbligo di frequentare i comizi si congiungerebbe di buon ora il diritto di ricevere un'indennità, per risarcimento del tempo occupato in una funzione imposta dalla legge. Noi non la pretendiamo in alcuna maniera a profeti, ma, ragionando sopra questa obbiezione, ci pare che essa pecchi un poco per esagerazione, perchè la conseguenza prevista dal Racioppi potrebbe forse verificarsi se troppo frequente fosse la partecipazione degli elettori ai comizi come era in Atene e come è ancora nelle democrazie dirette; ma, coi sistemi elettorali attualmente in vigore, si può calcolare che, volendo abbondare nel computo, ogni elettore sarà chiamato alle urne tre volte in due anni per tutte le elezioni politiche ed amministrative. Questa conseguenza non si è avuta nemmeno in Svizzera, dove vi sono continue votazioni in modo che nel Cantone di Soletta si sono avute delle votazioni ogni tre settimane.

E si noti per di più che nei comizi ateniesi, cui spessissimo erano chiamati i cittadini, si discuteva per gran parte della giornata, avendo tali adunanze funzioni legislative, amministrative e giudiziarie; oggi invece sarà certamente piccolo l'incomodo dell'elettore che dovrà deporre una scheda nell'urna, e non sarà mai tale da giustificare le previsioni dell'obbiettante.

Quali i vantaggi e quali gl'inconvenienti del voto obbligatorio ?

Lo scopo diretto cui mira la sanzione dell' obbligo elettorale è quello di combattere l' astensione, la quale è andata diffondendosi in modo che non si può più dubitare della utilità e della necessità di una legge che reprima ed arresti questo male tanto dannoso allo stato ed al corpo sociale. Noi non siamo certamente fra quegli

ottimisti che vedono negli astensionisti altrettanti buoni
cittadini. perchè vi saranno i buoni come vi saranno i
cattivi che mirano sempre all'interesse loro personale;
ma il fatto di essere essi iscritti nelle liste elettorali significa attitudine ad esercitare le funzioni di elettore, e quindi
quanto maggiore è il numero degli astenuti, tanto maggiore sarà la perdita di forze sociali sulle quali lo Stato
e la società avrebbe dovuto contare. Alcuni vedono negli
astensionisti altrettanti cattivi cittadini degni di essere eli-
minati per selezione. Ma perchè mai il fatto dell'inscrizione nelle liste, che è presunzione di capacità, non basterà ad ottenere che si tenga conto di queste forze che
altrimenti andrebbero disperse? E si osservi, che se si
ammettesse, per giudicarne, un principio che non fosse
quello della capacità, bisognerebbe applicare lo stesso principio di selezione ai votanti, nonostante che questo potesse
riuscire difficile e pericoloso, perchè non si potrebbe certo
esitare a dichiarare peggiore cittadino colui il quale vende
il suo voto che non quello che si astiene.

Non crediamo pertanto che alcuno metterà in dubbio
l'efficacia del voto obbligatorio sull'astensione: del resto
le cifre che abbiamo riportato per le elezioni dei cantoni
svizzeri stanno ad affermare che maggiore è la cifra dei
votanti nei cantoni a voto obbligatorio che non in quelli
a voto libero, e questa sarà forse la ragione per cui il
Consiglio federale dovrà o prima o poi estenderlo a tutti
i cantoni.

Così questa sanzione attenuerebbe uno dei peggiori effetti dell'astensione, per cui riesce impossibile comprendere il sentimento vero della maggioranza che si ha occasione di consultare, inconveniente rilevato dagli scrittori
che hanno sostenuto il voto obbligatorio, come Laffitte
e Ferneuil. Laroche-Joubert, nell'esposizione dei motivi
che precedono il suo progetto di voto obbligatorio (1) dice

(1) *Proposition de loi ayant pour objet de rendre le vote
obligatoir, mais l'électorat facultatif, présentée par M.* LAROCHE-

che ciascun partito generalmente si appropria l'approvazione degli astenuti, mentre questi stessi non saprebbero spesso dire la ragione della loro astensione. La incertezza nascente dalle astensioni, le quali si prestano ad ogni e qualunque interpretazione si sente anche in Italia per le astensioni dei clericali. E da questa varietà perniciosa di giudizî deriva altresì un altro gran male, cioè il discredito delle istituzioni parlamentari cagionato dal fatto che uno può dire di rappresentare la maggioranza quando invece rappresenterà solamente una tenue minoranza; quindi è evidente che combattendo le astensioni si verrebbe a consolidare il regime parlamentare.

Se non che alcuni scetticamente sorridono dinnanzi a queste rosee speranze, e fra questi il Prof. Leporini, il quale, nella sua già citata lettera al Prof. Codacci-Pisanelli, dice che per l'astensione non può sperarsi dal voto obbligatorio alcun risultato che non sia di mera apparenza. Egli divide gli astensionisti in due categorie, l'una composta di coloro che si astengono per proposito di avversione allo Stato ed alle sue istituzioni, l'altra formata degli astensionisti per indolenza o scoraggiamento; quegli non vorranno certamente votare con l'intento di procurare il meglio allo stato ed alle istituzioni, solo perchè sono spinti al voto, questi egli crede siano pochi od almeno non tanti da giustificare la riforma. Noi al contrario (e ci lusinghiamo di averlo dimostrato nello studio pubblicato su questo periodico intorno alle cause dell'astensione elettorale) riteniamo avere gran prevalenza la categoria degli astenuti per indolenza o scoraggiamento; ma, dato pure che ristretto fosse il numero degli apati, perchè mai noi dovremmo trascurare queste forze delle quali può abbisognare il paese?

Ma già in seno alla Commissione che al Congresso Giuridico di Firenze si occupò della obbligatorietà del voto,

JOUBERT, député — N. 769 — Chambre des Députés — troisième législature, session de 1882 — Annexe au procès verbal de la séance du 2 mai 1882.

non era mancata una voce a mettere in dubbio la benefica efficacia della proposta riforma. Questa obbiezione nella
Relazione del Prof. Codacci-Pisanelli, è formulata così:
« Praticamente il costringere un cittadino a dare il suo
« voto non avrebbe alcun buon effetto, perchè, o l'elettore
« è poco curante della cosa pubblica e privo di criterî proprî,
« ed allora più facilmente si lascierà corrompere o sentirà
« influenza, o non ha fiducia nelle istituzioni, ed allora,
« costretto a votare, deporrà scheda bianca od umoristica,
« con nomi inesistenti, o farà altri scherzi di cattivo ge-
« nere (1) ».

Al che rispose il Relatore, che, sebbene alcune di queste
osservazioni siano esatte, il dilemma, con esse intessuto,
non regge; poichè le ipotesi fatte, rispetto ai possibili effetti
della riforma, sono ben lungi dal riuscire esaurienti. Come
potrà darsi che qualche apata politico, costretto a votare,
venda il suo voto o subisca illegittime influenze, così potrà
accadere che per altre ragioni si trovino schede bianche
od umoristiche. Ma non tutti gli astensionisti sono apati
od avversarii delle istituzioni, nè si può dire, fondatamente,
che tutti gli apati siano corruttibili e tutti gli avversari
delle istituzioni irreconciliabili. Quindi, dato pure che fosse
esatta la divisione degli astensionisti in apati e contrari
alle istituzioni, non si potrebbe seguire l'obiettante nelle
sue conclusioni.

Gli oppositori, fra gli inconvenienti che prevedono dalla
applicazione dell'obbligo elettorale, hanno accennato al-
l'aumento di corruzione. Il Prof. Leporini, che ha accumulate tante obbiezioni contro il voto obbligatorio, nella
lettera pubblicata più sopra dice: « Che influenza può
« avere essa (l'obbligatorietà) come remora alla corruzione?
« Per un atto che è inevitabile, al più si esigerà e si vorrà
« pagare minor prezzo. Ecco tutto. E ciò forse allarghe-
« rebbe, se non di efficacia, di estensione la corruzione.....
« Parmi perfino, riflettendo, che l'obbligatorietà possa

_____

(1) Relazione cit. pag. 40.

« servire a sciogliere del tutto qualche ultimo e rilassato
« scrupolo in qualcuno. Giacchè mi obbligate, egli potrebbe
« dire. è giusto che io mi faccia pagare il disagio ».

Il Racioppi poi , toccando di questa obbiezione , inco-
mincia dall'osservare che da una legge simile potrebbe
nascere un deplorevole equivoco, perchè nelle menti rozze,
non assuefatte all'abito dell'astrazione ed alle sottigliezze
del diritto, negli animi educati alla subordinazione per la
quotidiana dipendenza nei campi e nelle officine, la legge,
norma impersonale, facilmente si personificherebbe nella
visibile autorità dei funzionari grandi o piccoli che stanno
d'appresso ad applicarla, con grande pericolo della libertà
per i mezzi d'influenza di cui dispone il partito al potere.
« Chi non va spontaneamente alle urne , egli continua,
« se forzato ad accedervi non potrà che compiere un atto
« cieco e meccanico, inutile a sè stesso ed al pubblico.
« Peggio ancora, chi non apprezza l'elezione tanto da re-
« carsi a prendervi parte , se costretto ad andarvi, per
« istinto di reazione , o per ignoranza si troverebbe nella
« più adatta condizione d'animo per abbandonare il suo
« voto a chi prima si offerisse a comprarlo. Il voto obbli-
« gatorio aprirebbe quindi un novello varco alle corruzioni,
« e della specie peggiore, perchè aiutate, fomentate dalla
« legge (1) ».

Salutando il voto obbligatorio come uno dei rimedi più
certi sui quali potesse contare il moderno regime costituzionale per i mali che lo minacciano, noi non abbiamo
creduto di consigliare un rimedio miracoloso il quale dovesse essere istantaneo e generale: in altre parole non
abbiamo mai sognato che all'indomani dell'applicazione
il corpo elettorale dovesse venir fuori sanato dalle innu-
merevoli piaghe già incancrenite dal tempo. Dopochè la
corruzione, che sembra la compagna inseparabile del sistema elettivo, si è così largamente diffusa, ed ha gettato
radici così profonde, che leggi severissime dirette contro

(1) RACIOPPI, op. cit.

di essa non sono riuscite ad estirparla nemmeno nel paese in cui è più diffusa e meglio intesa l' educazione politica, cioè nell' Inghilterra, non potevamo sperare di ottenere questo col voto obbligatorio. Certo non possiamo convenire nè col Prof. Leporini nè col Racioppi, quando si mostrano propensi a credere che le corruzioni sarebbero aiutate e fomentate dalla riforma; anzi, siccome essa tende a sostituire nel campo elettorale il concetto esatto del dovere a quello incompleto del diritto, speriamo che, migliorando l' educazione politica del popolo, avremo un graduale, sebbene lento progresso, nel senso che la corruzione andrà diminuendo.

Gli scrittori francesi che si sono occupati del voto obbligatorio, enumerandone i vantaggi, dicono che dalla sua applicazione verrebbe maggior solidità al suffragio universale. Essi, e specialmente Laffitte e Ferneuil, dànno grande valore a questo possibile vantaggio, perchè l'astensione è contraria allo scopo del suffragio universale, e perchè questo è già ben lontano dal rappresentare la sovranità nazionale, giacchè una parte considerevole del corpo sociale è esclusa dal diritto di voto, per modo che se allo stato normale costituisce già una finzione costituzionale, colla sempre crescente astensione diventerebbe una menzogna ed una vera mistificazione. Ed in verità è certo che, siccome quelli che hanno combattuto con tanto entusiasmo per il suffragio universale non hanno pensato agli astensionisti, e, penetrati dall' idea che tutti i cittadini aspiravano a godere di questo diritto, non hanno pensato che si può trovare un gran numero d' individui che rinunzi ad un privilegio, occorre un rimedio pronto ed energico, onde noi termineremo ripetendo il pensiero espresso da gran tempo dal deputato francese Marcel Barthe e riprodotto poi sotto differenti forme: « Le vote obligatoire était le corollaire indispensable « du suffrage universel. »

I deputati Pieyre e Letellier, presentando alla Camera Francese i loro progetti sulla obligatorietà del voto, hanno creduto di poter affermare che altri vantaggi di secondaria importanza devono attendersi da questa innovazione; perchè non vi sarà più la maggioranza relativa e saranno inutili i ballottaggi, espedienti dell'attuale procedura elettorale, e si avrà un minor numero di annullamenti in modo che le elezioni guadagneranno in dignità in vantaggio del paese.

E se questi vantaggi non sono troppo grandi rimangono però sempre gli altri provenienti dalla estirpazione dell'astensione, causa continua e pericolosa di incertezza sulla volontà della nazione; rimane da assicurare lo scopo del suffragio universale, e l'educazione politica del popolo, per cui la partecipazione alla vita pubblica cessi di essere considerata come una prestazione faticosa e snervante per gli elettori.

✄

Prima di esaurire la trattazione dei vantaggi e degli inconvenienti dell'obbligatorietà del voto, è opportuno rilevare alcune considerazioni del signor Raffaello Ricci, il quale nella sua già citata lettera al comm. Raffaele De Cesare (1), ha studiato specialmente la questione in rapporto al *non expedit* del Pontefice.

Prima però non possiamo esimerci dal tracciare un po' di storia di queste famose e tanto discusse parole. L'origine prima del *non expedit* deve ricercarsi nella formula *nè eletti nè elettori* inaugurata in Piemonte dopo il 1857, quando, essendo stati, col concorso dei vescovi e dei parroci, eletti 88 deputati conservatori aventi principi cattolici, la Camera, pare per istigazione di Cavour, ne annullò la più parte delle elezioni. Conviene però notare che la formula *nè eletti nè elettori* messa fuori dai giornali cattolici, specialmente per opera di Don Margotti, deputato non rieletto, non includeva un sistema generale politico che dovesse per sempre durare come regola fissa di condotta, ma un espediente d'occasione causato da sfiducia

(1) R. RICCI, op. cit.

e da indignazione dei cattolici per le prepotenze della maggioranza parlamentare. Il prof. Biginelli, il quale ha sempre sostenuto con grande ardore l'obbligo dei cattolici di prender parte alle elezioni politiche, scriveva nell'*Ateneo*, periodico di Torino da lui diretto: « Si co- « minciò a risolvere in sistema quella formula quando « Firenze, divenuta capitale, e sopraggiunte le Romagne, si « indettarono nuove elezioni. Nei due anni 1865 e 1867 ru- « morose discussioni, a cui presero parte i più insigni scrit- « tori d'Italia, vennero sollevate nel campo del giornalismo; « gli uni difendendo a spada tratta l'astensionismo, gli « altri combattendolo. Portavoce di esso si era fatto il « *Conservatore*, periodico di Firenze, dove un Venturoli « profondeva tutto l'arsenale della sua rettorica per pro- « vare che l'intervento dei cattolici alle elezioni era *inu-* « *tile*, perchè in minoranza; *illecito*, perchè vietato dalla « Chiesa; *impolitico*, perchè in contraddizione alle annes- « sioni; *pericoloso*, perchè contrario alla missione dei cat- « tolici, che è solo di combattere nel campo della Chiesa « e della religione ».

« Stavano però contro l'astensionismo i più eminenti « uomini di quel tempo non solo del clero, ma del laicato « cattolico; del clero un Charvaz arcivescovo di Genova, « un Moreno vescovo di Ivrea, un Audisio professore alla « Sapienza; del laicato un conte Crotti, un Cantù, un Conti « ed altri ben molti (1). »

Se non che in mezzo a tali discussioni, la maggior parte credeva per fermo che l'astensione piacesse alla Santa Sede, ed anche Mons. Charvaz alla vigilia delle ele- zioni del 1865 scriveva al Cantù che forse era l'ultima volta in cui fosse possibile l'operare. Perciò appunto molti vescovi delle provincie annesse ricorsero alla Sacra Peni- tenziaria per sapere come dovessero regolarsi se richiesti di favorire l'elezione dei deputati cattolici. E siccome la

---

(1) L'ATENEO, *Rivista settimanale di religione, scienze, let-tere......* diretta dal teologo prof. Luigi Biginelli — Anno 1884, Vol. XVI, pag. 156 e seg.

Sacra Penitenziaria tardava a rispondere, cominciò a rallentarsi lo slancio dei cattolici più operosi, onde nelle elezioni del 1865 e 1867 prevalse l'opinione dei giornali astensionisti, perchè più diffusi, e fu assai scarso l'intervento dei cattolici alle urne.

Intanto era uscito sotto la data del 1° Decembre 1866 il celebre Pronunziato della Sacra Penitenziaria, in cui alla domanda dei vescovi era risposto così: « *Nihil obstare* « *quominus Episcopi et ordinarii occasione electionum,* « *quoties ad id requisiti fuerint, in mentem populi revo-* « *cent quemque fidelium pro suis viribus teneri ad im-* « *pedienda mala et promovenda bona* ». Questo parere della Sacra Penitenziaria valse a togliere gli equivoci, ond'è che si può affermare che prima dell'occupazione di Roma, ciascun cattolico era pienamente libero di accostarsi alle urne politiche secondo il dettame di sua coscienza, come ebbe anche a confessare la stessa *Civiltà Cattolica* che fu sempre così fiera ed intransigente verso la nuova Italia (1).

Dopo il 1870 si ebbero due rescritti assai importanti; in data 11 Marzo 1872 si ebbe un rescritto segnato dal segretario della Sacra Penitenziaria, il quale recava che *ab alto* non si voleva che deputati e senatori potessero venire ad esercitare in Roma il loro ufficio. In data dell'ottobre 1874 si ebbe un secondo rescritto segnato dal reggente della segreteria, in cui si ribadiva il contenuto del primo rescritto, ed il *non expedit*. Qualche giornale di allora andò lesinando che i rescritti non erano autentici, essendo necessaria la firma del Cardinale prefetto; ma ben presto si lasciarono queste discussioni per vedere invece quale significato dovea annettersi alle parole *non expedit*. Alcuni ritennero che la formola sibillina stesse ad indicare l'illicietà della partecipazione alla vita pubblica; altri invece, e furono i più autorevoli, basandosi specialmente sulla risoluzione emessa dalla Sacra Penitenziaria in data 1° Dicembre 1866 e su alcuni altri indizi, videro nella formola suddetta una dichiarazione dell'inop-

(1) V. *Civiltà Cattolica*, Anno 1883, vol. II a pag. 278.

portunità di partecipare alle elezioni politiche. Tuttavia in processo di tempo si è fatto capire per mezzo dei giornali e dei congressi cattolici che la vera e reale linea di condotta che Pio IX voleva si osservasse dai cattolici, era appunto l'astensione. La stessa linea di condotta fu di poi osservata da Leone XIII, il quale nella domenica *in albis* del 1881, mentre raccomandava ai cattolici di accorrere alle elezioni comunali e provinciali, soggiungeva esplicitamente *« che questo è il solo campo che per ragioni di « ordine altissimo è al presente consentito ai cattolici « d' Italia »*.

La questione fu risollevata nel 1881 quando si discuteva la nuova legge elettorale politica, e nel 1884 quando sembrava si dovesse venire ad una conciliazione fra la Santa Sede e la nuova Italia. Moltissimi furono gli scrittori, i quali sostennero a più riprese e con validissimi argomenti la necessità dell'intervento dei cattolici alla urne, essendo l'astensione clericale illogica ed inutile. Fra tutti, citiamo a titolo di onore il Padre Centurione, il quale, fino agli ultimi momenti della sua vita laboriosa, sostenne colla parola e cogli scritti la necessità per i cattolici di partecipare alle elezioni anche quando fossero certi che il loro candidato non riuscirebbe, perchè così non perderebbero l'uso di combattere queste gloriose battaglie per la patria ed animerebbero gli accidiosi ad imitarli (1). Tempra ammirabile di uomo questa del Padre Centurione che negli ultimi anni della sua vita tanto amareggiati dal Vaticano, combatteva ancora con tanta fede ed entusiasmo da esclamare: « I nemici del Cristianesimo gittano in volto a noi « cattolici questa fiera accusa, che siamo i nemici della « patria; ed io colla mia inerzia sarò di animo così abbietto da avvalorare rimprovero così atroce ? »

Ultimo in ordine di tempo a trattare incidentalmente la questione fu Ruggero Bonghi, il quale in una bellissima lettera diretta a S. S. Leone XIII scriveva: « Io ho ammi-

(1) G. B. Centurione, *Di alcuni doveri dei cattolici italiani nelle presenti congiunture* — Firenze, coi tipi di M. Cellini e C.

«rato quel *non expedit;* non si intende chiaro che cosá
«propriamente voglia dire: non si deve? non giova? non
«è bene? Mi ricordo di un suo predecessore a cui parve
«aver toccato il cielo col dito per essersi, nel discutere
«circa un diritto della Santa Sede e nel distendere un atto,
«trovata una parola che si poteva interpretare in più
«sensi. È un divieto? un consiglio? Ad ogni modo i ve-
«scovi intendono che ai sacerdoti non convenga, finchè
«il presente momento dura, di prender parte alle elezioni
«politiche. Le elezioni politiche sono la base del regime
«del regno. Comandare a cittadini di non prendervi parte
«è reato di fellonia contro lo Stato; è invitarli a prote-
«stare colla rinunzia a un diritto, che s'ha dovere di
«esercitare, di non riconoscerlo legittimo. Questo reato è
«consigliato, comandato al clero, ed il clero in genere lo
«commette (1)».

Ed è notevole a questo riguardo un articolo del comm.
Raffaele De Cesare, pubblicato sulle colonne del *Fanfulla*
del giorno 13 Agosto 1893, in cui egli diceva che un signore
militante nel partito clericale gli avea mostrata una petizione diretta al Papa per chiedere l'abolizione del *non
expedit*, che avrebbe dovuto, secondo questo signore, raccogliere moltissime firme. Il De Cesare, pregato a manifestare il suo avviso, rispose che questa abolizione egli
credeva non sarebbe avvenuta negli ultimi anni del pon-
tificato di Leone XIII e che sembravagli miglior partito
attendere, per la presentazione di questo indirizzo, che
fosse vacante la sede pontificale.

Invece delle critiche numerose che furono fatte e che
ancora si potrebbero fare di questa formola, a noi interessa
vedere come funzioni questo sistema di negativa partecipazione alla vita pubblica. Alcuni, e fra questi Raffaello
Ricci, ritengono che le astensioni segnate dalle statistiche
elettorali avvengano in maggioranza per il *non expedit;*
mentre il prof. Palma, il quale non accetta per nulla

(1) R. Bonghi, *La Chiesa e l'Italia — lettera aperta a S. S.
Leone XIII —* V. in «Nuova Antologia», fasc. 1° Dicembre 1892.

questa opinione, fa osservare molto acutamente che nelle
nostre elezioni amministrative, in cui il Vaticano permette, anzi eccita a votare, nel 1890 gl'inscritti erano
3,343,875 (circa 12 su 100 abitanti). « Ebbene i votanti
« effettivi furono 2,002,630, il 59,89 su cento, cioè poco
« più dei votanti politici. D'altra parte in tutti i paesi
« rappresentativi del mondo, in Francia, nella Svizzera,
« in Inghilterra, negli Stati Uniti di America, ove non
« v'è la questione politica del pretendente del Vaticano,
« come da noi, nè il divieto ai cattolici di adempiere il
« loro dovere pubblico di concorrere alla formazione del-
« l'organo rappresentativo della nazione, gli astenuti sono
« sempre numerosissimi, secondo i paesi e le condizioni
« politiche di un anno o di un altro, si va dal 50 al 75
« o al più all'80 per cento: in media un terzo non vota (1) ».

Ed anche il prof. Bonghi nella lettera precitata non
crede sia troppo numerosa l'astensione clericale; perchè
se è vero che i preti non vanno a votare, vi mandano
però gli altri, in modo che candidati di ogni colore cer-
cano di accaparrarsi l'appoggio del clero.

Che cosa accadrebbe del *non expedit* e del partito cattolico intransigente di fronte ad una sanzione giuridica
del dovere elettorale noi non possiamo dire con certezza;
solo ci pare che non debbano attendersene tutti quegli
inconvenienti nei quali il Ricci vede molto scuro. Egli
crede che l'autorità ecclesiastica non muterà il suo contegno verso l'Italia togliendo il divieto; ma che il conflitto
si accentuerà e l'inibizione verrà replicata. Certo non
mancherebbero i fogli clericali a soffiare nel fuoco; ma
fra la soppressione del divieto e la replica di esso, potremo errare, ma ci sembra più probabile la soppressione.
E davvero, cercando la ragione per cui non si toglie questo
divieto, il quale più non risponde che debolissimamente
allo scopo per il quale fu bandito, ci sembra che questa
ragione debba ricercarsi nella convenienza che ha il Vaticano a non fare conoscere la vera essenza della sua

---

(1) PALMA, *Una pagina di statistica elettorale italiana*—op. c.

forza. È principio di politica e di strategia che non si debbano mai far conoscere al nemico le proprie forze; ma questo principio sempre conveniente diventa necessario quando si è deboli. Se la Santa Sede si decidesse ora a togliere il divieto dovrebbe obbligare i fedeli a votare, e poi se, nonostante questo, il numero dei votanti crescesse di poco, essa mostrerebbe chiarissima alla luce del sole la sua debolezza. In quanto poi all'atteggiamento del Vaticano di fronte alla sanzione dell'obbligo elettorale, noi non la pretendiamo a profeti; ma, ragionandoci sopra, ci pare che il Pontefice commetterebbe un atto impolitico se non cogliesse la propizia occasione per togliere il divieto, doppiamente impolitico se replicasse l'inibizione. Intanto è certo che la sanzione del voto obbligatorio metterebbe in luce la debolezza del divieto, se fosse conservato; e quindi perchè mai coloro i quali hanno interesse a non far conoscere le proprie forze, non coglierebbero l'occasione per uscire con onore da questo impiccio? Perchè dovrebbero replicare l'inibizione? Ed è possibile tanta ingenuità sia pure nelle persone più intransigenti del clero? L'occasione sarebbe certamente propizia, perchè il Papa potrebbe dire che, non volendo esser causa del male in cui incorrerebbero i fedeli, pur protestando contro l'arbitrio del governo, li dichiara sciolti dalla inibizione di partecipare alle elezioni politiche; e così tutto sarebbe salvo (1).

Ma non la pensa così il Ricci, il quale aggiunge che il timore della multa non farebbe disubbidire i cattolici all'autorità ecclesiastica, e il clero, se anche fosse disposto a cedere, non lo potrebbe, perchè i superiori non lo vorrebbero.

Riguardo poi all'altra obbiezione del Ricci, secondo il

---

(1) Notiamo intanto che nel giornale *Il Cittadino* di Genova del 15 Settembre 1893 è comparso un articolo del *leader* del partito cattolico genovese, in cui, commentando la recente riforma del Belgio sulla obbligatorietà del voto, egli si dimostra favorevole ad una applicazione in Italia.

quale gli astensionisti clericali non pagherebbero subito la multa, ma provocherebbero processi e scandali, facciamo osservare che il modo in cui vorremmo applicata la riforma non ammette scusa o procedimento di sorta e quindi sopprime questi inconvenienti. Del resto noi pensiamo che la maggior parte del clero sarebbe lieta di vedersi liberata da questo incomodo vincolo, e se pochi intransigenti dell'alto clero e del patriziato guelfo sopporterebbero di buon grado la multa anzichè accedere alle urne, di essi non dobbiamo occuparci in maniera differente da quella in cui abbiamo considerati gli altri astensionisti, per non dovere ricercare la causa delle astensioni, nè sanzionare dei privilegi in favore dei nemici della patria.

Concludiamo adunque che il Vaticano, dinnanzi alla sanzione giuridica dell'obbligo elettorale, dovrebbe cogliere l'occasione per liberarsi dall'incomodo ed inutile fardello del *non expedit*: così la grande maggioranza del clero interverrebbe alle urne, sia per non pagare la multa, sia per dimostrare il forte aumento di votanti dopo la soppressione del divieto. Ma se pochi elettori dell'alto clero o del patriziato guelfo preferissero pagare la multa, dovrebbero seguire la sorte degli altri cattivi cittadini, non dovendosi, lo ripetiamo, stabilire privilegi per nessuno, tanto meno poi per i più fieri ed intransigenti nemici della patria.

Perciò, nonostante le numerose obbiezioni teoriche e pratiche, nonostante le nere previsioni che l'applicazione della riforma ha suggerito, noi pensiamo che i cardini, sui quali poggia l'odierno organismo costituzionale, esigano, per la loro sicurezza, questa riforma tanto contrastata in nome di diverse tendenze, crediamo infine che il voto obbligatorio appartenga all'avvenire.

PARTE QUARTA

—✳—

APPLICAZIONE PRATICA

Dopo aver discussa la questione del voto obbligatorio dal lato teorico, dobbiamo occuparcene dal lato pratico, perchè i nostri studî devono sempre mirare ad una pratica utilità, senza della quale essi riuscirebbero vani. E non solo per questo assioma generale che deve guidarci in ogni nostro studio, ma ancora perchè molti di coloro che si dicono contrarî a questa riforma lo sono, non per un preconcettto teorico, ma bensì per un'apparente difficoltà di escogitare adeguati rimedî.

In primo luogo ci tocca vedere se il concetto della obbligatorietà debba applicarsi solamente al momento della votazione, oppure anche al momento dell'inscrizione nelle liste elettorali; in altri termini se debba accettarsi l'elettorato facoltativo oppure l'elettorato obbligatorio. Vi hanno alcuni, i quali, pure convenendo nella necessità di dare sanzione giuridica al dovere elettorale, non ardiscono scompagnarlo dall'elettorato facoltativo; e la ragione di questa titubanza si deve ricercare nel desiderio di evitare la famosa obbiezione basata sulla libertà. Essi infatti pensano che non si può dire che un cittadino non sia libero anche quando sia obbligato a partecipare alle elezioni, se poi è contemporaneamente libero di farsi inscrivere o no sulle liste elettorali. Ed il ragionamento sembra giusto; ma noi che abbiamo già combattuta l'obbiezione suddetta non dobbiamo preoccuparcene e diciamo invece che il cittadino, sebbene sia obbligato ad accedere alle urne, è libero, non perchè è facoltativa la sua inscrizione nelle liste, ma perchè può scegliere fra i vari candidati e può presentare scheda bianca. Noi adunque crediamo che non si possa in alcuna maniera accettare il concetto dell'obbligatorietà del voto, lasciando facoltativo il diritto d'inscrizione, ma come il cittadino è obbligato a votare, così sia tenuto ad inscriversi nelle liste elettorali. E questo per varie ragioni: In primo .uogo, coloro i quali vorrebbero lasciare l'elettorato facoltativo, dicono che così non si può negare che il cittadino sia libero. Ciò sarebbe giusto se i cittadini al momento della formazione delle liste fossero in grado di prevedere lo stato vero delle cose al momento in cui avverrà l'elezione; perchè se non conoscono le condizioni nelle quali si troverebbero al momento della votazione, non sono in grado di scegliere e quindi non si può dire che sono liberi. E per fissare meglio le idee con un esempio, potrà trovarsi uno che sia nemico delle istituzioni o trascurante della vita pubblica, o quasi certo di non trovare candidati che rappresentino le sue idee; e questi al momento della formazione delle liste, non pensando a quello che potrà essere fra qualche mese, non si curerà della sua inscrizione, essendo questa facoltativa. Potrà darsi invece che nel corso di pochi mesi l'atteggiamento del governo si muti, potrà darsi che si presenti anche un candidato di idee conformi a quelle del cittadino che non ha curato la propria iscrizione, e così questi ora, desideroso di votare, si troverà impedito. Si faccia poi il caso inverso di un cittadino il quale domandi l'inscrizione e che per un mutamento inaspettato, al momento delle elezioni si trovi ad essere inscritto ed in condizioni tali che non gli avrebbero consentito di richiedere l'inscrizione, se fossero state prevedibili; e si vedrà che una scelta a molti mesi di distanza dalle elezioni e quando non vi è alcuna agitazione politica nel paese non autorizza in sè ad affermare la libertà degli elettori obbligati a votare.

Ma un'altra ragione, e ben più forte, per cui dopo aver sostenuta l'obbligatorietà del voto non possiamo contentarci di lasciare l'elettorato alla libera facoltà dei cittadini, è quella per cui, ammettendolo, noi vediamo sfug-

girci dalle mani quei benefici effetti che da una saggia ed energica applicazione del principio del voto obbligatorio avevamo ragione di attendere. Lo scopo principale del voto obbligatorio — già più volte lo abbiamo ripetuto — è quello di estirpare la mala pianta dell'astensione e di associare il maggior numero di forze sociali all'amministrazione della cosa pubblica, causa sicura di non pochi benefici effetti che nel corso del nostro lavoro siamo venuti enumerando. Associate al concetto del voto obbligatorio il concetto dell'elettorato facoltativo, ed avrete in primo luogo una stonatura, ed in secondo luogo non avrete conseguito l'intento, se pure non avrete resa più acuta l'apatia dei cittadini, i quali, se prima si curavano almeno di essere inscritti nelle liste elettorali, dinnanzi allo spauracchio del voto obbligatorio, eseguiranno un atto supremo di partecipazione alla vita pubblica, domandando di essere cancellati dalle liste. Non bisogna farsi delle illusioni, ma considerare seriamente le condizioni delle moderne società e tener conto del concetto sotto cui passa il diritto elettorale per concludere poi che sarebbe il caso di vedere l'astensione cacciata dalla porta rientrare dalla finestra, cosicché ai mali presenti si aggiungerebbe lo scorno di vedere sanzionata una cosa ridicola. Conviene pensare a quello che accadrebbe dell'abbastanza scombussolato istituto della giuria, se fosse facoltativa l'inscrizione nelle liste dei giurati. Onde per tutte queste ragioni noi crediamo che nè in pratica nè in teoria si possa sostenere l'elettorato facoltativo dopo aver ritenuta indispensabile la sanzione del voto obbligatorio.

Di obbligatorietà del voto congiunto colla libertà di inscrizione nelle liste si trova esempio nei già citati progetti di Laroche-Joubert e di Pieyre, il primo dei quali dice chiaramente di volere l'elettorato facoltativo, mentre il secondo, sebbene non lo dica, lo lascia comprendere quando al secondo articolo propone che sia reputato elettore chi, avvisato ufficialmente della sua inscrizione sopra una lista elettorale, non avrà domandata la sua cancellazione nel termine di tre mesi. Il progetto Wallon (1) non dice nulla in proposito, forse perchè, essendo il primo progetto presentato all'Assemblea francese, il suo autore non avea ancora potuto considerare che il problema del voto obbligatorio si compone di due fasi secondo i diversi momenti in cui i cittadini trascurano di occuparsi della cosa pubblica. Invece il progetto Letellier del 1889 accetta senza alcuna reticenza l'elettorato obbligatorio, perchè nell'obbligo elettorale é compresa non solamente l'obbligatorietà del voto, ma anche quella di inscrizione nelle liste.

In quanto poi alla applicazione del voto obbligatorio ci si presentano varii sistemi, fra cui il primo e più semplice è quello che consiste in una sola dichiarazione dell'obbligo elettorale senza alcuna sanzione giuridica. Questo sistema si trova usato in alcuni cantoni svizzeri, dove l'obbligatorietà del voto scritta nelle costituzioni e nelle leggi va poi disgiunta da qualsiasi sanzione giuridica. Tale sistema non ha bisogno di alcuna critica che ne metta in luce i difetti che lo renderebbero inefficace, perchè, come giustamente osservava il Racioppi, l'obbligatorietà sarebbe così ridotta ad uno sparo in aria.

Il Racioppi, che si è sempre applicato con grande amore e con buon successo agli studi del diritto elettorale, nella sua monografia « *Le astensioni ed il voto obbligatorio* » si domanda se, a raggiungere l'intento, basterà punire le

(1) *Proposition de loi sur le vote obligatoire dans les élections municipales, départementales ou politiques présentée par* M. WALLON *membre de l'assemblée nationale*. — N. 1076, Assemblée nationale, année 1872, annexe au procès verbal de la séance du 24 Avril 1872.

circoscrizioni nelle quali gli astensionisti abbondano, col lasciarle vedove della rispettiva rappresentanza legale, se a costituirla coi voti non si presenterà nei comizi una forte quantità di elettori. Ma egli stesso osserva che questa imitazione delle leggi inglesi, che l'introdussero contro i collegi convinti di aver ceduto alla corruzione, è assai meno giustificabile dei suoi modelli, non potendosi appaiare un fatto positivo e delittuoso, quale è la corruzione, con uno negativo ed in relazione di gran lunga meno intima col codice penale. Il Racioppi stesso porta contro questo sistema la tendenza delle leggi elettorali nell'abbassare sempre più la cifra del numero legale, ed il metodo dell'Inghilterra e di molte sue colonie di sopprimere interamente la votazione quanto il numero dei candidati presentati non supera quello dei posti che si devono coprire. A prescindere da ciò altre ragioni militerebbero contro questo sistema, perchè in primo luogo, lo dice anche il Racioppi, sarebbe illogico lo spostare in questo modo le responsabilità ed il punire i diligenti per le colpe degli astensionisti; ed in secondo luogo sarebbe altresì illogico tale sistema perchè contrario allo scopo del voto obbligatorio, il quale mira ad utilizzare per quanto è possibile tutte le forze sociali.

Escluso così anche questo sistema di sanzione diretta ma impersonale, veniamo ad un sistema di sanzione personale ma indiretta quale si trova usato in alcuni cantoni della Svizzera e specialmente in quello di Zurigo, in cui gli elettori devono restituire le loro carte di legittimazione entro due giorni da quello delle elezioni. Ma questo sistema, sebbene abbia prodotto in quei cantoni un aumento di votanti, non crediamo che in Italia, dove è molto rilassata l'attività politica dei cittadini, darebbe buoni risultati. Di più ha il difetto di non fare del voto un dovere verso la comunità e quindi di non educare le masse.

Adunque il sistema più logico, perchè non vuole spostata le responsabilità, e più efficace, perchè ci assicura di conseguire g'i scopi cui mira il voto obbligatorio, è quello di stabilire una sanzione diretta e personale contro ciascun cittadino che si astenga dal prender parte alla vita pubblica. Questo sistema si può dividere in tre altri secondochè gli astensionisti si cancellino dalle liste colla conseguente perdita dei diritti politici, o si colpiscano con una ammenda, oppure si stabilisca una pena pecuniaria per le prime astensioni, e la cancellazione dalle liste colla perdita dei diritti politici per le successive. Alla loro volta questi differenti sistemi si possono suddistinguere in altri secondochè la cancellazione dalle liste è temporanea o definitiva, la pena pecuniaria è a quota fissa o variabile secondo il numero delle astensioni in cui ognuno sia incorso, oppure è fissa per qualunque elettore o stabilita con criterio progressivo secondo il reddito di ciascuno. Questi differenti sistemi presentano dei vantaggi e degli inconvenienti.

Paolo Laffitte nella sua opera già citata ha sostenuto doversi unicamente introdurre un articolo di legge così concepito: « Tout citoyen inscrit sur les listes électorales « politiques qui, sans excuse valable, se sera abstenu de « voter sera cité devant le juge de paix ; celui-ci pourra « décider l'inscription du nom de l'électeur sur un tableau « placé à la porte de la mairie. Aprés trois inscriptions, « le juge de paix prononcera la radiation sur les listes « électorales politiques. Il pourra toujours être interjeté « appel de ces divers jugements par les voies ordinaires de « droit ». Nel sostenere questo sistema di repressione il Laffitte ne ha portato anche la ragione, dicendo che lo Stato dà all'elettore un diritto e gli impone un dovere, in modo che se rifiuta di compiere il dovere non c'è da stupirsi se gli si ritira il diritto. Quindi, dice egli, nè prigione nè ammenda, ma solo un ammonimento a colui che non ha compiuto il suo dovere, e dopo due o tre ammonimenti la privazione dei diritti politici. Egli ha disdegnato di essere elettore; non lo sarà più: di che cosa avrà da lamentarsi ? Colui il quale per tre volte si sarà astenuto dal votare avrà sufficientemente mostrato il suo divisamento di rimanere estraneo alla cosa pubblica: il giudizio che casserà il suo nome dalle liste non farà che constatare legalmente una indifferenza confessata da lui stesso.

Queste sono le ragioni su cui si basa il primo sistema consistente nella sospensione temporanea o nella interdizione perpetua dell'esercizio del voto. Fra i vantaggi di questo sistema, sostenuto anche da Ferneuil, si deve annoverare quello di colpire egualmente qualunque categoria di elettori senza che vi possa essere un privilegio per alcuna classe di cittadini. Ma contro questo effettivo vantaggio del sistema stanno inconvenienti così gravi ed obbiezioni tanto forti che non ne consigliano l'applicazione, essendo esso imperfetto e pericoloso. In primo luogo è contrario allo scopo cui mira l'obbligo elettorale, che è quello di associare il maggior numero di forze sociali all'amministrazione della pubblica cosa, senza di che l'obbligatorietà del voto diventerebbe non solo inutile ma anche pericolosa. Ond'è che molto giustamente il Racioppi ha combattuto questo sistema nei seguenti termini: « Più che di punizione per un trascurato dovere esso avrebbe tutta l'aria di « un compiacente esonero da una obbligazione fastidiosa; e « muterebbe di transitorio in permanente quel fatto stesso « che si vuole evitare. Tanto varrebbe, e sarebbe anzi più « semplice, di non includere nelle liste gl'indifferenti anzichè doverneli poi depennare con provvedimento non « privo di difficoltà pratiche, per quanto destituito di effetti educativi e morali (1) ».

Crediamo adunque di poter concludere che nè la sospensione temporanea, nè l'interdizione perpetua dai diritti pòlitici possano servire efficacemente come sanzioni atte a reprimere l'astensione elettorale.

La seconda sanzione personale e diretta che si può applicare al reato di astensione è l'ammenda pecuniaria, la quale presenta il vantaggio di rendere possibile il conse-

(1) RACIOPPI, op. cit.

guimento de' fini cui mira il voto obbligatorio, perchè, se
il sistema precedente era dannoso, cercando esso di eliminare le forze sociali, questo tende invece a regolarle per
poterne poi trarre quell'utile che possono produrre. Però
il Racioppi, avendo riguardo alle statistiche, crede troppo
ardua l'applicazione di questo sistema, specialmente poi
dove la quantità delle astensioni acquista un carattere più
acuto per la qualità loro, e partiti interi, o intere sezioni
si astengono. Se in date circostanze — dice egli — tutta
una parte politica sente la necessità di appigliarsi a questa
estrema misura — se in un dato momento ragioni locali
più o meno attendibili, ma diffuse e prepotenti, spingono
intere cittadinanze a protestare con l'astensione — come,
ed in forza di quale principio superiore si potrebbe pronunziare la condanna ?

Noi abbiamo già risposto a questa obbiezione, la quale
si potrebbe rivolgere non solo contro l'ammenda pecuniaria, ma contro qualunque sistema di repressione diretta
contro l'astensionismo; perchè in sostanza si riduce a vedere se in certi casi si debba ammettere il diritto di astensione. Al che noi abbiamo risposto negativamente, essendovi mezzi positivi e migliori dell'astensione per protestare
contro un governo o contro le condizioni speciali in cui
e mantenuto un paese.

Ben più forte e più giusta è un'altra obbiezione che si
muove contro la sanzione pecuniaria applicata ai reati di
astensione, quando si dice che essa si risolve in un privilegio dei partiti ricchi, degli astensionisti ricchi sui poveri.
Ma questa obbiezione si può evitare perchè vi sono dei
metodi di organizzazione per cui, stabilendo quest'ammenda, progressivamente alla capacità contributiva dei cittadini, non sarà per riuscire a vantaggio delle classi ricche sopra quelle povere.

Il progetto di legge presentato alla Camera Francese
dal deputato Letellier non accetta l'ammenda pura e semplice, ma segue un sistema intermedio, proponendo per
la prima astensione l'affissione alla porta della casa comunale per tutto l'anno, per la seconda oltre l'affissione

suddetta un'ammenda di cinque lire, per la terza oltre l'affissione un'ammenda di quindici lire e la cancellazione temporanea delle liste per un tempo non minore di un anno nè maggiore di due, dopo il quale, l'elettore, che incorre in tre nuove condanne eguali alle precedenti, è cancellato definitivamente. Questo sistema intermedio mentre non elimina gli inconvenienti dei due sistemi tipo non ne riassume i vantaggi; perchè infatti la cancellazione temporanea e definitiva dalle liste conserva a questa sanzione il carattere di un compiacente esonero da una obbligazione fastidiosa, e la pena pecuniaria, organizzata com' è, serve a stabilire un privilegio delle classi ricche.

Il sistema da noi preferito è quello di una sanzione pecuniaria, ma organizzata in modo da rendere insensibile qualunque diseguaglianza fra le classi sociali, cioè col sistema della progressività dell'ammenda. Alcuni dicono che tutti gli elettori hanno eguali doveri ed eguali diritti, e quindi se mancano a quelli, astenendosi, dovranno esser puniti tutti in egual misura. Ma questo non pare esatto, perchè è vero che tutti gli elettori hanno eguali diritti ed eguali doveri; ma da questo non ne consegue necessariamente che la violazione di questi doveri debba condurre ad una stessa pena. Le classi più ricche infatti risentono sotto un certo rapporto maggiori vantaggi dalla buona amministrazione dello Stato ed hanno maggiore interesse a prender parte alle elezioni e quindi più grave deve esser per loro l'ammenda. In secondo luogo poi questa ammenda non deve esser valutata a sè, ma in ragione del danno che porta ad ogni elettore: un'ammenda, che per il povero operaio rappresenta il lavoro di più giorni entro le nere officine, per il ricco signore è un bel nulla. Perchè adunque l'operaio dovrà consumare tanta forza per pagare l'ammenda mentre il ricco proprietario riderà della legge, che gli permette di star lontano dalle pubbliche faccende col pagamento di una tenue pena pecuniaria ?

Nei già citati progetti di legge dei deputati francesi Wallon, Laroche-Joubert e Pieyre è proposta l'ammenda proporzionale alle imposizioni pagate; ma, per quelle stesse ragioni le quali consigliano l'applicazione dell'imposta progressiva, noi crediamo sia da preferirsi l'ammenda progressiva alla proporzionale, per modo che l'ammenda dovrebbe essere stabilita progressivamente sulle contribuzioni pagate dove l'imposta è proporzionale, proporzionalmente alle contribuzioni pagate dove l'imposta è progressiva.

Conviene altresì notare che il progetto Pieyre, accettando la pena pecuniaria, vorrebbe che fosse variabile dal triplo al decuplo della quota personale pagata da ciascun elettore. Questa elasticità, mentre da un lato potrebbe tornar utile, lasciando un certo campo libero al criterio del giudice, ci sembra d'altra parte troppo pericolosa per poter essere introdotta in una legge, come questa, in cui basterebbero poche erronee applicazioni per compromettere la utilità della riforma e la dignità del giudice. Del resto noi non potremmo accettare questa elasticità anche per altre ragioni, perchè, lo diciamo fin d'ora, accettiamo un'ammenda progressiva, ma senza possibilità di scuse e senza giudizi, od almeno col minor numero di giudizi e solo sulla verità dei fatti, non mai sulle cause dell'astensione.

Un altro punto sul quale noi dobbiamo fermare la nostra attenzione è quello che riguarda la recidiva per stabilire se in caso di recidiva convenga aggravare l'ammenda. Certo è che la persistenza in un reato è indizio di incorregibilità e quindi la legge dovrebbe mostrarsi più severa contro i recidivi che non contro gli altri; ma nel nostro caso questo principio tanto logico in teoria non ci sembra troppo facilmente applicabile in pratica, potendo dar luogo a calcoli troppo difficili di contabilità e quindi a contestazioni e giudizi che noi vogliamo ad ogni costo evitare. Se l'ammenda si dovesse stabilire a quota fissa per qualunque elettore, sarebbe più facile applicare in pratica anche una certa progressione secondo i diversi gradi di recidiva; ma anche in questo caso vi sarebbe l'inconveniente che bisognerebbe stabilire una progressione di ammende troppo grande, il che servirebbe ad incep-

pare il retto e semplice funzionamento della contabilità punitiva. E la cosa sarebbe tanto più difficile pensando che potrebbe coincidere colla variazione delle contribuzioni pagate; onde non ci sembra accettabile la variabilità dell'ammenda secondo il grado di recidiva.

Abbiamo detto finora dell'ammenda e del modo di organizzarla, affinchè essa possa riuscire efficace allo scopo che ci siamo proposti colla sanzione del voto obbligatorio; ma, dicendo che essa va organizzata in modo progressivo alle contribuzioni pagate, non abbiamo risolta nè discussa la condizione di coloro i quali non pagano imposte. Come si potrà applicare a costoro l'ammenda in base alle imposizioni pagate, se non ne pagano? È nostro parere doversi applicare a costoro il *minimum* dell'ammenda, che dovrebbe essere stabilito in modo che rimanesse sempre inferiore all'ammenda pagata da coloro i quali sono iscritti a ruolo per il reddito minimo.

Il progetto presentato da Wallon all'Assemblea nazionale francese nel 1872 portava un'ammenda eguale al decimo delle contribuzioni personali e mobiliari, senza che essa potesse essere inferiore a cinque lire, anche per coloro che non pagano imposte, nè superiore a 500. Invece secondo il progetto Laroche-Joubert l'ammenda doveva equivalere ad un decimo dell'imposizione mobiliare, senza che questa ammenda potesse essere inferiore a due lire. Esaminando questi due progetti, la cui differenza consiste specialmente in ciò che l'uno ha riguardo solamente alle imposizioni mobiliari, l'altro anche alle personali, ci pare che il *minimum* dell'ammenda sia troppo elevato specialmente per coloro che non pagano imposte, onde, a nostro avviso, dovrebbe variare fra mezza lira e cento; ed a questa mitezza, che non si può dire eccessiva, noi siamo indotti dal fatto che non ammettiamo scusa di sorta.

Crediamo pure che la pena pecuniaria dovrebbe essere più forte per le elezioni politiche che per le amministrative, perchè queste si ripetono ad intervalli di tempo più brevi, e quindi è maggiore l'incomodo che ne risentono i cittadini. Ed affinchè la sanzione diretta a colpire le asten-

sioni possa far sentire tutta la sua efficacia tanto sulle
classi ricche quanto sulle classi povere, noi crediamo che
sarebbe utilissimo far coincidere le prestazioni in natura
colla impossibilità di pagare l'ammenda, secondochè stabilisce l'articolo 6 del progetto Pieyre: « Si l'électeur con-
« danné ne peut se libérer en argent l'amende pourra
« être convertie en prestations effectives d'une valeur equi-
« valente ».

Un altro lato della questione degno di speciale considerazione, è quello per cui si deve stabilire l'uso al quale
dovrebbero esser destinate le ammende. Dei progetti francesi due soli se ne occupano, cioè il progetto Laroche-
Joubert secondo il quale dovrebbero essere adoperate come
pensione ai vecchi indigenti che avessero più di 80 anni,
ed il progetto Pieyre il quale vorrebbe che le ammende
andassero a benefizio del comune in cui è domiciliato lo
elettore. Dinnanzi a queste due diverse tendenze noi non
esitiamo a seguire la prima come quella che, avendo uno
scopo altamente umanitario, è conforme alle tendenze dei
nostri tempi, e ci libera dalla obbiezione di coloro i quali
potessero solo per un momento pensare che un governo,
nel proporre il voto obbligatorio, mirasse non tanto allo
interesse generale quanto ad uno scopo fiscale. Quindi vogliamo bandita ogni idea di odiosa fiscalità, perchè sarà
degno di tanta maggior lode lo Stato che tutelando gli interessi generali, non avrà dimenticato di soccorrere gli infelici. Siccome poi le prestazioni in natura, nelle quali dovrebbero essere convertite le ammende nel caso in cui lo
elettore non potesse liberarsi col pagamento, non potrebbero essere percepite direttamente a vantaggio delle pensioni suddette, il comune dovrebbe percepirle coll'obbligo
di versare una quota fissa allo scopo di beneficenza di cui
abbiamo parlato.

Tommaso Ferneuil nelle poche pagine che ha dedicato
al voto obbligatorio, occupandosi del lato pratico della

questione, dice che le sanzioni dovrebbero essere per le prime volte puramente morali, come per esempio l'avvertimento o l'affissione alla casa comunale dei nomi degli astenuti; e tutti gli autori dei progetti francesi hanno riconosciuta la necessità di queste sanzioni quasi a smozzare le angolosità della legge. Ed anche noi concordiamo in questo concetto, non perchè abbiamo fiducia in una sanzione così leggiera, come potrebbe essere un avvertimento o l'affissione del nome alla casa comunale; ma perchè può servire a correggere alcuni difetti inevitabili della legge, la quale, essendo troppo rigida, potrebbe talvolta dar luogo ad ingiustizie. Fra le due sanzioni minime, di cui parla Ferneuil, l'avvertimento ci sembra di applicazione più difficile; perchè in primo luogo coloro cui spettasse fare questo avvertimento agli astensionisti non si curerebbero di farlo, ed in secondo luogo coloro che si fossero astenuti curerebbero tanto meno di andarlo a sentire. Del resto la ragione che ci ha fatta accettare una di queste lievi sanzioni non è stata la fiducia negli effetti benefici che essa sarà per produrre, ma sibbene un correttivo alla eccessiva rigidità della legge: onde il nostro scopo è conseguito egualmente, sia che l'astensionista riceva un predicozzo sui doveri del cittadino, sia che veda il suo nome affisso alla porta della casa comunale. Nessuna delle due sanzioni avrà certamente effetti educativi e morali, perchè l'astensionista non uscirà certamente convertito dal gabinetto del Sindaco, e le tavole affisse alla porta della casa comunale saranno forse lette per curiosità, non mai per conoscere i nomi dei cattivi cittadini e biasimarli. Se questo fosse possibile si avrebbe un indizio certo di civiltà e di educazione politica talmente avanzata da rendere pressochè inutile la sanzione pecuniaria, e da cui siamo pur troppo assai lontani.

⚔

Una delle parti più vitali del problema è quella che riguarda le scuse, perchè da queste può dipendere tutta l'efficacia della riforma, ed il conseguimento dei benefizi che se ne debbono attendere. Tutti gli scrittori che si occuparono della obbligatorietà del voto convennero nella necessità di ammettere dei casi nei quali l'elettore che si fosse astenuto dovesse andare impunito, potendosi dare moltissime circostanze, le quali, rendendo impossibile l'esercizio del diritto eleltorale, giustifichino l'impunità. Però, prima di accettare queste conclusioni, noi dobbiamo misurarne tutte le possibili conseguenze, perchè, essendo questa una delle parti più interessanti della riforma, ci potrebbe occorrere di vedere minato tutto quanto l'edificio, dopochè con lungo lavoro siamo venuti innalzandolo dalle fondamenta.

In teoria ed in pratica è regola risaputa che nessuno può esser punito per un atto compiutosi indipendentemente dalla sua volontà; ma vediamo quali sarebbero gli effetti che potrebbero venire dalla applicazione di questo principio nel campo nostro. Ammettendo questo principio si viene ad ammettere la possibilità di eludere in ogni maniera la legge e di renderla per soprapiù anche ridicola. Noi crediamo che la ragione per cui molti hanno ripudiata l'idea di sanzionare l'obbligatorietà del voto sia stata la credenza che dovesse condurre a grandi difficoltà pratiche specialmente in questa parte delle scuse. E sebbene noi pure pensassimo che in certi casi poteva sembrare ingiusta una legge tanto draconiana che non ammettesse scusa di sorta, tuttavia, guardandoci attorno, abbiamo dovuto convincerci della necessità di escludere qualunque via d'uscita per non togliere ogni efficacia a questa riforma che noi crediamo necessaria. Ci siamo guardati attorno ed abbiamo veduto che sarebbe stato più conveniente il rinunziare alla riforma, anzichè vederla applicata senza efficacia e quasi derisa. Abbiamo considerato che un sistema di scuse enumerate tassativamente con un tribunale che ne giudicasse imparzialmente, sarebbe l'ideale della vita pubblica; ma d'altro canto, avendo riguardo alle con-

dizioni attuali della società, ed in special modo dell'Italia,
ci siamo convinti che un sistema simile non potrebbe funzionare perchè basato sopra la supposizione di una educazione politica molto sviluppata. Questa educazione molto
disgraziatamente è quella che ci manca, perchè, se no, non
avremmo bisogno di sanzionare l'obbligo elettorale, perchè
tutti o quasi prenderebbero parte spontaneamente all'amministrazione della pubblica cosa ; e così si avrebbe non
l'ideale, ma l'*iperideale* della vita pubblica. Invece, dando
uno sguardo alla vita pubblica quale si vive oggi, si in-
tuiscono gli effetti che si possono aspettare da una legge,
che, sanzionando l'obbligo elettorale ammetta delle scuse
sia pure ristrette ad un solo od a pochi casi. Guardate
quello che avviene nella giuria; guardate quanti certificati
medici con tanto di legalizzazione si presentano alle udien-
ze ; e poi ditemi se vi pare utile sanzionare il voto obbligatorio per vedere nel giorno delle elezioni piovere da
ogni parte certificati di malattia, i quali per di più non
costerebbero nulla, dovendo andare senza bollo per uso
elettorale. Chi è colui che al giorno d'oggi non trovi un
medico che certifichi la sua malattia con certi nomi che
empiono la bocca e guastano gli orecchi? Qualche umo-
rista, traendone melanconiche osservazioni, potrebbe proporre la soppressione delle elezioni, come causa di malat-
tie epidemiche.

Bentham e Dumont, scrivendo alcune note sulla *Tattica
parlamentare*, al cap. XX, in cui parlano dei rimedi contro le assenze dei deputati, propongono una multa da pagarsi irremissibilmente anche quando l'assenza fosse giustificata dalle più legittime scuse. « Qualunque eccezione,
« essi dicono, cambierebbe la natura della misura : la sua
« essenza è nella sua inflessibilità. Se ammettete le scuse,
« ammetterete la sua mala fede, la parzialità, i favori; il
« rifiuto di questi sarà considerato come un affronto. Ma
« in caso di malattia si dovrà aggiungere a questa disgra-
« zia naturale un altro male? In occasione tanto impor-
« tante credo che sì. L'uomo che esercita una professione,
« l'artigiano, non sono essi soggetti alla stessa perdita?

« À prezzo di questo unico inconveniente preverrete in-
« numerevoli contravvenzioni, assicurerete il pubblico ser-
« vizio che non potrebbe essere assicurato con mezzo più
« facile e più mite (1) ».

Qualcuno osserverà che se si poteva ammettere una
simile disposizione draconiana per un parlamento ristretto
di numero e composto di persone che hanno avuto ed accettato un mandato al quale non possono venir meno, essa
non sembra egualmente applicabile ad un corpo elettorale
molto vasto. E sta bene, questa differenza sostanziale esiste effettivamente : ma ve ne è pure un'altra che sta in
nostro favore, perchè gli elettori potranno al più esser
convocati tre volte in due anni, mentre i deputati devono
assistere quasi quotidianamente alle sedute, è quindi è quasi
impossibile che vi sia qualcuno che non sia mai ammalato
nel corso della legislatura.

Ma esaminiamo i casi nei quali sarebbe necessario ammettere le scuse. Laffitte e Pieyre hanno riconosciuta la
necessità di accettare le scuse in caso di malattia e di
lontananza dal domicilio, Letellier nel caso in cui l'elettore sia sotto le armi, o provi che non doveva figurare
sulla lista, o quando per malattia o per la sua professione
o per altra causa abbia dovuto allontanarsi più di due
miriametri; Laroche-Joubert riconosce necessarie le scuse
in caso di malattia o di altro impedimento serio, e Wallon parla solo di legittimi motivi. Come si vede adunque
tutti questi sistemi di scusa presentano tale latitudine di
interpretazione da rendere facile l'eludere la legge: non
parlo dei legittimi motivi e degli impedimenti serii i quali
si potrebbero sempre dimostrare, ma nella lontananza del
domicilio si possono comprendere infiniti casi, nei quali è
possibile eludere la legge; poichè basterebbe nel giorno delle
elezioni andare nel paese vicino per essere esenti dall'obbligo elettorale. E poi anche quando questa scusa della

---

(1) G. BENTHAM ed S. DUMONT, *La Tattica Parlamentare.*
V. in *Biblioteca di Scienze politiche* diretta da A. Brunialti,
serie I, vol. IV, p. 2ª.

lontananza fosse applicata un poco più seriamente, non ci
sembrerebbe accettabile, perchè vorremmo che fosse ammessa la votazione per lettera da trasmettersi col mezzo
dell'autorità giudiziaria o con altro mezzo sicuro, in modo
che un elettore lontano non dovesse essere scusato se non
mandasse il suo voto per lettera. Questo sistema di votazione si dovrebbe circondare di tutte quelle garanzie che
rendessero sicura la segretezza del voto, e l'impossibilità
delle frodi intorno all'autenticità di esso. Ammesso adunque questo sistema di assai facile attuazione pratica, appare evidente che colui il quale si trova lontano dal suo
domicilio non ha più ragione di accampare questa sua
condizione per essere esonerato dall'obbligo elettorale. Rimane però sempre il caso di malattia; perchè se anche i
malati in molti casi possono trasmettere per lettera il loro
voto, ciò non è sempre possibile. Ma quanti saranno mai
gli elettori che si troveranno in tali condizioni da non
potere far pervenire alle urne il loro voto? Certamente
pochissimi: e per questi pochi noi dovremmo aprire un
varco così largo che l'astensione scacciata dalla porta
rientri per la finestra? Questi casi d'ingiustizia della legge
sono tali e tanti da giustificare l'ammissione delle scuse?
da far pericolare tutto quanto l'edificio nostro?

Certamente i vecchi, i quali si trovano più facilmente
degli altri in queste dolorose condizioni, dovrebbero, stabilito un limite minimo di età, poter rinunziare all'inscrizione nelle liste, la quale sarebbe obbligatoria solo durante
un lungo periodo della vita. Questa disposizione toglierebbe
di mezzo non pochi dei casi nei quali la legge si manifesterebbe ingiusta, e quindi non farebbe sentire troppo gravemente il suo peso.

Di più abbiamo parlato dell'affissione dei nomi degli
astenuti alla porta della casa comunale come un temperamento alla rigidità della legge, ed in questo caso ci servirebbe benissimo; perchè per le due o tre prime astensioni non vi dovrebbe essere altra sanzione che questa minima, in modo che ogni elettore avrebbe nel suo attivo
due o tre casi di impunità e che potrebbe riservarsi per

i casi di malattia grave in cui non potesse far pervenire
il suo voto all'ufficio elettorale.

><

In quanto alla procedura da seguirsi in queste condanne, varii possono essere i mezzi di applicazione secondo
la diversità delle pene e delle scuse ammesse dagli scrittori. Innanzi tutto secondo il Progetto Wallon le scuse
dovrebbero essere presentate al giudice di pace, il quale
in mancanza di scuse dovrebbe condannare l'elettore all'ammenda e dopo tre condanne pronunciare la radiazione per
tre anni dalle liste. L'elenco degli elettori condannati dovrebbe restare affisso alla casa comunale per un mese, e
l'ammenda essere portata al ruolo delle contribuzioni ed
esatta nella stessa forma delle contribuzioni personali e
mobiliari. Tale sistema procedurale non presenta a nostro
avviso gravi inconvenienti, eccettuato quello, comune a parecchi altri, della necessità di molti processi.
Il Progetto Laroche Joubert invece stabilisce che in
caso di assenza, malattia od impedimento serio l'ufficio
elettorale deciderà sulle domande di scusa e da questa decisione si potrà appellare al giudice di pace che stabilirà
in ultima giurisdizione. Gravissimi sono gli inconvenienti
che possono derivare da questo sistema, potendo riuscire
sommamente pericoloso il lasciare il giudizio nelle mani
dell'ufficio elettorale anche quando si ammetta l'appello
al giudice di pace; perchè, dato che l'ufficio elettorale ritenga ingiustamente valide le scuse, chi interporrà appello
al giudice di pace? Senza contare poi che l'inconveniente
della molteplicità dei processi, qui si trova riprodotto in
modo anche più grave, perchè si avrà altresì la probabilità di molti appelli con grave danno della magistratura
e della educazione politica. Del resto l'esempio del cantone
di Soletta, che abbiamo ricordato, dimostra quanto gravi
siano gli inconvenienti che da questo sistema possono derivare.

Il progetto Pieyre all'art. 3 ammette necessariamente il giudizio del giudice di pace non solo per stabilire la validità delle scuse, ma ancora l'entità dell'ammenda; onde il difetto già ricordato, abbastanza grave per sé, è qui ancora più aggravato. Ma altri inconvenienti presenta questo progetto; così non sarà chiamato a comparire davanti al giudice di pace l'elettore che avrà motivata la sua astensione in una lettera indirizzata al presidente dell'ufficio elettorale, al quale si costituirebbe così un'autorità eccezionale; ed in secondo luogo (art. 9) l'astenuto condannato potrà essere esonerato dal pagamento dell'ammenda se dichiara di rinunciare alla sua qualità di elettore.

Più logicamente invece il progetto Letellier stabilisce che per le obbligatorie verificazioni delle liste, le contravvenzioni sieno accertate dal sindaco e trasmesse al giudice. di pace, il quale decide, intesi i contravventori. Le decisioni del giudice di pace in tal materia non sono impugnabili che per via di ricorso in cassazione (art. 7). La stessa procedura è seguita per le astensioni; se non che in caso di sentenze che pronuncino la perdita temporanea o definitiva dei diritti politici, potrà essere interposto appello alla Camera del Consiglio dei tribunali di prima istanza, senza pregiudizio del diritto ulteriore di ricorrere in cassazione.

Finalmente il Prof. Alfredo Codacci-Pisanelli nella Relazione presentata al Congresso giuridico di Firenze ha creduto potesse riuscire utile perseguire il reato di astensione e di negletta inscrizione nelle liste coll'azione popolare, per impedire che alcuni astensionisti potessero essere favoriti.

Prima però di discutere della utilità o meno di questo nuovo elemento portato dal Prof. Codacci-Pisanelli nel campo procedurale del reato di astensione, rileviamo l'inconveniente comune a tutti i precedenti sistemi, cioè la necessità di numerosi processi. Il pericolo che può derivare da questo inconveniente consiste in ciò che la legge incontrerebbe non poche opposizioni, perchè gli astensionisti più accaniti cercherebbero di sollevare in ogni maniera processi rumorosi affinchè ne venissero fuori degli scandali dannosi al retto funzionamento dello stato ed alla dignità della magistratura. Questi pericoli vanno studiati seriamente per vedere se non convenga anche per questo abolire le scuse, e qualsiasi giudizio che non guardi al fatto della partecipazione alle votazioni; perchè la necessità di numerosi processi, oltrechè produrre una considerevole perdita di tempo prezioso per i giudici, verrebbe a prolungare di troppo l'agitazione nel paese, a rinfocolare le ire, ed a differire di troppo l'applicazione della pena.

Queste osservazioni si possono applicare ai sistemi francesi, per i quali un giudizio è sempre necessario, meglio che al sistema proposto dal Prof. Codacci-Pisanelli, per il quale molto più rari sarebbero i processi, essendo stabilita la riscossione delle multe sulla base delle liste dalle quali risultino i nomi di coloro che non hanno risposto all'appello. Un'intimazione dovrebbe precedere di alcuni giorni la riscossione regolata coi privilegi fiscali, ed i cittadini contro i quali fosse stata elevata la contravvenzione potrebbero portare reclamo ad una commissione non elettiva all'uopo istituita.

Intorno all'azione popolare proposta dal Prof. Codacci-Pisanelli per reprimere l'astensionismo, Raffaello Ricci nel suo già citato lavoro ha sollevato un'obbiezione assai forte. Egli infatti ha detto: « Anche ammesso che l'astensioni- « smo possa elevarsi a reato, vi sembra opportuno appli- « carvi l'azione popolare? Questa, oltre che in altri campi, « è per il nostro diritto pubblico anche nell'elettorale, ma « quale prova fece fino ad oggi? Di quasi 350 processi con « quella iniziati, per moltissimi, per più che la massima « parte le Corti decisero non farsi luogo a procedere per « inesistenza di reato o per insufficienza di prove. Risul- « tati ben meschini, forse dolorosi, ove si pensi che l'azione « popolare non avrà servito ad altro che a rinfocolare le « ire di partito. Il nostro popolo non ne ha usato a do- « vere. È un mezzo in fatti, che suppone una certa edu- « cazione nella vita pubblica, un desiderio di parteciparvi.

« Il nostro popolo certo non ha l'una, forse non ha nep-
« pur l'altro. Estendere l'azione popolare è quindi, per me,
« un male, o almeno una sorgente di mali, e, curiosö con-
« trasto, dovrebbe estendersi ad un reato comune in Ita-
« lia ed in ogni regione della penisola, e che mostra il de-
« siderio di non partecipare alla vita pubblica. Forse la
« inerzia e la noncuranza epidemica che valgono per le
« elezioni non varranno per l'uso dell'azione popolare ? E
« il nostro popolo sarebbe atto ad esercitarla ? Dare l'azione
« popolare a chi non sa usarla, è come consegnare un fu-
« cile carico ad un fanciullo ».

La serietà e la forza indiscutibile di questa obbiezione
non ci dispensano dal ricordarne un'altra portata contro
tale applicazione dell'azione popolare. Gli oppositori dicono
infatti : L'azione popolare non potrà avere efficacia, perchè
gli elettori non la promuoveranno contro quelli del loro
partito per non alienarsene gli animi, nè contro gii avversari, perchè dall'astensione di costoro risentono un
vantaggio.

Ma, sebbene anche questa obbiezione presenti gran parte
di vero, dobbiamo dire che, ammesso il principio del professore Codacci-Pisanelli di riscuotere le multe sulla base
delle liste che hanno servito all'elezione, queste due obbiezioni si riducono ad aver valore unicamente per l'inscrizione nelle liste e non per le astensioni.

❦

Riassumendo adunque le conclusioni a cui siamo venuti nelle diverse questioni sollevate intorno alla pratica
attuazione del voto obbligatorio, si può dire :

1.° Affinchè l'obbligatorietà del voto sia applicata logicamente ed efficacemente, occorre che sia congiunta col-
l'elettorato obbligatorio.

2.° L'ammenda per la trascurata inscrizione nelle liste
dovrebbe essere eguale a quella stabilita per i casi di
astensione.

3.° Il voto dovrebbe essere obbligatorio, la sanzione pecuniaria, e stabilita con criterio progressivo; cioè ordinata in rapporto alle contribuzioni pagate dall'elettore, in modo da essere regolata con criterio proporzionale dove le contribuzioni sono fissate col sistema progressivo, con criterio progressivo se le imposte sono organizzate col sistema proporzionale.

4.° Dovrebbe stabilirsi un *minimum* di ammenda per coloro che non pagano contribuzioni dirette (mezza lira) ed un *maximum* di lire cento. L'ammenda di coloro che non possono pagare dovrebbe essere convertita in prestazioni in natura di un valore equivalente.

5.° L'ammenda dovrebbe essere minore per le elezioni amministrative che per le politiche.

6. Le ammende dovrebbero essere adoperate come pensioni ai vecchi indigenti che avessero più di 80 anni, e ad altri scopi di beneficenza.

7. Si dovrebbe ammettere l'affissione alla porta della casa comunale per le prime due o tre astensioni.

8.° Dovrebbe escludersi qualunque causa di scusa.

9.° Dovrebbe ammettersi la votazione epistolare circondata da tali garanzie che assicurino la segretezza del voto e l'autenticità di esso.

10.° Nel termine utile per la revisione delle liste coloro che avessero compiuto il 65° anno di età dovrebbero essere ammessi a domandare la loro cancellazione dalle liste elettorali, dietro presentazione della fede di nascita.

11.° L'esazione delle ammende pecuniarie dovrebbe avvenire secondo le norme dei privilegi fiscali.

12.° Gli agenti delle Imposte dovrebbero essere incaricati di formare i ruoli sulla base delle liste.

13.° Contro i ruoli non dovrebbe ammettersi reclamo che per errore ad una commissione non elettiva all'uopo istituita, o per falso nei verbali delle votazioni davanti l'autorità giudiziaria.

Dott. **Leopoldo Ferrarini.**

LO STATO COME PERSONA [1]

--- · ---

I.

Persona vuol dire «maschera». Πρόσωπον (πρὸς ὤψ) vuol dire la parte più in vista del corpo umano, il viso. *Persona* e πρόσωπον spesso si confondono; nel linguaggio giuridico, *persona* e πρόσωπον si identificano.

« Persona » è un essere capace di diritti e di obbligazioni. La nozione di persona può dare poi luogo a due altre : persona astratta e persona concreta.

La persona astratta comprende tre elementi : ciascuno dei quali contiene una coppia di attitudini contrarie, un'attitudine attiva ed una passiva.

---

(1) Veggansi : SAVIGNY, WINDSCHEID, PUCHTA, ARNDTS ecc.— AHRENS, *Droit naturel,* pag. 84 (Bruxelles, 1838); — HOLTZEN-DORFF, *Encyclopädie der Rechtswissenschaft,* pag. 43, 334 (Leipzig, 1873) ;—HAENEL, *Studien zum d. R. St. R.* pag. 60 (1873);— R. VON JHERING , *Esprit du droit romain* III (1887) pag. 57, IV, (1878) pag. 298, 340, 341, 319, 323; - ZITELMANN, *Begriff und Wesen der sogen. juristischen Personen* (Leipzig 1873);— SALKOWSKI, *Bemerkungen zur Lehre von den juristischen Personen* (Leipzig 1863).—BOEHLAU, *Rechtssubject und Personenrolle* (Weimar, 1871) MAURICE VAUTHIER, *Etudes sur les personnes morales dans le droit romain et francais* (Bruxelles, 1877)⸴ — WILLIAM SERMENT, *Associations et corporations* (Genève, 1877); — ALFRED GEORG, *Personne juridique* (Genève 1890) ; — Dʳ. A. AFFOLTER, *Grundzüge des allg. Staatsrechts,* pag. 32, 33, 44, (Stuttgart, 1892) ; — FISICHELLA, *Sulla realtà della persona giuridica* (Catania, 1885);— BOLZE, *Begriff d. j. Person* (Stuttgart, 1879) ; — GIORGIO GIORGI, *La dottrina delle persone giuridiche,* vol. I, Parte generale (Firenze 1889) ; — M. HAURIOU, *Droit administratif,* p. I-X, e 417, 437 (Paris 1893).

La persona concreta si afferma sotto uno, due o tre corpi.

Le attitudini attive della persona sono: la capacità di avere e di acquistare diritti, la capacità di profittare dei diritti, la capacità di esercitare il diritto di acquisto e i diritti acquisiti. Le attitudini passive della persona sono: la capacità di essere obligato ed obligabile, la capacità di soffrire delle obbligazioni, la capacità di contrarre obligazioni.

La persona astratta copre la persona concreta. Quando la persona concreta si afferma sotto un sol corpo, questo si annette i tre elementi della persona astratta. Quando la persona concreta si afferma sotto due corpi, uno di questi si annette due elementi della persona astratta e l'altro corpo il terzo elemento. Quando la persona concreta si afferma sotto tre corpi, ciascun corpo si annette uno degli elementi della persona astratta.

Le attitudini contrarie della persona non si riscontrano che in un corpo comune.

I corpi di una persona determinata, possono *a priori* servire come corpi parziali o integrali a diverse altre persone.

Quando una delle attitudini contrarie non si associa con l'altra, l'elemento è privo di consistenza; quando un elemento manca, la persona astratta non è concepibile; quando un corpo manca, vien meno la persona concreta; quando la persona, astratta o concreta manca, cessa ogni realtà nella nozione di persona. Egli è così che per quanto riguarda l'essenza della persona, tutte le sue parti costitutive hanno valore eguale.

Il corpo, munito della capacità di possedere e d'acquistare diritti, noi lo chiamiamo signore (*maître*) (di diritti).

Il corpo munito della capacità di essere obligato ed obligabile, lo chiamiamo subietto (di diritti).

Il corpo munito della capacità di profittare dei diritti, lo chiamiamo « destinatario » (di diritti).

Il corpo munito della capacità di soffrire delle obligazioni, noi lo chiamiamo « destinatore » (di diritti).

Il corpo munito della capacità di esercitare il diritto di acquisto e i diritti acquisiti, lo chiamiamo organo «produttivo» (di diritti).

Il corpo munito della capacità di contrarre obligazioni lo chiamiamo organo « privativo » (di diritti).

Il corpo è un essere semplice o collettivo.

Il corpo semplice è individuo (cose, bestia, uomo); il corpo collettivo è multiplo o un aggregato di individui.

Chiamiamo semplice quella persona, il cui corpo signore-subietto è semplice, mentre gli altri corpi sono semplici o collettivi.

Chiamiamo collettiva quella persona il cui corpo signore-subietto, è collettivo mentre gli altri corpi son semplici o collettivi.

Le capacità della persona collettiva differiscono da quella dei suoi membri presi isolatamente. Le capacità dei diversi membri della persona collettiva possono differire o essere identiche.

Il corpo è un essere umano, non umano, o in parte umano.

Il corpo non umano è un essere non umano. Il corpo umano è un essere umano. Il corpo in parte umano è un essere necessariamente collettivo, in parte costituito da esseri umani, in parte no.

La persona il cui corpo signore-subietto è umano, la chiamiamo persona umana.

La persona il cui corpo signore-subietto è non umana, la chiamiamo persona non umana.

La persona il cui corpo signore-subietto è in parte umano,—e necessariamente collettivo, — la chiamiamo in parte umana

Il corpo è un essere provvisto di sensi o pur no, o in parte provvisto.

Il corpo privo di sensi è un essere non umano o umano, ma irragionevole. Il corpo provvisto di sensi è l'essere ragionevole. Il tipo intermedio è un essere necessariamente collettivo, in parte non umano o umano irragionevole, in parte umano ragionevole. I corpi signori e subietti e destinatarii e destinatori possono appartenere a ciascuno di questi tre tipi descritti, quanto ai sensi. Il corpo organo invece non può essere sprovvisto di sensi, ma deve appartenere alle altre due categorie.

La persona, il cui corpo signore-subietto è sprovvisto di sensi, la chiamiamo persona artificiale.

La persona il cui corpo signore-subietto è provvisto di sensi la chiamiamo persona naturale.

La persona il cui corpo signore-subietto è in parte provvisto di sensi—e necessariamente collettivo—la chiamiamo persona in parte naturale.

La persona il cui corpo signore-subietto è un individuo umano, la chiamiamo persona fisica. Quello il cui corpo, signore-subietto, è una o più cose, uno è più animali, o più cose ed animali o più individui umani, noi la chiamiamo persona morale.

La persona ha necessariamente una volontà, e questa, per meritare il suo nome, deve essere sana, e, come tale, non può volere nè l'impossibile nè il nulla. Essa vuole ciò che è ragionevole e conseguibile : in altri termini, essa è diretta verso un fine.

Questo fine è o d'ordine privato o d'ordine pubblico.

Il fine è d'ordine privato, quando la volontà che la persegue è il risultato dell'idea individualista. Il fine è d'ordine pubblico, quando la volontà che tende a conseguirlo è il risultato dell'idea socialista.

La persona prende il qualificativo di privata, quando la sua volontà la fa agire in vista di un fine privato; se questo invece è pubblico, la persona, prende il qualificativo di pubblica.

Siccome poi la persona medesima può tendere sia verso un fine privato sia verso un fine pubblico, essa può essere qualificata, nel tempo stesso, come persona persona privata e come persona pubblica. L'uso vuole che la persona venga in generale qualificata, secondo il suo fine preponderante.

La volontà della persona può essere subiettiva semplice o collettiva, obiettiva semplice o collettiva, o in parte **subiettiva collettiva.**

La volontà è subiettiva semplice o collettiva quando ha la sua origine in un corpo intelligente semplice o collettivo che si annette i due elementi di signore-subietto e di organo. La volontà è obiettiva semplice o collettiva quando essa ha la sua origine in un corpo intelligente semplice o collettivo che non si annette che l' elemento organo. La volontà è in parte subiettiva collettiva quando essa ha la sua origine in un corpo in parte provvisto di sensi che si annette i due elementi di signore-subietto e di organo.

La volontà che ha la sua origine in un corpo intelligente semplice è la volontà innata, propria del corpo stesso. La volontà che ha la sua origine in un corpo intelligente collettivo è l'insieme delle volontà dei membri. La volontà che ha la sua origine in un corpo in parte provvisto di sensi (collettivo) è l' insieme delle volontà dei membri ragionevoli. L'insieme delle volontà è ora l' unanimità immediata ora l'unanimità mediata. Di fatti, quando immediatamente non si ha unanimità, allora, apparentemente, è la maggioranza che prevale. Ma una volta presa la decisione, gli antichi dissidenti, continuando ad essere membri di quella collettività, di fatto hanno mutato avviso. La loro presenza è prova del loro assenso; se essi persistono nel primitivo parere, debbono fatalmente cessare di essere membri. Dopo il venir meno di tali dissidenti, quella che era maggioranza diventa unanimità.

Ha una volontà subiettiva semplice, — la persona semplice, umana, naturale, fisica, privata o pubblica. Ha una volontà subiettiva collettiva, — la persona collettiva, umana, naturale, morale, privata o pubblica. Ha una volontà obiettiva, semplice o collettiva, — la persona, semplice o collettiva, umana o non umana, artificiale, fisica o morale, privata o pubblica. Ha una volontà in parte subiettiva collettiva, — la persona collettiva, umana o in parte umana, in parte naturale, morale, privata o pubblica.

Persona con volontà subiettiva semplice o, brevemente, persona subiettiva semplice, non può essere che un uomo ragionevole.

Persona con volontà subiettiva collettiva, o, brevemente, persona subiettiva collettiva, può essere una società di uomini ragionevoli.

Persona con volontà obiettiva, semplice o collettiva, o, brevemente, persona obiettiva, semplice o collettiva, può essere un uomo, una fondazione (ente semplice o collettivo) una società, una società-fondazione.

Persona con volontà in parte subiettiva collettiva, o, brevemente, persona in parte subiettiva collettiva, può essere una società, o una società-fondazione.

Il signore-subietto organo della persona subiettiva semplice può chiamarsi proprietario espropriato ecc. Il destinatario-destinatore può chiarsi espropriante ecc. Il signore-subietto, destinatario-destinatore può chiamarsi proprietario ecc.

Il signore-subietto organo della persona subiettiva collettiva può chiamarsi socio espropriato, ecc. Il destinatario-destinatore può chiamarsi espropriante ecc. Il signore subietto destinatario-destinatore può chiamarsi socio ecc.

Il signore-subietto, della persona obiettiva semplice o collettiva può chiamarsi pupillo-proprietario espropriato, fondo espropriato, membri-consociati espropriati ecc. Il destinatario-destinatore può chiamarsi espropriante ecc. Il signore-subietto destinatario-destinatore può chiamarsi pupillo-proprietario, fondi, membri consociati ecc. L'organo (1) può chiamarsi tutore, amministratore, consiglio di famiglia, consiglio di amministrazione ecc.

---

(1) Bisogna guardarsi bene dal confondere l'organo con lo strumento, quale è il mandatario. L'organo è dotato d'una volontà indipendente; lo strumento non ha volontà indipendente o, anche, non ha affatto volontà, esso è semplicemente il servo passivo o meccanico dell'organo.

Dal modo stesso non bisogna confondere l'organo col fatto. L'organo mette in movimento l'uno o l'altro mezzo di diritto. Un fatto non è che una causa materiale che da luogo ad un mezzo di diritto suscettibile d'essere messo in movimento dall'organo. Così, rompendo un vetro, questo fatto diventa causa di un risarcimento dovuto.

Il signore-subietto della persona in parte subiettiva collettiva può chiamarsi membri consociati « *saisis* » fondi « *saisis* » ecc. Il destinatario-destinatore può chiamarsi « *saisissant* » ecc. Il signore-subietto destinatario-destinatore può chiamarsi membri-consociati ecc. Il signore-subietto organo può chiamarsi amministrazione sociale o società o società autoamministrata ecc.

Bisogna rilevare che in generale gli elementi signore-subietto e destinatario-destinatore si riuniscono nel medesimo corpo. Non è che eccezionalmente che si trovano separati. La separazione non è mai integrale.

Le attitudini, contrarie di cui il corpo è munito possono essere assolute in teoria ; esse sono più o meno ristrette, in fatto, dalla legge positiva. La restrizione ha luogo per assicurare l'attività delle attitudini contrarie concorrenti o per soddisfare ai bisogni più o meno giustificati della società.

Ogni persona è in grado di fare un diverso impiego delle sue capacità. Tale impiego varia all'infinito.

L'autorità pubblica assiste legalmente l'attuazione giuridica delle facoltà della persona.

II.

Per quanto riguarda la teoria della personalità dello Stato, dice il Seydel: « si eleva una inesatta metafora all'altezza di un principio di filosofia giuridica » (1) Si ragiona, egli soggiunge, così: « Del modo stesso che il corpo dell'uomo (cioè la parte materiale dell'uomo) è dominata dall'anima umana (la migliore parte dello spirito) mentre che corpo ed anima formano appunto l'uomo, così pure il corpo dello Stato (territorio, popolo) è dominato

(1) MAX SEYDEL, *Grundzüge einer allg. Staatslehre,* pag. 5, 6, 7, 8 (Würzburg 1873).

dalla volontà dello Stato, mentre che corpo e volontà formano appunto lo Stato ». Per fare questo ragionamento, il Seydel si è fondato sulla definizione che lo Stein dà di Stato. « Il primo elemento della comunità, così dice Stein (1), è l'elemento puramente naturale, il corpo della comunità: il territorio. Il secondo elemento è quello personale, l'individualità della comunità: il popolo. Il terzo elemento è il fondamento della vita, l'elevazione della comunità d'uomini — fissati nel territorio e costituiti in popolo — al grado della personalità cosciente: lo Stato. Per conseguenza, lo Stato è la comunità elevata alla personalità autodeterminata e quindi all'individualità interna ed esterna ». « Personalità, replica il Seydel, è una qualità di cui gli uomini soli son dotati, o — per meglio esprimerci — nella personalità consistono gli elementi distintivi dell'uomo, in quanto è un essere ragionevole. La parola « personalità » altro non è che un termine il quale abbraccia un lato del concetto di uomo. Quando quel termine si allontana dal suo impiego ordinario, che ha di mira l'uomo, allora lo si usa metaforicamente, o, se pur si vuole, lo si usa in altro senso: allora, le due differenti accezioni di quella parola non esprimono la cosa stessa ». Infine, l'eminente giurista pensa che « la volontà del Sovrano è una volontà *sullo* Stato e non una volontà *dello* Stato » e che « nel disconoscimento di questa considerazione risiede la falsità della personalità metaforica dello Stato ».

Ora, il Seydel ha il grave torto di prendere come base le idee di un solo scrittore per costruire su di esse, *a priori*, la confutazione del principio stesso della personalità, dello Stato. Inoltre, il senso che egli dà alla parola « personalità » non è guari esatto. La personalità non è sempre patrimonio dell'uomo, da poi che, secondo la stessa definizione del Seydel, essa non appartiene che all'uomo ragionevole: nè l'uomo è sempre tale. E neppure può dirsi che

(1) Dr. L. STEIN, *Die Vollziehende Gewalt*, vol. I, I parte pag. 4. (Stuttgart, 1869).

la personalità sia bene esclusivo dell' uomo ragionevole; altri esseri, come abbiamo visto, la possiedono. Ma supponendo anche che l'uomo solo possa avere la personalità, non si comprenderebbe poi perchè un insieme di uomini — come è lo Stato — non potrebbe possederla. In fine, pretendere che ciò che abitualmente si chiama la volontà dello Stato non è che la volontà del Sovrano sullo Stato equivale ad insinuare che il sovrano sia fuori lo Stato e che, quindi, di esso non faccia parte. Ora, nessun giurista si sentirebbe di ammettere un tale concetto.

Secondo il Lingg (1), « quando due o più individui, nell'esercizio della facoltà che in virtù del diritto obiettivo compete a ciascuno di essi, perseguono in comune uno scopo, e insieme dispongono d'una parte delle loro facoltà, allora la regola di diritto che restringe le facoltà individuali interviene per fare in maniera che queste facoltà, nel loro rapporto col diritto, siano trattate come facoltà a parte. Questo stato di cose si chiama personalità, persona giuridica. Questa non è nè un essere reale nè un essere fittizio, ma un rapporto tra individui legato a dei negozii giuridici particolari... I membri della persona giuridica non sono rappresentanti del subietto di dritto, ma, al contrario, sono essi stessi i subietti di dritto.... Ciò che si ritiene volontà collettiva è in realtà la volontà di individui.... In poche parole, la persona giuridica è il prodotto di una regola di diritto.... Ma una regola di dritto presuppone l'esistenza dello Stato.... Lo Stato è una forma naturale della vita del genere umano.... è lo stato in cui il popolo si trova per via della dominazione.... uno *status* d'individui.... Quindi lo Stato non può essere una persona giuridica nel senso ordinario della parola ».

Così, dopo di averci raffigurato la persona giuridica e di averci fatto credere alla esistenza di un essere, il Lingg ci svela inaspettatamente che la sudetta persona giuridica non è un essere. Poi, senza punto preoccuparsene, il

(1) Emil Lingg, *Allg. Staatslehre*, p. 102, 101, 100, 58, 28, 84, 101 (Vienna, 1891).

nostro autore imagina un'antitesi fra l'essere e il rapporto. Pertanto, il rapporto e l'essere non si escludono punto : l'uno ben può essere il risultato dell'altro. Infine, completando la sua teorica, il Lingg afferma a torto, ma seguendo del resto molti altri, che la regola di dritto presuppone l'esistenza dello Stato. Lo Stato e il diritto, tuttavia non si intendono l'uno senza l'altro. Dal momento che diversi individui vivono insieme, vi ha un rapporto fra essi. Dal momento che il rapporto si manifesta, diventando possibile, esiste diritto. La regola di dritto senza aver bisogno di essere espressamente formulata, si forma per il fatto stesso della vita comune fra gl'individui.

« La persona giuridica, dice il Laband (1), è un subietto di dritto; la società è un rapporto di dritto. Parimenti, lo *Staatenbund* è un rapporto di dritto fra Stati e, quindi, non è un subietto di dritto; lo Stato, al contrario, è un'unità organizzata, una persona, e quindi non è un rapporto di dritto....... La persona giuridica è per sè stessa incapace di volontà e di azione; essa abbisogna d'un rappresentante, d'un organo che voglia ed agisca per essa. Si può dire lo stesso dello *Staat* e, per conseguenza, del *Reichs*. Da ciò sorge la necessità di uno che rivesta la pubblica forza, cioè di un sovrano che renda effettiva la forza che lo Stato-persona possiede. Il sovrano può essere o un monarca o l'insieme di tutti i membri dello Stato ».

Si vede come il Laband confonde la persona giuridica col subietto di dritto, e la Società col rapporto di dritto, per opporre la persona giuridica alla società. Secondo noi, la persona giuridica può essere una società e la società può essere una persona giuridica. L'essere subietto di dritto non è che una delle caratteristiche della persona ; mentre il rapporto non è che una delle caratteristiche della società. Lo *Staat*, o il *Reich* o lo *Staatenbund*—varianti di Sta-

---

(1) LABAND, *Staatsrecht des d. Reichs*, 1, vol. pag. 57-87 (Tübingen, 1876).

to — sono delle Società (1). « Quando si riconosce, dice il
Bernatzik (2) che lo stato è una società e quindi che
egli ha da conseguire uno scopo comune che è al di sopra di tutti gli interessi dei singoli che lo compongono,
la personalità giuridica dello Stato appare come una conseguenza necessaria ».

Secondo il Jellineck (3), lo scopo è il *principium individuationis* per tutte le cose umane. L'essere, la collettività di esseri non sono in realtà delle unità se non per
lo scopo che si prefiggono. Ma per il conseguimento di
uno scopo, bisogna una volontà. Nel caso in cui questa
volontà manchi a questo o a quell'essere, gli si può costituire un organo di volontà: la volontà di un essere
umano, da poi che la volontà umana ha l'attitudine di
volere per altri. L'essere, la collettività di esseri che possiedono un organo di volontà indipendente sono persone.
« Personalità o persona è la capacità giuridica,.... l'attitudine di continuata e sana volontà unificatrice.... una relazione fra un subietto da una parte, un altro subietto e
una regola di dritto dall'altra parte. La persona non è
un essere naturale, ma bensì un'astrazione: essa non s'i-
dentifica colla individualità fisica. Lo Stato è una persona
chè ha una volontà unificatrice, — una persona, non già
fittizia, ma esistente a somiglianza di ogni altra persona....
Lo Stato è l'organizzazione dominatrice di un popolo costituito, — organizzazione il cui incarico incombe a una
potente volontà.... Lo Stato è l'unione d'individui stabiliti
in un territorio determinato, in vista di uno scopo. Praticamente, questa unione possiede, nella volontà dei suoi
membri onde è costituito, gli organi della sua propria

(1) X. S. Combothecra, *L' Etat en tant que Société (Revue
générale de droit,* sept.-oct. 1893).

(2) Bernatzik, *Begriff der juristischen Person; Archiv. d.
öff. Rechts,* (Vol. V, p. 244).

(3) G. Jellineck, 1) *Gesetz u. Verordnung,* pag. 194, 193,
190 (Freiburg, 1887); 2) *System d. sub. öff. Rechte* pag. 26, 31
Frbg. 1892).

volontà. La regola di dritto che si riferisce a questo stato di cose, che essa non crea,' può regolare la formazione della volontà dello Stato. Ecco come lo Stato, che crea la sua propria volontà, diventa subietto di dritto ».

Il Bernatzik (1) nota che il Jellineck fonda la personalità dello Stato sul dogma della volontà mentre d'altra parte, egli dice che lo scopo è il *principium individuationis*. Ora, aggiunge il Bernatzik, non è sicuro che non si possa volere senza volere qualche cosa. Per noi invece è evidente che non si potrebbe volere, senza volere qualche cosa, come non si potrebbe mangiare, senza mangiare qualche cosa. Più fondata ci sembra l'osservazione che il Lingg (2) fa a Jellinek a proposito dell'espressione di questo autore ; « volere per gli altri ». In verità , « volere per altri » significa volere, o in luogo di altri, o in favore di altri. Ora, da un lato, non è possibile di volere realmente in luogo di un altro; dall'altro lato, per ciò stesso che si vuole in favore di un altro, non lo si rende persona.

« Lo Stato, dice il Gerber (3), è un essere pubblico che noi vediamo agire ed operare per l' attuazione dei suoi molteplici compiti, con libertà cosciente, nei sensi più diversi.... Per definire conformemente al diritto un tale essere, la giurisprudenza ha il mezzo di rivestirlo alla proprietà della personalità.,.. Un tal mezzo qui non appare — così come si dimostra qualche volta in altri casi — come un elemento estraneo e appositamente voluto. Al contrario . esso non è che una consacrazione di ciò che esiste di già in fatto, all'ingrosso, negli elementi naturali dello Stato.... Il cittadino, per ciò stesso che appartiene a un certo Stato, diventa l'obietto del dominio di questo. Il diritto dello Stato, — purchè il cittadino aggradisca il

---

(1) BERNATZIK, l. c. pag. 199).

(2) LINGG, l. c. pag. 150.

(3) GERBER, 1) *Grundzüge d. d. Staatsrechts,* pag. 225, 226, 228, 229, (Leipzig, 1880); 2) *Uber öff. Rechte,* pag. 18 (Tübingen, 1852).

potere dello Stato e si senta sottomesso alla sua forza pubblica, — è il diritto di dominio dello Stato sulla personalità civica dei suoi membri.... La particolarità di questo diritto consiste in ciò che la sua portata non è esaurita con la sottomissione dei consociati. Al contrario anzi, con la sottomissioue e per mezzo di questa, esso conferisce delle attitudini reali quanto mai: i diritti civili, e in ispecie quelli politici i quali, in certa misura, hanno il carattere di un corrispettivo ».

Dobbiamo constatare che col Gerber noi ci avviciniamo alla verità per quanto concerne la nozione della personalità dello Stato e della persona in generale. Ma disgraziatamente, la dottrina, — così cara alla maggior parte dei giuristi tedeschi di questa epoca, — che considera il cittadino come un obietto di dominio, per quanto sia nel Gerber temperata, è tuttavia preconizzata da questo autore. In fine, noi troviamo che la teoria del Gerber, benchè largamente esposta, non è sufficientemente esplicita nei particolari.

III.

Lo Stato è una persona (1); esso è capace di dritti e di obligazioni.

Lo Stato si distingue in Stato astratto e in Stato concreto.

Lo Stato astratto comprende tre elementi.

Ciascun elemento dello Stato è una coppia di attitudini contrarie: una attiva ed una passiva.

---

(1) Confr. BLUNTSCHLI, *Théorie générale de l'Etat* (trad. par de Riedmatten), pag. 17, (Paris, 1877); GIERKE, *Die Grundbegriffe des Staatsrechts und die neuesten Staatsrechttheorien* (*Zeitschrift für die gesammte Staatswissenschaft*, Bd. XXX); AFFOLTER, l. c. pag. 19; HERZFELDER, *Gewalt u. Recht* pag. 130, 132 (München, 1890); HAGENS, *Staat*, pag. 1-7 (München 1890); Giorgio GIORGI, *La dottrina delle persone giuridiche*, vol. II, (Lo Stato) pag. 1-80 (Firenze 1891) etc. etc.

Lo Stato concreto si afferma sotto uno, due, o tre corpi.

Le attitudini attive dello Stato sono: la capacità di avere e di acquistare diritti, la capacità di profittare dei diritti, la capacità di esercitare il diritto di acquisto e i diritti acquisiti. Le attitudini passive dello Stato sono: la capacità di essere obligato ed obligabile, la capacità di soffrire delle obligazioni, la capacità di contrarre obligazioni.

Lo Stato astratto copre lo Stato concreto. Quando lo Stato concreto si afferma sotto un sol corpo, questo si annette i tre elementi dello Stato astratto. Quando lo Stato concreto si afferma sotto due corpi, uno dei corpi si annette due elementi dello Stato astratto e l'altro corpo il terzo elemento. Quando lo Stato concreto si afferma sotto tre corpi, ciascun corpo si annette uno degli elementi dello Stato astratto.

Le attitudini contrarie dello Stato non si ritrovano che sopra un corpo comune.

I corpi di uno Stato determinato possono *a priori* servire come corpi parziali o integrali a diverse altre persone.

Quando una delle attitudini reciproche non si associa con l'altra, l'elemento è senza consistenza; quando un elemento non si riscontra, lo Stato astratto non è concepibile; quando un corpo manca, lo Stato concreto manca altresì; quando lo Stato astratto o concreto fanno difetto, lo Stato non è una realtà. Così, dal punto di vista dell'essenza dello Stato, tutte le sue parti costitutive sono di un eguale valore.

Il corpo signore-subietto della persona-Stato è necessariamente un insieme di individui umani, ragionevoli o no, che hanno un rapporto comune di dritto. Per ciò, il detto corpo è un essere collettivo — il multiplo di esseri semplici — in parte sensato.

Il corpo signore-subietto essendo un essere collettivo, noi possiamo dire che lo Stato è una persona collettiva.

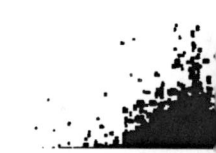

Le capacità dello Stato, a somiglianza di ogni altra persona collettiva, differiscono da quelle dei suoi membri presi isolatamente. Tutto ciò che può lo Stato, uno dei membri di esso, da solo, non lo può, nè in fatto nè in dritto. Il membro non ha che una particella del potere dello Stato, in quanto è membro dello Stato. Le capacità dei diversi membri dello Stato *a priori* differiscono fra loro in fatto e in dritto.

Il corpo signore-subietto essendo umano, noi possiamo dire che lo Stato è una persona umana.

Il corpo signore-subietto essendo in parte sensato, noi possiamo dire che lo Stato è una persona in parte naturale.

Il corpo signore-subietto essendo un insieme di individui umani, noi possiamo dire che lo Stato è una persona morale.

Lo Stato ha una volontà che si prefigge uno scopo d'ordine privato o d'ordine pubblico. La volontà persegue uno scopo privato, perchè essa ha in vista l'interesse dei membri dello Stato considerati come un gruppo ed è quindi il risultato dell'idea individualista. La volontà persegue pure uno scopo pubblico, perchè essa ha in vista l'interesse dei membri dello Stato considerati come membri ed è quindi il risultato dell'idea socialista. Quest'ultimo scopo è preponderante, atteso che il principio che lo fa nascere dà vita, egualmente, allo Stato medesimo.

La persona Stato prende il qualificativo di privata, perchè la sua volontà la fa agire in vista di uno scopo privato. La persona Stato prende il qualificativo di pubblica, perchè la sua volontà la fa agire in vista di uno scopo pubblico. Come lo scopo pubblico è preponderante, l'abitudine vuole che lo Stato sia qualificato come persona pubblica.

Lo Stato, persona collettiva, umana, in parte naturale, morale, pubblica, ha una volontà, sia obiettiva, semplice o collettiva, sia in parte subiettiva collettiva.

La volontà è obiettiva semplice o collettiva, quando essa ha la sua origine in un corpo semplicemente organo.

Lo Stato allora è dispotico: monarchico se l'organo non comprende che un solo individuo, poliarchico se l'organo comprende piú individui. La volontà è in parte subiettiva collettiva, quando essa ha la sua origine in un corpo signore-subietto organo, che è una moltitudine. Lo Stato allora è democratico.

La volontà che ha la sua origine nell'organo composto di un solo individuo, è la volontà innata dell'individuo stesso. La volontà che ha la sua origine nell'organo composto di più individui, è l'insieme delle volontà individuali. La volontà, che ha la sua origine nella moltitudine, è l'insieme delle volontà individuali ragionevoli.

L'insieme delle volontà è o l'unanimità ottenuta di primo acchito, o l'unanimità ottenuta posteriormente. La volontà dell'organo composto di più individui deve comprendere tutte le volontà individuali. In effetti, nella pratica, il detto organo agisce come un solo essere e i membri dissidenti sono sostituiti da membri concordi. La volontà dell'organo moltitudine deve egualmente comprendere le volontà individuali ragionevoli. In effetti, nella pratica, i membri dissidenti insorgono in massa o isolatamente contro la volontà generale, ma finiscono fatalmente o collo sparire o col sottomettersi. La volontà dell'organo è la legge. Notiamo qui che la legge non è vitale se non quando essa è conforme al sentimento della nazione (1).

Lo Stato è persona con volontà sia obiettiva, semplice o collettiva, sia in parte subiettiva collettiva, e, brevemente, lo Stato è persona, sia obiettiva, semplice o collettiva, sia in parte obiettiva collettiva.

Lo Stato la cui volontà è intiera e libera si chiama Stato propriamente detto, o Stato sovrano.

Lo Stato la cui volontà è mitigata ma indipendente, si chiama Stato (abusivamente) in parte sovrano.

---

(1) X. S. COMBOTHECRA, *La force publique en tant que facteur de la loi* (*Revue générale du droit*, sept.-oct. 1892).

Lo Stato la cui volontà è più o meno intiera e deriva da altra voloutà sovrana, si chiama Stato (abusivamente) vassallo.

Il signore-subietto dello Stato-persona obiettiva semplice o collettiva può chiamarsi popolo occupato, etc. Il destinatario-destinatore può chiamarsi occupante, ecc. Il signore-subietto destinatario-destinatore può chiamarsi popolo. L'organo può chiamarsi governo (1) monarchico o poliarchico.

Il signore-subietto dello Stato persona in parte subiettiva collettiva può chiamarsi popolo occupato, ecc. Il destinatario-destinatore può chiamarsi popolo occupante, ecc. Il signore-subietto destinatario-destinatore può chiamarsi popolo. Il signore-subietto organo può chiamarsi governo popolare o popolo antogovernato.

Lo Stato, il cui signore-subietto resta indiviso sotto un solo governo si chiama Stato unitario.

Lo Stato il cui signore-subietto, sempre restando sotto un governo generale, si divide in diversi popoli, di cui ciascuno si mette sotto un governo particolare, si chiama Stato composto.

Lo Stato composto può essere uno Stato propriamente detto. Gli Stati componenti debbono necessariamente essere Stati in parte sovrani, dipendenti in parte dallo Stato composto.

Le attitudini contrarie dello Stato (propriamente detto) sempre restando assolute in teoria, sono in realtà ristrette dalla legge positiva. Questa è tuttavia l'opera degli Stati medesimi. Sembrerebbe quindi che la restrizione giuridica non sarebbe che illusoria. Non è così tuttavia; all'interno l'interesse dei particolari reagisce efficacemente contro i pericoli della onnipotenza. All'estero, la competenza degli Stati diversi, impedisce i pericoli della megalomania.

Lo Stato è direttamente assistito dalla forza pubblica,

---

(1) La parola «governo» è presa in un senso largo, e comprende il potere legislativo e le autorità esecutiva e giudiziaria.

diversamente dalle altre persone che sono da essa assistite solo indirettamente. È qui che si manifesta nitidamente la superiorità dello Stato. Questa superiorità si eleva sino a diventare una caratteristica di esso.

In definitiva, noi constatiamo che la nostra teoria generale della persona si adatta strettamente alla concezione dello Stato come persona. Si può dunque dire acquisito che lo Stato è una persona reale e non fittizia.

Ginevra, 3 ottobre 1893.

X. S. COMBOTHECRA.
docteur en droit, avocat.

NOTE DI GIURISPRUDENZA AMMINISTRATIVA

———※———

I.

Deliberazioni dei Consigli comunali e provinciali
Seduta pubblica.

L'art. 240 della Legge c. e p., relativo alla pubblicità delle sedute, dà luogo a frequenti discussioni nelle aule dei Consigli ed è importante sapere come talvolta riceva un'applicazione, secondo noi, contraria allo spirito a cui s'informa il citato art. Questo, infatti, è inteso a sottrarre alla discussione pubblica le questioni puramente *personali*, non quelle di interesse pubblico, quand'anche si accenni a responsabilità e a qualità personali di Tizio o Caio, allorchè la mozione in disputa, sulla quale dovrà pronunziarsi il Consiglio, non ha per iscopo un provvedimento a carico o a vantaggio di quella determinata persona, ma una deliberazione la quale, se potrà in qualche modo toccare la persona, ad essa però non direttamente si riferisce.

Mi spiego con un esempio. Un consigliere deplora dei fatti e delle irregolarità che denunzia essere avvennti in un Istituto soggetto all'amministrazione Comunale o Provinciale.

Senza far nomi, accusa l'amministrazione e i funzionari che vi sono proposti; e però, indipendentemente da ogni considerazione di persona, discute e giudica delle responsabilità d'ordine pubblico riguardo ai fatti da lui osservati, e conclude perchè sia deliberata un'inchiesta.

Tutto questo può farsi in seduta pubblica ?

Nonostante che la prevalente giurisprudenza (chiamiamola così) dei nostri Consigli sia in senso negativo, crediamo libero il Consiglio di udire in seduta pubblica le critiche dell'operato dei funzionari non solo in complesso, ma discettando eziandio sui meriti e demeriti loro, senza che vi si possa opporre il Presidente, chiamato a mantenere l' osservanza delle Leggi e la regolarità delle discussioni (art. 239), giacchè l' art. 240 vieta la seduta pubblica solo quando si tratti di *questioni concernenti persone;* ora non concerne le persone, ma soltanto il bene, l'interesse pubblico e il regolare andamento dell' istituto, la discussione cui sopra accennammo, diretta — *non a provvedere sulle persone* — *non* a fare una rimostranza o un voto di biasimo contro i funzionari, nel qual caso senza dubbio sarebbe richiesta la seduta segreta — ma a provvedere unicamente su di un istituto o stabilimento pubblico, astrazione fatta dalle persone.

In altre parole : ci sembra che, per bene applicare l'art. 240, occorra premettere questa disamina: o si tratta di venire colla deliberazione ad un *voto sulla persona* (nomina, licenziamento, sussidio, censura, messa in accusa e simili) e allora la seduta dev'essere *segreta;* o si vuole invece fare una disposizione la quale non concerne direttamente la persona ma riguarda qualche cosa di estraneo e di superiore ad essa, e se in certa guisa può interessarla, NON DISPONE PERÒ attualmente NULLA INTORNO AD ESSA, — in tal caso, la seduta ha da essere *pubblica.*

Non mi fermo a rilevare la gravità degli inconvenienti che, nei rispetti della libertà e del pubblico bene, deriverebbero da una diversa interpretazione — inconvenienti che, secondo noi, la nuova Legge, a differenza di quella del 1865, ha cercato di evitare.

Per un più ampio studio della cosa, si può leggere il parere del Consiglio di Stato in data 27 luglio 1893, adottato *(Manuale* 1893, p. 404) il quale: premesso che le sedute dei Consigli c. e le loro *deliberazioni* devono per regola essere pubbliche ; che a questa regola è fatta eccezione per le questioni concernenti persone ; che appunto perchè trattasi di eccezione essa va interpretata in senso ristretto, così da *non estenderla a casi che non si riferiscono in modo diretto a persone,* e ciò anche perchè altrimenti poche fra le dette deliberazioni potrebbero essere pubbliche, raro essendo che non riflettano qualche interesse personale; — dichiara che debbono aversi come concernenti persone nel senso della Legge quelle *delibe-razioni* (val dire concrete disposizioni del Consiglio, non i ragionari dei Consiglieri i quali nel motivare una loro mozione possono, in seduta pubblica, dire quello che credono su Tizio o Caio, salva la loro responsabilità personale riguardo a chi si ritenesse ingiustamente offeso) che implichino un apprezzamento sulle qualità morali o sulle condizioni economiche di taluno *in guisa che tale appi ez-zamento formi la base, il substrato del voto;* e ciò in conformità della giurisprudenza costantemente seguita da questo Consiglio, così in sede consultiva che contenziosa. Infatti fu ritenuto che debbansi prendere a voti segreti le deliberazioni concernenti il licenziamento di impiegati, basato su apprezzamenti personali (parere 25 luglio '85, *Man.* 1885, p. 374) la nomina di taluno ad impiegato comunale in seguito a concorso (par. 7 marzo '71, *Man.* '71, p. 179) gli aumenti di stipendio per talun impiegato in particolare (parere 26 agosto e 3 settembre '73, e 11 novembre '74, *Man.* '73, pag. 292, 329) la pensione concessa per particolari benemerenze ad un impiegato (par. 9 aprile '84, *Man.* '84, p. 265) le gratificazioni (par. 23 dicembre '84, *Man.* '85, p. 74) la preferenza basata su estimazione personale data a taluno per affidargli un lavoro a trattativa privata (Sez. IV decisione 28 aprile '91, n. 115, *Man.* ,91, p. 268) le deliberazioni sulla capacità ad essere eletto in considerazione delle condizioni personali del candidato (Sez. IV 9 luglio '91, n. 164, *Man.* '91, p. 263) ecc.

Come si vede, adunque, la deliberazione in *seduta segreta* ha luogo quando l'apprezzamento delle qualità morali e sulle condizioni di un individuo conduce direttamente *hic et nunc* ad un *voto concernente la di lui persona:* ma il voto non lo tocca che molto indirettamente quando quell'apprezzamento forma il substrato di una deliberazione d' inchiesta, la quale può dimostrare infondati gli appunti che sono stati mossi.

In ogni caso, se la deliberazione d' inchiesta, presa in seduta pubblica, ferisse la suscettività di un impiegato, avrebbe questi diritto di proporre le sue doglianze e di ricorrere, come interessato, per violazione di Legge, all'autorità governativa per ottenerne l'annullamento ? Evidentemente no ; perchè non può dirsi si sia ancora posto in essere un atto il quale lo possa comunque danneggiare; non è ancora intervenuta una decisione a suo riguardo, contro la quale possa rivolgere il suo ricorso : e perciò il Prefetto non potrebbe prenderlo in considerazione , come ricorso ; ma nemmeno sarebbe accoglibile come denunzia, la deliberazione non riguardando, come abbiamo esuberantemente dimostrato, in modo particolare la persona, bensì l'andamento obiettivo dell'Istituto o Stabilimento.

II.

Impiegati, assegno di pensione, continuazione di servizio, diritto a compenso.

Il Consiglio di Stato, con parere 13 marzo 1880, adottato, ha ammesso che la fatta assegnazione della pensione di riposo a cui abbia diritto un impiegato non può privarlo della ragione di conseguire una competente indennità se, malgrado la liquidazione della sua pensione e il suo collocamento a riposo, continua a prestar servizio in mancanza del suo successore (*Rivista Amministrativa* 1880, p. 454).

Recentemente la questione è stata sollevata in proposito di un impiegato, il quale, dopo essere stato collocato a riposo, aveva continuato, ciononostante, a prestar servizio all' Amministrazione per alcuni mesi, mentre pendeva la liquidazione della sua pensione , *riscuotendo frattanto lo stipendio normale.*

Intervenuto il decreto di liquidazione della pensione, fu dall'Amministrazione disposto che cessasse, come effettivamente cessò, dal servizio.

Senonchè egli allora reclamò che , *oltre lo stipendio,* gli fosse corrisposta, per l'opera prestata dopo il collocamento a riposo (ossia pei mesi decorsi dal collocamento a riposo alla effettiva dimissione dal servizio) anche la pensione, sostenendo che l'impiegato ha diritto di godere

questa, essendogli acquisita in compenso *dei servizi pre-stati*, e niun dubbio perciò che se — come nel caso era avvenuto — il pensionato lavora, ha diritto non solo allo stipendio *per tale opera attuale* (che non può evidente-mente riguardarsi come rimunerata dalla pensione) *ma eziandio alla pensione stessa*.

L' Amministrazione ritenne infondata tale domanda. Disse non potersi ammettere il cumulo dello stipendio, già percetto, colla pensione. L' uno esclude l' altra, quando si tratta della stessa Amministrazione presso la quale serve l' impiegato, e che ha poi l' onere della sua pensione. È vero che questa si gode dall'impiegato pei servizi passati, e lo stipendio è il compenso dell'opera attuale, ma la dif-ferenza in più che lo stipendio presenta è appunto la ri-munerazione dell'opera.

L'Amministrazione, emanato il decreto di collocamento a riposo, poteva dire all' impiegato : *andatevene.* Invece consentì che rimanesse in servizio, pagandogli lo stipendio finchè la liquidazione non fosse avvenuta, ed egli ha ac-cettato questa posizione a lui favorevole. In conseguenza potrebbe ritenersi che, per mutuo consenso, dell'Ammini-strazione e del pensionato , l' effetto del collocamento a riposo fu *protratto*, dalla data del relativo decreto, a quella della effettiva dimissione dal servizio, e in questo periodo l'impiegato, dovendo riguardarsi di fatto in attività di ser-vizio, non ad altro poteva aver diritto che allo stipendio.

In altre parole, si è nella specie creata una condizione di cose alla quale l' impiegato ha consentito e che gli è stata vantaggiosa perchè ha goduto l'intero stipendio.

Non può ammettersi, nell'aspetto giuridico, che insorga poscia contro il consenso prestato alla continuazione del servizio senza che nemmeno diffidasse per nulla l' Am-ministrazione che, tenendolo in servizio, avrebbe dovuto pagargli stipendio e pensione. È evidente che, posta innanzi tale pretesa, veramente postuma, l'Amministrazione avrebbe forse determinato di assumere altro impiegato capace ed attivo, lasciando a casa il pensionato a godere la sua pen-sione.

È poichè egli era perfettamente libero di differire il godimento della pensione, continuando a servire collo stipendio l'Amministrazione da cui dipendeva, così deve concludersi che la decorrenza della pensione sia rimasta sospesa per un breve periodo di servizio attivo e stipendiato, ma la conseguenza è sempre di escludersi il simultaneo diritto all'intero stipendio e alla pensione di riposo.

La questione, come si vede a primo aspetto, non è semplice. Quest'ultima opinione, esposta con relativa larghezza, è stata sostenuta in maniera egregia e non nego la gravità degli argomenti su cui si fonda: bensì, mi pare che non arrivino ad eliminare la difficoltà precipua che l'opinione contraria vi contrappone. Difatti, io non trovo che si possa giustificare la teoria del *tacito consenso a protrarre gli effetti del collocamento a riposo*, quando è certo che il servizio attivo cessa di regola dal giorno in cui è emanato il provvedimento che colloca a riposo l'impiegato e se l'Amministrazione continua a valersi del medesimo per un tempo ulteriore, questo fatto non può valere a modificare *di arbitrio* il computo degli anni di servizio per la liquidazione della pensione, nel senso di includervi il tempo decorso dal provvedimento col quale l'impiegato venne collocato a riposo alla liquidazione fattane all'interessato, il quale per tale tempo abbia continuato a prestare l'opera sua all'Amministrazione (1).

Dott. Italo Levacher.

---

(1) Secondando un gentile desiderio dell'egregio Dott. Levacher, dirò brevemente quel che penso della questione superiormente posta. E dirò subito che ognuna delle due soluzioni contrarie mi pare che abbia qualche cosa di vero e qualche cosa di falso, sicchè credo che l'una e l'altra debbano risolversi in una intermedia. Vero è il dire che la pensione spetta all'impiegato dal giorno del collocamento a riposo e che cotesto è un diritto proprio definitivamente quesito dell'impiegato; senza che in un contratto regolato da norme giuridico-amministrative specialissime possa ricorrersi al ripiego, eminentemente di diritto privato, del

« tacito consenso » a protrarre gli effetti del collocamento a riposo. Ma non men vero mi pare il principio che sia *giuridicamente inammissibile* il cumulo di *uno stipendio* e di una *pensione*, *per un impiegato medesimo*, poichè ciò equivarrebbe a supporre che l' impiegato, per un certo tempo, sia, nel tempo stesso, a riposo ed in servizio attivo: il che è contraddittorio. Per ciò, mi sembra che, *in diritto* (si noti bene), si possano porre le seguenti due proposizioni, di cui ognuna rispettivamente riconosce quella parte di vero delle due soluzioni ricordate : 1) La pensione liquidata all'impiegato gli spetta indipendentemente dal servizio prestato dopo il collocamento a riposo, servizio che deve essere, quindi, retribuito a parte; 2) Dal giorno di tale collocamento egli non ha più diritto a *stipendio* nel senso di « retribuzione ordinaria di un impiegato professionale, in senso stretto », appunto perche tale sua qualità è cessata col fatto stesso del collocamento a riposo. Nell' anzidetto, si contiene già implicita la soluzione che ci pare preferibile. Stipendio, no ; ma, poichè la pensione non può retribuire un servizio prestato indipendentemente da quella, ne segue che l' impiegato avrà diritto ad una speciale « indennità », per tale servizio. La questione della *misura* di tale indennità non è più *di dritto*, ma *di fatto;* e credo senza scientifico interesse il trattarla qui.

Nota del Direttore.

RIFORME NEL PROCEDIMENTO DI ESPROPRIAZIONE

NOTA

Il Ministero dei LL. PP., con circolare in data 17 gennaio c, a., n. 726, Div. 1ª, a proposito delle eventuali riforme da introdurre nella legge 25 giugno '65, n. 2359 sull'espropriazione per causa di pubblica utilità—ha chiesto agli Uffici dipendenti, nonchè ai Comuni e alle Provincie:

—quali inconvenienti abbiano notato nella Legge stessa e nella sua applicazione e principalmente quali siano state in questi ultimi 12 anni le perizie giudiziali più esagerate per espropriazioni di stabili, di fabbricati e di terreni;

—quali modificazioni ed aggiunte si ritenga opportuno che vengano fatte alla predetta Legge per rendere migliore e più sollecita la procedura e per garentire l'equità delle perizie e dei compensi.

Giova sperare che a quest'ora saranno giunte al Ministero un buon numero di notizie e un grande contingente di osservazioni e di dati.

E però avendo noi rilevato, nel modesto campo dei nostri studi e delle nostre osservazioni, alcune lungaggini le quali *forse* potrebbero essere facilmente evitate, crediamo prezzo dell'opera accennare brevemente ai lettori dell'*Archivio* una semplificazione che ci sembra più specialmente opportuna.

Giusta la Legge vigente, trattandosi di espropriazione vera e propria per causa di pubblica utilità, ossia di occupazione permanente e perpetua della proprietà privata, è illegale il decreto del prefetto con cui sia stata essa ordinata, in mancanza del decreto di dichiarazione di pubblica utilità.

Però in tal caso l'autorità giudiziaria è incompetente ad ordinare il pronto rilascio all'espropriato dei terreni occupati, ciò implicando revoca del decreto prefettizio che

non può aver luogo se non sovra ricorso alle competenti autorità amministrative.

Ora accade che alle Amministrazioni comunali e provinciali, specialmente per la sistemazione e l'allargamento etc. di strade e piazze pubbliche, che sono spese obbligatorie (art. 145, n. 8; 203, n. 2 della Legge c. e p. e 28 della Legge sui LL. PP.), spesso occorra di fare occupazioni permanenti di stabili.

Il Consiglio com. o prov. approva il progetto (art. 249 della Legge c. e p.) *ivi compresa l'occupazione del terreno di proprietà del privato*, su cui dovrà svolgersi l'opera. Si noti che il più spesso, trattandosi di lavoro di non molta importanza, quando il progetto è pronto e viene sottoposto al Consiglio, ciò vuol dire che l'Amministrazione ha già concordato il prezzo col proprietario, per cui l'indennità prevista nei progetti dei Comuni e delle Provincie, può ritenersi, salve rare eccezioni, come definitiva.

Il progetto, colla relativa deliberazione del Consiglio, va al Prefetto per l'esecutorietà (art. 161, 219 della Legge c. e p.). Indi si prepara lo schema del contratto d'appalto dei lavori che se eccede le L. 8000 va al Consiglio di prefettura pel voto di cui all'art. 10 del Regolamento 6 luglio '90, n. 7036 sull'Amministrazione e contabilità dei Comuni.

Ma non basta : c'è di mezzo l'espropriazione del fondo. Si dovrà quindi ricorrere nuovamente al prefetto perchè, relativamente ad essa dichiari l'opera di pubblica utilità e così si dovranno esaurire le lunghe formalità che precedono la dichiarazione prefettizia.

Supponasi, come avviene il più spesso per le piccole opere dei Comuni e delle Provincie, che l'indennità fosse già concordata fin dal principio col proprietario. Non è inutile questo *ibis et redibis* di atti dal prefetto ai Comuni per la pubblicazione (art. 4); dai Comuni alla prefettura; dalla prefettura all'ente espropriante ; per cominciare poi di nuovo —intervenuta che sia la dichiarazione di p. u. — a pubblicare l'elenco colle indennità offerte (art. 24) e redigere poscia il verbale di cui all'art. 25 e compiere le successive formalità ? (art. 30 e seg.).

Or se si tien presente che in questi casi si tratta di espropriazione espressamente e specificatamente prevista dal progetto,—progetto riconosciuto legale dalla prefettura nell' esame della relativa deliberazione, e implicitamente approvato dal Consiglio di Prefettura col voto di cui all'art. 10 del Regolamento del 6 luglio '90,—pare assai naturale sopprimere tutte quelle inutili complicazioni e ridurre la procedura a questi soli atti:

— *compilazione del verbale di accettazione d' indennità* (art. 25);

— *invio al prefetto per l'ordinanza di deposito dell'indennità concordata* (art. 30);

— *e, a deposito eseguito, emanazione del decreto di occupazione immediata* (art. 30).

Salvo, naturalmente, a divenire poscia alla trascrizione, pubblicazione etc. di cui agli art. 53 e seg. riguardo allo interesse dei terzi e della causa espropriante.

Si dirà: ma i terzi hanno diritto alle maggiori garenzie che loro appresta la formalità delle pubblicazioni prescritte dagli art. 4 e seg. Ed è vero se si giudica alla stregna del diritto positivo, quantunque consti allo scrivente che le prefetture, in quel caso, si attengono alla procedura più spedita sopra detta, che sarebbe forse da accogliere *in iure constituendo*, dacchè sembra che l'inserzione di all'art. cui 54, una volta che essa contiene, come deve contenere, i dati catastali, sarebbe sufficiente a porre i terzi interessati in grado di provvedere ai loro interessi e fare le rimostranze del caso circa la pattuita indennità.

In ogni modo, la cosa meriterebbe di essere studiata, sia per l'eventuale utilità di riforma in questo senso, sia riguardo alla validità o no e alle conseguenze dei decreti di immediata occupazione che tuttodì si emettono dai Prefetti, senza che sia preceduta la dichiarazione di p. u., valendosi della procedura abbreviata di cui sopra è discusso.

Dott. Italo Levacher.

nei suoi elementi scientifici. Per risolverla è necessario uno studio più ampio e approfondito : al che lo spazio qui ci manca e mancherebbe altresì la ragione dell' « attualità » poichè già notammo come nel caso recentemente avvenuto l'arresto del deputato si è giustificato, non perchè durante lo stato di assedio fosse venuta meno la prerogativa, ma, in base al criterio della « flagranza del reato ».

L.

RECENSIONI

Droit administratif par Maurice HAURION professeur de droit administratif à la Faculté de droit de Toulouse 2.me ed. Paris 1893 cher L. Larose et Forcel. Un volume in 8° di 759 pagine.

L'opera del signor Haurion ha un carattere esclusivamente francese. L'autore si è servito pochissimo della letteratura straniera ed ha assolutamente trascurato la legislazione comparata.

Una parte dell'opera è dedicata al diritto pubblico *stricto sensu*, un'altra al diritto amministrativo. Esse sono precedute da una parte intitolata " Teoria dello Stato „ dove sono esaminati i problemi fondamentali che allo Stato si riferiscono, l'individuo, i rapporti fra questo e quello. Segue poi una parte che tratta il contenzioso amministrativo.

Studiando il diritto pubblico, il signor Haurion ha tratto profitto così della concezione giuridica di Stato, come di quella delle scienze sociali.

Quanto poi al diritto amministrativo, l'Haurion l'ha fondato sull'idea della personalità giuridica. Avendo fissato il principio che il diritto è costituito da tre elementi: le persone giuridiche e i loro diritti, l'esercizio di questi diritti e i litigi sollevati dall'attuazione dei dritti, — l'H. esamina le persone amministrative da questo punto di vista, e sviluppa tutte le regole di dritto facendole rigorosamente convergere verso l'idea della personalità giuridica.

L'autore fornisce con onore il sue compito. Ma, disgraziatamente, egli fu costretto da un lato a sorvolare rapidamente sulle teorie e dall'altro lato a riprodurre dei particolari regolamentari senza interesse scientifico. In ispecie, ci dispiace vivamente la mancanza di qualsiasi teoria pura sulla persona in generale. L'H. ci lascia all'oscuro circa l'essenza del fondamento stesso della sua opera. Il dotto professore si è così fatto sfuggire un'eccellente occasione di mettere al servigio della scienza giuridica il suo grande ingegno.

X. S. Combotheora

Doct. en droit.

Del Giudice Pasquale — *La storia di una frase: commento all'articolo 2 dello Statuto del Regno* (Milano, 1893, estratto dai *Rendiconti del R. Istituto Lombardo*, S. II, vol. **XXV-XXVI**).

L'art. 2 dello statuto italiano, nel determinare che il trono è ereditario vi aggiunge la nota frase " secondo la legge salica ".

Domanda il chiarissimo professore dell'Ateneo pavese: " perchè secondo la legge salica? e come avvenne che una legge così antica e di origine franca potesse invocarsi a base di una successione dinastica? ".

La risposta a tali domande forma obietto dell'interessantissimo lavoro che abbiamo annunziato. Ed è doloroso, ma necessario, confessare che una risposta scientificamente completa a quelle domande non si può dire che esistesse nel nostro diritto pubblico, dopo circa mezzo secolo che quella legge fondamentale è in vigore: in tanta e così deplorevole trascuranza sono stati tenuti fra noi gli studii del nostro diritto pubblico positivo! Ma tiriamo via.

Il lavoro del prof. Del Giudice ha dunque un grande interesse per i cultori delle nostre discipline. L'A. constata come nella legge salica e precisamente in LIX, 5 (ediz. Behrend-Boretis) non si trova altro che una regola generale per la quale le donne sono escluse dal succedere nella terra; mentre in un decreto di re Chilperico, completando il diritto salico, lo si tempera, riducendo l'esclusione delle donne, sempre rispetto alla *eredità privata immobiliare*, ad una mera inferiorità verso i maschi. Relativamente poi alla successione *pubblica o dinastica*, l'A. segue con dotta e minuta disamina l'intrecciarsi della ragione privata e della ragione di Stato, specie nelle successioni dei re Merovingi, Carolingi e Capetingi, sino al delinearsi del principio di primogenitura e della successione limitata agli agnati. escludendo così le femine, senza però che, per lungo tempo, si pensasse a rannodare questo principio con la pretesa origine nella legge salica. Solo nel secolo XVI diventa opinione dominante che il fondamento giuridico di quell'esclusione si trovasse in questa legge: errore, di cui è difficile determinare le origini, ma che prevalse per opera probabilmente dei giuristi. L'affermazione si propaga in altre parti dove le tradizioni della monarchia francese esercitarono considerevole influenza, e, più che altrove, in quelli retti da casa Savoia.

Sorvoliamo, per amor di brevità, sul diligente studio che l'A. fa sulla storia delle successioni in questa Casa, per notare come egli conclude nel senso che, per la portata originaria del diritto di quelle successioni, le donne non fossero escluse assolutamente ma solo di fronte a tutti gli agnati maschi della stirpe. Invece, la prima dichiarazione formale di esclusione assoluta delle donne si incontra solo nel trattato di Utrecht che, con la Sicilia, concedeva a casa Savoja, per la prima volta, il titolo regio, e fu mantenuto quando, pochi anni dopo, alla Sicilia si sostituì la Sardegna. L'A. accenna infine ai maneggi relativamente recenti dell'Austria e ai tentativi di modificare nell'interesse della sua politica la legge di successione in Piemonte. In quella vece, per fortuna d'Italia, l'esclusione si mantenne e passò nell'art. 2 del nostro Statuto con quella frase, doppiamente erronea, dal punto di vista storico, perchè attribuisce alla legge salica tanto l'esclusione assoluta delle femmine dal trono, quanto il diritto di primogenitura. *Felix culpa !*

Nel lavoro del prof. Del Giudice, che ha chiarito un punto così importante non solo per la storia ma pel nostro diritto pubblico attuale, è inutile rilevare quei pregi che sono comuni negli scritti dell'illustre A., cioè la profonda conoscenza delle fonti, la precisione ed il rigore dell'esposizione, l'elegante semplicità del dettato.

V. E. Orlando.

———

G. P. Assirelli — Il Medico Condotto, l'ufficiale sanitario, la levatrice ed il veterinario comunale—*Biblioteca del Cittadino* n. 24-25. Torino, Roux 1893.

Fra tante pubblicazioni legali, cui han dato luogo le nuove disposizioni legislative sulla Sanità Pubblica non se ne trova una che come questa congiunga ad una mirabile precisione di concetti scientifici, una abbondanza di giurisprudenza adattamente raccolta ed esposta. Ed è specialmente per la sua utilità pratica che il volume è da raccomandarsi perchè oltre il contenere le molte circolari, varii regolamenti emanati in materia sanitaria, comprende una esposizione addirittura completa della giurisprudenza giudiziaria e del Consiglio di Stato sul riguardo, negli ultimi quattro anni. Chi non può darsi il lusso di una biblioteca fornita di riviste giuridiche, trova nel volume coordinato ed esposto da una mente, che si dimostra profondamente versata nelle discipline amministrative, lo stato attuale della giurisprudenza nella miriade di questioni che sono sorte in seguito alle nuove leggi.

E. S.

———

SCHIAPPOLI D.—*Diritto ecclesiastico vigente in Francia*, coll. I (pagine VIII, 143) e II (pagg. IV, 360), 8°, Torino, Bocca, 1892-93.

Il lavoro dello Schiappoli, sul Diritto Ecclesiastico francese, comparato con quello italiano, ha un carattere rigorosamente scientifico. È condotto sulle fonti: leggi, decreti, regolamenti, circolari, giurisprudenza, atti parlamentari, letteratura. Fa parte di un'opera che sarà proseguita mano mano; ma che intanto rivela come l'autore ha raccolto i materiali di tutta la materia del Diritto civile ecclesiastico francese, e li ha digerito, come pure conosce il resto del Diritto pubblico e privato francese; giacchè altrimenti non si spiegherebbe la chiarezza dell'esposizione, la fusione dei diversi capitoli, ecc. Quelli col Diritto italiano sono più tosto confronti che paragoni, ma tali dovevano essere secondo l'armonia dell'opera; altrimenti sarebbero stati delle digressioni. Per la Francia non esiste nessun trattato scientifico del suo diritto civile ecclesiastico, e quindi il lavoro dello Schiappoli è essenzialmente originale. Vi saranno delle mende quà e là; si potrà non accettare qualcuna delle sue opinioni; ma non si potrà da altri trattare di nuovo l'argomento senza tenerne conto, e quando sarà completato, l'importanza sua aumenterà di molto.

Il diritto canonico puro, ossia le disposizioni della Chiesa, sono accentrate quanto è indispensabile per lo svolgimento delle quistioni civilistiche. Un metodo diverso avrebbe condotto a digressioni disarmoniche.

L'opera avrà maggiore importanza pratica per gl'Italiani quando arriverà a certi capitoli, come le fabbricerie, ove il Diritto italiano è ancora quello emanato all'epoca della dominazione o predominio francese o modellato sul medesimo

Il vol. 1° tratta dei diritti, prerogative, doveri, incapacità, abusi degli ecclesiastici, e la materia si è suddivisa nei seguenti capi: ordinazione; il prete nel diritto civile; il prete nel diritto penale; il prete nel diritto giudiziario; il prete nel diritto costituzionale ed amministrativo.

Il vol. 2° si occupa dei regolari, e perciò degli ordini e congregazioni religiose, e consta dei seguenti capitoli: la legislazione in vigore esposta storicamente, la legislazione in vigore esposta sistematicamente.

F. Scaduto.

Maggiore Perni F. — *La Popolazione di Sicilia e Palermo* dal X al XVIII secolo (Palermo, 1892, pag. 625, in-8°).

Diciamo subito che ci troviamo dinanzi a un lavoro di altissimo pregio. Non sono frequenti le opere di statistica storica; e questa del Maggiore-Perni si può dire che percorra campi quasi inesplorati dalla scienza moderna. Malgrado questa grave difficoltà di lavorare di prima mano, l'A. ha saputo esaurire il suo tema, in maniera completa. Accurato nella scelta delle fonti, egli le vaglia con critica felice, chiarendone le oscurità, colmandone le lacune, correggendone gli errori. Rivelandosi maestro nei metodi di demografia scientifica, considera la sua quistione da tutti i lati, con largo corredo di documenti e di tavole interessantissime.

Lasciamo ad altri più competenti di apprezzare tutta l'importanza strettamente statistica di questo pregevolissimo contributo; ma non possiamo fare a meno di rilevare uno dei lati di esso che ci ha più specialmente colpito per la sua importanza generale. Senza nulla sacrificare della severità scientifica della statistica, l'A. ha saputo evitare quell'aridità, pur troppo così frequente in tali lavori dove, spesso, il numero (se ci si passa la frase) sopraffà la parola. Invece il Maggiore ha considerato, con opportuna larghezza, il problema della popolazione nei suoi molteplici e spesso apparentemente remoti fattori, mettendo a contributo tutta la storia civile ed economica della Sicilia. Così avviene che, conformemente ai veri ed alti fini della statistica, le cifre, lungi dall'essere fine a sè stesse, appaiono sempre come una vasta e ragionata sintesi di tutto uno stato sociale dell'epoca. Per questo riguardo, non esitiamo a designare questo lavoro del valente professore dell'Ateneo palermitano, come un modello del genere.

V. E. Orlando.

ANNUNZI BIBLIOGRAFICI

MARCHI ANTONIO, *Istruzioni regolamentari per la contabili.à comunale e provinciale in relazione alle nuove prescrizioni governative* (Potenza, tip. Garramone e Marchesiello, 1893), un vol. di 712 pag. in 4° — L'importanza di questo voluminoso trattato è attestato dalla medaglia d'oro conseguita alle mostre di ragioneria in Palermo e Genova. Se l'opera più direttamente interessa gli Amministratori, i Ragionieri, i Segretari, gli Impiegati di Ragioneria ed i Tesorieri delle Aziende Comunali e Provinciali, oltre i Professori e gli Studenti degl'Istituti tecnici del Regno, ha tuttavia importanza anche per gli studiosi del diritto amministrativo di cui è tanta e precipua parte la contabilità pubblica. L'opera è divisa in due parti : la prima relativa alle " istruzioni , la seconda al " modulario ,. Essa tratta a fondo la vasta e spinosa materia.

— FRIEDBERG E RUFFINI — *Trattato di Diritto Ecclesiastico Cattolico ed Evangelico* ediz. italiana riveduta in collaborazione coll'autore ed ampiamente annotata per rispetto al Diritto Italiano dall'Avvocato Francesco Ruffini Prof. di Diritto all'Università di Pavia. Torino, 1893, 1 vol. in-8° di pagg. 864 con indice analitico ed alfabetico ed un elenco delle opere tedesche citate nel vol. L. 15.

— SCHIAPPOLI DOMENICO — *Diritto Ecclesiastico vigente in Francia.* Vol. I. Diritti, prerogative, doveri, incapacità, abusi degli ecclesiastici. Torino 1892, 1 vol. in-8° di pagg. VIII-143 L. 3.

Vol. II Regolari, ordini e congregazioni religiose, Torino, 1893, 1 vol. in 8° di pag. IV-360, L. 4.

— Sac. I. TORREGROSSA S. d. P., *Il divorzio e il diritto di natura,* Palermo, Giuseppe Pedone-Lauriel, editore, un vol. in-16 di pag. 125. È un lavoro in cui il divorzio è fieramente combattuto, dal punto di vista della religione cattolica, con efficacia e temperanza e con notevole sapore di modernità. Sarà letto e consultato con interesse da chi, obiettivamente, voglia studiare e approfondire l'ardua quistione, anche dissentendo dalle opinioni dell'A. I capitoli trattano degli argomenti seguenti :

Introduzione : 1. Il matrimonio secondo natura, 2. L'indissolubilità per la prole, 3. L'indissolubilità e la personalità, 4. La ragion di perpetuità nell'unione sessuale, 5. Matrimonio e paternità, 6. Ancora dello stesso argomento, 7. Osservazioni sul precedente argomento, 8. Il matrimonio e il contratto civile, 9. Il matrimonio nel Cristianesimo, 10. Il libello di ripudio nel popolo Ebreo, 11. Le prescrizioni canoniche sul matrimonio degli infedeli, 12. L'indissolubilità e gli impedimenti dirimenti, 13. Matrimonio e concubinato, 14. Ragioni in pro del Divorzio, 15. Riepilogo e conclusione.

— DE SIMONE GIUSTINO, *L'avocazione dei diritti di Segreteria ai comuni.* P. I. *Questioni di Diritto costituzionale e teoria del diritto acquisito.* Foligno, tip. Salvati, 1892, un vol. in-16° di pag. 173. — Un regio decreto del 25 ottobre 1881, con una modificazione di una tabella annessa al regolamento per la legge com. e prov., avocò ai comuni i diritti di segreteria prima spettanti ai segretarii comunali. Il lavoro del sig. De Simone è diretto a dimostrare l'incostituzionalità e l'inopportunità di detto decreto, con una disamina minuta e in generale ben condotta. Diciamo subito che, secondo noi, l'autore ha perfettamente ragione. Il suo è dunque un lavoro di cui può dirsi che ha raggiunto il suo scopo, pregio, come ognun vede, non piccolo. Ha poi una notevole utilità pratica, se pure non nel senso di far prevalere la sua giusta tesi presso coloro cui spetta, certamente nel senso di essere ottima guida nelle non poche quistioni di applicazione pratica cui quel decreto, infelicemente redatto, ha dato luogo.

— Recente pubblicazione: Il Dr. EMILIO CAPOBIANCO, Pretore, ha ultimato la stampa di un importante lavoro di storia e critica del diritto, intitolato *Il Diritto penale di Roma esposto sistematicamente in relazione col Diritto penale vigente e con le teorie della nuova scuola positiva.* L'esposizione delle dottrine generali è preceduta da uno studio sommario sull'origine, sulla Costituzione, sulle *leges* del popolo romano e specialmente sull'*Jus papirianum* e sul *Carme decemvirale.* L'opera è pubblicata presso la Casa Barbèra.

— Il *Diritto commerciale* rivista periodica e critica di giurisprudenza e legislazione. Direttori: Avv. David Supino prof. ord. di Diritto commerciale nella R. Università di Pisa—Avv. Filippo Serafini prof. ord. di Diritto romano nella R. Università di Pisa. Anno XII 1894. Col 1894 il *Diritto commerciale* entra nel XII anno. Continueranno a collaborarvi i più distinti commercialisti.

La parte Dottrinale conterrà importanti monografie.

La parte della Giurisprudenza conterrà sentenze di Corti e Tribunali con note critiche.

Nella Bibliografia sarà dato cenno dei lavori più importanti che vedranno luce in tema di Diritto commerciale.

Nella parte della Varietà saranno poi pubblicati, insieme ad una quantità di notizie, i più importanti atti legislativi che si riferiscono alla materia.

Patti di associazione. Il *Diritto commerciale* si pubblica in fascicoli in modo da formare ogni anno un volume di almeno 800 colonne. Associazione annua, da pagarsi anticipatamente, L. 12 pel Regno, L. 14 per l'Estero. Direzione ed Amministrazione in Pisa, Lung'Arno Regio, 15.

INDICE ALFABETICO DEL VOLUME

PER MATERIE ED AUTORI

N. B. Il numero che segue l'indicazione rinvia alla pagina del volume; per le voci del *bollettino bibliografico sistematico* (boll. b.), oltre la pagina, si trova fra parentesi il numero d'ordine della relativa opera.

Le materie e i nomi degli autori delle cui opere si è fatta recensione, sono stampati in carattere egiziano; i nomi degli autori degli scritti pubblicati, in MAIUSCOLETTO.

Diritto pubblico austriaco, boll. b. 236, (18).

— svizzero, boll. b. 236, (19).

— tedesco, boll. b. 236 (21).

Donna (diritti politici della—) boll. b. 236, (22).

Dupries (recensione su—), 239.

Eccesso di Potere, vedi *giurisdizione amm.*

Elezioni politiche, vedi *convalidazione* e *revocazione.*

— boll. b. 236 (25).

— vedi *voto obligatorio.*

Emigrazione, boll. b. 236 (26).

Esercito, boll. b. 237 (29).

Espropriazione per p. u. (Elementi, competenza della IV Sèz.), di A. Longo, 74.

— riforme sul procedimento dell'espr. per p. u. di I. Levacher?

Ferrarini L., Il voto obligatorio, 270.

Ferrini C., Notizie, 159.

Ferrovie, boll. b. 237 (30).

Forme di governo, boll. b. 237 (31).

Giurisdizione amministrativa (della incompetenza, eccesso di potere e violazione di legge, avanti la giur. amm. di annullamento) per R. Porrini, 43,81.

— (Competenza della IV Sez., a proposito dell'espropriazione per p. u.) per A. Longo, 74.

— boll. b. 237, (32).

Giurisprudenza vedi Rivista della—.

Gneist (recensione su—) di V. E. O., 77.

Grazia (diritto di—) boll. b. 237 (34).

~~~~~~

Prof. V. E. Orlando—*Direttore responsabile.*

~~~~~~

Palermo, Tip. « Lo Statuto », Via Monteleone, 25.

CPSIA information can be obtained at www.ICGtesting.com
Printed in the USA
BVOW07s1455061013

333028BV00014B/462/P